# 자본시장법총설

오성근

박영사

# 머리말

언젠가는 자본시장 관련법제에 관한 책을 쓰고 싶다는 생각을 가진 지 25년이 지났다. 그리고 본격적인 집필 작업을 시작한 지 5년이 지났다. 그럼에도 불구하고 이제 겨우 '자본시장법총설'을 출간하게 되었다. 이 책은 연구자로서의 길을 걷고부터 출간 목표로 설정하였던 상법총칙·상행위법, 회사법 및 자본시장법에 관한 저서의 마지막 성과물이기도 하다.

저자는 연구자의 길을 걷기 이전인 1993년 초부터 당시 우리나라의 최대의 기관투자가이었던 펀드회사 및 자산운용협회(현: 금융투자협회) 등에서 약 13년간 근무를 한 적이 있다. 그리고 주로 경제조사부나 기획조사부에서 근무하면서 금융회사, 금융시장 및 금융·회사 관련법제의 현황과 변화 전반을 조사 분석하여 회사의 경영·자산운용방향을 제시하거나 증권·펀드업계의 제도개선 업무를 담당하였다. 그 덕분에 증권관련법제, 특히 펀드법제의 개선이 필요하다는 문제의식을 일찍 가질 수 있었다. 이러한 문제의식은 IMF 경제·금융 위기과정을 거치면서 더욱 커졌다. 그러던 와중에 은사님들의 권유로 '한국증권법학회'의 전신인 '한국증권법연구회'에 참석하여 수준 높은 발제와 토론을 듣곤 하였다. 한국증권법연구회는 현재와 유사하게 매월 토요일 오후 14:00부터 개최되었다. 은사님들이신 李哲松 교수님, 金相圭 교수님, 李炯珪 교수님을 비롯하여 명망 높고 연구능력이 탁월하신 교수님들과 법조인들의 발제와 토론은 저자에게 많은 공부가 되었다.

李炯珪 교수님의 권유로 2000년 1월 초부터 시작된 일본 고베(神戸)대학 대학원법학연구과에서의 유학생활은 저자에게 많은 것을 생각하게 하였다. 금융선진국들의 축적된 연구 성과물과 정비된 자본시장 관련법제를 접하였기 때문이다. '井中之蛙'를 절감하였다. 그 영향으로 지금도 여건이 되는 한 외국대학에서 연구하는 기회를 가지고 있다.

2009년 2월 4일 자본시장법이 발효된 이후 우리나라의 자본시장과 관련법제의 상황은 크게 변하였다. 시장규모는 매우 커졌고, 시장참가자는 많아지고 다변화되었다. 그에 따라 발생하는 법률현상과 법률관계는 복잡하게 되었고, 이러한 문제점들을 해결하기 위한 법령들은 방대하고 세밀하게 되었다. 자주 개정되기도 한다. 금융소비자보호법 및 금융회사지배구조법 등 각종 금융관련법령과 얽혀 있기도 하다. 이로 인하여 한 개인이 이를 모두 분석하고, 해석하는 것이 쉽지 아니한 상황이다. 저자 역시 집필과정에서 수차례 작업을 중단하곤 하였다. 그래서 당초의 계획을 바꾸어 '자본시장법총설'로서 출간하게 되었다. 계획을 바꾸게 된 것은 제주대학교 법학전문대학원의 교수님들의 조언 덕분이다.

이 책은 이러한 과정을 거쳐 집필을 하게 되었다. 그리고 다음과 같은 특징을 가지고 있다. 첫째, 書名이 '자본시장법총설'이기는 하지만, 자본시장법의 내용 전반을 조망할 수 있도록 기술하였다. 자본시장법에서 중요하게 다루어지는 제4편 불공정거래 규제의 사안별 쟁점에 대하여는 별도의 장으로 소개하지 못하고 있지만, 필요한 부분에서 소개하고 분석하여 독자들의 이해를 돕고자 하였다.

둘째, 중요한 조문에 대하여는 그 취지를 설명하고 해석론을 쉽게 전개하여 독자들의 이해를 돕고, 후속적인 연구와 법 적용시 도움을 주고자 하였다.

셋째, 기본적이면서도 전문적인 용어에 대하여는 상세하게 소개를 하여 책 전반을 이해하는 데 도움을 주고자 하였다.

넷째, 자본시장법의 조문 인용시에는 특별한 경우가 아니면 법률명칭을 생략하고, 바로 조문을 적시하고 있다. 그 이외의 다른 법률을 인용할 때에는 해당법률명칭 또는 '동법'으로 표기되고 있다. 그래서 자본시장법과 다른 법률명칭의 인용 방법을 달리하고 있다.

다섯째, 제1장 제2절부터 제4절까지는 자본시장법과 상법 · 민법, 자본시장법과 공정거래법, 자본시장법과 소비자기본법과의 관계를 분석 · 소개하고 있다. 그리하여 독자들의 자본시장법에 대한 기초 법리를 이해하는 데 도움을 주고자 하였다.

여섯째, 제1장 제2절에서 기업의 자금조달시 주식가치평가 및 사채가치평가 방식을 쉽게 소개하고 있다. 그리고 금융투자협회의 「집합투자재산 회계처리 가이드라인」의 대표적인 예를 제시하고 있다.

현재 우리나라의 자본시장 관련법령의 내용과 체계는 많은 학자들과 실무자들의 노력으로 선진국 수준에 달하고 있다. 연구 성과물도 마찬가지이다. 이 책이 그러한 수준에 부합할 수 있는지 걱정이 앞선다. 독자분들이 많은 조언을 해 주시면 겸허하고 감사한 마음으로 수용하고자 한다. 이를 토대로 기회가 되면 질적인 면을 더욱 향상시키고자 한다.

이 책을 출간하는 데에는 많은 분들의 도움이 있었다. 우선 박영사의 안종만 회장님과 안상준 대표님의 배려와 조성호 이사님의 변함없는 믿음에 깊이 감사드린다. 수차례의 교정과 편집을 거듭하는 데에도 끝까지 최선을 다하여 주신 박영사 윤혜경 대리님과 출간하는 과정에서 많은 격려를 하여 주신 박부하 대리님께도 깊은 謝意를 표한다. 박영사의 변함없는 발전을 기원한다.

이 책의 준비가 한창이던 2023년 7-8월과 2024년 1-2월에는 일본 고베대학을 23년 만에 재차 방문하여 연구하였다. 이 기간 榊 素寛교수님의 도움을 받았다. 그리고 인하대학교 법학전문대학원의 성희활 교수님께는 대면 또는 비대면을 가리지 않고 수차례 조언을 구하였다. 교수님은 자본시장 전반에 대하여 밝으신 분으로써 집필과정에서 많은 도움을 주셨다. 제주대학교 법학전문대학원의 朴俊宣 교수님은 '제2장 자본시장법의 특색' 중 '제3절 자본시장법과 공정거래법' 부분에 대하여 살펴보고 조언을 해 주었다. 이 분들 모두에게 감사의 마음을 전한다.

이 책의 제1차 교정시에는 서울시립대학교의 崔秀姸 선생, 趙焄熇 변호사 및 鄭守娟 변호사의 도움이 있었다. 특히 조훈석 변호사는 두 차례 교정을 보느라 수고가 많았다. 이들 모두에게도 깊은 謝意를 표하며, 앞날에 행운이 있기를 빈다.

2024년 8월

吳 性 根

# 목차

## 제1장 총 론

## 제2장 자본시장법의 특색



## 제3장 금융투자업과 금융투자상품

## 제4장 금융투자업자 및 전문투자자 규제

## 제5장 공통영업행위규제 등



## 제6장 자산운용업자의 영업행위규제

## 제7장 온라인소액투자중개업자에 대한 특례

# 제1장 총 론

## 제1절 | 자본시장법의 연혁

### Ⅰ. 제정과 시행

자본시장법은 2007년 7월 3일 국회를 통과하여 8월 3일 법률 제8635호로 제정되었다. 정식명칭은 「자본시장과 금융투자업에 관한 법률」이다. 자본시장법은 모두 10개 편으로 구성되어 있다(아래 표 [자본시장법의 구성과 내용] 참조). 자본시장법의 제정이유는 '자본시장에서의 금융혁신과 경쟁을 촉진하여 우리 자본시장이 동북아 금융시장의 중심으로 발돋움할 수 있도록 하고 경쟁력 있는 투자은행이 출현할 수 있는 제도적 기반을 마련하며 투자자 보호를 선진화하여 자본시장에 대한 신뢰를 높이는 데'에 있다.[1])

자본시장법은 종래 여러 갈래로 나뉘어 있던 자본시장에 관한 규제를 체계적으로 통합한 법률이다. 즉 종래 우리나라의 「증권거래법」, 「선물거래법」,「간접투자자산운용업법」, 「신탁업법」, 「종합금융회사에 관한 법률」, 「한국증권선물거래소법」 등 자본시장에 관한 6개의 법률들을 하나로 통합한 법률이다. 이 가운데 자본시장에서의 거래를 규율하는데 양대 축의 역할을 하였던 법률은 「증권거래법」과 「간접투자자산운용업법」이었다. 증권거래법은 1962년 1월 15일 법률 제972호로 제정·공포된 법

1) 재정경제부, 「자본시장과 금융투자업에 관한 법률 제정안」 입법예고(2006. 6. 30).

률을 말한다. 증권거래법은 제정당시의 입법 수요를 고려한 법률이라기 보다는 증권규제의 선진국이었던 미국과 일본의 법제를 도입하는 성격을 띠었다고 볼 수 있다. 이러한 점에서 증권거래법은 주로 미국의 연방법인 1933년 증권법(Securities Act of 1933) 및 1934년 증권거래법(Securities Exchange Act of 1934)을 참조하여 제정되었다고 할 수 있다.

간접투자자산운용업법은 2003년 10월 4일 법률 제6987호로 제정되었다. 동 법률은 주로 종래의 「증권투자신탁업법」과 「증권투자회사법」을 통합하고, 그 밖에도 펀드와 동일 또는 유사한 간접적인 자산운용행위에 대하여 동일하고 기능적인 규제체계를 마련하는데 그 취지가 있었다. 이 가운데 증권투자신탁업법은 증권거래법의 제정 이후인 1968년 11월 22일 법률 제2046호로 제정된 「자본시장육성에 관한 법률」이 제정된 직후 증권투자수요의 개발을 통해 자본시장의 저변을 확대하고자 1969년 8월 4일 법률 제2129호로 제정되었다. 동 법률은 주로 계약형투자신탁과 관련된 법적 규제를 하였다. 증권투자회사법은 1998년 9월 16일 제정되었는데, 회사형투자신탁(Mutual Fund)과 관련된 법적 규제를 하였다. 증권투자회사법은 주로 미국의 1940년 투자회사법(Investment Company Act of 1940)을 모델로 하였다. 그리고 간접투자자산운용업법을 제정하는 데에는 영국의 1986년 금융서비스법(Financial Service Act 1986) 및 이를 전면 개정한 2000년 금융서비스 · 시장법(Financial Services and Market Act 2000)상의 집합투자기구(Collective Investment Scheme, CIS) 법제가 포괄적으로 참조되었다.

나아가 자본시장법의 제정당시에는 9개의 기타 법률[2]도 일부 개정하였다(부칙[3] 제43조). 이후 동법은 점점 그 적용범위와 내용이 확대됨에 따라 다른 법률에 크고 작은 영향을 미치고 있다.

자본시장법의 제정을 계기로 우리나라의 금융산업구조는 기존의 '은행업', '보험업'과 새로이 자본시장법으로 통합된 '금융투자업'의 세 분야가 각각 경쟁하고 혁신하며 발전해 나아가고 있다. 금융산업이 이와 같이 재편된 것은 금융산업이 국제적인 경쟁력을 갖기 위하여는 미국 · 영국과 같은 금융선진국의 규제체계와 방식을 도입하

2) 제정당시 일부 개정대상 9개의 법률은 「여신전문금융업법」, 「부동산투자회사법」, 「선박투자회사법」, 「산업발전법」, 「벤처기업육성에관한특별조치법」, 「중소기업창업지원법」, 「사회기반시설에대한민간투자법」, 「부품소재전문기업등의육성에관한특별조치법」, 「문화산업진흥기본법」 등이다.
3) 법률 제8635호, 2007. 8. 3.

는 것이 불가피하다는 정부와 학계의 의지가 반영된 결과이다. 즉 자본시장법이 제정되기 이전인 2003년 3월 정부는 그간의 연구결과물을 토대로 금융시장의 변화를 반영하고 시장친화적인 규제체계를 마련하기 위하여 기존의 업종별 금융규제체제를 기능별 규제원칙에 따라 개편한다는 방침을 발표하였다.[4] 금융법체제의 개편과 관련한 정부의 당초 계획은 현행 금융법제를 은행·증권·보험의 구획을 벗어나 '설립과 업무영역', '건전성과 자산운용', '금융거래', '퇴출'의 4개 부문으로 나누고 각 부문별로 개별 법률을 제정하는 것이었다.

그러나 이러한 과감한 입법은 예측할 수 없는 실무작업을 수반할 뿐 아니라 우리 금융시장의 현실에 비추어 시기상조라는 우려도 적지 않았다. 그리하여 정부의 위촉을 받은 연구진은 증권과 선물분야의 통합으로부터 출발하는 것이 바람직하다는 안을 제시하였다.[5] 2006년 2월 정부는 우선 제1단계로 자본시장에 직접적으로 관련되는 법률의 통합을 추진하기로 결정하였고[6] 오늘에 이르게 되었다.

이러한 과정을 거쳐 2007년 7월 3일 국회를 통과한 자본시장법은 "공포 후 1년 6개월이 경과한 날"인 2009년 2월 4일부터 시행되었다.[7] 자본시장법의 시행을 위하여 「자본시장과 금융투자업에 관한 법률 시행령」[8](이하 '시행령'), 「자본시장과 금융투자업에 관한 법률시행규칙」[9](이하 '시행규칙'), 「금융투자업규정」[10]을 각각 제정하였다.

---

4) 재정경제부, 「금융법체제 개편 추진방안」(2003. 3. 26). 당시 정부의 입법작업에 대해서는 "금융규제법의 단권화"라는 궁극적인 도달점에 주목하여 흔히 '금융통합법' 혹은 '통합금융법' 프로젝트라는 명칭이 붙여졌다. 정부의 요청에 따라 금융법센터 등 4개 연구기관이 금융통합법 프로젝트를 수행하고, 그 결과를 2004년 말 연구보고서의 형태로 정부에 제출한 바 있다. 중간단계의 논의를 정리한 것으로는 「2004년도 한국금융학회 금융정책 심포지엄 발표자료집」(2004. 5. 28). 참조.

5) 김건식·정순섭 외, 「금융관계법률의 체계정비에 관한 연구」, (2004. 12), 19면.

6) 재정경제부, 「금융투자업과 자본시장에 관한 법률(가칭)」제정 방안(2006. 2. 17).

7) 부칙 제1조(시행일) 이 법은 공포 후 1년 6개월이 경과한 날부터 시행한다. 그러나 자본시장법의 원활한 시행을 위하여 필요한 한국금융투자협회의 설립(부칙 제3조). 신고에 의한 금융투자업 인가 및 등록 특례(부칙 제5조). 업무 단위 추가에 따른 금융투자업 인가 및 등록 특혜(부칙 제6조) 등을 위한 부칙규정은 "공포 후 1년 6개월이 경과한 날"인 2008년 8월 4일부터 시행되었다. 자본시장법의 시행시기가 우연하게도 미국발 금융위기의 발발시기와 일치함으로써 국내에서는 그 시행시기에 대하여 논란이 제기되기도 하였다. 국회정무위원회, "자본시장과 금융투자업에 관한 법률 시행 관련 공청회", 공청회 자료(2008. 12. 4).

8) 2008. 7. 29. 대통령령 제20947호.

9) 2008. 8. 4. 총리령 제885호.

10) 2008. 8. 4. 금융위원회고시 제2009－14호.

## Ⅱ. 개정경과

자본시장법은 제정 이후 수차례에 걸쳐 개정이 이루어졌다. 그 중 5회의 개정은 타법개정으로 인한 소규모 개정이었고,[11] 자본시장법의 틀을 보완하는데 중요한 역할을 한 개정은 2009. 2. 3.에 이루어진 제3차 개정을 들 수 있다. 제3차 개정에서는 투자자 보호를 강화를 위하여 대규모 개정작업이 이루어졌다. 그리하여 제3차 개정에서는 금융투자업의 변경인가시 예비인가제도적용(제16조), 집합투자업자의 의결권 공시대상 축소(제87조) 신탁업자의 공탁의무 폐지(舊규정 제107조 삭제), 상장법인 등의 반기·분기보고서 제출기한 특례(제160조) 상장법인 등의 재무특례(제165조의 2부터 제165조의 18까지 신설), 공개매수, 주식 등의 대량취득·처분에 관한 미공개중요정보 이용금지 대상 보완(제174조), 상장지수 집합투자기구의 연동대상 확대(제234조), 적격투자자만을 대상으로 하는 사모집합투자기구 도입(제249조의 2 신설), 상호출자제한기업집단계열 사모투자전문회사 등에 대한 제한 완화(제274조), 과징금의 결손처분 및 환급제도 도입(제434조의 2부터 제434조의 4까지 신설), 외국금융투자감독기관과의 정보교환제한 완화(제437조), 양벌규정 개선(제448조 단서 신설), 일반투자자에 대한 보호장치를 강화하고, 장외파생상품 거래에 대한 규제 강화(제9조 제5항 제4호 단서, 제28조의 2, 제46조의 2 신설, 제47조 제3항, 제50조 제1항 단서 신설, 제51조 제1항, 제122조 제1항, 제166조의2 신설)하는 내용을 포함하고 있다.

제3차 개정이후인 2010년 3월 12일에 이루어진 제7차 개정도 중요한 내용을 포함하고 있는데, 동 개정의 주요내용으로는 기업어음증권에 대한 전자어음 발행의무

11) 제1차 개정은 2008. 2. 29. 정부조직법 개정에 따라 종전의 재정경제부를 기획재정부로 변경하는 내용의 개정이다(부칙 제6조 제50항). 제2차 개정은 2008. 2. 29. 금융위원회의 설치 등에 관한 법률 개정에 따라 종전의 금융감독위원회를 금융위원회로 명칭을 변경한 것 이외에 정부조직법 개정사항을 반영하는 것이 주된 내용을 이룬다(부칙 제5조 제7항). 또한 제437조의 외국거래소와의 정보교환에 관한 사항을 일부 개정하였다. 제4차 개정은 2009. 2. 3. 「주식회사의 외부감사에 관한 법률」(이하 '외부감사법') 개정으로 기업집단결합재무제표 작성의무를 폐지하는 것을 내용으로 한다(부칙 제14조). 제5차 개정은 2009. 4. 22. 저작권법 개정으로 자본시장법 제7조 제5항 중 "「저작권법」에 따른 저작권신탁관리업 및 「컴퓨터프로그램 보호법」에 따른 프로그램저작권 위탁관리 업무"를 "「저작권법」에 따른 저작권신탁관리업"으로 개정하기 위한 것이다(부칙 제8조 제5항). 제6차 개정은 2009. 6. 9. 은행법 개정으로 사모투자전문회사의 은행 및 은행지주회사 주식소유를 제한한 자본시장법 제275조와 동조 위반에 대한 처벌규정인 제446조 제50호를 삭제하기 위한 것이다(부칙 제4조).

면제(제10조 제3항), 금융투자업의 변경인가·등록시 업자 본인 요건의 강화와 대주주 요건의 완화(제12조 제2항 제6호의 2, 제16조 제2항 등), 금융투자업자의 임원결격사유 적용대상의 확대(제24조), 펀드 판매 수수료 및 보수의 상한 설정(제76조 제5항), 장외파생상품에 관한 사전심의(제166조의 2 제1항 제6호, 제286조 제1항 제4호 및 제288조의 2) 등을 들 수 있다.

이후에도 자본시장법은 2011년, 2013년 두 차례, 2014년, 2015년, 2016년 두 차례, 2017년 두 차례, 2018년, 2019년, 2020년, 2021년, 2023년, 2024년 등 거의 매년 개정되고 있다.

## 제2절 | 자본시장의 기능

### Ⅰ. 자본시장, 금융시장 및 자금시장의 비교

자본시장법은 기업의 자금조달과 국민의 자산운용을 위한 법률이다. 그러므로 자본시장법을 이해하기 위하여는 자본시장이 담당하고 있는 기능과 이를 규제하는 의의를 살펴볼 필요가 있다. 자본시장이란 좁은 의미로는 기업이 출자자에게 변제할 의무를 부담함이 없이 사업활동에 필요한 자금, 즉 자본성 자금을 투자자로부터 조달하는 장소를 말한다. 보다 넓은 의미로는 투자자에게 상환을 하여야 하고, 사업의 중심적인 활동에 이용하기 어려운 부채성 자금을 포함하여 기업의 사업에 필요한 자금을 투자자로부터 직접 조달하는 장소, 즉 직접금융의 장소를 의미한다. 자본시장법에서는 양자의 의미를 모두 포함하고 있다.

금융시장이란 자본시장 이외에 은행·보험회사 등의 금융기관으로부터 차입하는 간접금융의 장소를 의미한다. 즉 자금의 제공자인 예금자·보험계약자로부터 기업이 간접적으로 자금을 조달하는 장소를 말한다. 금융시장에서는 기업과 금융기관이 상대거래(negotiated transaction)를 한다. 금융기관이 기업의 수익성과 신용도를 평가하여 대출금의 규모, 변제시간 및 이율 등을 결정한다. 그리하여 금융기관은 예금자나 보험계약자 등으로부터 수취한 자금이 수익전망이 양호한 기업에 활용될 수 있도록, 즉 자원이 효율적으로 배분될 수 있도록 기업과 교섭하고 필요한 정보를 얻은 후 전문성을 활용하여 사업전망을 평가하게 된다. 이를 규율하는 법제로는 소비임치에 관한 민법, 금융기관의 전문성을 확보하기 위한 은행법 및 보험업법 등 각종 사업법이 있다.

자금시장(Money Market)은 일반적으로 만기 1년 이내의 금융상품이 거래되는 시장을 말한다. 이를 단기금융시장이라고도 하는데, 시장참가자들의 일시적인 자금수급의 불균형을 조정하기 위하여 활용된다. 대표적으로는 콜(Call)시장, 환매조건부증권매매시장, 양도성예금증서(certificate of deposit)시장 또는 기업어음시장 등을 들 수 있다. 이에 비하여 자본시장은 장기금융시장이라고 할 수 있다. 이와 같이 자금시장에서 거래되는 단기금융상품은 만기가 짧아 금리변동에 따른 자본손실위험이 작은 반면 자본시장의 대표적인 채권은 금리변동에 따른 가격변동 위험이 크다.

한편 자본시장과 자금시장을 포섭하는 개념으로 금융시장이라는 용어가 쓰이기도 한다.[12]

## Ⅱ. 자본시장에서의 자금조달 및 그 구조

### 1. 주식발행을 통한 자금조달 및 주식가치의 평가

자본시장에서의 일반적인 자금조달은 주식의 발행을 통하여 이루어진다. 주식의 발행은 회사설립시부터 회사가 존속하는 동안 이루어진다. 그리고 자본시장법상 금융투자상품에 투자하는 조직인 집합투자기구(Collective Investment Scheme, CIS)(제9조 제18항·제19항, 제5편)를 설정하여 대중투자자를 모집하는 것도 자본시장을 통하여 주식자금을 조달하는 방식 중의 하나이다. 이 경우 자금조달의 가부와 조건을 결정하는 방식을 살펴보면 다음과 같다. 우선, 기업이 주식이나 기업의 지분을 표시하는 지분증권(equity) 등을 발행하여 새로운 투자자로부터 자금을 조달한 경우, 기업은 조달한 자금을 가지고 기존사업이나 신규사업에 투자하게 된다. 이 경우 투자가 실패하게 되면, 주식 등을 발행한 기업은 투자자금을 잃어버리게 된다. 이러한 점에서 새로운 투자자나 집합투자기구를 설정한 회사는 해당기업에 대하여 그 기업이 투자하고자 하는 기존사업이나 기존사업에 관한 정보공시를 요구하게 되고, 해당기업이 이에 응하지 아니하는 때에는 그 기업이 발행한 주식 등을 취득하지 않게 된다.

이에 비하여 해당기업의 기존주주는 신규사업에 관한 새로운 정보를 고려하고 기

12) 한국은행, 우리나라의 금융시장(2009), 7면.

업가치가 개선될 것으로 판단하는 때에는, 기업가치의 상승분을 반영하는 기대기격 이하에서는 주식을 매각하지 않게 된다. 이 때문에 유통시장에서 해당기업의 주가는 기업이 공시한 정보를 반영하여 상승하게 된다. 주가가 상승하면, 기존주주는 신규사업에 반대할 이유가 없기 때문에 신주를 용이하게 발행할 수 있는 선순환구조를 띠게 된다. 반면 유통시장에서 신규사업에 관한 정보가 반영된 결과, 주가가 하락하는 때에는 신규사업이 기업 가치에 부정적이라는 것을 의미한다. 이 때문에 기업경영자가 주주의 이익을 위한 행동을 취하지 아니하면 신규사업에 필요한 자금을 조달하기 어렵게 된다.

투자자는 회사가 주식발행가액을 제시하는 경우 다른 투자대상의 위험과 기대수익(risk and return)을 비교하고 자기가 원하는 위험과 수익을 고려하여 주식을 인수할 것인지의 여부를 결정하게 된다. 이와 같이 주식의 가치는 위험과 수익을 종합하여 결정되는데, 유통시장에서는 위험(예상수익률의 분산도)이 같은 주식이라면 수익(예상수익률)이 같아지도록 가격이 비싼 주식 甲을 매각하고 가격이 싼 주식 乙을 구입하는 재정거래가 행하여져 시장가격이 조정된다(후술하는 [주식가치의 평가] 참조). 그 결과 유통시장에서 형성된 가격에서 신주가 발행되는 한, 투자자는 이를 취득함으로서 특별한 손실이나 이익을 보지 않게 된다. 그리고 새로운 정보를 반영하여 유통시장에서 형성된 주가보다도 지나치게 낮은 가격에서 신주를 발행하는 때에는 기존 주주의 이익을 해하게 되고, 유통시장보다도 높은 가격에서 신주를 발행하는 것은 유통시장에서 직접 취득하거나 또는 다른 투자대상과 비교하여 투자자에게 불리한 조건이 되기 때문에 투자자는 신주발행에 참여하지 않게 된다.

이와 같이 자본시장에서 주식을 활용한 자금조달의 가부 및 주식의 가액 등의 발행조건은 ① 해당자금으로 행하는 사업에 관한 정보가 유통시장의 주가와 발행가액에 반영되는 시장의 메카니즘 및, ② 회사경영자가 기존주주의 이익을 위하여 행동하게 되는 회사법의 메카니즘을 통하여 결정된다. 이 경우 신규사업에 대한 투자 및 자금조달의 가부 및 발행조건을 결정하는 것은 이론적으로는 현재의 주주로서 자금조달에 참가하고자 하는 주주가 아니다. 현실적으로 회사법의 메카니즘이 작동하지 않고 기업가치를 감소시키는 신규사업을 영위하고자 하는 경우에 투자자는 자금조달에 참가하지 않을 것이기 때문에 기업은 필요한 자금을 조달할 수 없게 되고 신규사업은 좌절될 수 있다. 이러한 경우에는 자금조달의 가부를 결정하는 것은 투자자라고 할 수 있다.

[주식가치의 평가]

주식의 현재가격은 $P_0$, 1년 후의 기대주가를 $P_1$, 같은 기간의 예상배당을 $D_1$이라고 하면, 주주의 기대수익률 $r$은 다음과 같은 산식으로 표시할 수 있다(이하, 김형규·신용재 외 2인(2024) 및 동서경제연구소(1997)를 참조하여 정리).

$$r = \frac{(P_1 - P_0 + D_1)}{P_0} \qquad \text{(①식)}$$

①식에서 $\frac{(P_1 - P_0)}{P_0}$는 자본이득(capital gain), $\frac{D_1}{P_0}$은 배당 또는 이자수입(income gain)을 의미한다. ①식을 변형하여 현재의 주가와 1년 후의 예상주가, 예상배당의 관계는 다음과 같은 산식으로 표시할 수 있다.

$$P_0 = \frac{(D_1 + P_1)}{(1 + r)} \qquad \text{(②식)}$$

마찬가지로 1년 후의 주가 $P_1$에 대하여도 $P_1 = \frac{(D_2 + P_2)}{(1 + r)}$이 성립하므로 이를 ②식에 대입하면 $P_0 = \frac{D_1}{(1 + r)} + \frac{(D_2 + P_2)}{(1 + r)^2}$이 된다.

같은 방법을 반복하면 $P_0$에 대하여는 최종기간을 $n$이라고 하여 다음과 같은 식으로 표현할 수 있다.

$$P_0 = D_1(1 + r) + D_2(1 + r)^2 + \cdots\cdots + \frac{(D_n + P_n)}{(1 + r)^n} \qquad \text{(③식)}$$

주식회사는 계속기업(going concern)을 예정하고 있고, $n$이 지속적으로 나열되면, 마지막항의 $P_n = (1 + r)^n$은 거의 零(0)에 가깝기 때문에 무시할 수 있으므로

$$P_0 = \sum_{t=1}^{\infty} \frac{D_t}{(1 + r)^t} \qquad \text{(④식)}$$

여기서 $D_1 = D_2 = \ldots\ldots D_t = D$라고 하고 無限等比級數(infinite geometric series) 공식을 적용하면, $P_0 = \frac{D}{r}$ (⑤식)이 된다.

위 ③, ④, ⑤식으로부터 주식의 현재가치는 배당과 가격상승이라고 하는 장래의 현금흐름(cash flow)을 현재가치로 할인함으로써 얻을 수 있게 된다(Discounted Cash Flow, DCF). 즉 현금흐름할인법을 이용하여 산정할 수 있게 된다. 이때 할인율 $r$은 주식의 위험성(risk)을 고려하여 일반적으로는 사채의 기대수익률보다 높이 책정된다. 장래의 배당은 해당기업의 미래의 이익에 따라 결정되고, 장래의 이익은 기업의 미래의 성과에 따라 좌우된다. 때문에 투자자는 기업의 장래의 성과와 기업이 행하는 사업의 위험성을 고려하여 주식의 현재가치를 평가하고 투자여부를 결정하게 된다. 그 결과 주식발행회사의 자금조달의 성패가 좌우된다

## 2. 사채발행을 통한 자금조달 및 사채가치의 평가

기업은 신규사업을 영위하고자 하는 경우 사채의 발행을 통하여 자금을 조달할 수 있다. 사채는 반드시 상환되어야 하는 부채성 자금이다. 이때에도 신규사업의 가부 및 사채발행의 가부는 해당사업이 기업가치를 높일 수 있는지의 여부에 따라 결정된다. 이점에서는 주식발행을 통한 자금조달의 경우와 다를 바 없다.

사채의 가치는 사채에 대하여 지불되는 이율과 만기시의 채무불이행(default)의 위험성에 의하여 결정된다(후술하는 [사채가치의 평가] 참조). 일반적으로 사채 채무불이행의 위험성은 보통 발행자의 파산가능성과 연동한다. 그러므로 기업이 파산가능성을 높이는 신규사업을 영위하고자 하는 경우 주주는 동의를 할 수 없게 된다.

사채발행의 조건은 항상 유통시장에서의 해당기업의 주식의 시장가격에 따라 결정되는 것은 아니다. 예를 들면, 신규사업의 위험성과 수익이 동시에 큰 경우, 해당사업이 기업가치를 높이기 때문에 주식의 시장가격을 상승시키기도 하지만, 동시에 발행자의 사업전체의 위험성을 높이기 때문에 사채의 발행조건을 악화시키는 사례도 있다.[13]

그런데 상장회사가 사채를 발행하는 경우 실무적으로는 인수기관(Underwriting Institutions)이 상장회사와 교섭하여 사채의 발행조건을 결정한다. 인수회사는 해당사채의 발행사무를 대행함은 물론 사채의 전부 또는 일부 인수를 통하여 발행위험을 부담하는 한편, 인수한 사채를 투자자들에게 매각하지 못하면, 잔여사채를 대량으로

---

13) Marcel Kahan, “Securities Laws and the Social Costs of ‘Inaccurate’ Stock Prices”, 41 Duke L. J. 977(1992), p.1011.

보유하게 될 위험성이 있다. 이 때문에 인수회사는 투자자의 의향을 고려하고 시장 원리에 따라 사채의 이율을 결정하는 것이 통상적이다.

위와 같은 사채에 관한 설명은 기업이 사업을 위하여 발행하는 다른 종류의 부채성 자금에 대하여도 적용할 수 있다. 그리고 자금수요자인 기업의 자금조달은 지분증권(equity), 부채(debt) 또는 이들의 성질을 겸비하는 금융투자상품 예를 들면, 신주인수권부사채나 전환사채를 통하여 이루어지므로 위에서 설명한 주식·채권발행을 통한 메카니즘이 작동하게 된다. 이와 같은 자금조달의 메커니즘을 통하여 금융자원을 필요로 하는 기업에 적합한 조건으로 배분되는 것은 자원의 효율적 배분(Efficient Allocation of Resources)이라고 한다.

이러한 점에서 기업의 자금조달측면에서 자본시장의 가장 중요한 기능은 자원의 효율적 배분을 달성하는데 있다.

[사채가치의 평가]

사채와 주식과 같은 채무증권이나 지분증권(제4조 제3항·제4항)의 가치는 이를 보유함으로써 얻을 수 있는 미래의 현금수입(흐름)(cash flow)을 현재가치로 할인하여 평가한다. 이에 대하여는 현금흐름할인법(Discounted Cash Flow, DCF)을 이용하여 산정할 수 있다. 사채의 경우는, 예를 들면 원본 10,000원, 연이율(r) 5%의 사채를 매입한 자가 5년 후에 원본의 상환을 받을 수 있는 경우 매입자가 얻을 수 있는 현금수입은 1년차부터 4년차까지는 각각 500, 5년차는 10,500원이 된다. 미래에 얻을 수 있는 현금수입의 현재가치는 현금을 현재보유하여 다른 상품에 투자하면 얻을 수 있을 것으로 예상하는 투자기회의 수익률, 즉 기대수익률로 할인하여야 한다. 이러한 점에서 매입자의 기대수익률을 n, 연차별 현금수입을 $r_n$이라고 하면, 사채의 현재가치(Present Value, PV)에 대하여는 다음과 같은 산식으로 표현할 수 있다(이하, 김형규·신용재 외 2인(2024) 및 동서경제연구소(1997)를 참조하여 정리).

$$PV = \frac{500}{(1+r_1)^1} + \frac{500}{(1+r_2)^2} + \frac{500}{(1+r_3)^3} + \frac{500}{(1+r_4)^4} + \frac{10500}{(1+r_5)^5}$$

(①식) : 예시적용산식

이를 보다 일반화하면, n년 동안 매년 C의 현금수입(cash flow)이 발생하고, 원본

M에서 상환하게 되는 사채의 현재가치에 대하여는 다음과 같은 산식으로 나타낼 수 있다.

$$PV = \frac{C}{(1+r_1)^1} + \frac{C}{(1+r_2)^2} + \cdots\cdots + \frac{C}{(1+r_n)^n} + \frac{M}{(1+r_n)^n}$$

(②식) : 일반산식

그런데 사채에는 채무불이행(default)의 위험성이 있으므로, $r_1$ 내지 $r_n$는 국채와 같은 무위험자산의 기대수익률에는 사채의 채무불이행 가능성을 고려한 위험할증률(Risk Premium)을 덧붙이게 된다. 따라서 무위험자산의 이자율이 상승하거나 사채의 채무불이행의 위험성이 상승하는 때는 사채의 가격은 하락한다. 사채의 현재가치를 산출하기 위하여 이용한 기대수익률은 해당사채와 동등한 위험성을 갖는 증권의 기대수익률과 같아지게 되는데, 그것은 개개의 투자자에 의한 해당사채의 채무불이행의 가능성에 관한 예측에 좌우된다. 투자자는 이러한 사채가치평가 결과를 토대로 투자여부를 결정하게 되고, 사채발행자의 자금조달의 성패가 좌우된다.

## Ⅲ. 증권대위 및 증권투자시장

### 1. 증권대위시장

증권대위라는 용어는 리프만(Liefmann)이 처음 사용하였다.[14] 그는 어느 기업의 주식 또는 사채에 의하여 집합된 자본이 물적 자본을 조달할 목적이 아닌 다른 회사의 주식과 채권과 같은 증권자본을 취득할 목적으로 증권을 발행하는 경우 이 현상을 증권대위, 이와 같은 회사를 증권대위회사라고 하였다. 증권대위는 주식, 사채 또는 수익증권으로 행하여지더라도 무방하다. 증권대위는 대위회사가 취득한 증권을 보유하고, 이를 기초로 자기의 증권을 발행하는 것이다. 어느 기업이 다른 회사의 증권을 취득하더라도 이를 신속하게 전매하여 단순히 매매이윤만을 얻을 것을 목적으로 하는 때에는 그 회사를 증권대위회사라고 할 수 없다. 따라서 은행과 증권회사가 영위하는 인수발행업무, 증권회사가 영위하는 매매업무 또는 투기를 목적으로 하는 증권의 취득 등은 증권대위가 아니다. 이에 비하여 자본시장법상 집합투자업자

14) Robert Liefmann(1931), pp. 33, 96－97.

(제6조 제4항 · 제5항)는 집합투자기구(펀드)를 통하여 증권대위에 의한 증권투자를 업무의 본질로 하고 있다.

이와 같이 증권대위란 어떤 회사의 증권을 보유하고 그것을 지분화하여 별개의 증권을 발행하는 것을 말한다. 자본시장법에서는 집합투자기구(CIS)가 어떤 사업회사의 증권을 취득하고 그 증권을 근거로 집합투자증권, 이른바 수익증권이나 출자지분을 발행하는 것을 말한다(제9조 제21항). 집합투자증권은 금융자산을 이중으로 증가시키게 된다. 산업자본인 기업이 발행하는 증권을 기초로 새로운 증권을 발행하기 때문이다. 여기서의 집합투자증권이란 실체적인 자본의 기능을 기반으로 하고 있는 것이 아니라 그 산업자본의 소유권 그 자체를 기반으로 하여 성립할 수도 있다. 그리하여 집합투자증권은 '청구권의 청구권'으로 나타나며, 그러한 의미에서 청구권의 이중화, 즉 제도적으로 금융자산을 두 배로 증가시킬 수 있게 된다. 그리고 이러한 '청구권의 청구권'을 다른 집합투자기구로 하여금 보유하게 하여 그 다른 집합투자기구의 증권을 발행하게 함으로써 '청구권의 청구권의 청구권'으로서의 증권을 발행하기도 하였다. 이것이 이른바 재간접집합투자기구(fund of funds)이다. 이러한 면에서 집합투자업자는 증권대위조직인 집합투자기구라고 하는 독자적인 구조를 이용하여 증권을 양적으로, 또 질적으로 증가시키는 역할을 한다. 이러한 집합투자업자의 업무는 기본적으로 자본시장을 매개로 수행된다. 즉 자본시장은 집합투자업자가 증권대위업무를 수행할 수 있는 매개체로서 기능을 하는 것이다.

한편, 집합투자기구에서 증권대위에 의하여 자산을 편입하는 경우 그 자산에 대하여는 원칙적으로 금융투자협회의 「집합투자재산 회계처리 가이드라인」에 의하여 평가한다. 동 가이드라인은 자본시장법 제238조, 시행령 제260조 · 제271조의 19에 의하여 제정되었다. 그 대표적인 예를 제시하면 다음과 같다.

[물가연동국채의 이자계산]

① 이자소득 = 발행당시액면 × 물가지수연동계수(특정일의 물가지수/발행일의 물가지수) × 표면금리(1.5%로 가정). 취득원금 100억원으로 가정.

| 일시 | CPI | 조정원금(억원) | 이자계산식 | 세전이자(억원) |
|---|---|---|---|---|
| 취득일 | 100 | 100 | – | – |
| 1년 후 | 102 | 102 | 100억원x(102/100)x0.015/2 | 0.77 |
| 10년 후 | 120 | 120 | 100억원x(120/100)x0.015/2 | 0.90 |

자료) 기획재정부

[주식관련사채의 권리행사에 의한 취득가격]

전환사채, 교환사채 또는 신주인수권부사채 등은 해당권리행사 부분에 대한 채권이 소멸되고 주권을 취득하게 된다. 그리고 권리행사에 따라 취득한 손익은 과세처분 된다. 예를 들면, 집합투자기구가 취득한 전환사채 등의 권리행사시 상장주식의 취득가액은 행사 전일의 해당주식의 종가를 기준으로 하고, 비상장주식의 취득가액은 권리행사 전일까지의 전화나채의 평가가액을 기준으로 회계처리 된다.

② 전환주식의 취득가격

| 차변계정 | 차변금액 | 대변계정 | 대변금액 |
|---|---|---|---|
| 주식 | 50,000,000 | 채권 | 25,000,000 |
| | | 채권미수이자 | 2,500,000 |
| | | 채권처분이익(과세) | 22,500,000 |

## 2. 증권투자시장

자본시장은 증권투자시장으로서 기능한다. 증권투자라 함은 상시적 또는 점증적인 이익배당, 즉 이자소득(income gain)의 취득과 투하자본의 명목가치의 증식, 즉 자본소득(capital gain)의 획득 및 화폐가치의 하락에서 발생하는 실질적인 자본손실의 방지 등의 '자본가치보전'을 목적으로 자본을 기존의 유가증권에 영속적으로 투하하는 행위를 말한다. 따라서 투자는 투기와 다르다. 투자는 원칙적으로 이자 또는 배당의 취득과 원금의 보전을 우선 목적으로 하는 데 반하여 투기는 오로지 매매차익의 취득, 즉 돈벌이만을 최고의 목적으로 한다. 이로 인하여 투기는 필연적으로 모험적 거래를 수반하게 된다. 또한 투자는 증권의 장기보유를 내용으로 하는 데 반하여 투기는 그러하지 않다.

물론 투자라고 할지라도 취득한 증권을 절대 매각하지 않는다는 의미는 아니다. 매매이윤을 부정하는 것도 아니다. 투자의 경우에는 그 목적을 부정할 만한 사정이 발생하지 않는 한 증권을 지속적으로 보유하게 된다. 만약 그 목적을 부정할 만한 사정[15] 또는 원금의 보전에 문제가 될 만한 사정이 발생한 때에는 보유증권을 처분

15) 그 예로서는 시중금리가 상승하여 이자소득보다는 매매손실이 크게 될 우려가 있는 경우를 들 수 있다.

하거나 또는 교체를 한다. 이는 투자자들에게는 자본가치보전의 목적을 달성하기 위한 행위이다. 그리고 증권투자는 인플레이션에 대한 방어수단으로도 유용하다. 그러므로 자본시장법상 투자자보호의 기본법리가 이러한 점에서 도출된다. 자본시장은 이러한 투자행위가 행하여질 수 있는 시장으로서 기능을 한다.

## Ⅳ. 자본시장의 유형별 기능

### 1. 발행시장

발행시장(Primary Market)은 자금수요자인 기업이 증권(제4조)을 발행하는 시장을 말한다. 증권의 발행은 그 방식에 따라 직접 발행과 간접발행으로 나눌 수 있다. 간접발행의 방식은 인수기관(Underwriting Institutions)이 중심적인 역할을 한다. 발행시장은 자금공급자인 투자자의 관점에서 보면 자산을 운용할 수 있는 시장이다. 기업이 발행하는 증권에는 사채와 같이 발행자가 원리금을 약속하는 종류가 있는데, 사채의 상환능력은 발행자에 따라 다르다. 이로 인하여 투자자에게 사채는 일반적으로 사채가 은행예금보다 기대수익과 위험성이 동시에 큰 자산운용수단이 된다.

투자신탁(Investment Trust) 및 그 밖의 집합투자기구(Collective Investment Scheme)의 지분의 기대수익과 위험성은 자본성 자금을 공급하는 유형, 부채성의 자금을 공급하는 유형 또는 그 중간의 유형 등 운용대상자산의 경제적 성질에 따라 다르게 된다. 일반적으로는 주식과 사채와 같은 전통적인 투자수단에 비하여 집합투자기구는 투자의 구조와 투자대상의 종류가 다양하다는 특징이 있다.

이와 같이 발행시장은 자금공급자인 투자자의 입장에서 보면, 다른 금융시장에 자금을 공급하는 경우에 비하여 위험성과 기대수익이 높고 다양한 자산운용수단을 제공하고 있다.

### 2. 유통시장

유통시장(Secondary Market)은 투자자가 보유중인 증권이나 파생상품(제4조·제5조)과 같은 금융투자상품(제3조 제2항)을 현금화하는 시장을 말한다. 즉 유통시장은 투자자가 증권이나 파생상품(derivatives)을 거래하는 시장을 말한다. 그리하여 해당 상품의 유동성을 증가시킨다. 그리고 자금수요자인 기업의 자금조달비용에도 영향을 준다. 예를 들면, 투자자들은 발행시장과 유통시장의 가격을 비교하여 가격이 낮은 상품을 매입하는 습성이 있기 때문에 유통시장의 가격이 높으면 발행시장의 가격도 높아져 증권발행자는 낮은 비용으로 자금을 조달할 수 있게 된다. 이러한 의미에서의 유통시장은 협의의 유통시장이라고 할 수 있다.

협의의 유통시장은 거래소의 물적시설을 이용하여 증권과 파생상품에 관한 투자자의 매매주문을 집중시키고 가격·수량에 합치하는 주문을 약정하게 함으로써 계속적으로 매매가격, 즉 시장가격을 형성하는 거래소시장을 말한다(제8조의 2 제1항·제2항). 이에 비하여 광의의 유통시장은 거래소 이외에 다자간매매체결회사(제8조의 2 제5항[16]·제78조)나 거래소이외에서 파생상품거래를 하는 장외파생상품시장(제3조 제2항 제2호 나목·제5조 제3항 참조)을 말한다. 광의의 유통시장에서는 협의의 유통시장에 비하여 당사자의 수요에 따라 사적 자치의 법리가 반영된 계약을 체결하게 된다. 그리하여 해당계약의 당사자를 자유롭게 교체하는 데에는 제약이 있다. 이와 같이 유통시장은 투자자가 취득한 금융투자상품의 환금성을 보장하고 투자성과를 회수하는 장을 제공하는 기능을 한다. 유통시장이 존재하면, 단기간의 운용자금을 보유하는 투자자도 투자신탁과 같은 집합투자기구나 상장지수펀드(Exchange Traded Fund, ETF)를 이용하여 주식이나 사채 등의 장기자금의 운용수단에 투자할 수 있고 긴급한 자금수요가 생길 수 있는 투자자도 무리 없이 금융투자상품에 투자할 수 있다.

이 점 증권발행자는 유통시장이 존재하면, 이를 통하여 다수의 투자자로부터 자금을 조달할 수 있음을 의미한다. 그리하여 주식의 경우는 이미 상장되어 있는 회사는 투자자로부터 자금을 조달하기 전에, 신규발행시에는 자금조달 직후에 거래소에 상

---

16) 다자간매매체결회사란 정보통신망이나 전자정보처리장치를 이용하여 동시에 다수의 자를 거래상대방 또는 각 당사자로 하여 다음 각 호의 어느 하나에 해당하는 매매가격의 결정방법으로 증권시장에 상장된 주권, 그 밖에 대통령령으로 정하는 증권(이하 “매매체결대상상품”이라 한다)의 매매 또는 그 중개·주선이나 대리 업무(이하 ‘다자간매매체결업무’)를 하는 투자매매업자나 투자중개업자를 말한다.

1. 경쟁매매의 방법(매매체결대상상품의 거래량이 대통령령으로 정하는 기준을 넘지 아니하는 경우로 한정한다)
2. 매매체결대상상품이 상장증권인 경우 해당 거래소가 개설하는 증권시장에서 형성된 매매가격을 이용하는 방법
3. 그 밖에 공정한 매매가격 형성과 매매체결의 안정성 및 효율성 등을 확보할 수 있는 방법으로서 대통령령으로 정하는 방법

장하는 것이 일반적이다. 이에 비하여 사채 중에서 보통사채는 가격변동이 거의 없으므로 거래소에 상장하지 않고 증권시장 외에서 매매할 수 있다. 즉 광의의 유통시장에서 거래할 수 있다. 신주인수권부사채(bond with warrant, BW)나 전환사채(convertible bond, CB)는 가격변동이 크기 때문에 거래소에 상장하여 협의의 유통시장에서 거래할 수 있다. 그리고 운용자산이 비교적 자유롭게 증감되는 집합투자기구의 경우는 유통시장에서 수익증권을 매매하는 경우는 드물고, 투자자가 집합투자기구 설정자에게 수익증권에 대한 환매를 청구함으로서 환금성을 보장받을 수 있다. 법적으로 매매가 어려운 조합지분(제4조 제4항) 등의 경우도 해산 및 환매에 따른 출자금액의 환급이 인정된다(제218조 · 제224조).

한편 투자자의 입장에서 보면, 유통시장은 기존에 발행된 증권을 매매하여 자산운용을 하는 장을 제공한다. 신규로 발행되는 증권의 총액에 비하여 기존에 발행된 증권의 총액, 즉 시가총액은 매우 크다. 투자자는 증권을 매매함으로써 기업이 얻는 이익을 배당받거나 또는 기업실적에 따른 주가의 상승의 차익을 향유할 수 있다.

이와 같이 유통시장은 투자자에게 금융투자상품을 현금화할 수 있고 투자성과를 회수할 수 있으며, 기존에 발행된 증권에 대한 직접투자를 함으로써 자산운용을 할 수 있는 시장이다.

## 제3절 | 자본시장법의 목적

### I. 제1조

舊증권거래법은 "유가증권의 발행과 매매 기타의 거래를 공정하게 하여 유가증권의 유통을 원활히 하고 투자자를 보호함으로써 국민경제의 발전에 기여함을 목적"으로 하였다(동법 제1조). 그리하여 종래의 증권거래법의 목적은 '거래의 공정', '유통의 원활화' 및 '투자자의 보호'를 목적으로 하였다. 이에 비하여 자본시장법은 "자본시장에서의 금융혁신과 공정한 경쟁을 촉진하고 투자자를 보호하며 금융투자업을 건전하게 육성함으로써 자본시장의 공정성 · 신뢰성 및 효율성을 높여 국민경제의 발전에 이바지함을 목적으로 한다."고 규정하고 있다(제1조).

본래 자본시장법에서 자본시장에 관한 모든 규범을 구체적으로 규정하는 것은 입법기술상 불가능할 뿐만 아니라 비효율적이다. 이로 인하여 대부분의 금융선진국은 헌법상 근본적인 법체계 구성 원리에 반하지 않는 범위에서 하위의 위임규정을 두는 방식으로 규제를 하는 것이 일반적이다. 그러나 위임입법은 남용의 위험이 있기 때문에 사전적·사후적 통제가 반드시 필요하다. 이러한 점에서 자본시장법의 목적 규정은 동법의 해석과 운용을 지배하는 지침인 동시에 금융규제기관이 규제 전반에 대한 책임을 지도록 하는 기준이라고 할 수 있다.

자본시장법에서 제시한 목적은 매우 일반적이고 추상적인 내용으로 이루어져 있다. 먼저 '국민경제의 발전에 이바지'한다는 표현은 대부분의 경제관련법률에서 공통적으로 발견되는 것으로서 특별한 의미를 부여하기 어렵다. 구체적인 목표로 제시되고 있는 내용은 '자본시장의 공정성·신뢰성·효율성'의 제고이다. 이러한 목표를 이루기 위한 수단으로 자본시장법은 자본시장, 투자자 및 금융투자업의 세 가지 요소에 주목하고 있다. 그리하여 '자본시장에서의 금융혁신과 공정한 경쟁을 촉진'한다는 부분은 자본시장의 '효율성'과도 관련이 있지만 '공정성'에 더 비중을 둔 표현으로 보인다. 그리고 '투자자를 보호'한다는 부분은 자본시장의 '신뢰성'과 가장 잘 부합되는 표현이라고 할 수 있다. 또한 '금융투자업을 건전하게 육성'한다는 부분은 자본시장의 '효율성'에 가장 기여한다고 할 수 있다. 이하에서는 자본시장법의 목적을 달성하기 위한 세 가지 구성요소를 차례로 살펴본다.

## Ⅱ. 투자자의 보호

자본시장법에서는 舊증권거래법의 목적에 비하여 투자자 보호가 덜 부각되고 있지만, 투자자 보호는 자본시장법에서도 가장 중요한 목적 중의 하나이다. 투자자 보호가 흔들리는 상황에서 금융투자업의 육성이나 자본시장의 발전을 기대할 수 없기 때문이다. 자본시장법상 '투자자'는 금융투자업자가 필요한 정보를 제공하면 스스로 합리적인 판단을 할 수 있는 '합리적인 인간'만을 의미하는 것은 아니고, 금융투자업자가 아무리 많은 정보를 제공하더라도 때로는 불합리한 선택을 할 수 있는 일반인을 포함한다.

## Ⅲ. 금융투자업의 육성

舊증권거래법에서는 사업자인 '증권회사의 육성'이라는 표현은 목적조항인 제1조의 전면에 등장하지 않았었다. 그러나 자본시장법에서는 '금융투자업의 육성'이 목적조항에서부터 투자자 보호와 나란히 명시되고 있다. 자본시장법의 입법취지가 우리나라의 자본시장을 발전시킴과 동시에 산업으로서의 금융투자업을 발전시키는 점에 있다는 점을 고려하면, 매우 자연스러운 귀결이라 할 수 있다. 금융투자업자가 거래할 수 있는 금융투자상품의 폭과 겸업의 허용 범위를 대폭 확대한 것은 그 대표적인 예라고 할 수 있다.

## Ⅳ. 자본시장의 발전

자본시장법의 목적에서 명시되고 있지는 않지만 '자본시장의 발전'이 자본시장법이 지향하는 목적임을 부인할 수 없다. 투자자와 금융투자업자가 자본시장구성의 양대 요소이고 투자자의 보호나 금융투자업의 육성 없이 자본시장의 발전이 불가능하다는 점에서 '자본시장'이라는 표현을 별도로 명시하는 것은 불필요할 수도 있다. 그러나 舊증권거래법과 달리 자본시장법은 자본시장을 명시적으로 언급하고 있다. 이러한 변화는 자본시장이 국내의 경제체제에서 가지는 중요성에 대한 새로운 평가를 상징한다고 할 수 있다. 그리고 舊증권거래법이 제정되던 당시에 비하여 자본시장의 역할이 현저하게 중요해진 현실을 반영함과 동시에 자본시장법이 '시장법'으로서의 지위를 명확히 한 것으로 볼 수 있다. 영국에서도 종전의 1986년 「금융서비스법」(Financial Service Act 1986)이라는 명칭을 2000년 「금융서비스 · 시장법」(Financial Services and Markets Act 2000)으로 확대 · 변경하였다. 일본의 「금융상품거래법」의 목적 조항인 제1조도 '자본시장'이라는 표현이 처음으로 등장하고 있다.[17] 이와 같은 점에서 자본시장법 제1조에서 '자본시장'을 명시적으로 언급한 것은 국제적 흐름에도 부합한다고 볼 수 있다.

한편, 자본시장의 신뢰성이 투자자 보호에, 그리고 효율성이 금융투자업 육성에

17) 우리나라에서는 과거의 「자본시장육성에 관한 법률」 제1조에서 '자본시장의 건전한 발전'을 동법의 목적으로 규정한 바 있다. 그러나 이 법은 현재의 자본시장법과 동일한 차원의 법률이 아니다.

보다 잘 대응한다는 점은 이미 언급한 바와 같다. 같은 맥락에서 자본시장의 공정성은 자본시장에 대한 자유로운 접근의 보장, 불공정행위의 금지 등을 통한 공정한 시장의 유지를 말한다.

## 제4절 | 자본시장법의 주요내용 및 구성

### Ⅰ. 주요내용

#### 1. 서

자본시장법은 우리나라가 "자본시장과 자본시장 관련 금융산업의 발전이 미흡하여 자본시장에서의 금융 빅뱅(Big Bang)이 필요한 시점"에 있다는 판단에 따라 제정하게 되었다.[18] 즉 舊증권거래법, 선물거래법 또는 간접투자자산운용업법(이하 '자산운용업법') 등 칸막이식의 자본시장 관련법제에 대하여는 새로운 금융상품거래와 금융기관의 영업활동을 제약함으로써 자본시장의 발전을 더디게 한다는 비판이 많았다. 자본시장법은 이러한 인식을 토대로 포괄주의 규율제체로의 전환, 기능별 규제의 도입, 업무범위의 확대 및 투자자 보호제도의 선진화 등 4가지 점에 초점을 맞추고 있다. 그 주요 내용을 살펴보면 다음과 같다.

#### 2. 포괄주의에 따른 금융투자상품의 개념도입

자본시장법은 舊증권거래법과 선물거래법 등에 비하여 법의 적용대상인 금융투자상품의 범위를 대폭 확대하였다. 이와 더불어 자본시장관련 금융상품이 자본시장에 등장할 수 있는 길을 개방하여 자본시장에서의 경쟁을 촉진함과 동시에 이러한 금융투자상품에 투자하는 투자자를 폭넓게 보호하고자 하고 있다. 이를 위하여 동법은 다음과 같은 조치를 취하고 있다. 첫째, 증권·선물 등 자본시장관련 금융상품을 법령에서 일일이 열거하던 열거주의 규율방식을 폐지하고, 투자성이 있는 금융상품은 모두 '금융투자상품'으로 인정하고 있다(제3조).

18) 재정경제부, 「자본시장과 금융투자업에 관한 제정(안)」 입법예고(2006. 6. 30), 1－3면 참조.

둘째, 파생상품과 파생결합증권의 기초자산의 범위도 '계량화 가능한 모든 위험'으로 확대하여 파생상품과 파생결합증권이 거의 아무런 제한 없이 설계될 수 있도록 하고 있다(제4조 제10항).

셋째, 집합투자의 개념을 명확히 하는 한편 이용 가능한 집합투자기구의 종류를 민법과 상법 등에서 허용하는 대부분의 종류의 회사나 조합 등으로 확대하고 있다(제9조 제18항).

## 3. 금융투자업에 대한 기능별 규제

자본시장법은 포괄주의의 금융투자상품의 개념을 도입하는 한편, 금융투자업을 영위하는 주체가 누구인지를 불문하고 동일한 금융투자업은 동일한 규제를 받도록 하고 있다. 이를 위하여 동법은 다음과 같은 조치를 취하고 있다. 첫째, 자본시장법의 적용대상이 되는 금융투자업은 자본시장과 관련된 금융업을 포괄적으로 포함하도록 하되 그 기능에 따라 투자매매업, 투자중개업, 집합투자업, 투자일임업, 투자자문업 및 신탁업의 6개로 구분하고 있다(제6조).

둘째, 은행과 보험사 등이 집합투자증권, 투자성 있는 예금 또는 투자성 있는 보험을 판매하거나 파생상품을 매매 또는 중개하는 경우에도 금융투자업으로 규율함으로써 투자자 보호를 꾀하고 있다.[19]

셋째, 종래 각각 다른 법률에 의하여 규제되어 온 부동산투자회사, 선박투자회사 및 창업투자조합 등에 대하여도 자본시장법에 따른 집합투자업자 및 펀드에 대한 규율을 적용하고 있다(제6조 제5항).[20]

## 4. 금융투자업자의 업무범위 확대

자본시장법은 자본시장의 효율성과 투자자의 편의를 제고하기 위하여 금융투자업자의 업무범위를 다음과 같이 확대하고 있다. 첫째, 금융투자업자가 각각의 진입요

---

19) 다만, 이미 관련 금융법상 진입규제와 건전성 규제를 받고 있음을 감안하여 금융투자업인가는 받은 것으로 간주하고, 건전성 규제는 적용하지 않도록 하여 중복규제의 가능성을 제거하고 있다(제77조, 제22조, 제30조, 제31조, 제34조, 제40조).

20) 다만, 그 적용범위를 공모 펀드와 같이 특히 투자자 보호의 필요성이 강한 경우로 한정하고 있다(제6조 제5항 제1호 · 시행령 제6조 제1항 내지 제3항).

건을 갖추는 경우에는 투자매매업, 투자중개업, 집합투자업, 투자일임업, 투자자문업 또는 신탁업 등 6개 금융투자업을 모두 겸영할 수 있도록 함으로써 대형화되고 겸업화된 투자은행의 출현 기반을 마련하고 있다(제8조 제1항, 제12조, 제18조).

둘째, 부수업무(금융업이 아닌 업무로서 금융투자업에 부수하는 업무)의 범위를 사전적으로 제약하지 않고 원칙적으로 허용하되 투자자 보호에 문제가 있는 등 예외적인 경우에 한하여 부수업무의 영위를 제한하거나 시정할 수 있도록 하였다(제41조).

셋째, 투자자가 금융투자업자의 위탁매매계좌의 현금을 타 계좌로 송금하거나 결제 등을 할 수 있도록 자금이체업무를 제한적으로 허용하였다(제40조 제1항 제4호).[21]

## 5. 투자자 보호제도의 선진화

금융투자상품이 폭넓게 인정되고 겸업이 확대되면 금융투자업자 간의 경쟁이 심화될 수 있다. 이로 인하여 투자자의 이익이 침해될 가능성도 높아진다. 자본시장법은 이러한 사정을 고려하여 투자권유와 관련한 투자자 보호 장치를 다음과 같이 선진화하고 있다. 첫째, 금융투자상품에 관한 전문성 구비 여부, 소유자산규모 등에 비추어 투자자를 위험 감수능력에 따라 일반투자자와 전문투자자로 구분하여 일반투자자를 상대로 하는 금융투자업에 대한 규제를 강화하는 한편 전문투자자를 상대로 하는 경우에는 규제를 완화하였다(제9조 제5항·제6항, 제117조의 10 제6항·제7항, 제124조, 제249조의 4, 제249조의 7, 제249조의 8, 제249조의 11, 제279조 제2항 제1호).

둘째, 금융투자업자가 금융투자상품 판매시에 일반투자자에게 그 내용과 위험 등을 상세하게 설명하도록 '설명의무'를 부과하고 의무불이행시 손해배상책임을 지도록 하였다. 그리고 원본결손액을 손해배상액으로 추정하는 규정을 두었다(제47조[22]·제48조). 단정적 판단의 제공에 대하여도 동일한 원칙을 적용하고 있다.[23]

셋째, 금융투자업자가 투자자에게 금융투자상품을 권유하기 전에 면담 등을 통하여 일반투자자의 투자목적, 투자경험 등 특성을 파악할 의무(know-your-customer rule)를 도입하였다(제46조 제2항).[24]

---

21) 이는 은행의 고유업무인 지급결제업무를 은행이 아닌 금융투자회사에 허용하는 것이라는 이유로 입법과정에서 상당한 논란을 야기하였다.

22) 2020년 3월 24일 삭제되어 「금융소비자 보호에 관한 법률」(이하 '금융소비자보호법') 제19조로 통합되었다.

23) 2020년 3월 24일 삭제되어 금융소비자보호법 제21조로 통합되었다.

넷째, 일반투자자의 특성에 적합한 투자권유만을 하도록 하는 '적합성원칙'을 채택하는 한편으로 일부 위험상품에 대하여는 투자권유가 없는 경우에도 적정성을 판단하도록 하는 '적정성원칙'을 도입하여 장외파생상품과 같이 위험이 큰 금융투자상품을 무분별하게 권하지 못하도록 하였다(제46조, 제46조의 2).[25]

다섯째, 금융투자업자가 투자자로부터 요청을 받지 않고 방문·전화 등을 통하여 투자권유를 하는 행위 등을 금지하고 있다(제49조 제3호), 투자권유를 받은 투자자가 이를 거부하는 의사 표시를 하였음에도 불구하고 투자권유를 계속하는 것을 금지하였다(제49조 제4호).[26]

여섯째, 투자권유를 함에 있어서 금융투자업자의 임직원이 준수하여야 할 구체적인 기준 및 절차, 즉 '투자권유준칙'을 정하도록 하였다. 다만, 파생상품 등에 대하여는 일반투자자의 투자목적·재산상황 및 투자경험 등을 고려하여 투자자 등급별로 차등화된 투자권유준칙을 마련하도록 하였다(제50조).

## Ⅱ. 구성 및 세부 내용

위에서 기술한 자본시장법의 주요내용을 중심으로 자본시장법의 구성과 세부 내용을 표로 정리하면 다음과 같다.

| 편 | 장 | 내용 | 세부 내용 |
|---|---|---|---|
| 제1편 총칙 | – | 총칙 | • 목적, 정의 규정 |
| 제2편<br>금융투자업 | 제1장 | 인가 및 등록 | • 인가 등록요건 및 절차 |
| | 제2장 | 지배구조 | • 대주주변경 승인<br>• 사외이사, 감사<br>• 내부통제장치, 준법감시인<br>• 소수주주권 |
| | 제3장 | 건전 경영 유지 | • 자기 자본규제<br>• 대주주와의 거래제한<br>• 회계처리<br>• 경영공시 |
| | 제4장 | 영업행위 규칙 | • 공통영업행위규제(일부 내용 금융소비자보호법으로 통합 |

24) 2020년 3월 24일 삭제되어 금융소비자보호법 제17조 제2항으로 통합되었다.
25) 2020년 3월 24일 삭제되어 금융소비자보호법 제17조 및 제18조로 통합되었다.
26) 2020년 3월 24일 삭제되어 금융소비자보호법 제21조로 통합되었다.

| | | | |
|---|---|---|---|
| | | | · 변경)<br>– 투자권유 규제<br>– 손실보전 금지, 손해배상책임 등<br>• 업자별 영업행위 규제 |
| 제3편<br>증권의 발행 및 유통 | 제1장 | 증권신고서 | • 증권신고서 |
| | 제2장 | 기업의 인수·합병 관련제도 | • 공개 매수, 5% Rule 등 |
| | 제3장 | 상장법인의 사업보고서 등 | • 정기공시, 수시공시 |
| | 제3장의2** | 주권상장법인 특례 | • 재무 특례 |
| | 제4장 | 장외거래 등 | • 장외거래,외국인의 장외 매매 제한 |
| 제 4 편<br>불공정거래의 규제 | 제1~2장 | 불공정거래 규제 | • 내부자거래, 시세조종금지 |
| | 제3장 | 부정거래행위 등 | • 포괄적 사기금지, 공매도 금지 |
| 제5편<br>집합투자기구 | 제1－10장 | 집합투자기구 | • 정의, 집합투자기구의 구성<br>• 집합투자증권, 집합투자기구 기관등 |
| | 제11장 | 외국집합투자증권에 대한 특례 | • 외국 집합투자기구의 등록, 국내판매 등 |
| 제6편<br>관계기관 | 제1－8장 | 금융투자업 관계기관 | • 한국금융투자협회, 한국예탁결제원, 증권금융 등 |
| 제7편<br>한국거래소 | 제1－6장 | 한국거래소 | • 조직, 시장개설<br>• 시장감시, 분쟁조정 등 |
| 제8편<br>감독 및 처분 | 제1－4장 | 금융위의 집행 | • 금융위의 명령, 검사 및 처분<br>• 금융위의 조사, 과징금 |
| 제9편 보칙 | – | | • 위법행위의 신고 |
| 제10편 벌칙 | – | 형벌 규정 | • 형벌, 과태료, 양벌규정 |

* 재정경제부, 『자본시장과 금융투자업에 관한 법률 제정안』 축조 설명자료(2006. 6. 30)를 수정한 것이다.

** 舊증권거래법상 상장법인특례규정을 지배구조와 재무특례에 관한 규정으로 나누어 전자는 상법 제545조의 2 내지 12에, 그리고 후자는 자본시장법에 포섭되었다.

# 제2장 자본시장법의 특색

# 제2장 자본시장법의 특색

## 제1절 | 규제의 방식

### Ⅰ. 개요

앞에서 기술한 바와 같이 자본시장법은 자본시장의 공정성·신뢰성 및 효율성과 투자자 보호라는 목적을 달성하기 위하여 금융투자상품거래에 대하여 규제하는 종합적인 법률이다. 자본시장법을 보다 잘 이해하기 위하여는 동법에서 사용되고 있는 규제의 방식이 어떠한 것인지, 그리고 규제의 내용이 다른 법률과 어떠한 관계에 있는지의 여부, 즉 어떠한 역할분담을 하고 있는지 또는 중복규제를 하고 있는 지에 대한 이해가 필요하다. 우선 규제의 방식에 대하여는 행정규제, 사법적 규정 및 형벌규정으로 나눌 수 있다. 자본시장법은 하나의 규제목적을 달성하기 위하여 행정규제, 사법적 규정 및 형벌규정 모두가 적용되는 경우가 있는 특색을 갖고 있다. 예를 들면, 증권발행의 공시규제의 경우 공시된 정보의 완전성 및 정확성에 대하여 사전에 행정기관이 심사하고 필요한 경우 시정을 요구함과 더불어(행정규제), 공시서류에 허위사실이 있는 경우에는 사후적으로 행위자에 대한 제재로서 형사벌이 부과되고(형벌규정), 허위기재로 인하여 투자자가 입은 손해를 전보하기 위하여 관계자에 대한 투자자의 손해배상청구권이 인정되고(사법적 규정), 위반행위를 억지하기 위하여 과징금이 부과되는(행정규제) 구조를 띠고 있다.

## Ⅱ. 행정규제

자본시장법이 이용하고 있는 규제방식 중 가장 많은 것은 행정규제이다. 특히 금융투자업자의 업무규제를 정한 제2편의 규정은 대부분이 행정규제이며, 금융투자업자가 이를 위반하는 때에는 행정처분의 대상이 되고 있다. 제6편 제1장의 금융투자협회 및 제7편의 거래소에 관한 규정도, 이른바 자율규제기관에 대한 행정적 감독을 통하여 규제목적을 달성하고자 하는 점에서 광의의 행정규제라고 할 수 있다.

행정규제는 발행시장과 유통시장을 이용하는 증권의 발행자에게 미치고 있다. 그리하여 증권신고서에 불비가 있는 경우의 정정신고서제출명령(제122조), 증권신고서·정정신고서 또는 증권발행실적보고서 등의 효력정지처분, 나아가 그 밖의 거래를 정지 또는 금지하거나 대통령령으로 정하는 조치 등의 처분으로 인하여 증권발행자의 이해가 좌우되는 경우도 있다(제132조). 행정규제 대신 형사벌을 가하는 방법도 고려할 수 있으나, 형사벌은 인권에 대한 많은 제약을 가할 수 있다는 점에서 공시의무위반이나 불공정거래금지 위반 등 자본시장법의 중요한 규제위반 행위 등에 제한적으로 행하여 질 수밖에 없는 한계가 있다. 때문에 형사벌을 가하더라도 위반행위에 대하여 충분한 억지력을 발휘하고 있다고 볼 수는 없다. 이러한 점에서 일정한 규제위반행위에 대하여는 행정절차에 의거 금전적 부담을 부과함으로써 위반행위의 억지하고자 하는 과징금제도가 도입되었다(제428조 내지 제430조).

자본시장법상 과징금부과의 대상은 대주주와의 거래 등의 제한규정 위반(제34조), 금융투자업자에 대한 조치위반(제420조), 신고서·설명서 그 밖의 제출서류 중 중요사항에 관하여 거짓의 기재 또는 표시를 하지 않거나 중요사항을 기재 또는 표시를 하지 아니한 때 등(제429조·제119조, 제122조, 제123조), 사업보고서 제출대상법인의 허위기재(제164조, 제134조) 또는 공개매수신고서기재사항(제142조)의 위반의 경우 등이 해당한다. 이와 같이 우리나라의 과징금제도는 주로 증권발행자를 대상으로 하고 있고 유통시장에서의 공정한 거래를 확보하기 위한 것은 공개매수에 한하고 있다.

## Ⅲ. 사법적 규정

사법적 규정(私法的 規整)이란 사인(私人)간에 권리의무관계를 설정하고, 사인에게 그 권리를 행사하게 함으로써 법의 목적을 달성하게 하는 방식이다. 예를 들면, 자본시장법상 증권신고서 및 투자설명서의 부실정보공시로 인한 손해배상청구권(제125조 제1항), 시세조종행위로 인한 손해배상청구권(제177조), 미공개중요정보 이용행위의 배상청구권(제175조), 부정거래행위 등의 배상책임(제179조) 등은 사법적 규정에 속한다. 일반적으로 손해배상청구권에는 ① 사인이 입은 손해의 회복을 추구하는 기능(손해보전기능)은 물론, ② 위반행위를 한 사인에게 거액의 손해배상책임을 추궁함으로써 행위자의 위반행위를 멈추게 하고, 행위자로 하여금 보다 신중하게 행동하게 하는 기능(위반억지기능)이 있다.

그러나 ① 위반행위 또는 위반행위와 손해와의 인과관계를 입증하는 것이 쉽지 않다는 점, ② 개별 1인이 입은 손해가 소액인 때에는 다수의 피해자들의 청구를 통합하는 것이 어렵다는 등의 이유로, 투자자가 거래관계에 있는 금융투자업자에 대하여 청구하는 것을 제외하고는, 사인에 의한 손해배상청구권이 행사되는 사례는 그리 많지 않았었다. 다만, 최근에는 발행자의 공시위반에 대하여 기관투자가와 일반투자가가 손해배상을 청구하는 사건이 증가하고 있으며, 시세조종, 내부자거래 또는 설명의무위반으로 인한 사례의 경우도 마찬가지이다. 이는 우리나라에서도 사인에 의한 법의 집행(enforcement)이 정착되고 있음을 의미한다.

자본시장법은 금융투자업자에게 고객에 대한 신의성실공정의무를 부담하도록 명시하고 있고(제37조), 집합투자업자, 투자자문업자·투자일임업자 및 신탁업자 등에 대하여는 고객에게 선관주의의무와 충실의무를 부담한다고 규정하고 있다(제79조·제96조·제102조). 그리고 이러한 규정에 위반하는 경우 행정감독상의 처분의 근거가 된다는 의미에서는 행정규제이지만, 금융투자업자와 투자자간의 사법상의 관계를 규율한다는 의미에서는 사법적 규정이다.

## Ⅳ. 형벌규정

자본시장법은 많은 규정을 통하여 위반행위에 대한 형사벌을 과하고 있다. 형사벌은 불공정한 증권거래와 기업의 각종 사고에 대한 사회적 비난이 강하다는 점을 반영하여 규정되었다. 자본시장법상 주요 위반행위에 대한 벌칙의 수준은 ① 1년 이상의 유기징역 또는 그 위반행위로 얻은 이익 또는 회피한 손실액의 3배 이상 5배 이하에 상당하는 벌금 혹은 그 병과(제443조), ② 5년 이하의 징역 또는 2억원 이하의 벌금 혹은 그 병과(제444조·제447조), ③ 3년 이하의 징역 또는 1억원 이하의 벌금 혹은 그 병과(제445조·제447조), ④ 1년 이하의 징역 또는 3천만원 이하의 벌금 혹은 그 병과(제446조·제447조)로 대별할 수 있다.

위 가운데 ①에 해당하는 예로서는 미공개중요정보 이용행위 금지 위반(제174조), 시세조종금지규정 위반(제176조), 부정거래행위 등의 금지규정 위반(제178조) 행위 등을 들 수 있다. ②에 해당하는 예로서는 무인가 또는 부정한 방법에 의하여 인가를 받은 금융투자업자(제11조·제12조), 대주주와 거래제한 규정에 대한 위반행위(제34조), 대주주의 부당한 영향력 행사 금지규정의 위반(제35조), 금융투자업자의 업무위탁규정의 위반(제42조), 임의매매 금지규정의 위반(제70조), 불건전 영업행위의 금지규정위반(제71조), 집합투자기구 자산운용제한규정의 위반(제81조), 증권신고서(제119조)·정정신고서(제122조)·투자설명서(제123조)·사업보고서(제159조)·반기보고서 또는 분기보고서(제160조), 주요사항보고서(제161조) 규정에 위반한 행위 등을 들 수 있다.

③에 해당하는 예로서는 미등록 영업행위금지규정의 위반(제17조), 명의대여금지규정의 위반(제39조), 투자권유대행인의 등록 전 행위(제51조), 투자권유대행인 이외의 자에게 투자권유를 대행하게 한 자(제52조), 직무관련 정보의 이용금지규정 위반(제54조), 손실보전행위 금지규정의 위반(제55조), 임직원의 금융투자상품매매금지 규정의 위반(제63조), 집합투자증권 판매 등에 관한 특례규정의 위반(제76조), 집합투자업자의 자산운용의 지시 및 실행규정의 위반(제80조), 집합투자재산에 속하는 주식의 의결권행사와 관련한 주식처분명령에 위반한 경우(제87조 제6항), 신탁업자가 고유재산으로 신탁재산을 취득한 행위(제104조) 등을 들 수 있다. ④에 해당하는 예로서는 금융투자업자가 아닌 자가 관련 상호를 사용하는 행위(제38조), 위탁계약의 취소명령 또는 변경명령 위반(제43조), 매매형태의 명시규정 위반(제66조), 자기계약의 금지규정 위반(제67조), 자산운용보고서의 교부규정 위반(제88조), 수시공시규정 위반(제89조) 행위 등을 들 수 있다.

위와 같은 형벌규정을 두는 이유는 형사벌의 위력을 활용하여 위반행위를 억지하고자 하는데 있다. 즉 우리나라에서는 일반적으로 민사책임에 의한 압박보다는 형사벌에 의한 위력의 억지효과가 보다 크다고 판단되고 있기 때문이다.

그러나 형벌규정은 구성요건이 명확하여야 하기 때문에 그 적용을 억제하는 경우도 있고, 자본시장법에서는 고의범을 처벌하는 규정만을 두고 있기 때문에 형사벌에 의한 위반행위 억지효과는 한계가 있다고 할 수 있다. 이러한 한계를 보충하기 위하여 도입된 것이 과징금제도이다. 과징금제도는 그 범위가 한정적이기는 하지만, 위반행위에 대하여 행위자의 고의·과실유무를 묻지 않고 금전적 부담을 과한다는 특징이 있다. 이러한 점에서 책임을 부담하는 자의 범위가 넓고 과실을 근거로 책임을 물을 수 있는 민사책임규정이 보다 더 위법행위를 억지하는 효과를 발휘할 수 있을 것으로 풀이한다.

## Ⅴ. 자율규제

자본시장법상 금융투자업에 관한 자율규제는 거래소(제373조의 2) 및 한국금융투자협회(제283조)에 의하여 행하여진다. 자율규제는 행정적인 감독 하에서 국가로부터의 규제권한의 위탁을 받아서 각각의 자율규제기관이 주도하여 금융투자업자 및 금융투자업에 관한 규제를 하고 있다(제373조의 7·제377조·제393조, 제286조). 금융투자업자 및 금융투자업에 관한 자율규제는 복잡하고 변동하는 자본시장의 상황을 감안하여 그에 맞는 전문적인 인적·물적 조직을 갖춘 기관으로 하여금 규제를 할 수 있게 하는 장점이 있다. 그리고 자본시장에서 새롭게 규제를 필요로 하는 사항에 대하여 신속하고 정확하게 대처할 수 있는 장점도 있다.

그러나 자본시장의 자율규제에는 몇 가지 한계가 있다. 첫 번째는 자율규제의 본질에서 발생한다. 즉 자율규제기관은 자율규제단체가 그 회원에 대하여 스스로 과하는 규제이므로 규제를 적극적이고 엄격하게 하지 않을 수 있다. 이러한 현상은 회원의 행동을 엄격하게 규제하기 위한 업무규정 등을 제정하더라도 또 제정된 규정의 준수여부를 주의를 기울여 감시한다고 하더라도 발생할 수 있다. 그리고 규정 등의 위반에 대하여 적절한 제재를 가하는 과정에서도 발생할 수 있다.

두 번째는 자율규제가 국가기관 등의 직접적이고 효과적인 규제를 저지하는 수단으로 이용될 위험성이 있다. 자본시장의 자율규제는 금융위원회와 금융감독원 등의 직접적인 행정적 감독과 그 대상이 같을 수 있다. 그리하여 감독기관의 직접적인 행정적 감독을 저지 또는 회피하기 위한 수단으로 자율규제를 이용하고자 하는 동인이 생기는 것이다. 이러한 현상은 감독기관의 처분이전에 사전적으로 자율규제를 함으로써 2중 처벌방지라는 법적 관행을 이용하는 경우에 두드러지게 된다. 이와 같이 자율규제가 실효적으로 기능하지 아니할 때는 자본시장법의 목적을 실무적으로 달성할 수 없게 될 수 있다.

세 번째는 자율규제가 자율규제기관의 회원에 대하여 금융투자업자와 금융투자업의 규제목적을 실현한다는 미명 하에 불필요한 경쟁제한적인 제약을 가함으로써 자율규제기관 회원의 이익을 추구할 위험성이 있다. 자율규제기관에 의한 경쟁제한적인 제약은 그 기관의 회원과 거래를 하는 투자자가 자유경쟁에서 얻을 수 있는 이익을 박탈하게 된다. 물론 그러한 제약도 금융투자상품 거래의 정당한 규제목적을 달성하기 위하여 이용되는 때에는 합리화될 수 있다. 그러나 자율규제기관 회원의 이익을 추구하거나 또는 기득권자의 이익을 옹호하기 위하여 이용되는 때는, 그러한 제약은 배척되어야 한다. 결국 이러한 문제는 자본시장법의 규제목적의 실현과 공정거래법과의 조정의 문제로 귀결될 것이다.

한편 거래소와 한국금융투자협회의 자율규제의 목적은 서로 다르다. 이는 거래소는 기본적으로 증권시장의 운영이라는 공익적 역할을 하기 위하여, 한국금융투자협회는 회원간의 영업질서유지 등(제286조)을 목적으로 설립된 기관이라는 점에서 생기는 것이다.

## 제2절 | 자본시장법과 상법 · 민법

### Ⅰ. 자본시장법과 상법

#### 1. 의의

자본시장법은 대규모 공개회사에 적용되는 주식회사법적인 측면과 자본시장을 규제하는 시장규제법으로서의 측면이 있다. 전자의 측면과 관련하여 자본시장법은 상법, 특히 주식회사법의 특별법이라고 할 수 있다. 그것은 다수의 주주가 존재하는 공개적인 주식회사와 불특정다수의 투자자가 관여하고, 거래가 이루어지는 증권을 발행하는 주식회사에 대하여 상법의 규정이 더하여져 자본시장법이 특별한 규제를 하고 있기 때문이다. 다만, 자본시장법과 상법은 규제의 이념이 다르고, 자본시장법이 특례 규정을 두고 있는 분야도 실제로는 그리 많지 않다. 이하에서는 양 법률의 규제이념상의 차이점을 살펴보고, 몇 가지 규제분야에서의 특이점을 비교하여 보고자 한다.

## 2. 주주·사채권자 보호 및 투자자 보호

상법은 주주, 경영자 및 채권자 등 기업을 둘러싼 경제주체간의 이해를 조정하는 사법이다. 그리하여 상법에는 주주와 사채권자의 이익을 보호하기 위한 규정이 다수 포함되어 있다. 이 때문에 상법상 주주·사채권자의 보호와 자본시장법상 투자자 보호간의 차이점이 문제될 수 있다. 그에 관한 주요 내용을 살펴보면 다음과 같다. 첫째, 자본시장법상의 증권은 주식과 사채는 물론 그 밖의 폭 넓은 자산도 포함하는 광의의 개념이므로(제4조) 동법상의 투자자 보호에는 주주·사채권자 이외의 자(예: 수익증권의 수익자)를 보호하는 규정도 포함되어 있다.

둘째, 상법은 주식·사채의 권리내용을 정하고, 그 권리행사를 보장함으로써 주주·사채권자를 보호하고자 한다. 이에 대하여 자본시장법은 증권상의 권리자체를 보장하는 것이 아니라 증권을 거래하고자 하는 자, 즉 투자판단에 직면한 투자자의 이익을 보호하고자 하는 법률이다. 따라서 투자자 보호에는 증권의 매입을 고려하고 있지만 아직 증권을 취득하지 아니한 자 및 증권을 매각하여 현재는 증권을 보유하지 아니한 자의 보호를 포함한다. 다만, 증권보유자일지라도 투자판단에 직면하지 아니한 자를 보호대상으로 삼지는 않는다. 이와 같이 상법과 자본시장법의 보호의 범위·목적이 다르기 때문에 투자자와 주주의 이익이 대립하는 때에 이를 조정하는 것이 문제될 수 있다. 예를 들면, 회사에 관한 어떤 정보는 해당회사의 주식을 매입하고자 하는 투자자의 입장에서는 공시되는 것이 바람직하지만, 기존주주의 입장에서는 공시되지 아니하는 것이 이익이 될 수 있기 때문이다.

셋째, 자본시장법상 투자자 보호법리에는 ① 증권발행과 투자자, ② 공개매수자와 투자자의 경우처럼 그 거래가 1 vs. 다수인 형태로 이루어지고, 증권에 관한 정보는 전자에게 편재되며, 후자는 거래를 하여야 하는 상황을 상정하여 전자에게 정보공시를 요구하고, 또 후자에게는 숙고시간을 부여함으로써 거래가 적절하게 성사될 수 있도록 하는 특징이 있다. 즉 자본시장법은 일반투자자는 약자의 입장이라고 전제하여 특별히 투자자의 보호를 목적으로 삼고 있는 것이다. 이에 대하여 상법은 주주 이외의 회사채권자를 포함한 기업의 경제주체의 이해관계를 상호 조정하는데 집중하고 있을 뿐 특정한 경제주체의 보호를 달리 지향하지는 않는다.

## 3. 증권발행의 규제

상법은 신주발행시 그에 관한 기존주주의 이익과 자금조달을 기동적으로 하고자 하는 회사의 이익을 조정하기 위한 다수의 규정을 두고 있다. 그 예로는 신주발행 결정기관(동법 제416조, 제393조의 2 제2항), 신주발행시 결정사항(동법 제416조), 신주발행의 절차(동법 제418조, 제419조), 신주인수권자(동법 제418조), 신주발행시 이사가 주식청약서에 기재하여야 할 사항(동법 제420조), 주주에 의한 신주발행유지청구권(동법 제424조), 신주발행무효의 소(동법 제424조), 신주인수인의 무효주장·취소의 제한(동법 제427조) 등에 관한 규정을 들 수 있다. 이에 대하여 자본시장법은 정관의 규정에 의거 이사회의 결의만으로 일반 공모증자방식의 신주를 발행할 수 있다는 취지의 규정만을 두고 있을 뿐이다(제165조의 6 제4항). 이러한 점에서 자본시장법은 증권발행시 투자자인 주주의 이익보호는 상법의 규정에 위임하고 있다고 해석할 수 있다.

상법은 사채에 발행시에도 사채발행 결정기관(동법 제469조), 사채발행시 이사가 사채청약서에 기재하여야 할 사항(동법 제474조) 사채발행의 절차(동법 제474조, 제476조), 사채관리회사의 권리의무(동법 제484조, 제484의 2, 제485조), 사채권자집회(동법 제490조 내지 제512조) 등의 규정을 두고 있다. 이에 대하여 자본시장법은 사채의 모집매출은 상장회사의 신주발행과 같은 절차 이외에 동법에서 요구되는 절차를 거치도록 하고 있지만(동법 제119조·제121조, 제123조, 제169조), 사채권자의 권리의무에 관하여 중점을 둔 규정은 없다.

증권발행시의 정보공시규제에 관하여 상법은 주식청약서의 용지 및 사채청약서의 용지에 의한 정보공시를 요구하고 있지만(동법 제420조·제474조), 그 공시내용은 주식과 사채의 형식적 내용에 지나지 않고, 주식과 사채의 투자가치를 판단하는데 필요한 정보를 충분히 포함하고 있지는 않다. 이에 대하여 자본시장법은 증권의 투가가치를 판단하는 데 필요한 정보를 강제적으로 공시하게 하는데 중점을 두고 있으며, 그에 관한 상세한 발행공시규제를 하고 있다(제119조 내지 제132조). 자본시장법상 이들 규정은 스스로 충분한 정보를 얻을 수 없는 일반투자자를 보호하는 데 그 목적을 두고 있다.

## 4. 계속공시제도

상법상 공시제도 중에서 주주와 사채권자의 이익을 보호하는데 가장 중요한 것은 주주총회의 소집통지에 첨부하여 주주에게 발송되는 계산서류들이라고 할 수 있다. 그리하여 대차대조표, 손익계산서 및 영업보고서(동법 제447조, 제447조의 2)는 물론 감사보고서(동법 제447조의 4) 등이 직접 주주에게 공시된다. 이는 직접공시이다. 그리고 이러한 서류 및 부속명세서(동법 제447조 제1항)는 회사의 본점 및 지점에 비치하여 주주와 채권자의 열람에 제공된다(동법 제448조). 이는 간접공시이다.

상법상의 공시제도는 주주와 채권자가 권리행사를 하는 경우 그 판단에 도움을 주고자 마련된 것이다. 그러므로 투자판단을 하는 데 필요한 정보를 제공하고자 하는 자본시장법의 공시제도와는 그 목적이 다르다. 다만, 상법에 의거 공시되는 정보가 일정부분 투자자의 투자판단에 이용되는 경우도 있다. 이와 같이 양 법률이 투자판단의 재료를 제공한다는 관점에서 그 공시제도의 범위를 비교하여 보면, 자본시장법상의 정기공시제도는 주권상장법인, 그 밖에 대통령령으로 정하는 법인(이하 '사업보고서 제출대상법인')에 대하여 적용되므로(제159조, 제160조), 그 적용범위가 상법보다 좁다.

그러나 자본시장법상 정기공시제도의 중심을 이루는 상장법인의 사업보고서, 반기보고서 또는 분기보고서의 공시내용은 상법상의 계선서류보다도 상세하다. 이 때문에 자본시장법상의 공시법규는 상법보다 그 적용범위는 좁지만, 공시내용은 상세하다는 의미에서 상장회사 등에 대한 상법의 특별법의 지위를 갖는다고 해석할 수 있다. 그 결과 자본시장법의 적용을 받는 '사업보고서 제출대상법인'은 동법에 의거한 사업보고서, 반기보고서 또는 분기보고서를 작성함에 있어서 금융위원회가 정하여 고시하는 기재방법 및 서식에 따라 재무제표 및 연결재무제표 등을 작성하여야 하며(제159조, 제160조), 상법이 요구하는 영업보고서(동법 제447조의 2) 및 감사보고서(동법 제447조의 4) 등도 작성하여야 하는 2중의 의무를 지고 있다. 이러한 점에서 사업보고서 제출대상법인은 적지 않은 부담을 안고 있다.

## 5. 기업매수의 규제

자본시장법상 기업매수의 대표적인 규제로는 공개매수에 관해 규제가 있다(제133

조 내지 제146조). 자본시장법상 "공개매수"란 불특정 다수인에 대하여 의결권 있는 주식, 그 밖에 대통령령으로 정하는 증권(이하 주식 등')의 매수[1]의 청약을 하거나 매도[2]의 청약을 권유하고 증권시장 및 다자간매매체결회사(Alternative Trading System, ATS)[3] 밖에서 그 주식 등을 매수하는 것을 말한다(제133조). 즉 자본시장법은 불특정다수자를 상대로 공고를 함으로써 권유하고, 시장 외에서 주식 등을 매수하는 행위를 규제하고 있는 것이다. 이러한 규제는 투자자에게 정보를 공시하고 투자자를 평등하게 취급하고자 하는 데 그 취지가 있고, 공개매수가 투자자에게 최상의 이익이 되는지의 여부와는 무관하다.

이에 비하여 상법은 주식회사와 이사의 관계는 위임관계임을 명시하고 있으므로(동법 제382조 제2항), 이사로 하여금 회사의 최선의 이익이 되도록 행동할 것을 요구하고 있다. 이에 반하는 행위를 할 때에는 회사에 대한 손해배상책임을 부담하게 된다(동법 제399조). 그리고 이사의 회사에 대한 충실의무도 명시하고 있다(동법 제382조의 3). 따라서 이사가 회사의 적대적 공개매수에 관하여 적절한 대책을 강구하지 아니할 때에는 회사에 대하여 손해배상책임을 지게 된다. 그리고 자기주식취득시 그 방법으로서 공개매수의 방법을 제시하고 있다(동법 제341조 제1항 제2호).

이와 같이 공개매수를 통한 기업매수행위를 함에 있어 자본시장법은 투자자 보호의 관점에서, 상법은 회사이윤의 극대화를 통한 주주이익 보호의 관점에서 규제를 하고 있다. 때문에 양자가 이론적으로 충돌하는 것은 아니다.

그러나 규정을 실제로 적용하는 때 자본시장법상의 공개매수규제는 기업매수자 측에 유리할 수 있고, 상법의 규제는 매수대상기업의 경영자에게 유리하게 되는 사례도 발생할 수 있다. 때문에 실무적으로는 양자가 충돌할 수 있다. 미국은 연방증권법상의 공개매수가 본질적으로 기업매수자 측에 유리하다고 보아 피매수기업의 경영자의 권한을 넓게 인정하는 방향으로 州 회사법을 개정하고 있다. 이 점 시사하는 바가 있다.

---

1) 다른 증권과의 교환을 포함한다.
2) 다른 증권과의 교환을 포함한다.
3) 이와 유사한 시장으로서 해외에 있는 시장을 포함한다.

## 6. 내부자거래의 규제

자본시장법은 상장법인의 임원, 직원 또는 주요 주주 등의 내부자가 일반투자자에게 공시되지 아니한 정보를 이용하여 주식거래 등을 하여 이익을 얻거나 손실을 회피하는 행위를 규제하고 있다(제172조, 제174조). 상장법인의 임원,[4] 직원[5] 또는 주요주주가 특정 증권 등을 매수[6]한 후 6개월 이내에 매도하거나 특정 증권 등을 매도한 후 6개월 이내에 매수하여 이익을 얻은 경우에, 그 법인은 그 임직원 또는 주요주주 등에게 그 이익(단기매매차익)을 그 법인에게 반환할 것을 청구할 수 있다(제172조). 그리고 상장법인의 임직원·대리인, 주요주주 또는 계약교섭자 등이 상장법인의 업무 등과 관련된 미공개중요정보를 특정 증권 등의 매매, 그 밖의 거래에 이용하거나 타인에게 이용하게 하는 행위, 즉 미공개중요정보의 이용행위도 금지하고 있다(제174조).

이와 같이 자본시장법상의 내부자거래규제는 회사의 내부자뿐만이 아니라 회사의 거래상대방, 공개매수자의 거래상대방 등을 규제의 대상에 포함하고 있다. 이는 상법이 대리상, 가맹상, 이사 및 준법지원인에게 영업비밀준수의무를 부과하고 있는 점(제93조의 3, 제168조의 8, 제382조의 4, 제542조의 13)과 비교하여 보면, 그 규제범위가 매우 넓다.

## 7. 의결권대리행사의 권유

의결권대리행사의 권유(proxy solicitation)는 위임장권유형태로 이루어진다. 연혁적으로 보면, 주주의 의결권행사에 필요한 정보공시제도는 주요국의 자본시장 관련법에서 발달하여 왔다. 우리 자본시장법도 상장주권[7]의 의결권 대리행사의 권유를 하고자 하는 자(의결권권유자)는 그 권유에 있어서 그 상대방(의결권피권유자)에게 대통령령으로 정하는 방법에 따라 위임장 용지 및 참고서류를 교부하여야 한다고 명시하

---

4) 상법 제401조의 2 제1항 각 호의 자를 포함한다.
5) 직무상 자본시장법 제174조 제1항의 미공개중요정보를 알 수 있는 자로서 대통령령으로 정하는 자에 한한다.
6) 권리 행사의 상대방이 되는 경우로서 매수자의 지위를 가지게 되는 특정 증권 등의 매도를 포함한다.
7) 그 상장주권과 관련된 증권예탁증권을 포함한다.

고 있다(제152조 제1항). 그리고 해당위임장 용지 및 참고서류를 비치하고 이를 일반인의 열람에 제공하도록 하며(제153조), 위임장용지 등을 공시하도록 하고 있다(제157조). 또한 자본시장법은 주주총회시 의결권의 대리행사를 권유하는 때에는 주주총회의 각 목적사항에 대하여 찬반을 명기한 형식의 정당한 위임장용지를 이용하고(제152조 제4항·제154조), 의결권행사에 참고가 되는 일정한 정보를 기재한 참고서류를 제공하여 권유하도록 하고 있다(제152조 제1항). 이러한 규정들은 주주의 의결권행사에 필요한 정보를 제공하고, 주주총회의 결의를 공정하게 하기 위한 것이고, 투자판단을 위한 정보공시는 아니다.

이에 비하여 상법은 서면투표제도(동법 제368조의 3 제1항)와 전자투표제도(동법 제368조의 4 제1항)를 도입하고 있고, 동법에 의거한 참고서류의 제공 등의 정보공시를 요구하고는 있지만, 자본시장법상의 위임장권유와 같은 규정을 두고 있지는 않다. 이 점에서 주주의 권리인 의결권을 실질화하기 위한 규제는 본래 회사법상의 문제이지만, 현실적으로는 주로 자본시장법의 역할에 의존하고 있다고 평가할 수 있다.

## 8. 증권회사에 대한 규제

자본시장법상 중요한 금융투자업자인 증권회사의 주요 업무는 투자매매업과 투자중개업(제6조 제2항·제3항)인데, 이는 본질적으로 상법상 위탁매매업(동법 제101조) 또는 중개업(동법 제93조)에 속한다. 다만, 상법상 위탁매매인은 위탁자·위탁매매인, 매도위탁자·매수위탁자간, 중개업은 상인과 거래상대방간의 관계를 사법적(私法的)으로 규율하는 데 그 입법취지가 있는 데 비하여, 자본시장법은 상법상의 규율에 더하여 위탁자 또는 거래상대방인 투자자를 보호하기 위하여 사업법적(事業法的)인 규제를 하고 있다. 예를 들면, 매매형태의 명시(제66조), 자기계약의 원칙적 금지(제67조), 최선집행의무(제68조), 임의매매의 금지(제70조), 불건전 영업행위의 금지(제71조) 및 신용공여의 허용(제72조) 등은 증권회사와 투자자간의 관계를 규율하고 있는데, 이는 상법에는 없는 제도이다. 다만, 자본시장법은 자기계약의 예외적 허용(제67조 제1호·제2호) 및 자기주식의 예외적 취득(제69조) 규정을 두고 있는데, 이는 상법상 위탁매매인의 개입권(동법 제107조)을 투자자 보호를 위하여 변형한 것이라고 풀이할 수 있다.

## Ⅱ. 자본시장법과 민법

### 1. 자본시장법 위반의 사법상 효과

자본시장법과 민법과의 관계는 자본시장법 위반의 사법상 효과로 귀결된다. 자본시장법의 규제에 위반하여 계약과 거래가 행하여진 경우, 해당계약과 거래가 사법상 유효한지의 여부가 문제될 수 있다. 이 문제와 관련하여 자본시장법은 별도의 규정을 두지 않고 있기 때문에 해석에 의존할 수밖에 없다. 자본시장법은 금융투자상품시장의 기능을 유지하고 투자자를 보호하기 위하여 금융투자상품시장의 참가자에게 다양한 규제를 하고 있는데, 자본시장법의 규제가 이른바 단속법규라고 하더라도 그에 위반하여 체결된 계약 등의 효력에 전혀 영향을 미치지 않는다고 해석하는 것은 타당하지 않다.

### 2. 적용법리

위에서 기술한 바와 같은 자본시장법의 법리에 따라, 금융투자상품에 관한 계약의 효력을 판단함에 있어서는 동법의 개별적인 규정이 구체적으로 누구의 어떠한 이익을 보호하기 위하여 정하여졌는지, 계약을 무효로 함으로써 거래의 안정을 해하게 될 가능성은 없는지 등을 종합적으로 고려할 필요가 있다. 이 밖에 계약의 내용이 사회질서(민법 제103조)에 반한다는 이유로 계약을 무효로 하는 법률구성도 고려할 수 있다. 그리고 자본시장법의 위반행위가 바로 계약의 무효로 이어지지 않는다고 하더라도, 불법행위의 위법성의 요건(민법 제750조)을 충족하면 투자자에 대한 불법행위를 성립시키는 점도 고려할 수 있다. 또한 금융투자업자의 임직원이 자본시장법에 위반하는 위법한 권유를 하는 때에는 그 위법한 권유가 바로 금융투자상품의 위탁계약을 무효로 하지는 않지만, 불법행위를 구성하고 금융투자상품거래로 이어져 투자자가 손해를 입는 때에는 금융투자업자에게 사용자책임(민법 제756조)을 물을 수도 있다. 다만, 자본시장법에 대한 위반이 직접 불법행위의 위법성의 요건을 충족한다고는 볼 수 없다. 예를 들면, 금융투자업자의 임직원이 손실보전을 약속하며 투자를 권유한 행위는 항상 자본시장법에 위반되지만(제55조), 권유를 받은 고객이 증권투자에 대하여 충분한 지식과 경험이 있어 손실보전행위가 위법행위라는 사실을 알고서 그 권유에 응하지 아니한 경우, 그 고객과의 관계에서는 해당권유가 위법성을 띠지 않는다고 볼 수 있다.

## 제3절 | 자본시장법과 공정거래법

### Ⅰ. 목적조항의 비교

「독점규제와 공정거래에 관한 법률」(이하 '공정거래법')은 사업자의 시장지배적 지위의 남용과 과도한 경제력의 집중을 방지하고, 부당한 공동행위 및 불공정거래행위를 규제하여 공정하고 자유로운 경쟁을 촉진함으로써 창의적인 기업활동을 조성하고 소비자를 보호함과 아울러 국민경제의 균형 있는 발전을 도모함을 목적으로 한다(동법 제1조). 이 목적 조항을 분석하여 보면, 우선적으로는 목적을 달성하기 위한 수단을 제시하고 있다. 공정거래법은 그 수단으로 ① 시장지배적 지위남용의 방지, ② 과도한 경제력집중의 방지, ③ 부당한 공동행위 규제, ④ 불공정거래행위의 규제를 예시하고 있다. 그리고 동법은 수단을 먼저 예시한 후 동법이 달성하고자 하는 목적을 제시하고 있는 방식을 취하고 있는데, 그 목적부분에 대하여는 다시 직접적인 목적과 궁극적인 목적으로 나눌 수 있다. 직접적으로는 ① 공정한 경쟁의 촉진, ② 자유로운 경쟁의 촉진을 목적으로 하고 있다. 이를 통하여 궁극적으로는 ① 창의적인 기업활동의 조성, ② 소비자 보호, ③ 국민경제의 균형 있는 발전을 도모하고자 하고 있다.[8)]

이와 같이 공정거래법의 규제수단과 목적은 전반적으로 자본시장의 경우와는 다르다고 할 수 있다. 다만, 공정거래법이 공정한 경쟁적인 시장을 촉진하고 일반소비자의 이익을 보호하여 국민경제의 균형 있는 발전을 도모하는 것을 목적으로 삼고 있는 점은 자본시장의 목적과 맥이 닿아 있다. 자본시장법도 자본시장에서의 '금융혁신'과 '공정한 경쟁을 촉진'하고 '투자자를 보호'하며, 자본시장의 '공정성·신뢰성 및 효율성을 높여 국민경제의 발전에 이바지'함을 목적으로 하기 때문이다. 이 점에서 자본시장법과 공정거래법의 규제이념의 異同 및 양자의 적용관계 등이 문제될 수 있다. 이 문제와 관련하여서는 특히 시장에서 증권거래의 경쟁(증권시장의 경쟁성),

8) 권오승·서정(2018), 17면; 신현윤(2017), 135-138면.

증권중개 서비스의 경쟁(증권중개 서비스시장의 경쟁성) 및 기업결합의 상호관계 등으로 구분하여 살펴볼 필요가 있다.

나아가 자본시장법과 공정거래법은 유사한 목적을 달성하기 위한 규제방식에서 본질적인 차이가 있음을 간과하여서는 아니 된다. 공정거래법은 자본시장법과 같은 산업규제법과는 다르기 때문이다. 즉 자본시장법과 같은 감독법규는 금융투자산업을 육성하기 위한 산업정책적 목적에서 금융투자업자의 시장진입을 제한하고, 각종 영업행위를 규제하고 있지만, 공정거래법은 사업자들의 영업활동을 제한하는 것이 아니라 오히려 영업행위에 대한 제한을 금지함으로써 그 경쟁을 촉진하는데 목표를 두기 때문이다. 그리고 공정거래법은 불공정거래행위에 대한 금지도 규제차원이 아니라, 경쟁이 보다 원활하게 촉진될 수 있도록 시장의 내적 질서를 확보하기 위한 법률이기도 하다.[9] 이와 같이 자본시장법과 공정거래법은 '공정한 경쟁촉진'이라는 유사한 목적을 갖고 있지만, 그에 대한 규제방식은 상반되는 모습을 보인다.

## Ⅱ. 증권거래의 경쟁(증권시장의 경쟁성)에 관한 상호관계

공정거래법은 「통계법」 제22조 제1항에 따라 통계청장이 고시하는 한국표준산업분류상의 금융 및 보험업도 규제의 대상으로 삼고 있다(동법 제2조 제10호).[10] 「한국표준산업분류」에서는 투자자문업, 투자신탁 및 투자기관 등도 그 범주에 포섭하고 있다. 이와 같이 공정거래법은 사업자를 제조업, 서비스업 또는 그 밖의 사업을 하는 자로 정의하고(동법 제2조 제1호), 그에 따른 시장을 한정하지 아니하고 있기 때문에 증권시장도 공정거래법상 규제시장의 하나로 볼 수도 있다. 이 점에서 증권시장에도 공정거래법이 적용된다고 해석할 수도 있을 것이다.

그러나 공정거래법은 사업자와 소비자간의 거래가 이루어지는 시장에 적용되기 때문에, 증권 발행시장 및 유통시장에서 이루어지는 증권거래행위 자체에 대하여는 적용될 여지가 없다. 증권 발행시장을 이용하는 발행회사와 유통시장을 이용하는 투자자는 공정거래법상의 사업자에 관한 정의규정에 해당하지 않기 때문이다(동법 제2조 제1호 참조). 오히려 양자는 모두 소비자라고 할 수 있다. 다만, 이러한 점을 근거

---

9) 同旨 정호열(2022), 23면.
10) 다만, 금융지주회사 외의 지주회사인 일반지주회사(공정거래법 제18조 제2항 제5호)는 금융업 또는 보험업을 영위하는 회사로 보지 아니한다.

로 자본시장법과 공정거래법의 이념상 공통성을 부정할 수는 없다. 오히려 자유롭고 공정한 시장경쟁을 촉진한다는 점에서는 자본시장법과 공정거래법의 목적이 동일하며, 자본시장법의 규제가 있기 때문에 증권시장에서의 거래자체에 공정거래법을 적용할 필요가 없다고 해석하는 것이 올바르다.

이와 달리 자유롭고 공정한 시장을 유지하기 위한 규제의 형식은 양 법률이 서로 다르다. 공정거래법은 시장일반을 규제하기 때문에 사업자가 시장지배적인 지위를 이용하여 경쟁을 제한하는 사적인 독점을 규제한다. 이로 인하여 관련규제는 일반적인 형식을 취할 수밖에 없다. 이에 비하여 자본시장법은 주로 증권시장을 규율하는데, 증권시장은 상품의 대체성이 높고 거래가 정형화 되어 조직적으로 이루어지는 시장이다. 이 때문에 자본시장법은 시세조종 등의 금지(제176조), 부정거래 등의 금지(제178조), 시장질서교란행위의 금지(제178조의 2) 및 공매도의 제한(제180조) 등과 같이 시장거래에 특화하는 규제형식을 취하게 된다.

## Ⅲ. 증권중개 서비스의 경쟁(증권중개 서비스시장의 경쟁성)에 관한 상호관계

공정거래법은 동법 제2조 제10호 및 「통계법」 제22조 제1항에 의거 통계청장이 고시하는 「한국표준산업분류」에 따라 증권중개업 및 선물중개업 등도 규제의 대상으로 삼고 있다. 그리하여 증권중개서비스 시장에서는 증권회사와 선물(先物)회사(futures commission merchant)도 사업자가 되며, 증권 발행회사와 투자자는 서비스를 제공받는 소비자로 볼 수 있다. 이는 자본시장법이 비록 금융투자업자를 '금융투자업에 대하여 금융위원회의 인가를 받거나 금융위원회에 등록하여 이를 영위하는 자'를 말하는 것으로 정의하고 있다고 할지라도(제8조 제1항) 변함이 없다. 즉 자본시장법이 시장진입규제 장치를 두어 증권회사 등의 경쟁수단을 배제하고 있다고 해석하더라도, 공정거래법의 적용을 배제할 이유가 되지는 아니한다.

나아가 「한국표준산업분류」에서는 금융시장 관리업으로서 한국거래소 및 기타 금융시장 관리업을 명시하고 있다. 이에 따라 자본시장법상 거래소(제373조의 2), 한국금융투자협회(제283조) 또는 한국예탁결제원(제294조) 등의 행위는 공정거래법상 사업자단체(동법 제2조 제2호)의 행위로서 공정거래법의 적용을 받는다.

결국 증권중개 서비스의 자유롭고 공정한 경쟁의 촉진은 그 자체가 공정거래법의 목적인데, 이는 자본시장법의 목적과 밀접한 관련성을 갖고 있다. 그것은 증권중개서비스의 경쟁이 촉진되면 증권거래의 비용이 낮아지게 되어 많은 투자자가 거래에 참가할 수 있게 되고, 이는 '국민경제의 발전, 즉 효율적인 자본시장의 형성에 이바지 한다'는 자본시장의 목적을 달성하게 되기 때문이다.

### Ⅳ. 기업결합의 상호관계

공정거래법상 기업결합이란 ① 다른 회사 주식의 취득 또는 소유, ② 다른 회사와의 합병, ③ 다른 회사의 영업의 전부 또는 주요 부분의 양수·임차 또는 경영의 수임이나 다른 회사의 영업용 고정자산의 전부 또는 주요 부분의 양수, ④ 임원 또는 종업원에 의한 다른 회사의 임원 겸임, ⑤ 새로운 회사 설립에의 참여 등의 방식으로 기업 간의 자본적·인적·조직적인 결합을 통하여 기업 활동을 단일한 관리체제하에 통합시킴으로써 개별기업의 경제적인 독립성을 소멸시키는 행위를 말한다(동법 제9조 제1항).[11] 그리고 공정거래법은 경쟁을 실질적으로 제한하는 기업결합을 규제하기 위하여, 대통령령으로 정하는 기업결합신고대상회사가 기업결합을 하는 경우 이를 신고하도록 하고 있다(동법 제11조). 이에 따라 금융투자업자도 기업결합신고대상회사가 될 수 있으나, 공정거래법은 상법상 주식회사 형태의 집합투자기구(투자회사)는 신고대상에서 제외하고 있다(동법 제11조 제3항 제3호 가목). 이는 투자회사(investment company 또는 mutual fund)의 운용실적이 저조하여 환매에 대응하고자 불가피하게 합병을 허용하고 있는 자본시장법의 규정(제204조)과 입법취지가 같다.

## 제4절 | 자본시장법과 소비자기본법(증권거래와 소비자거래의 차이)

자본시장법의 특색을 이해하기 위하여는 소비자기본법과의 상호관계에 대하여도 살펴볼 필요가 있다. 외국에서도 오래전부터 증권거래와 소비자거래의 유사성을 감안하여 증권거래의 기본원칙을 소비자보호입법에 활용하여야 한다고 주장되어 왔

11) 권오승·서정(2018), 184면; 신현윤(2017), 170면.

다.[12] 그리고 최근에는 국내외를 불문하고 소비자보호관련 법률이 다양하게 제·개정되고 있다. 그리하여 증권거래관련 법률에서는 이를 원용하여야 할 부분이 적지 않다. 이러한 점에서 증권거래와 소비자보호의 異同을 고려하면서 증권거래의 특색을 분석해보면 다음과 같다. 첫째, 소비자란 사업자가 공급하는 물품, 용역 또는 시설을 소비생활을 위하여 구입하고 최종적으로 사용(이용)하는 자이며, 공급자에 대립하는 개념이라고 정의할 수 있다(소비자기본법 제2조 제1호·동법시행령 제2조). 이 정의에 따르면 투자자는 항상 상품의 최종소비자는 아니기 때문에 소비자와는 구별되어야 한다. 다만, 상품의 최종사용자에 해당하는지의 여부가 보호의 필요성을 결정하는 절대적 기준이 아닐 수는 있다.

둘째, 소비자거래의 경우는 거래대상의 상품이 일반적으로 기대되는 정도·수준의 품질과 내용을 가지고 있어야 한다. 그리고 이 점이 보장되어야 한다. 그러나 증권거래의 경우는 거래대상인 상품의 고유한 특성상 그 가치를 보장하는 시스템을 채택할 수 없다. 그 대신 증권의 가치에 관한 일정한 정보를 공시하게 하여(공시주의) 투자자가 자기의 판단 하에 매매할 것을 원칙으로 한다(자기책임의 원칙). 그리고 이와 같은 시스템이 투자자 보호에 반하는 것은 아니다. 왜냐하면 정보에 의거한 많은 투자자의 판단을 결집하여 시장가격을 형성하는 것이 자원의 효율적 분배라고 하는 자본시장법의 목적달성 및 자본시장의 순기능을 촉진하기 위하여 필요하기 때문이다. 또 이러한 시장의 기능을 통하여 비로소 투자자 보호라는 목적을 달성할 수 있기 때문이기도 하다. 다만, 증권의 가치평가에는 절대적이고 객관적인 기준이 없기 때문에 소비자인 투자자의 주관적 판단에 위임하게 되고, 법은 단지 투자자가 충분한 자료를 근거로 적절한 판단을 할 수 있도록 보호할 수 있을 뿐이다(후견적 지위).

그런데 증권의 가치평가에 절대적이고 객관적인 기준이 있어야 하는지에 대하여는 의문의 여지가 있다. 증권의 가치는 어떤 자가 그 증권을 사용하는지에 따라 얻을 수 있는 장래의 효용을 현재가치로 평가하는 것이다. 그리고 증권은 그로부터 얻을 수 있는 효용이 주로 배당과 가격상승에 따른 차익에 관한 금전이므로 평가하기가 용이한 상품이다. 왜냐하면 어떤 자산으로부터 얻을 수 있는 효용이 금전 이외의 현물인 경우에는 사람에 따라 그 효용이 상이하므로 객관적인 가치를 정하기 어렵지만, 증권은 그렇지 않기 때문이다. 게다가 증권의 평가는 시장에서 경쟁적으로 결정되기 때문에, 증권은 금융투자상품 중에서 가장 객관적인 평가기준을 갖는 상품이

12) 竹内昭夫, "消費者投資者の保護とクラスアクション", ジュリスト 第525号(1973), 38面.

다. 증권의 시장가격도 수요와 공급에 의하여 좌우된다는 점은 부인할 수 없다. 다만, 다른 상품에 비하여 수요와 공급에 의하여 좌우되는 부분이 명백히 적다. 왜냐하면 증권은 이익을 무시하면서 매각하여야 할 이유가 없고, 이익을 무시하면서 구입하여야 할 이유도 없기 때문이다. 물론 이에 대한 예외도 존재한다. 예를 들면, 발행시장과 공개매수시장이 그에 해당한다. 그리고 신용거래에 의한 반대매매에는 기한이 제한되어 있기 때문에 어떤 종목에 대하여 신용거래가 점하는 비율이 높은 경우에는 시장가격이 수요와 공급에 의하여 좌우될 가능성이 클 뿐이다. 이와 같이 극히 예외적인 경우를 제외하고는 증권의 가격이 변동한다는 것은 증권의 가격이 객관적으로 결정된다는 증거이다.

셋째, 하나의 기업 vs. 무수한 소비자, 1 vs. 다수의 형식으로 거래를 하는 점에서 소비자거래와 증권거래는 유사성을 띠기도 한다. 그러나 전통적으로 증권거래에 있어서 1 vs. 다수의 형태로 거래가 행하여지는 것은 증권의 발행과정과 공개매수과정뿐이다. 이에 관한 미국의 사례를 보면, 증권사기가 활발한 것은 증권의 발행과정이다. 그 교훈을 통하여 미국은 1933년 증권법(Securities Act of 1933)에서 상세한 공시규제 및 거래규제 규정을 두게 되었다. 그러나 최근에는 발행시장에서의 증권거래보다 유통시장에서 증권매매를 하는 자가 압도적으로 많기 때문에, 1 vs. 다수는 증권의 발행과정의 특징이라고 말할 수 없게 되었다. 다만, 1 vs. 다수라고 하는 구도는 다음과 같은 점에서 여전히 증권거래시 많은 문제점을 야기하는 요인이 되고 있다. 예를 들면, ① 발행회사가 공시의무를 부담하거나 내부자거래(insider trading) 또는 시세조종행위가 있었던 경우에는 어느 한 위반자 vs. 다수의 피해자라고 하는 구도가 성립된다. 다만, 이 경우에는 기업 vs. 개인이라고 하는 거래주체간의 실질적인 불평등은 발생하지 않는다. ② 증권회사, 실제로는 그 임직원이 부당한 권유를 함으로써 많은 투자자가 부적절한 투자를 한 경우에도 어느 한 기업 vs. 다수의 피해자라고 하는 구도가 성립된다. 이 경우에는 거래주체간의 실질적 불평등이 인정된다. ③ 이상과 같은 피해자가 손해배상을 청구함에 있어서는 1 vs. 다수라고 하는 구도가 나타난다. 다만, 실제로는 집단소송(class action)이 활용되기 때문에 원고에게는 소송을 제기할 동인(incentive)이 적게 된다.

한편 최근에는 '소비자'와 '투자자'라는 개념이 다른 맥락에서 형성되어 왔음을 인정하고, 일반 소비재에 관하여는 각종 소비자 보호기관 등에서 상품의 위험도 분석을 통하여 상품에 내재하는 위험을 파악하고자 하는 움직임이 있다. 그리고 금융투자상품의 복합화·다양화, 투자자의 비합리적인 행동을 감안하여 투자자 보호에 대한 새로운 접근을 요구하는 주장이 많아지고 있다. 투자자 보호에 관한 인식이 변화되고 있는 것이다. 이와 같이 변화된 인식은 舊증권거래법에도 일정 부분 반영되었고,[13] 자본시장법에서는 특히 두드러지고 있다. '일반투자자'와 '전문투자자'의 구분(제9조 제5항·제6항)에 따라 규제를 차별화하여, 후자를 상대하는 금융투자업자에게는 적합성원칙과 적정성원칙 준수의무와 설명의무를 부과하지 않는 것이 대표적인 예이다. 즉 자본시장법상 '일반투자자'만을 소비자로 보고 있는 것이다.

그러나 전문투자자와 일반투자자를 구분하여 규제하는 법리에 따라 일반투자자를 금융소비자라고 보는 해석은 무리가 있다. 왜냐하면 자본시장법에 따르면 일반투자자도 전문투자자로 전환할 수 있고, 전문투자자도 일반투자자로 전환할 수 있기 때문이다. 이 경우 전문투자자이었던 자가 일반투자자로 전환되면 소비자가 되고, 일반투자자가 전문투자자로 전환되면 소비자가 아니라는 이분법적 법리는 거래상의 편의성을 추구하는 특성과 투자자의 근본적인 속성을 간과한 법리이다.

위에서 살펴본 바와 같이 증권거래에는 소비자거래의 요소도 있지만, 소비자거래와는 다른 요소도 있다. 증권거래관련 법제가 소비자거래관련 법제로부터 원용할 점도 있지만, 그 반대인 점도 있다. 다만, 이때 위에서 기술한 증권의 가치에 관한 정보의 공시주의와 자기책임의 원칙, 부당투자권유를 포함하는 행위규제와 자기책임의 원칙은 시장거래에 있어서 본질적인 것이며, 증권거래관련 법제에서는 없어서는 아니 되는 중요한 요소라는 점을 유의하여야 한다. 그리고 공시규제·영업행위규제와 자기책임원칙을 전제로 하는 한, 투자자 보호에 있어서는 ① 지나치게 고가로 증권을 구입하게 하거나 지나치게 염가로 구입하여서는 아니 되고, ② 구입하고 싶지 아니한 증권을 구입하게 하여서는 아니 된다는 점 등이 중요하다. 이 가운데 ①은 시장의 효율성을 통하여 실현되지만, ②는 투자자 보호와 소비자 보호가 동일한 과제로서 남게 된다.

---

13) 자신을 보호할 능력을 갖춘 기관투자자 같은 투자전문가는 舊증권거래법의 주된 보호대상이 아니었다. 예컨대 특정 증권발행이 공시규제대상인 '모집'이나 '매출'에 해당하는지 여부를 가리면서 기관투자자가 참여한 부분을 제외하는 것(舊증권거래법시행령 제2조의 4 제3항 제6호)도 그러한 판단에 입각한 것이다.

# 제3장 금융투자업과 금융투자상품

# 제3장 금융투자업과 금융투자상품

## 제1절 | 규제의 기본원칙 및 적용범위

### Ⅰ. 규제의 기본원칙

종래 자본시장관련 규제법제는 대상상품이나 금융기관의 형태와 종류를 기초로 하는 상품별·기관별 규제를 그 특징으로 하였다. 이러한 규제방식은 최근 빠르게 변화하는 금융시장환경에 적합하다고 할 수 없다. 이러한 점에서 자본시장법은 종래 상품별·기관별 규제를 경제적 실질이 동일한 금융기능을 동일하게 규율하는 기능별 규제(functional regulation)체제를 도입하였다.

자본시장법은 이러한 기능별 규제원칙을 관철하기 위하여 ① 금융투자업, 금융투자상품 및 투자자를 경제적 실질에 따라 재분류하고, ② 금융투자업(투자매매업, 투자중개업, 집합투자업, 투자자문업, 투자일임업 및 신탁업), 금융투자상품(증권 및 파생상품) 및 투자자의 유형(전문투자자 및 일반투자자)을 기준으로 금융기능을 분류하였다.

우리나라가 자본시장법을 통하여 규율체제를 상품별·기관별 규제에서 기능별 규제로 전환한 것은 규제차익(regulation arbitrage)이 제거되어 투자자를 더욱 두텁게 보호하고 금융업종간 균형 있는 성장에 필요한 법적 기초를 조성한 것으로 보인다.

## Ⅱ. 적용범위

### 1. 개요

자본시장법은 그 적용범위에 대하여 금융투자상품, 금융투자업 및 금융투자업자라는 세 가지 개념을 기준으로 설정되는 구조를 취하고 있다. 그리고 거래상대방으로서의 투자자를 추가하고 있다. 그 이유는 자본시장법이 투자자의 전문성 등에 따라 규제의 적용범위를 달리하는 방식을 채택하고 있기 때문이다.

### 2. 금융투자상품

자본시장법은 투자의 대상이 되는 상품을 규율대상으로 삼고 있기 때문에 '투자성'을 갖는 모든 상품을 포괄하는 단일 개념으로서 '금융투자상품'을 정의하고 있다(제3조 참조). 그리고 자본시장법은 금융투자상품을 그 내용에 따라 증권과 파생상품으로 분류하고 있다(제3조 제2항). 증권은 추가지급 의무가 없어 투자원금까지만 손실이 발생한다는 점에서 파생상품과 구분된다. 파생상품은 거래 장소에 따라 장내파생상품과 장외파생상품으로 구분된다.

자본시장법은 포괄주의의 정의 방식에 따라 증권에 대하여는 투자계약증권과 파생결합증권이라는 유형을 추가 도입하였고(제4조 제6항 · 제7항), 파생상품에 대하여는 기초자산의 개념을 확대하고 있다(제4조 제10항).

### 3. 금융투자업

자본시장법상 금융투자업은 이익을 얻을 목적으로 투자매매업 · 투자중개업 · 집합투자업 · 투자자문업 · 투자일임업 · 신탁업 등 6개의 사업 중 어느 하나에 해당하는 업을 계속적이거나 반복적인 방법으로 행하는 행위를 말한다(제6조 제1항). 여기에서 '이익을 얻을 목적으로 계속적이거나 반복적인 방법으로 행하는 행위'는 영업성 기준(business test)을 금융투자업의 요건으로 규정한 것이다. 이는 금융투자상품에 대한 정의 방식의 포괄화에 따라 사업의 적용범위가 무한히 확대될 가능성에 대비하여 이를 한정하는 기준으로 도입한 것이다. 그리고 동 조항에서 규정하는 바와 같이 영업성 기준은 영리성과 계속성 및 반복성 등 세 가지 요소로 구성된다.

따라서 일반기업이 헤지 목적으로 다발적인 장외파생상품을 거래하는 경우, 이는 영업성이 결여되기 때문에 금융투자업에 해당하지 않게 된다.

## 제2절 | 금융투자업, 금융투자상품의 유형 및 규제

### Ⅰ. 금융투자업의 유형 및 규제

#### 1. 투자매매업

자본시장법상 투자매매업(dealing)이란 누구의 명의로 하든지 자기의 계산으로 금융투자상품의 매도·매수, 증권의 발행·인수 또는 그 청약의 권유, 청약, 청약의 승낙을 영업으로 하는 것을 말한다(제6조 제2항). 투자매매업은 舊증권거래법상 매매업·인수업·매출업, 舊종합금융회사에 관한 법률(이하 '종합금융회사법')상 종합금융회사의 매매업과 인수업 및 舊자산운용업법상 간접투자증권의 판매 등을 포함하는 것으로 자기계산으로 매매가 이루어진다는 점에서 투자중개업과 구별된다.

#### 2. 투자중개업

자본시장법상 투자중개업(arranging deals)이란 누구의 명의로 하든지 제3자의 계산으로 금융투자상품의 매도·매수, 청약의 권유·청약·청약의 승낙 또는 증권의 발행·인수에 대한 청약의 권유·청약·청약의 승낙을 영업으로 하는 것을 말한다(제6조 제3항). 이와 같이 투자중개업은 법률적 명의와 경제적 재산관계주체가 달라지는 것으로서, 舊증권거래법상 증권회사의 위탁매매업·중개업·대리업, 매매위탁의 중개·주선·대리업, 모집·매출의 주선업, 舊선물거래법상 선물회사의 선물거래업, 종합금융회사법상 종합금융회사의 중개업 등이 이에 해당한다.

#### 3. 집합투자업

자본시장법상 집합투자업이란 집합투자(collective investment)를 영업으로 하는 것을 말한다(제6조 제4항). 집합투자란 2인 이상의 투자자로부터 모은 금전 등을 일상적인 운용지시를 받지 아니하면서 재산적 가치가 있는 투자대상자산을 취득·처분, 그 밖의 방법으로 운용하고 그 결과를 투자자에게 배분하여 귀속시키는 것을 말한다(제6조 제5항·제6항).[1] 이는 과거 자산운용업법상 간접투자의 정의[2]와 비교하면 그 범위가 매우 확대된 것이다.

자본시장법상 집합투자와 종래 자산운용업법상 집합투자의 정의규정을 비교하여 보면, 다음과 같은 세 가지 사항에서 중요한 변화가 있다.[3] 첫째, 1인 단독사모펀드를 집합투자의 개념에서 제외하였다.

둘째, 자산운용대상을 재산적 가치가 있는 투자대상자산으로 하여 확대하고 있다.

셋째, 집합투자기구를 투자신탁·투자회사·투자유한회사·투자합자회사·투자조합·투자익명조합 등으로 확대하고 있다(제9조 제18항).

한편 자본시장법의 제정시에는 사모투자전문회사도 집합투자기구의 유형에 포함되었으나, 2015년 7월 개정시 삭제되었다.

## 4. 투자자문업

자본시장법상 투자자문업이란 금융투자상품이나 그 밖에 대통령령으로 정하는 투자대상자산(예: 부동산)(이하 '금융투자상품 등')의 가치 또는 금융투자상품에 대한 투자판단[4]에 관한 자문을 영업으로 하는 것을 말한다(제6조 제7항·시행령 제6조의 2). 투자자문업은 투자자 재산이 금융투자업자에게 위탁되지 않는다는 점에서 집합투자업 및 투자일임업과 구별된다.

---

1) 다만 다음 각 호의 어느 하나에 해당하는 경우는 제외된다(제6조 제5항).
   1. 대통령령으로 정하는 법률에 따라 사모의 방법으로 금전 등을 모아 운용·배분하는 것으로서 대통령령으로 정하는 투자자의 총수가 대통령령으로 정하는 수 이하인 경우.
   2. 「자산유동화에 관한 법률」 제3조의 자산유동화계획에 따라 금전 등을 모아서 운용·배분하는 경우.
   3. 그 밖에 행위의 성격 및 투자자 보호의 필요성 등을 고려하여 대통령령으로 정하는 경우.

2) 舊자산운용업법상 '간접투자'라 함은 투자자로부터 자금 등을 모아서 투자증권, 장내파생상품 또는 장외파생상품, 부동산, 실물자산 및 그 밖에 대통령령이 정하는 자산에 운용하고 그 결과를 투자자에게 귀속시키는 것을 말한다(동법 제2조).

3) 정순섭, 앞의 논문, 8면.

4) 투자판단이란 금융투자상품의 종류, 종목, 취득·처분, 취득·처분의 방법·수량·가격 및 시기 등에 대한 판단을 말한다(제6조 제7항 괄호).

## 5. 투자일임업

투자일임업이란 투자자로부터 금융투자상품 등에 대한 투자판단의 전부 또는 일부를 일임받아 투자자별로 구분하여 금융투자상품 등을 취득·처분, 그 밖의 방법으로 운용하는 것을 영업으로 하는 것을 말한다(제6조 제8항). 투자일임업은 투자자 재산이 금융투자업자에 대한 위탁이 이루어진다는 점에서 투자자문업과 구별되고, 투자자별로 구분하여 금융투자상품을 취득·처분 그 밖의 방법으로 운용하는 점에서 집합투자업과 다르다.

## 6. 신탁업

자본시장법상 신탁업이란 신탁을 영업으로 하는 것을 말한다(제6조 제9항). 신탁을 영업으로 한다는 것은 신탁의 인수를 영업으로 하는 것을 말한다. 따라서 동법에서의 신탁업의 개념은 종래 신탁업법상의 개념을 그대로 원용하고 할 수 있다.[5] 이와 같이 자본시장법상의 신탁은 신탁법상의 신탁으로서[6] 신탁업이 되는 것은 신탁 자체가 아니라 신탁의 인수를 영업으로 하는 것이다. 그럼에도 불구하고 자본시장법에서 '신탁을 영업으로 하는 것'이라는 표현을 사용하게 된 것은 투자매매업의 일환으로서의 금융투자상품의 인수와의 혼동을 방지하기 위하여서이다.

그러나 신탁업에서 금융투자상품은 '신탁' 자체가 아니라 신탁법상 수익자가 수탁자에 대하여 가지게 되는 '신탁수익권'이라는 점에서 신탁의 인수와 금융투자상품의 인수는 쉽게 구별할 수 있는 개념이다. 이러한 점에서 동 규정은 고객의 편의를 고려한 입법이라고 할 수 있다.

---

5) 본래 자본시장법의 초안에서는 신탁업을 '자산보관관리업'으로 정의하고 있었다. 그러나 이러한 용어를 사용하는 것은 소극적 '보관·관리'만 허용하고, 신탁업에 내재된 재산 '운용'기능이 제한되는 것으로 오해를 할 수 있다는 점을 고려하여 명칭을 현행대로 신탁업으로 환원하게 되었다(자본시장연구회편(2007), 165면).

6) 자본시장법상 신탁이라 함은 신탁법 제2조 신탁을 말한다(제9조 제24항).

## Ⅱ. 금융투자상품의 유형 및 규제

### 1. 종래 금융투자상품의 정의 방식 및 한계

현행 상법, 종래 증권거래법 및 기타 금융관련법 등은 금융업의 대상인 금융투자상품에 대한 정의 방식과 개념이 서로 상이하였다. 예를 들면, 우리나라에서 유가증권이라는 용어는 독일의 Wertpapier에서 온 것이지만, 어느 법률에서도 그 개념에 대하여 일의적으로 규정하고 있지 않아 해당법률의 입법목적에 따라 해석하여야 했다. 일반적으로 상법은 유가증권의 개념에 대하여 일의적으로 정의하려 하고 있다(동법 제65조 참조).[7] 그리고 상법상 유가증권의 일반적인 개념에 대하여는 ① 권리의 발생·이전·행사의 전부 또는 일부를 증권에 의하여야 한다는 설, ② 권리의 이전과 행사에 증권이 필요하다는 설, ③ 권리의 이전에 증권이 필요하다는 설, ④ 권리의 행사에 증권이 필요하다는 등과 같이 4가지 학설이 존재하지만, ①설이 통설이다.[8]

舊증권거래법은 자본시장에서 증권회사가 영업의 대상으로 할 수 있는 금융상품을 유가증권[9]과 장외파생상품으로 한정·열거하고 있었다. 그리고 유가증권을 국채, 지방채, 특수채, 사채, 주식, 출자증권, 수익증권, 주가연계증권(Equity Linked Securities, ELS) 등 21개를 열거하고 있었으며,[10] 장외파생상품에 대하여는 통화파생상품, 유가증권파생상품, 일반상품 파생상품, 신용파생상품 등 4개로 한정하고 있었다(동법 제2조 제2항·동법시행령 제2조의 3 제1항).

종래의 선물거래법은 선물시장에서 선물회사가 영업의 대상으로 할 수 있는 금융상품거래를 선물거래로 한정한 후, 선물거래의 종류를 일반상품·금융상품을 대상으로 하는 선물, 지수선물, 선물옵션, 옵션 및 지수옵션 등 5가지로 한정하고 있었다. 금융상품에 관하여 한정적 열거주의 방식을 채택하는 것은 법의 집행자나 수범자에

---

7) 상법에서 유가증권의 개념을 일의적으로 정의하려는 이유는 유통성이 강하여 투자자 보호가 중요한 증권거래법과는 달리 개별적인 권리관계의 확정 및 법적 안정성을 확보하려 하기 때문이다.
8) 이철송(2022), 405면.
9) 증권거래법상 유가증권은 실물증서나 증권의 발행을 요건으로 하지 않는다(동법 제2조 제2항). 이는 투자자 보호라는 증권거래법의 목적에 비추어 증서의 발행이라는 형식적 측면보다는 유가증권에 표시되는 권리를 중시하였기 때문이다.
10) 이에 관한 보다 상세한 내용은 김병연, "유가증권의 개념에 있어서 포괄주의 방식의 도입," 인권과 정의, Vol.353(2006), 50~54면.

게 법의 적용여부 및 한계를 보다 명확하게 할 수 있다는 장점을 가지고 있다.[11)]

그러나 새로운 경제·금융환경에 따라 다양한 금융상품을 공급하기 위한 금융혁신을 추진하는 과정에서 열거주의 규율체제 방식은 다음과 같은 한계가 있었다. 첫째, 열거된 금융상품을 제외한 금융상품에 대하여는 舊증권거래법 등의 규제[12)]가 적용되지 않기 때문에, 법률에서 열거하고 있지 않는 새로운 금융상품이 등장할 경우 투자자를 적정하게 보호할 수 없었다.

둘째, 금융상품을 한정적으로 열거함에 따라 금융회사의 업무영역이 제한되었다. 때문에 미국 등과 같이 포괄주의 방식으로 증권을 규정하고 있는 국가의 증권회사와의 경쟁에서 뒤처지게 되었다. 그리고 해외투자자들에게 한정된 금융상품만을 제공하게 됨으로써 국제경쟁력이 약화되었다.[13)]

셋째, 소득수준이 높아지고, 증권시장의 호황에 따라 투자자의 금융상품에 대한 수요가 다양화되고, 새로운 투자대상을 요구하는 것에 대한 적극적 대응이 어려워 금융산업의 발전을 저해하였다.

## 2. 금융투자상품의 정의

### (1) 정의 방식

자본시장법상 금융투자상품에 대한 정의 방식은 일반적 정의, 명시적 정의 및 명시적 제외라고 하는 3단계 정의방식을 채택하고 있다. 먼저 일반적 정의에서는 금융투자상품에 대한 일반적 정의를 한 후, 명시적으로 포함되는 상품과 명시적으로 제외되는 상품을 열거함으로써 포괄성의 목적과 함께 구체성과 체계성을 확보함으로써 법적 안정성을 기하고 있다.[14)]

금융투자상품은 포괄주의로의 전환을 위한 중심개념으로서 '투자성'을 갖는 모든 금융상품을 말한다. 그리고 '투자'를 결정하는 기준으로는 목적, 원본손실의 위험, 금전 등의 이전 및 계약상 권리라고 하는 4가지 요소를 제시하고 있다. 이와 관련하여 자본시장법은 종래의 투자상품 또는 증권을 정의함에 있어서 중심개념인 '유통성'은

---

11) 김상규, "증권거래법상의 유가증권 개념론에 관한 소고", 증권예탁 2001－Ⅱ(2001), 70면.
12) 예를 들면, 업규제, 발행공시규제 또는 불공정거래규제 등을 말한다.
13) 김상규, 앞의 논문, 70면.
14) 자본시장통합법연구회(2007), 85면.

금융투자상품의 요건으로 포함시키지 않고 있다. 그것은 2000년대 초에 등장한 구조화 상품(structured products)의 경우는 유통성과 무관하게 상품의 구조 자체에서 원본손실위험이 있기 때문에(예: 주가연계증권(ELS) 또는 주가연계펀드(ELF)) 유통성을 금융투자상품의 일반적인 요건으로 삼지 않았다.[15] 다만, 유통성은 원본손실의 위험을 정의함에 있어서 중요한 요소로 고려될 수 있을 것으로 보인다.

[금융투자상품의 정의]

| 구 분 | 관련규정 | 비 고 |
|---|---|---|
| 일반적 정의 | 금융투자상품(제3조) | 투자성 있는 금융상품 |
| 명시적 포함 | 증권(제4조) | 채무증권, 지분증권, 수익증권, 투자계약증권, 파생결합증권, 증권예탁증권 |
| | 파생상품(제5조) | 장내파생상품, 장외파생상품 |
| 명시적 제외 | 금융투자상품 적용배제 (제3조 제1항 단서) | 원화로 표시된 양도성 예금증서, 수탁자에게 신탁재산의 처분권한이 부여되지 아니한 신탁의 수익권 |

### (2) 개념요소

#### 1) 개관

자본시장법은 금융투자상품을 "① 이익을 얻거나 손실을 회피할 목적으로, ② 현재 또는 장래의 특정 시점에서 금전 그 밖에 재산적 가치가 있는 것(이하 '금전 등')을 지급하기로 약정함으로써 취득하는 권리로서, ③ 그 권리의 취득을 위하여 지급하였거나 지급하여야 할 금전 등의 총액[16]이 그 권리로부터 회수하였거나 회수할 수 있는 금전 등의 총액[17]을 초과하게 될 위험(이하 '투자성')이 있는 것"으로 정의하고 있다. 이러한 정의규정에 따라 금융투자상품의 개념 요소에 대하여는 다음과 같이 정리할 수 있다(제3조 제1항).

#### 2) 목적

자본시장법 제3조 제1항은 "이익을 얻거나 손실을 회피할 목적으로"라고 규정하

15) 최원진, 앞의 논문, 134면 참조.
16) 판매수수료 등 대통령령이 정하는 금액을 제외한다.
17) 해지수수료 등 대통령령이 정하는 금액을 포함한다.

고 있다. 이러한 문구는 금융투자상품의 목적 요소로서 이익의 취득과 손실의 회피를 금융투자의 중요한 기능으로 파악한 것이다. 따라서 이익의 취득이나 손실회피의 목적이 없으면 투자자 보호의 필요성이 없으므로 금융투자상품에서 제외된다. 예를 들면, 가치변동이 있는 실물자산을 헤지(hedge) 목적이 없이 소비목적으로 매입하는 계약은 금융투자상품에 해당하지 않는다. 그리고 금융투자상품의 요소로서의 '목적'은 상업 목적의 비금융상품을 금융투자상품으로 파악할 가능성을 제거하여 일반 상거래의 법적 안정성을 확보하는 기능을 수행할 수 있을 것으로 보인다.[18]

### 3) 원본손실의 위험

자본시장법상 금융투자상품에 해당하기 위하여는 원본손실의 위험이 있어야 한다. 동법은 이를 '투자성'이라고 표현하고 있다. 그러므로 투자성은 "그 권리를 취득하기 위하여 지급하였거나 지급하여야 할 금전 등의 총액이 그 권리로부터 회수하였거나 회수할 수 있는 금전 등의 총액을 초과하게 될 위험"을 말한다(제3조 제1항). 즉 투자성이란 투자자가 지급한 취득원본(지급금액)[19]이 처분원본(수취금액)[20]을 초과할 가능성이다.

투자성의 여부는 전통적인 예금 및 보험과 금융투자상품을 구별하는 기준이 되며, 신종 금융상품이 등장하는 경우 자본시장법의 적용대상이 되는지를 판단하는데 기준이 되는 중요한 요소이다. 투자성은 금융상품의 구조, 유통과정상의 가치변화 등을 포괄하여 판단하게 된다. 전통적 예금 및 보험 등은 일부 원본이 보장되는 금융상품으로써 투자성이 없기 때문에 금융투자상품에 해당하지 않는다. 예를 들면, 보험회사의 책임보험의 경우 사고가 발생하지 아니하면 보험금을 지급받지 못하고, 보험회사에 납입한 보험료를 완급받지도 못한다. 이를 순수하게 지급한 취득원본과 수취금액만을 살펴보면 취득원본이 수취금액을 초과할 가능성이 높기 때문에 투자성이 존재한다고 해석될 여지가 있지만, 책임보험계약에서의 위험보험료는 원본금액에서 공제되어야 하기 때문에 책임보험은 투자성 있는 금융상품이 아니다.[21]

---

18) 자본시장통합법연구회편(2007), 87면.

19) 특정 금융투자상품계약을 체결함으로써 동 계약의 만기까지 지급한 금액(금전 및 물건의 평가액)의 합계를 말한다.

20) 특정 금융투자상품계약을 체결함으로써 동 계약의 만기까지 수취한 금액의 합계를 말한다.

21) 이에 관한 보다 상세한 내용은 성희활(2022), 103－105면.

#### 4) 금전 등의 이전

금융투자상품은 "현재 또는 장래의 특정시점에 금전 등의 지급"을 내용으로 하는 계약이다. 금융투자상품거래는 유상계약이므로 금전 등의 이전은 당연한 것인데, 현재 시점에 금전 등을 이전한다는 것은 증권을 염두에 둔 개념이고, 장래의 특정시점에 금전을 이전한다는 것은 파생상품을 염두에 둔 개념이다. 그리고 현재와 장래의 기준을 획일적으로 설정하고 있지 아니한 이유는 장내증권거래 등 매매대금의 지급시기가 미래로 이연되어 있는 다수의 계약이 파생상품으로 간주될 소지가 있기 때문이다. 또한 금전 이외의 재산적 가치가 있는 것을 포함한 것은 예를 들면, 파생상품거래에서 현물인도에 의한 결제가 이루어지는 경우 등을 예상한 조문구성으로 볼 수 있다.

#### 5) 계약상의 권리

금융투자상품은 "약정함으로써 취득하는 권리"로서 계약상의 권리임을 본질적인 특징으로 한다. 따라서 투자성이 있는 실물자산의 경우 실물자산을 객체로 하는 계약은 금융투자상품이 될 수 있지만, 실물자산 그 자체는 금융투자상품에 해당하지 않는다. 그리고 발행인의 신용위험과 같은 계약 외적 요소에 의한 원본손실 가능성은 그 정도와 규모의 여하를 불문하고 금융투자상품의 요소가 될 수 없다.

## 3. 금융투자상품의 유형

### (1) 증권과 파생상품의 구분기준

자본시장법상 금융투자상품은 투자자 보호라는 규제목적에 따라 다시 증권과 파생상품으로 구분하고, 증권과 파생상품의 개념도 추상적으로 정의하여 포괄주의 규율체제가 유지되도록 하였다. 증권의 경우에는 투자자의 손실이 증권의 매입금액으로 한정되고 그 외에 추가손실(추가지급의무)이 없다는 특징을 갖는 반면, 파생상품은 계약의 내용에 따라 투자자가 추가지급의무를 부담할 수도 있다는 특징을 갖는다. 이와 같이 증권과 파생상품의 구분기준은 원본의 초과손실 가능성의 여부에 있다.

자본시장법은 증권과 파생상품의 구분기준을 "투자자가 취득과 동시에 지급한 금전 등 외에 어떠한 명목으로 추가적인 지급의무를 부담하지 아니하는 것"으로 규정하였다(제4조 제1항). 이 기준은 미국의 상품거래법상 증권과 파생상품의 구분기준[22] 과도 동일한 것이다. 이러한 구분기준에 따라 옵션형 금융상품의 경우 옵션 행사시 행사가격의 지급이 추가지급의무로 해석되지 않도록 하기 위하여 명시적으로 기초자산을 매입하기 위한 대가는 추가지급의무에서 제외하였다. 즉 동법은 "투자자가 기초자산에 대한 매매를 성립시킬 수 있는 권리를 행사하게 됨으로써 부담하게 되는 지급의무"에 대하여는 명시적으로 추가지급금지규정의 적용대상에서 제외하고 있다(제4조 제1항 괄호).

동 기준의 적용과 관련한 구체적인 예를 들면, 주가와 연계하여 원리금을 지급하는 주가연계증권(ELS)은 투자자의 최대 손실이 주가연계증권의 매입금액으로 한정되고, 매입금액 이외에 추가지급의무가 없기 때문에 증권으로 분류된다. 주식워런트증권(Equity Linked Warrant, ELW)의 경우도 투자자는 주식워런트증권의 매입금액 이외에 추가지급의무를 부담하지 않고 손실을 주식워런트증권 매입금액으로 한정시킬 수 있기 때문에 증권으로 분류된다. 주식워런트증권을 발행하는 증권사의 입장에서 보면, 주식워런트증권은 투자자의 옵션행사에 따라 증권사의 추가지급의무가 발생하므로 파생상품으로 분류하여야 한다고 볼 수도 있으나, 증권사는 투자자가 아니기 때문에 파생상품으로 분류되지 않는다.[23] 다만, 주식옵션의 경우에는 옵션의 매도자가 투자자일 수 있고, 이 경우 투자자가 추가지급의무를 부담하기 때문에 파생상품으로 구분된다.

### (2) 증권

#### 1) 개관

자본시장법상 증권이란 내국인 또는 외국인이 발행한 금융투자상품으로서 투자자가 취득과 동시에 지급한 금전 등 외에 어떠한 명목으로든지 추가로 지급의무를 부담하지 아니하는 것을 말한다(제4조 제1항). 이는 포괄주의 방식에 따른 정의 규정이다. 그리고 법적 안정성을 확보하기 위하여 예시적으로 증권의 종류를 채무증권, 지분증권, 수익증권, 투자계약증권, 파생결합증권 및 증권예탁증권 등 6가지를 열거하고 있다(제4조 제2항). 이에 의거 자본시장법 제4조 제3항 내지 제8항에서는 6가지

---

22) Commodity Exchanges Act, Sec 2. (2) Predominance.
23) 同旨 이금호, "신용파생상품거래 종류 및 법적 문제", 증권법연구 제9권 제2호(2008.12), 219면.

증권의 유형에 대하여 추상적으로 정의하고 일반적으로 인정되는 증권을 예시하고 있다.

증권의 개념에서의 변화는 유가증권이라는 용어 대신 증권이라는 용어를 사용하고, 증서의 개념을 사용하지 않음으로써 유가증권이라는 어휘의 한계성을 벗어나고자 한 데 따른 것이다. 그리고 증권을 "...추가로 지급의무를 부담하지 아니하는 것"이라고 하여, 손실이 발생한 경우 그 손실이 원본에 한정된다는 점이 파생상품과 다르다. 이와 관련하여 옵션형 금융상품의 옵션 행사시 행사가격의 지급이 추가지급의무로 해석되지 않도록 하기 위하여 명시적으로 "투자자가 기초자산에 대한 매매를 성립시킬 수 있는 권리를 행사하게 됨으로써 부담하게 되는 지급의무를 제외한다."라고 규정하고 있다.[24)]

이와 같은 증권의 개념에 따라 상법상 합자회사·유한회사·익명조합의 출자 지분, 민법상 조합의 출자지분 등의 지분증권 등도 자본시장법의 증권에 해당한다.

#### 2) 분류

자본시장법은 증권에 대한 불확실성을 줄이기 위하여 전통적 증권과 신종 증권을 예시적으로 열거하고 있다. 증권 중에서 전통적 유가증권은 채무증권, 지분증권, 수익증권 및 증권예탁증권으로 분류하고, 포괄주의의 실질적인 구현을 위하여 신종 증권에는 투자계약증권과 파생결합증권을 포함시켜 향후 새로 등장할 증권적 성격의 금융상품을 포섭할 수 있는 기초를 마련하였다.[25)]

##### ① 전통적 증권

전통적 증권은 종래 증권거래법 등에서 열거주의 방식으로 규정되어 있었으나, 자본시장법은 제4조 제3항 내지 제5항 및 제8항에서 다음의 표와 같이 포괄주의 방식으로 전환하여 규정하고 있다.

---

24) 동 기준의 적용에 의하여 증권으로 분류되는 것이 위에서 기술한 주가연계증권(ELS)과 주식워런트증권(ELW)이다.

25) 이병래, "자본시장통합법의 투자자 보호제도", BFL 제22호(2007), 18면.

[자본시장법상 전통적 증권][26]

| 분류 | 포괄적 정의 | 포함되는 금융상품 |
| --- | --- | --- |
| 채무증권 | 채무를 표시하는 것 | 국채, 지방채, 특수채, 사채, 기업어음 등 |
| 지분증권 | 출자지분을 표시하는 것 | 주식, 신주인수권, 특별법인의 출자증권, 상법상 합자회사·유한회사·익명조합·민법상 조합의 출자지분 등 |
| 수익증권 | 수익권을 표시하는 것 | 신탁수익증권, 신탁형 집합투자기구의 수익증권 등 |
| 증권예탁증권 | 증권을 예탁 받은 자가 그 증권의 발행국가 밖에서 발행하는 증권 | 국내증권 예탁증권(KDR), 외국증권 예탁증권(GDR, ADR) 등 |

② 투자계약증권

자본시장법 제4조 제6항에 따르면 투자계약증권이란 "특정 투자자가 그 투자와 타인(다른 투자자를 포함한다. 이하 이 항과 같다) 간의 공동사업에 금전 등을 투자하고 주로 타인이 수행한 공동사업의 결과에 따른 손익을 귀속 받는 계약상의 권리가 표시된 것"을 말한다. 이는 미국 증권법상 투자계약(Investment Contract) 개념을 도입한 것으로서 이른바 'Howey 기준(Howey Test)',[27] 즉 ① 자금의 투자(investment of money), ② 공동사업(common enterprise), ③ 사업자 또는 제3자의 노력(the efforts of the promoter or third party), ④ 이익의 기대(expectation of profits)이라고 하는 4대 기준을 원용하여 투자계약증권의 개념을 정의한 것이다. 따라서 투자계약증권은 주식, 수익증권 등 전통적인 증권뿐만 아니라 종래 자산운용업법상의 간접투자증권을 비롯하여 익명조합지분 등과 같은 비정형 간접투자지분도 포괄하는 개념이다. 다만, 투자계약과 집합투자기구 사이에는 개념의 중복 가능성이 존재하지만, 용기(vehicle)에 대한 규제가 필요한 경우를 특히 '집합투자기구'로 구분하여 규제하려 하고 있다.

③ 파생결합증권

자본시장법 제4조 제7항에 따르면 파생결합증권이란 "기초자산의 가격·이자율·지표·단위 또는 이를 기초로 하는 지수 등의 변동과 연계하여 미리 정하여진 방법에

26) 재정경제부, "「자본시장과 금융투자업에 관한 법률 제정안」설명자료", (2006. 6. 30), 10면.
27) Howey기준이란 "자금을 공동사업에 투자하고 오로지 그 사업자 또는 제3자의 노력에 의하여 발생하는 이익을 기대하는 계약, 거래 또는 구조를 의미한다."(SEC. v. W. J. Howey Company 328 U.S. 293(1964)).

따라 지급금액 또는 회수금액이 결정되는 권리가 표시된 것"을 말한다. 이에 따라 주가연계증권(ELS), 신용연계증권(Credit Linked Notes, CLN), 재해연계증권(Catastrophe bond, CAT bond) 등과 같이 구조화 증권이 그 대상이 된다. 파생결합증권은 '타인의 노력'을 요건으로 하는 투자계약증권과 달리 '외생적 지표'에 의하여 수익이 결정되고, 구체적인 범위는 시행령에서 규정하는 기초자산의 범위에 따라 결정된다. 정부는 시행령상 기초자산의 범위를 최대한 넓게 정의하였다. 이에 따라 금융통화상품, 통화, 신용위험 그 밖에 자연적·환경적·경제적 현상 등에 속하는 위험으로써 평가 가능한 것 또한 파생결합증권의 범위에 포함된다.[28)]

한편 파생결합증권은 그 구조가 파생상품과 유사하지만, 손실의 범위가 원본에 한정된다는 점에서 증권에 해당한다.

### (3) 파생상품

#### 1) 개념

파생상품이란 기초자산의 가격이나 자산가치수치에 의하여 결정되는 금융투자상품을 말한다. 기초자산으로는 채권, 통화 및 주식 등이 있으며, 자산가치지수로는 주가지수 등이 있다.[29)] 파생상품에 대한 종래 규제체제는 장내파생상품과 장외파생상품에 따라 산발적으로 구성되어 있었다. 먼저, 장내파생상품에 대해서는 舊선물거래법에서 "선물거래 등"이라는 명칭으로 규율하고 있었다. 장외파생상품에 대하여는 舊증권거래법시행령 제36조의 2 제1항 제1호의2(장외파생상품거래)와 「은행업무중부수업무의 범위에 관한지침」[30)] Ⅱ.16(파생상품거래)에 규제근거를 두고 있었다.

이와 같이 종래 법제상 파생상품에 대한 규제는 규제의 획일성 부재와 함께 기초자산의 범위가 지나치게 제한적으로 규정되어 있는 문제점이 지적되어 왔다. 이로 인하여 자본시장법은 제5조 제1항에서 파생상품을 "다음 각 호의 어느 하나에 해당하는 계약상의 권리를 말한다."고 명시하고 있고, 각 호에서는 선도,[31)] 옵션,[32)] 스

28) 재정경제부, 앞의 설명자료(2006. 6. 30), 12면.
29) 김철교(2003), 196면.
30) 1998. 4. 1. 재정 재경부고시 1998-18호.
31) 기초자산이나 기초자산의 가격·이자율·지표·단위 또는 이를 기초로 하는 지수 등에 의하여 산출된 금전 등을 장래의 특정 시점에 인도할 것을 약정하는 계약을 말한다(제5조 제1항 제1호).
32) 당사자 어느 한쪽의 의사표시에 의하여 기초자산이나 기초자산의 가격·이자율·지표·단위 또는 이를 기초로 하는 지수 등에 의하여 산출된 금전 등을 수수하는 거래를 성립시킬 수

왑[33]을 그 구성요소로 하여 파생상품의 개념을 추상적으로 정의하고 있다. 이 경우 선물은 그 계약구조가 선도와 동일하기 때문에 동법에서는 선도와 선물을 달리하여 정하지 않고 있다.

한편 자본시장법에서는 명문화하고 있지 않지만, 동법 제4조 제1항(증권)을 반대해석하면 파생상품은 손실이 원본을 초과하는 경우에는 초과손실액만큼 추가지급의무를 부담한다고 보아야 한다.

### 2) 분류

파생상품은 계약구조에 따라 선도, 선물, 옵션, 스왑 등으로 구분하는 것이 일반적이다. 그러나 자본시장법에서는 선도, 옵션, 스왑의 계약구조에 해당하는 것을 파생상품으로 규정하고 있고, 계약구조에 따른 규제의 차이를 두고 있지 않기 때문에 여기에서는 규제의 차이가 있는 거래장소에 따른 분류만 하고자 한다. 파생상품은 거래장소에 따라 장내파생상품과 장외파생상품으로 나뉜다.

#### ① 장내파생상품

자본시장법 제5조 제2항에 따르면 장내파생상품이란 “파생상품시장, 해외 파생상품시장[34] 또는 금융투자상품시장에서 거래되는 파생상품”을 말한다. 이러한 점에서 장내파생상품은 시장 또는 거래소의 존재를 기본 요소로 한다. 그리고 명시적으로 규정되어 있지 않지만, 파생상품시장 또는 금융투자상품시장에서 거래되는 것이기 때문에 가격을 제외한 모든 거래요소가 거래소의 규정에 의하여 표준화되어 있는 상품이어야 한다.

#### ② 장외파생상품

자본시장법상 장외파생상품이란 장내파생상품에 속하지 않는 파생상품을 말한다(제5조 제3항). 장외파생상품은 장내시장 즉 거래소에서 거래되지 않기 때문에 반드

---

있는 권리를 부여하는 것을 약정하는 계약을 말한다(제5조 제1항 제2호).

33) 장래의 일정기간 동안 미리 정한 가격으로 기초자산이나 기초자산의 가격·이자율·지표·단위 또는 이를 기초로 하는 지수 등에 의하여 산출된 금전 등을 교환할 것을 약정하는 계약을 말한다(제5조 제1항 제3호).

34) 파생상품시장과 유사한 시장으로서 해외에 있는 시장과 대통령령으로 정하는 해외 파생상품거래가 이루어지는 시장을 말한다.

시 표준화된 상품일 필요가 없다. 그리고 투자자의 요구에 따라 가격뿐만 아니라 계약단위, 상품의 품질, 인도시기 및 대금결제방법 등 모든 계약조건을 거래당사자간에 합의하여 결정할 수 있다. 장외파생상품은 개별성으로 인하여 장내파생상품 및 장내에서 거래되는 증권보다 원본손실의 위험성이 더 크다.

따라서 장내파생상품 및 장내에서 거래되는 증권에 비하여 투자자 보호규정이 보다 강화된다. 예를 들면, 집합투자업자가 집합투자재산을 장외파생상품에 투자·운용함에 있어서는 ⓐ 그 위험관리방법을 작성하여 신탁업자의 확인을 받아 미리 금융위원회에 신고하여야 하고(제93조 제2항), ⓑ 대통령령으로 정하는 적격 요건을 갖추지 못한 자와 장외파생상품을 매매하는 행위가 금지되며, ⓒ 같은 거래상대방과의 장외파생상품매매에 따른 거래상대방의 위험평가액이 각 집합투자기구 자산총액의 100분의 10을 초과하여 투자하는 행위도 금지된다(동법 제81조 제1항 제1호). 그리고 금융감독원은 금융위원회 또는 증권선물위원회의 지시·감독을 받아 증권시장 및 파생상품시장 외에서의 증권 및 장외파생상품의 매매를 감독한다(제440조 제2항 제6호).

#### 3) 기초자산

기초자산(underlying asset)은 파생상품에서 거래대상이 되는 자산으로 파생상품의 가치를 산정하는 기준이 된다. 종래 금융관련법상 대표적인 기초자산으로는 유가증권, 통화, 일반상품 및 신용위험 등이 있었다. 이에 비하여 자본시장법은 기초자산의 범위를 금융투자상품, 통화(외국통화 포함), 일반상품(예: 농산물, 축산물, 광산물 등), 신용위험 및 그 밖의 자연적·환경적·경제적 현상[35] 등으로 기초자산의 범위를 확대하였다(제4조 제10항). 자본시장법은 기초자산의 확대를 통하여 날씨파생상품, 금리스왑(interest rate swap), 부동산 스왑(property swap), 사망스왑(morality swap) 등 다양한 파생상품이 개발·공급될 수 있는 법적 토대를 마련하고 있다.

## 4. 쟁점사항 검토 및 정리

### (1) 일반론

위에서는 살펴본 바와 같이 자본시장법은 포괄주의 방식으로 금융투자상품을 개

35) 모든 자연적·환경적·경제적 현상이 기초자산이 되는 것은 아니고 적절한 방법에 의하여 가격·이자율·지표·단위 등의 산출이나 평가가 가능한 것이어야 한다.

념화하고 그 유형을 명시하고 있다. 자본시장법상 금융상품을 금융투자상품과 비금융투자상품으로 나누는 가장 중요한 기준은 원본손실 가능성, 즉 투자성의 여부이다. 어떠한 금융기관에서 금융상품을 판매하는가에 관계없이 투자성이 있으면 자본시장법상 금융투자상품에 해당한다. 예를 들면, 보험사가 판매하고 있는 보험 중 투자성이 있는 변액보험은 자본시장법상 금융투자상품에 해당하게 된다. 문제는 투자성이라고 하는 '원본손실의 가능성'이 이론적인 측면인지 아니면 실제적인 측면인지의 여부에 있다. 이와 관련하여 전통적인 예금 및 증권회사의 예탁금 등 이론상 손실가능성이 적은 금융상품만을 부보하는 현행 예금보험제도 등을 살펴보면, 이론적 가능성으로 해석하여야 하여야 한다고 본다.

이와 관련하여 최근 은행권에서 판매하고 있는 환매조건부채권(Repurchase agree-ments, RP)상품[36]의 경우 확정금리형이 대부분이고, 그 운용실태를 보면 실제 원본손실이 발생할 가능성이 적다. 그럼에도 불구하고 이론적으로는 원본손실이 발생할 가능성이 존재하기 때문에 투자성이 있다고 보아야 한다. 이러한 해석은 자본시장법이 명시적으로 원화로 표시된 양도성 예금증서와 관리형신탁[37]의 수익권을 금융투자상품에서 배제하고 있는 점에서도 가능하다고 본다(제3조 제1항).

한편 증권과 파생상품을 구분하는 기준은 원본초과손실가능성에 있다. 따라서 외생적 지표에 의하여 수익이 결정되는 주가연계증권(ELS)와 주식워런트증권(ELW)은 상품구조가 파생상품과 유사하지만 추가지급의무가 없기 때문에 증권으로 분류된다.

### (2) 법적 불확실성의 존재 가능성

자본시장법은 종래 증권거래법의 한정적 열거주의 방식에서 전환하여 예시적 포괄주의 방식으로 금융투자상품을 정의함으로써 다양한 금융투자상품을 개발·공급할 수 있도록 하고 있다. 포괄주의 방식은 금융상품의 성질이 모호한 경우, 그 상품

---

36) 환매조건부채권상품은 이 상품을 판매한 금융기관이 일정기간 후에 환매하는 조건으로 채권을 팔고 일정기간이 지난 후 소정의 이자를 붙여 환매하는 채권으로, 채권투자의 약점인 환금성을 보완하기 위한 상품이다. 그 종류로서는 한국은행 RP, 기관간 RP, 금융기관의 대고객 RP가 있다. 이 중에서 금융기관의 대고객 RP가 일반적인 종류이다. 주요 투자 대상채권은 국채·지방채·특수채·회사채이며, 판매금융회사가 자체 보유채권을 담보로 하여, 담보채권의 금액범위 내에서 거래고객에게 일정시점 이후 환매하는 조건으로 담보 채권을 분할하여 판매하는 방식을 취한다.

37) 관리형신탁이라 함은 수탁자에게 신탁재산의 처분권한이 부여되지 아니한 신탁을 말한다(최동식(2006), 46-47면).

이 금융투자상품에 해당하는가는 최종적으로 법원이 판단하게 된다. 결국 투자자 보호의 범위에 있어 포괄주의는 열거주의보다 그 범위가 넓지만, 그 경계선이 모호해지고, 투자자가 선택한 금융상품이 어떠한 법률의 적용을 받는지 불확실해질 수가 있다.[38] 따라서 금융투자상품과 비금융투자상품을 구별할 때는 명확한 기준이 필요하다.

이에 대한 대안으로 감독당국 또는 외부전문가위원회 등이 신종금융상품이 개발되면, 당해 금융상품의 판매이전에 금융투자상품에 해당하는지에 대하여 판단하는 장치를 마련할 수도 있을 것이다. 다만, 이러한 제도적 장치는 금융투자상품에 관한 사전심사규제기관으로 기능할 우려가 있어, 포괄주의 방식을 취한 입법취지가 퇴색될 수 있는 문제점이 있다. 이로 인하여 현재 우리나라는 사전심사절차에 해당하지 않으면서 금융투자업자 등에게 적절한 판단기능을 제공할 수 있는 방법으로 자율규제기관과 비조치의견서제도(No-Action Letter)를 활용하고 있다. 자율규제기관 중 한국거래소는 시장을 통하여 거래하고자 하는 금융상품에 대하여 시장 적합성을 판단할 수 있기 때문에 특정 금융상품이 증권 및 장내파생상품에 해당하는지에 관하여 밝힐 수 있다. 그리고 한국금융투자협회는 한국거래소와 같은 판단기능을 보유하거나 제공할 의무는 없지만, 금융투자업의 활성화를 위하여는 법률보다 정교한 금융상품 분류기준을 제공하고 있다.

우리나라의 경우 비조치의견서제도는 2001년 도입 이후 2005년과 2006년에 활성화 방안이 도입되어 제도운영에 많은 개선이 이루어졌지만, 홍보부족과 활용도의 저하에 따라 제 기능을 다하지 못하고 있는 게 현실이다. 그러나 금융투자업의 겸업이 점차 확대되고 있고, 다양한 신종 금융투자상품이 지속적으로 개발·공급되고 있는 상황을 고려하면 그 활용도가 높아져야 하므로 이에 대한 대책이 필요할 것으로 보인다.

한편 자본시장법 제3편은 증권의 발행과 유통에 관하여 규율하고 있는데, 금융투자상품이 아닌 '증권'이라는 용어만을 사용함으로써 일부의 적용면제증권[39] 및 파생상품을 제외한 증권에 대하여만 적용하고 있다. 따라서 동법 제118조 내지 제125조

38) 이철송, "증권관계법령의 체계적 정비에 관한 연구", 코스닥연구보고서, 코스닥등록법인협회(2002), 18-20면.
39) 국채증권, 지방채증권, 대통령령으로 정하는 법률에 따라 직접 설립된 법인이 발행한 채권, 그 밖에 다른 법률에 따라 충분한 공시가 행하여지는 등 투자자 보호가 이루어지고 있다고 인정되는 증권으로서 대통령령이 정하는 증권에 관하여는 적용되지 않는다.

에서 규정하고 있는 공시규제 역시 증권에 대하여만 적용된다. 증권에 대하여만 공시규제를 적용하는 이유는 파생상품의 경우에는 기초자산에서 정보가 이미 공개되고, 필요로 하는 정보가 당해 거래에만 특유한 것이 아니기 때문이다. 이에 비하여 시세조종, 내부자거래 또는 부정거래 등 사기적 행위를 금지하는 불공정거래에 관한 규제는 증권과 파생상품 모두에 적용된다.

이와 같이 동일한 금융투자상품일지라도 그 분류에 따라 규제의 내용 및 정도가 달라진다. 이 때문에 어떤 금융투자상품이 증권에 해당함에도 불구하고 발행회사가 당해 금융투자상품이 파생상품이라고 믿고 공시의무를 이행하지 않는 경우 행정처분 등의 벌칙을 적용하는 등 발행회사의 공시의무위반 위험성 등의 법적 불확실성이 존재하게 된다.

### (3) 도박이 될 가능성

금융투자상품 중 파생상품은 전문성과 대규모의 자본이 수반되는 거래의 특성으로 인하여 파생상품거래와 도박이 별개의 것이라고 볼 수 있다. 그러나 파생상품과 도박은 ① 우연한 사건의 결과에 따라 그 지급의무의 존재와 방향이 결정된다는 점, ② 예측할 수 없는 요소가 곧바로 강한 반응을 나타낸다는 점에서 구조적 유사성을 가지고 있다.[40] 예를 들면, 상습적인 도박벽이 있는 두 사람이 내년 여름에 일정규모 이상의 태풍이 올 것인지에 대하여 돈을 걸고 내기를 하였다면, 이는 도박에 해당할 것이다. 그리하여 민법 제103조 위반으로 사법상의 효력은 부정되고, 형사상 도박죄로 처벌받을 가능성이 높다(형법 제246조 제1항). 이에 비하여 쌀농사를 짓고 있는 사람이 태풍으로 인한 손실에 대비하여 기후파생상품계약을 체결하면, 자본시장법상의 파생상품에 해당하게 된다.

이와 같이 파생상품과 도박은 그 주된 목적에서 차이가 있다. 즉 파생상품은 위험관리기능, 이른바 헤지기능에 그 목적이 있지만, 도박은 투기에 그 목적이 있다. 다

40) David A. Chaikin · Brendan J. Moher, “Commodity Future Contracts and the Gaming Acts”, Llyod’ Maritine and Commercial Law(1986), p.393. 게다가 학자들에 따라서는 파생상품을 일반적인 의미에서 도박에 해당하는 것으로 보기도 한다(William Blair, “Liability Risk in derivatives Sales”, 11 Journal of International Banking Law 18(1996), p.19: Philip M. Johnson(1999), p.29; Joseph L. Motes Ⅲ, “Comments: A Primer on the Trade and Regulation of Derivative Instruments”, SMU Law Review 49(1996), pp.579, 583.

만, 헤지와 투기는 기초자산의 가격변동을 초래할 수 있는 결과를 서로 다른 측면에서 보는 것이라서 양면성이 동시에 존재한다. 이러한 점에서 파생상품거래와 도박을 구별하기 위하여는 거래목적, 거래형태 및 거래 장소 등을 종합적으로 판단하여야 할 필요성이 있다.

자본시장법은 "금융투자업자가 금융투자업을 영위하는 경우에는 형법 제246조를 적용하지 아니한다."라고 규정하여(제10조 제2항) 파생상품거래가 형법상 도박죄에 해당하지 아니함을 명백히 하고 있다. 따라서 거래소를 활용하여 거래를 하거나 거래의 상대방이 금융투자업자인 경우의 금융상품은 도박죄에 해당하지 아니한다.[41]

그런데 우리나라의 자본시장법은 형법상 도박죄의 적용을 배제하고 있을 뿐 사법상의 효력에 대하여는 별도의 규정을 두지 않고 있다. 그리하여 법원이 금융상품거래를 도박으로 판단한 경우 그 거래의 사법상 효력을 인정하여야 할지 문제된다.

생각건대, 법원이 특정 금융상품거래를 도박으로 판단하였다면 그 거래는 금융투자상품거래에 해당하지 아니한다고 보아야 한다. 그리고 민법 제103조 위반으로 무효가 된다고 본다.

## Ⅲ. 가상자산의 증권성 여부

### 1. 가산자산이용자보호법의 규정

「가상자산 이용자 보호 등에 관한 법률」(이하 '가상자산이용자보호법')은 2023년 7월 18일 제정되어 2024년 7월 19일부터 시행되고 있다.[42] 동법은 가상자산이용자의 보호와 불공정거래행위 규제 등에 관한 사항을 정함으로써 가상자산 이용자의 권익을 보호하고 가상자산시장의 투명하고 건전한 거래질서를 확립하는 것을 목적으로 제정되었다(동법 제1조). 동법상 가상자산이란 원칙적으로 '경제적 가치를 지닌 것으로서 전자적으로 거래 또는 이전될 수 있는 전자적 증표 혹은 그에 관한 일체적 권리를 말한다(동법 제2조 제1호 본문). 가상자산이용자보호법의 개념에 따라 2023년 10월말 현재 우리나라의 가상자산, 이른바 코인(Coin)은 625개 종류에 달한다. 다만, 「주식·사채 등의 전자등록에 관한 법률」 제2조 제4호에 따른 전자등록주식 등, 「전자어음의 발행 및 유통에 관한 법률」 제2조 제2호에 따른 전자어음, 상법 제862조

41) 정순섭, "금융거래와 도박규제", 증권법연구 제7권 제2호(2006.8), 195면.
42) 법률 제19653호.

에 따른 전자선하증권 또는 한국은행법에 따른 한국은행이 발행하는 전자적 형태의 화폐 및 그와 관련된 서비스는 그 종류에서 제외한다(동법 제2조 제1호 단서). 전자등록주식이나 선하증권 등은 해당법률의 제정목적에 따른 증권 등이기 때문이다.

그런데 이러한 가상자산의 개념이 자본시장법상의 증권의 개념(제4조)에 포섭될 수 있는지 문제된다. 이러한 문제점은 가상자산이 특히 증권형 토큰(Security Token)으로 발행되는 때에 현저하게 나타난다.

## 2. 토큰의 유형

가상자산의 일종인 토큰에 대하여는 크게 세 가지의 유형으로 나뉜다. 첫 번째, 비변동성 토큰(결제형 토큰)을 들 수 있다. 구체적으로는 가치안정화 코인(Stable Coin)이 있다. 이는 법정화폐 혹은 실물자산을 기준으로 가격이 연동되는 토큰을 뜻한다. 일부 가상자산은 특유의 가격변동성 때문에 통화로써 사용되기에는 안정성이 떨어지는 특징이 있다. 비변동성 토큰은 이러한 가격변동성을 줄이고, 법정화폐와 유사하게 가치의 척도가 되는 동시에 가치의 저장 기능을 가지고 있다. 1코인이 1달러의 가치를 갖는 테더(Tether, USDT) 코인이 대표적인 예이다.

두 번째, 투자성 토큰을 들 수 있다. 구체적으로는 ① 전매차익형 토큰(비증권형 토큰), ② 이익귀속형 토큰(증권형 토큰)이 있다. 이익귀속형 토큰은 증권(security)과 같이 투자의 성격이 강한 토큰이다. 그리하여 지분에 대한 권리나 이익 또는 의결권 등이 추가되는 형태를 띤다.

세 번째, 기능성 토큰을 들 수 있다. 이에 해당하는 구체적인 유형으로는 ① 신분증명 토큰, ② 사용권 토큰 등이 있다.

## 3. 미국의 판례

### (1) Howey 기준에 따른 증권성 판단

2023년 7월 13일 미국의 뉴욕지방법원은 리플(XRP) 소송에서 리플이 기관투자자에게 판매될 때에는 증권성이 인정되지만, 일반투자자에게 판매될 때에는 증권성이 부정된다는 약식판결(Summary Judgement)을 내렸다.[43] 그러나 그 직후인 2023년 12월 28일 뉴욕맨해튼연방법원은 가치안정화 코인인 테라(Terra) 등 테라폼랩스가 발행한 대체코인의 증권성 판단에 관한 소송에서 그 판매방식과 상관없이 증권이라는 판단을 내렸다. 이러한 소송의 객체가 된 가상자산들이 투자계약에 관한 Howey 기준에 해당하는지의 여부 및 그에 따른 증권성을 정리하면 다음과 같다.

[Howey기준 해당여부에 따른 증권성 판단]

| 구 분 | 리플(XRP) | | 테라폼랩스 발행 | | | | |
|---|---|---|---|---|---|---|---|
| | 일반 | 기관 | 테라(Terra) | 루나(LUNA) | w루나 | mAsset | 미르(MIR) |
| 자금의 투자 | ○ | ○ | ○ | ○ | ○ | ○ | ○ |
| 공동사업 | ○ | ○ | ○ | ○ | ○ | ○ | ○ |
| 사업자 또는 제3자의 노력 | ○ | × | ○ | ○ | ○ | ○ | ○ |
| 이익의 기대 | ○ | × | ○ | ○ | ○ | ○ | ○ |
| 증권성 판단 | 증권 | 비증권 | 증권 | 증권 | 증권 | 증권 | 증권 |

미국 법원의 판단이 일치하지 않는 것은 가상자산의 유형과 기능이 매우 다양하여 일률적으로 결론내리기 어렵기 때문인 것으로 보인다. 2023년 10월 23일 워싱턴D.C 항소법원이 세계최대의 자상자산 헤지펀드인 그레이스케일(Grayscale)이 제기한 소송에서 증권거래위원회(Securities and Exchange Committee, SEC)가 비트코인(Bitcoin)으로 선물 ETF의 판매행위는 허용하면서 비트코인 현물 ETF의 판매를 불허하는 것은 올바르지 않다는 판결을 내린 것도 그 연장선상에 있는 것으로 분석된다.

### (2) Howey 기준에 따른 내부자거래의 성립여부

#### 1) 사건의 개요

미국의 SEC는 2022년 7월 21일 대형 가산자산교환사업자인 코인베이스(Coin-base) 사원이었던 Ishan Wahi 등 3명인을 피고로 하는 민사소송을 워싱턴주서부지

43) SEC v. Ripple Case 1:20-cv-10832(AT) Document 874 (S.D.N.Y. Jul.13.2023). 이 사례에 대한 보다 상세한 내용 및 미국에서의 가상자산 증권성 판단 기준에 대하여는 이상근·양창규·임승민, "가상자산의 증권성 판단기준에 대한 연구", 증권법연구 제25권 제1호 (2024.4), 107~120면.

구연방지방법원시애틀지부에 제기하였다.[44] SEC는 이들 3인이 증권거래시 부정행위를 금지하고 있는 1934년 증권거래법(Securities Exchange Act of 1934) 제10조(b) 및 SEC규칙 10b－5위반하였기 때문에 이에 관한 민사제재금의 부과와 위법하게 얻은 이익의 몰수·추징명령을 구하기 위하여 제소하였다. 이 소송은 미국에서 가상자산의 내부자거래(Insider Trading)에 대하여 법적 책임을 추궁한 최초의 사례로서 많은 주목을 받았다.

### 2) SEC가 위법성을 판단한 거래의 대상

이 사건에서 민사·형사책임을 추궁당한 Ishan Wahi씨는 코인베이스의 자산·투자상품그룹의 운용자(manager)이었다. Ishan Wahi는 2021년 6월부터 2022년 4월까지 수차례 코인베이스의 새로운 가상자산의 거래를 개시할 때에 공표하는 상장안내 또는 상장공지(listing announcement)의 내용을 공표하기 전에 자신의 형제인 Nikhil Wahi씨 및 친구인 Sameer Ramani에게 전달하고, 정보를 전달 받은 Nikhil Wahi씨 및 Sameer Ramani씨는 코인베이스에 상장예정인 가상자산을 사전에 매수하고, 상장 후에 매각하는 방법으로 110만 달러의 차익을 얻었다.

SEC에 따르면, Ishan Wahi가 상장안내의 내용을 공표하기 전에 전달한 가상자산은 이더리움 네트워크(Ethereum Network)상에서 조성된 디지털 토큰(Digital Token)이었다. 해당토큰에는 특정한 서비스에 접근할 수 있는 권리로서 기능하는, 즉 화폐적 성격이 강한 토큰으로 서비스나 상품 가치에 대한 권리의 이전, 저장 수단으로 쓰이는 유틸리티 토큰(Utility Token) 및 특정 프로젝트에 관한 의사결정에 참가할 수 있는 권리가 부여된, 이른바 거버넌스 토큰(Governance Token) 등 다양한 형태의 토큰 9개가 포함되어 있었다. 이 가운데 거버넌스 토큰에 해당하는 가상자산으로는 RLY가 있다. 이 토큰의 상장공표일은 2021년 7월 14일이었고, 조성자는 Rally Network Inc.이었다. 이 토큰의 특징은 Rally Network상에서 의결권을 행사할 수 있는 거버넌스 토큰이라는 점에 있었다.

### 3) 내부자거래로 판단한 근거

SEC는 위의 9개의 토큰이 1934년 증권거래법의 규제대상인 투자계약(investment

44) US District Court Western District of Washington Seattle Division Case 2:22－cv－01009 Document 1 Filed 07/21/22.

contract)이라고 판단하였다. 즉 그동안 SEC는 비트코인과 이더리움 이외의, 이른바 '가상자산공개'(Initial Coin Offering, ICO) 등으로 조성된 토큰에 대하여 ① 자금의 투자(investment of money), ② 공동사업(common enterprise), ③ 사업자 또는 제3자의 노력(the efforts of the promoter or third party), ④ 이익의 기대(expectation of profits)라고 하는 Howey기준을 원용하여, 많은 토큰이 투자계약에 해당한다고 판단하여 왔는데, 이번 소송에서 SEC주장도 그 연장선상에 있었다. 그리하여 SEC는 토큰이 새롭게 상장되는 정보가 공표되면, 해당토큰의 가격이 급격히 상승하고, 거래량이 증가한다고 보았다.

따라서 코인베이스의 임직원도 가상자산의 상장과 상장폐지의 결정을 포함하는 '중요한 미공개정보'(material non-public information)를 가족과 친구 등 제3자에게 누설하여서는 아니 된다고 보았다.

## 4. 소결

미국의 사례를 보면 가상자산이 증권성을 갖는지에 대하여는 투자계약을 정의하는 Howey기준을 원용하여 판단하고 있다. 이는 자본시장법상 투자계약증권의 개념과 유사하다. 때문에 2023년 7월 13일 뉴욕지방법원이 리플(XRP) 소송에서 리플의 판매대상이 기관투자자인지 아니면 일반투자가인지를 구분하여 증권성을 판단한 것은 합리적이지 않다. 그러한 판결의 도출과정이나 구성체계 역시 비논리적이고 일관성이 없다. 때문에 리플(XRP)이 일반투자자에게 판매될 때에도 증권성이 인정된다고 보아야 한다.

이러한 기준에서 우리나라에서 거래되고 있는 가상자산의 유형을 살펴보면, 결제성 토큰인 가치안정화 코인(Stable Coin), 전매차익형 토큰 및 이익귀속형 코인은 자본시장법상 금융투자상품(제3조)에 해당할 수 있다고 본다. 자본시장법은 종래의 투자상품 또는 증권을 정의함에 있어서 중심개념인 '유통성'을 금융투자상품의 요건으로 포함시키지 않고 있기 때문이다. 이는 2000년대 초에 등장한 구조화 상품(structured products)과 같이 유통성과 무관하게 상품의 구조 자체에서 원본손실위험이 있는 상품이 존재하는 현실을 반영한 입법정책이다. 다만, 유통성은 원본손실의 위험을 정의함에 있어서 중요한 요소로 고려되고 있다.

그런데 가치안정화 코인, 전매차익형 토큰 및 이익귀속형 토큰을 금융투자상품 중 구체적으로 어느 유형에 해당하는지의 여부를 일률적으로 결정하는 것은 쉽지 않다. 유사한 유형의 가상자산일지라도 세부적인 내용과 기능은 서로 다른 경우가 많기 때문이다. 이러한 문제는 가치안정화 코인에서 특히 두드러지게 나타난다.

생각건대, 가치안정화 코인(Stable Coin)의 일반적인 정의를 감안하면, 이 코인은 자본시장법상 구조화 상품과 유사하다. 그러므로 파생결합증권(제4조 제2항 제5호)의 개념에 포섭할 수 있을 것으로 본다. 그리고 이익귀속형 토큰(예: Bitcoin)에 대하여는 자본시장법상 전형적인 투자계약증권(동항 제4호)의 개념으로 포섭하는데 어려움이 없다. 전매차익형 토큰도 발행자가 가상자산을 관리·처분할 권한을 가질 경우, 투자계약증권에 해당할 수 있다고 본다. 다만, 전매차익형 증권 중 비증권형 토큰은 자본시장법상 증권의 개념으로 포섭하기 어렵다. 현재 비증권형 토큰에 대하여는 가상자산이용자보호법에서 규율하고 있다.

한편 현행법상 가상자산의 유형별 규율체계를 보면, 가치안정화 코인을 포함하는 비변동성 토큰(결제형 토큰)은 가상자산이용자보호법의 규제대상이고, 비트코인과 같은 이익귀속형 토큰에 대하여는 규제 공백상태이다. 따라서 향후에는 비증권형 토큰을 제외한 전매차익형 토큰과 이익귀속형 토큰에 대하여는 자본시장법에서 규율하는 것이 바람직하다.[45] 가상자산이용자보호법에서 규율하고 있는 가치안정화 코인에 대하여도 자본시장법상의 규율체계로 포섭하는 것이 바람직하다. 자본시장법은 수차례의 개정작업을 거치는 과정에서 사업자에 대한 건전성 규제 및 영업행위규제 체계가 잘 갖추어져 있기 때문이다. 그리고 자문행위, 일임행위, 내부자거래, 시세조종, 시장질서 교란행위 및 공매도에 대한 규제체계도 세밀하게 마련되어 있어 가상자산이용자보호법의 불비를 보완할 수도 있다(제174조 내지 제180조).[46] 다만, 명시적으로 자본시장법을 개정하여 가상자산을 규제하고자 하는 때에는 자본시장법의 규율체계를 전반적으로 수정할 필요가 있다. 그리고 '자본시장'의 개념 역시 광의의 개념으로 바뀌어야 한다. 이러한 체계의 변화과정을 보다 수월하게 이행하기 위하여는

---

45) 同旨 박준선, "증권형 토큰에 대한 규제 가능성 검토", 상사법연구 제40권 제4호(2022. 2), 10-17면; 김병연, "가상자산의 법적 성질과 가상자산법의 입법방향", 금융법연구 제20권 제3호(2023. 12), 113면.

46) 가상자산이용자보호법상 불공정서래행위규제에 대한 문헌으로는 원대성, "「가상자산 이용자 보호 등에 관한 법률」에 따른 가상자산 불공정거래의 규제와 과제", 증권법연구 제24권 제3호(2023. 12), 53-83면; 한서희, "가상자산 이용자 보호 등에 관한 법률에서의 불공정거래행위에 대한 법적 고찰", 증권법연구 제24권 제3호(2023. 12), 97-122면.

가상자산이 민법상 물권 또는 이에 준하는 법적 지위를 부여할 수 있는지에 대한 명확한 정리가 선행되어야 한다.

## Ⅳ. 조각투자상품의 증권성 판단기준

### 1. 조각투자의 개념 및 문제점

조각투자는 실물자산 등의 소유권을 분할한 지분에 투자하는 것을 의미한다. 대부분의 투자자들은 자신들이 투자를 통해 실제 소유권의 일부(조각)를 보유하고 있다고 인식하고 있는 것이 일반적이다. 조각투자에 따라 소유권의 일부를 직접 보유하는 경우 투자자들은 소유의 대상이 되는 자산에서 발생하는 수익을 얻을 수 있고, 조각투자사업자의 사업성패와 무관하게 재산권 등 권리를 행사할 수 있다. 이는 기본적으로 실물거래이지만, 원칙적으로 금융규제 대상이 되지 않는 문제점이 있다. 그 예로는 아파트를 여러 명이 공동으로 투자·보유하면서 그 월세와 매각차익을 나누어 갖더라도 해당아파트 매매를 중개한 공인중개사의 사업성패와 아파트의 재산적 가치는 무관한 경우를 들 수 있다.

그런데 최근 투자자들의 일반적인 인식과 달리, 자산에 대한 소유권이 아닌 자산에서 발생하는 수익에 대한 청구권 등의 형태로 조각투자사업자가 조각투자상품을 발행하거나 이를 유통하는 행태가 나타나고 있다. 이러한 조각투자상품은 권리구조, 세부 계약내용 등 개별 상품의 실질에 따라 증권에 해당할 가능성이 있지만, 일부 조각투자사업자는 증권성 여부를 검토하지 않고, 자본시장법에서 정하고 있는 증권의 발행과 유통관련 규제를 준수하지 않은 채 사업을 영위하고 있다. 투자자들 또한 그에 대한 정확한 권리구조를 알지 못하고, 막연히 조각투자대상 실물자산 등을 직접 소유하는 것으로 인식하는 경우가 많다.

### 2. 금융위원회의 조각투자 등 신종증권 관련 사업 가이드라인

위와 같은 문제인식에 따라 2022년 4월 28일 금융위원회는 「조각투자 등 신종증권 관련 사업 가이드라인」을 발표하였다.[47] 이 기준은 자본시장법상 투자계약증권

47) https://www.fsc.go.kr/no010101/77728

에 대한 개념을 광의로 제시하고 있다. 그러므로 그에 따른 새로운 규율체계도 불가피할 것으로 보인다. 그리고 다종다양한 가상자산을 자본시장법으로 포섭함에 있어서 하나의 지침이 될 것으로 판단된다.

한편 동 가이드라인에 따라 ① 실물자산의 소유권을 분할하여 취득하는 방식으로 투자하는 경우는 등기·공증 등 투자자의 소유권이 공적으로 증명되어 권리주장이 가능한 경우는 민법이나 상법의 적용을 받게 되고, ② 자산에서 발생하는 수익에 대하여 지분만큼 청구권을 가지는 경우에는 자본시장법상 증권성 판단, 발행·공시규제, 인가·허가·등록 등의 절차를 거쳐야 한다.

## 3. 증권성의 판단

「조각투자 등 신종증권 관련 사업 가이드라인」에 따르면, 조각투자의 증권성에 대하여는 증권의 개념과 유형을 정하고 있는 자본시장법 제4조를 기준으로 판단하게 된다. 그러므로 이용약관 외에도 조각투자대상의 관리와 운용방법, 수수료·보수 등 각종 명목의 비용징수와 수익배분의 내용, 광고의 내용, 여타 약정 등 제반 사항을 종합적으로 감안하여 사안별로, 그리고 방법·형식·기술과 관계없이 표시하는 권리의 실질적 내용을 기준으로 증권성을 판단하게 된다. 기존 규제를 우회하려는 시도에 대하여는 자본시장법상 증권 규제의 본질적 목적인 투자자 보호의 관점에서 적극적으로 해석·적용하게 된다. 이에 따라 증권의 유형 중, 특히 투자계약증권은 그 적용범위가 폭넓게 인정될 수밖에 없다.

나아가 조각투자관련 사업을 영위하거나 영위할 계획이 있는 사업자(조각투자사업자)들은 증권에 해당하는 조각투자상품을 발행하려는 경우 증권신고서의 제출 등 자본시장법상의 공시규제를 준수하여야 한다. 그리고 조각투자사업자는 제공하려는 서비스(사업)의 내용에 따라 투자중개업(제6조 제3항)·집합투자업(제6조 제4항) 등에 관한 인가 또는 허가를 받거나 등록을 하여야 하고, 사업실질에 따라 자본시장법의 적용을 받게 된다.[48)]

---

48) 同旨 한서희, “조각투자를 둘러싼 법적 쟁점에 관한 연구”, 금융법연구 제20권 제3호(2023. 12), 86－91면; 집합투자 형태의 아트펀드(Art Fund)에 관한 구체적인 사례는 홍기훈, “조각투자의 허와 실: 예술금융과 아트펀드에 대한 소고”, 자산운용연구 제11권 제2호(2023. 12), 50－56면.

조각투자사업자가 영위하게 될 사업 중 투자계약증권으로서 인정될 가능성이 높은 사례로는 투자자가 얻게 되는 수입에 해당사업자의 전문성이나 사업활동이 중요한 역할을 하는 경우를 들 수 있다. 그리하여 ① 해당사업자 없이는 조각투자의 수익배분 또는 손실회피가 어려운 경우, ② 해당사업자가 운영하는 유통시장의 성패가 수익에 큰 영향을 미치는 경우, ③ 투자자 모집시 해당사업자의 노력·능력을 통해 사업과 연계된 조각투자상품의 가격상승을 합리적으로 기대하게 하는 경우 등은 투자계약증권으로 인정될 가능성이 높다. 이에 비하여 증권성이 인정될 가능성이 높지 않으면서, 소유권 등을 직접 분할하거나 개별적으로 사용·수익·처분이 가능한 때에는 증권에 해당할 가능성이 상대적으로 낮다. 예를 들면, 농장주가 사과농장의 수익을 투자자에게 배분하는 증권을 발행하고, 조각투자사업자가 농장주를 대신하여 투자자에게 해당증권에 대한 투자를 권유하는 행위는 자본시장법상 투자중개업에 해당할 가능성이 높다(제6조 제3항 참조). 사업자가 다수의 투자자로부터 자금을 모아 귀금속을 공동구매한 후 투자자의 지시 없이 자신의 판단으로 매각하고 그 손익을 투자자에게 배분하는 행위는 자본시장법상 집합투자업에 해당할 가능성이 높다(제6조 제4항 참조). 그리고 투자계약증권 이외의 조각투자의 매매를 위하여 시장을 개설하거나 운용을 하는 때에는 거래소의 설치에 관한 규정이 적용된다. 그러므로 금융위원회의 허가를 받아야 한다(제8조의 2 제2항).

한편 등기된 아파트 또는 공증과 같이 소유권에 대하여 공적 증명력이 있는 방식으로 소유권을 직접 분할한 행위에 대하여는 증권으로 판단될 가능성이 낮다. 그리고 회원제 콘도의 회원권과 같이 직접 사용할 목적으로 취득하여 이를 사용하여 수익을 얻고 처분하는 행위에 대하여도 마찬가지이다. 이러한 기준에 따라 금융위원회는 2022년 4월 조각투자사업자인 주식회사 뮤직카우(music cow)가 투자계약증권 증권신고서를 제출하였을 때에 그에 대한 증권성을 판단함에 있어 위의 '투자계약증권' 개념을 최초로 적용하였다.

# 제4장 금융투자업자 및 전문투자자 규제

# 제4장 금융투자업자 및 전문투자자 규제

## 제1절 | 금융투자업자의 진입규제

### Ⅰ. 금융투자업자의 의의 및 진입규제의 특징

자본시장법상 금융투자업자란 투자매매업, 투자중개업, 집합투자업, 투자자문업, 투자일임업 또는 신탁업과 같은 금융투자업에 대하여 금융위원회의 인가를 받거나 등록을 하여 이를 영위하는 자를 말한다(제8조 제1항·제6조 제1항). 금융투자업자와 관련하여 우리나라에서 가장 큰 쟁점으로 부각되고 있는 것은 진입규제이다. 자본시장법상 금융투자업자에 대한 진입규제의 가장 큰 특징은 과거 금융기관별 규제에서 금융기능별 규제로 전환하였다는 데에 있다. 그 내용을 살펴보면 다음과 같다. 첫째, 포괄적으로 정의된 금융투자상품의 개념과 이를 기초로 역시 포괄적으로 정의된 금융투자업에 대하여 무인가[1] 또는 무등록[2] 영업행위를 금지하여 일반적 금지원칙을 도입하고 있다.

둘째, 기능별 규제원칙을 적용하여 기능별로 정의된 금융투자업과 금융투자상품

---

1) 자본시장법은 누구든지 동법에 따른 금융투자업인가(변경인가를 포함한다)를 받지 아니하고는 금융투자업(투자자문업, 투자일임업 및 사모집합투자업은 제외한다)을 영위하여서는 아니 된다고 명시하고 있다(제11조).
2) 자본시장법은 누구든지 동법에 따른 금융투자업등록(변경등록을 포함한다)을 하지 아니하고는 투자자문업 또는 투자일임업을 영위할 수 없다고 명시하고 있다(제17조).

및 투자자의 조합을 진입규제의 단위로 상정하여 동일한 금융기능에 대하여는 동일한 진입요건을 적용하고 있다.

셋째, 금융투자업자가 업무영역을 확장하고자 하는 경우에는 인가의 변경을 통하여 필요한 인가단위를 추가하도록 하여 규제의 중복을 피하고 있다.[3)]

## Ⅱ. 진입규제

자본시장법은 금융투자업자가 금융투자업을 영위하고자 하는 때에는 각 금융기능별로 투자자가 노출되는 위험의 크기에 따라 인가제와 등록제를 병용하고 있다. 즉 고객과 직접 채권·채무관계를 가지는 투자매매업과 고객의 자산을 수탁하는 금융투자업인 투자중개업·집합투자업·신탁업에 대하여는 인가제를 채택하고 있다. 그리고 고객의 자산을 수탁하지 않는 투자일임업·투자자문업에 대하여는 등록제를 채택하고 있다.

## Ⅲ. 인가와 등록에 관한 기본원칙

자본시장법은 인가요건과 등록요건에 대하여 금융투자업, 금융투자상품 및 투자자로 구성되는 금융기능의 특성을 반영하여 진입요건의 수준을 차등화하고 있다. 그에 관한 기본원칙을 살펴보면 다음과 같다.[4)] 첫째, 금융투자업자의 특성을 고려하여 인가제를 채택한 금융투자업의 진입요건은 등록제를 채택한 금융투자업보다 엄격하게 설정하고 있다. 그리고 객관적인 요건만 요구하는 등록제와 달리 인가당국의 재량적 판단을 허용하는 요건을 설정하고 있다. 그리고 인가제를 채택한 금융투자업 중에서도 고객과 채권·채무관계를 갖는 금융투자업에 대하여는 고객의 자산을 수탁하는 금융투자업에 비하여 강화된 요건을 설정하고 있다.

둘째, 금융투자상품의 특성을 고려하여 취급대상 금융투자상품의 위험크기에 따라 장외파생상품 등 위험 금융투자상품을 사업대상으로 하는 금융투자업자에 대하여는 상대적으로 강화된 진입요건을 설정하고 있다.

셋째, 투자자의 특성을 고려하여 고객의 위험감수능력의 크기에 따라 일반투자자

---

3) 이른바 add on 방식을 취하고 있다.
4) 재정경제부, 앞의 설명자료(2006. 6. 30), 26－27면.

를 상대로 하는 금융투자업에 대하여는 전문투자자(제9조 제5항)를 상대로 하는 경우보다 진입요건을 강화하고 있다.

한편 등록제도의 운영과 관련하여 인가제보다 완화된 진입규제로서의 입법취지를 달성하기 위하여 ① 금융투자업 등록요건을 갖추지 아니한 경우, ② 등록신청서를 거짓으로 작성한 경우, 또는 ③ 등록신청서에 대한 보완요구를 이행하지 아니한 경우 등의 사유가 없는 한, 금융위원회는 등록을 거부하지 못한다(제19조 제4항).

## Ⅳ. 인가의 변경 등

자본시장법상 진입규제와 관련한 특징 중의 하나는 이미 인가를 받은 업무단위 또는 등록을 한 업무단위 외에 다른 인가업무단위 또는 등록업무단위를 추가하여 금융투자업을 영위하고자 할 경우에는 새로운 인가나 등록을 신청하는 것이 아니라, 기존의 인가업무나 등록업무의 변경절차를 취함으로써 족하다는 데에 있다(제16조 제1항·제21조 제1항). 이러한 제도를 도입하게 된 것은 일부 진입요건에 대하여 완화된 기준을 적용함으로써 규제완화의 효과를 거두는 데에 있다(제16조 제2항·제21조 제2항).

## Ⅴ. 인가요건의 유지의무 등

자본시장법은 진입규제와 관련하여 계속적 규제의 취지를 달성하기 위하여 인가요건 및 등록요건 중 일부에 대하여 유지의무를 부과하고 있다(제15조·제20조). 진입규제는 금융투자업자가 진입단계에서 법적 요건을 충족하고 있는지를 판단하는 것이지만, 계속적 규제는 진입 후의 요건충족의 실제성에 대한 심사를 의미한다.

## Ⅵ. 금융기능에 대한 규제

자본시장법은 금융투자업, 금융투자상품 및 고객을 기준으로 금융기능을 분리하고 있다. 그리하여 금융기능에 대하여는 업규제(진입규제, 건전성규제 및 영업행위규제)를 적용하되, 영업주체, 즉 금융투자업자를 불문하고 금융기능이 동일하면 동일한 진입·건전성·영업행위규제를 적용하고 있다. 이러한 기능별 규제의 원칙은 투자자 보호에도 그대로 적용되어 금융기능의 상대방인 투자자는 동일한 투자자 보호규정을 적용받게 된다.

## 제2절 | 금융투자업자에 관한 건전성규제

### Ⅰ. 의의

자본시장법은 금융투자업자의 건전성규제를 위하여 크게 ① 재무건전성 유지(제30조), ② 경영건전성기준의 준수(제31조), ③ 대주주 등과의 거래제한(제34조·제35조) 등으로 나누어 규제하고 있다. 이 가운데 ① 재무건전성 유지는 주로 금융투자업자로 하여금 재무건전성을 유지하여 부실화될 가능성을 사전에 예방하는데, ② 경영건전성기준의 준수는 금융투자업자의 경영에 수반하는 위험성에 대비하고, 장래에 발생할 손실에 대응할 수 할 수 있는 기준을 준수하도록 하는데 그 목적이 있다. 그리고 금융투자업자의 자질을 향상시키고자 하는 데에도 그 목적이 있다고 해석할 수 있다. 앞의 ③의 대주주 등과의 거래를 규제하는 것은 자본시장이 국민경제의 발전에 이바지하기 위하여는(제1조) '금융투자업을 건전하게 육성'함으로써 '자본시장의 공정성·신뢰성 및 효율성'을 높여야 하는데, 이를 위하여는 무엇보다도 금융투자회사의 사금고화를 방지하기 위한 조치가 필요하기 때문이다. 이하에서는 이에 관한 법령의 내용을 살펴보고자 한다.

### Ⅱ. 재무건전성 유지

#### 1. 영업용순자본비율의 유지

##### (1) 원칙

금융투자업자는 영업용순자본을 금융투자업자의 자산 및 부채에 내재하거나 업무에 수반되는 위험을 금액으로 환산하여 합계한 금액(이하 '총위험액') 이상으로 유지하여야 한다(제30조 제1항). 여기서 영업용순자본은 ① 자본금·준비금, 그 밖에 총리령(시행규칙 제5조 제1항)으로 정하는 금액(예: 유동자산에서 설정한 대손충당금 등)의 합계액에서 ② 고정자산, 그 밖에 단기간 내에 유동화가 어려운 자산으로서 총리령으로 정하는 자산(예: 선급금 등)(시행규칙 제5조 제2항)의 합계액을 뺀 금액을 말한다. 그리고 영업용순자본과 총위험액의 산정에 관한 구체적인 기준 및 방법은 금융위원회가 정하여 고시한다(금융투자업규정 제3-11조).

### (2) 예외

위의 규정에도 불구하고 겸영투자업자는 재무건전성 유지의무를 부담하지 아니한다. 그 이유는 겸영투자업자에 대하여는 개별법령에 의하여 건전성규제가 이루어지기 때문이다. 그리고 대통령령으로 정하는 금융투자업자 역시 재무건전성 유지의무를 부담하지 아니한다. 그 대상은 ① 투자자문업자 또는 투자일임업자,[5] ② 집합투자업자[6] 등이다(시행령 제34조 제1항). 이러한 금융투자업자들은 전문적인 위탁매매나 중개업자가 아니기 때문이다. 즉 투자자의 자산을 전문적으로 운영하고, 자산운용에 필요한 위탁매매업무나 중개업무는 투자매매업자(제9조 제2항) 및 투자중개업자(제9조 제3항)를 통하여야 하며, 고객재산을 별도로 분리하여야 할 의무를 부담하므로 재무건전성 유지의 취지인 금융투자업자의 부실화 예방과는 거리가 있기 때문이다.

### (3) 보고 및 공시

재무건전성 유지의무를 부담하는 금융투자업자는 매 분기의 말일을 기준으로 영업용순자본에서 총위험액을 뺀 금액을 기재한 서면을 해당분기의 말일부터 45일 이내에 금융위원회에 보고하여야 한다. 그리고 보고기간 종료일부터 3개월간 본점과 지점, 그 밖의 영업소에 비치하고, 인터넷 홈페이지 등을 이용하여 공시하여야 한다(제30조 제3항 · 시행령 제34조 제2항 제2호).

5) 다른 금융투자업을 경영하지 아니하는 경우만 해당한다.
6) 집합투자증권 외의 금융투자상품에 대한 투자매매업 또는 투자중개업을 경영하는 자는 제외한다.

### 2. 순자본비율

순자본비율은 금융위원회가 금융투자업자의 적기시정조치(prompt corrective action)의 준수여부를 확인하는 지표이다(제31조 제4항). 그 산정의 기초가 되는 금융투자업자의 자산, 부채 및 자본은 자본시장법 제32조의 회계처리기준에 따라 작성된 연결재무제표에 계상된 장부가액[7] 기준으로 한다. 다만, 연결 대상 회사의 구체적인 범위는 금융감독원장이 정하며, 연결 대상 회사가 없는 금융투자업자는 개별 재무제표를 기준으로 한다(금융투자업규정 제3-10조 제1항). 그리고 순자본비율은 가결산일 및 결산일 현재를 기준으로 산정하고 자본시장법 제33조 제1항에 따른 업무보고서에 포함한다(동규정 동조 제7항).

## Ⅲ. 경영건전성기준의 준수

### 1. 경영건전성의 내용 및 기준

금융투자업자[8]는 경영의 건전성을 유지하여야 한다. 그 내용은 ① 자기자본비율 및 그 밖의 자본의 적정성에 관한 사항, ② 자산의 건전성에 관한 사항, ③ 유동성에 관한 사항, ④ 그 밖에 경영의 건전성 확보를 위하여 필요한 사항으로서 대통령령으로 정하는 사항에 관하여 금융위원회가 정하여 고시하는 경영건전성기준을 준수하여야 하며, 이를 위한 적절한 체계를 구축·시행하여야 한다(제31조 제1항·시행령 제35조·금융투자업규정 제8-41조).

위와 같이 자본시장법은 금융위원회로 하여금 경영건전성기준을 정하도록 하고 있다. 이에 따라 금융위원회는 경영건전성기준(제31조 제1항)을 정함에 있어서 금융투자업자가 영위하는 금융투자업의 종류 등을 고려하여 금융투자업별로 그 내용을 달리 정할 수 있다(제31조 제2항).

7) 평가성 충당금을 차감한 것을 말한다.
8) 겸영금융투자업자를 제외한다.

## 2. 경영실태 및 위험평가

### (1) 의의

경영실태 및 위험평가는 기본적으로 경영 및 재무건전성을 판단하기 위한 제도이다. 이에 대하여는 임의평가와 의무평가로 나눌 수 있다.

### (2) 임의평가

자본시장법은 경영실태 및 위험에 관한 임의평가규정을 두고 있다. 그리하여 금융위원회는 금융투자업자의 경영건전성 확보를 위한 경영실태 및 위험에 대한 평가를 할 수 있다(제31조 제3항 본문). 이는 법문이 밝히는 바와 같이 임의규정으로서 금융위원회가 필요성이 있는 경우에 한하여 실시할 수 있다.

### (3) 의무평가

위와는 달리 자본시장법은 금융위원회로 하여금 일정한 요건을 충족하는 금융투자업자에 대한 의무평가를 하도록 강제하고 있다. 그리하여 금융위원회는 자산규모 등을 고려하여 대통령령으로 정하는 금융투자업자에 대하여는 경영실태 및 위험에 대한 평가를 하여야 한다(제31조 제3항 단서). 경영실태에 대한 평가는 ① 다자간매매체결회사(제8조의 2 제5항 · 제78조) ② 시행령 제179조에 따른 채권중개전문회사,[9] ③ 투자자문업자 또는 투자일임업자,[10] ④ 외국 금융투자업자의 지점, 그 밖의 영업소, ⑤ 집합투자업자[11] 중 어느 하나에 해당하지 아니하는 금융투자업자를 대상으로 한다. 위험에 대한 평가는 ① 최근 사업연도 말일을 기준으로 자산총액[12]이 1천억원 이상일 것, ② 장외파생상품에 대한 투자매매업 또는 증권에 대한 투자매매업(인수업을 경영하는 자만 해당한다)을 경영할 것 등의 기준을 모두 충족하는 금융투자업자를 대상으로 한다(시행령 제35조 제2항 제2호).

---

9) 다른 금융투자업을 경영하지 아니하는 경우만 해당한다.
10) 다른 금융투자업을 경영하지 아니하는 경우만 해당한다.
11) 집합투자증권 외의 금융투자상품에 대한 투자매매업 또는 투자중개업을 경영하는 자는 제외한다.
12) 재무상태표상의 자산총액에서 투자자예탁금을 뺀 금액을 말한다.

### (4) 금융감독원장의 감독의무

금융감독원장은 금융투자업자의 경영 및 재무건전성을 판단하기 위하여 금융투자업자의 재산과 업무상태 및 위험을 종합적·체계적으로 분석 평가(이하 '경영실태평가')하여 감독하여야 한다(금융투자업규정 제3-25조)

## 3. 적기시정조치

적기시정조치란 금융회사의 자본충실도 및 경영실태평가 결과가 사전에 정해진 기준에 미치지를 못하여 경영상태가 심각하게 악화되고 있는 경우 금융당국이 기준 미달 정도에 따라 취하는 시정조치를 말한다. 시정조치는 경영개선권고, 경영개선요구 및 경영개선명령의 3단계로 구분된다. 이 조치는 1992년 7월 은행권에 처음으로 도입되었고, 은행의 건전성 감독기준을 준용하던 종금사에도 동일하게 적용되었다. 그리고 1998년 1월에는 「금융산업의 구조개선에 관한 법률」(약칭 '금산법')이 개정됨에 따라 은행 및 종금사 이외의 여타 금융권에도 적용되고 있다. 그 결과 1998년 4월 보험사 및 저축은행, 2000년 12월 증권사, 2001년 7월 여신전문금융회사에도 동 제도가 도입되었다.

이러한 입법 과정에 따라 자본시장법은 금융위원회로 하여금 금융투자업자가 경영건전성기준을 충족하지 못하거나 재무건전성 유지의무를 위반한 때에는 금융투자업자에 대하여 자본금의 증액 또는 이익배당의 제한 등 경영건전성 확보를 위한 필요한 조치를 명할 수 있도록 하고 있다(제31조 제4항).

이에 의거한 금융투자업규정은 적기시정조치에 관하여 보다 상세한 규정을 두고 있는데, 동 규정은 우선 금융투자업자를 ① 1종 금융투자업자, ② 2종 금융투자업자, ③ 3종 금융투자업자로 나누고 있다. 여기서 '1종 금융투자업자'는 동법 제8조에 따른 금융투자업자중 투자매매업자 또는 투자중개업자를 말한다. 다만, 집합투자업을 영위하면서 투자매매업 또는 투자중개업 중 집합투자증권에 대한 영업만을 인가받은 투자매매업자 또는 투자중개업자는 제외한다. '2종 금융투자업자'는 동법 제8조에 따른 금융투자업자 중 집합투자업자[13]를 말한다. '3종 금융투자업자'는 동법 제8조

13) 집합투자증권을 제외한 다른 금융투자상품에 대한 투자매매업과 투자중개업을 영위하는 자는 제외한다.

에 따른 금융투자업자 중 신탁업자[14]를 말한다(동규정 제3-6조 제21호 내지 제23호).

이러한 분류에 따라 금융투자업규정은 적기시정조치의 실행방안으로서 금융위원회로 하여금 경영개선권고(동규정 제3-26조), 경영개선요구(동규정 제3-27조) 및 경영개선명령(동규정 제3-28조) 조치를 취하도록 하고 있다.

## Ⅳ. 대주주 등과의 거래규제

### 1. 거래제한 대상 대주주

자본시장법은 금융투자업자의 사금고화를 방지하기 위하여 대주주 등과의 거래를 제한하고 있다. 법률상 제한대상은 ① 해당금융투자업자의 대주주(제34조 제1항 제1호), ② 해당금융투자업자의 특수관계인[15] 중 대통령령으로 정하는 자이다(동항 제2호). 여기서 대주주에는 최대주주와 주요주주를 포함한다(제34조 제1항 제1호·제9조 제1항·금융회사지배구조법[16] 제2조 제6호). 그리고 '최대주주'는 금융회사의 의결권 있는 발행주식[17]총수를 기준으로 본인 및 그와 대통령령으로 정하는 특수한 관계가 있는 자(특수관계인)가 누구의 명의로 하든지 자기의 계산으로 소유하는 주식[18]을 합하여 그 수가 가장 많은 경우의 그 본인을 말한다(제9조 제1항·금융회사지배구조법 제2조 제6호 가목). '주요주주'는 ① 누구의 명의로 하든지 자기의 계산으로 금융회사의 의결권 있는 발행주식총수의 100분의 10 이상의 주식[19]을 소유한 자, ② 임원[20]의 임면 등의 방법으로 금융회사의 중요한 경영사항에 대하여 사실상의 영향력을 행사하는 주주로서 대통령령으로 정하는 자를 말한다(제9조 제1항·금융회사지배구조법 제2조 제6호 나목).

한편 자본시장법 제34조 제1항 제2호의 특수관계인 중 대통령령으로 정하는 자란 계열회사를 말한다(시행령 제37조 제2항·공정거래법 제2조 제12호).

---

14) 1종 금융투자업자를 제외한다.
15) 금융투자업자의 대주주를 제외한다.
16) 원 명칭은 「금융회사의 지배구조에 관한 법률」이다.
17) 출자지분을 포함한다.
18) 그 주식과 관련된 증권예탁증권을 포함한다.
19) 그 주식과 관련된 증권예탁증권을 포함한다.
20) 업무집행책임자는 제외한다.

## 2. 거래제한의 내용

### (1) 증권 · 주식 · 채권 · 약속어음 등의 소유금지

#### 1) 원칙

자본시장법이 대주주 등과 금융투자업자간 금지되는 거래의 내용은 다음과 같다. 즉 ① 금융투자업자의 대주주가 발행한 증권을 해당금융투자업자가 소유하는 행위(제34조 제1항 제1호), ② 금융투자업자의 계열회사가 발행한 주식, 채권 및 약속어음(promissory note)[21]을 소유하는 행위. 다만, 대통령령으로 정하는 비율, 즉 자기자본의 100분의 8의 범위에서 소유하는 경우를 제외한다(동항 제2호 · 시행령 제37조 제3항). ③ 그 밖에 금융투자업자의 건전한 자산운용을 해할 우려가 있는 행위로서 대통령령으로 정하는 행위(동항 제3호 · 시행령 제37조 제4항) 등이 그에 해당한다.

한편 금융투자업자가 100분의 8의 범위 내에서 계열회사가 발행한 주식, 채권 및 약속어음을 소유하고자 하는 때에는 미리 이사회 결의를 거쳐야 한다. 이사회 결의는 재적이사 전원의 찬성으로 한다(제34조 제3항).

#### 2) 예외

자본시장법은 대주주와의 거래 등을 원칙적으로 제한하면서, 일부 예외규정도 두고 있다. 그리하여 ① 담보권의 실행 등 권리행사에 필요한 경우, ② 안정조작(제176조 제3항 제1호) 또는 시장조성(동항 제2호)을 하는 경우, ③ 그 밖에 금융투자업자의 건전성을 해치지 아니하는 범위에서 금융투자업의 효율적 수행을 위하여 대통령령으로 정하는 경우에는 위의 소유금지 규정이 적용되지 아니한다. 다만, 이 경우 금융위원회는 그 소유기한 등을 정하여 고시할 수 있다(제34조 제1항 단서).

한편 자본시장법은 금융투자업자에게 계열회사가 발행한 약속(約束)어음 소유 행위를 금지하면서 환어음(bill of exchange)을 소유하는 행위에 대하여는 금지하지 않고 있다. 그 이유에 대하여는 금융투자업자가 ① 약속어음을 소유하는 경우는 어음을 발행한 계열회사와 직접적으로 최종채무자 · 채권자의 지위에 서게 될 수 있어 금융투자업자가 약속어음의 지급을 청구하지 않는 등의 방법으로 계열회사를 부당하게 지원하는 수단으로 악용될 수 있지만, ② 환어음의 경우는 제3자, 즉 어음을 발

---

21) 기업이 사업에 필요한 자금을 조달하기 위하여 발행한 것에 한한다.

행하는 자가 증권에 기재한 특정인(수취인) 또는 그가 지시하는 자(지급인)가 최종채무자의 지위에 서게 되므로, 금융투자업자가 계열회사를 직접적으로 지원하는 수단으로 악용될 소지가 상대적으로 적기 때문인 것으로 풀이할 수 있다.

### (2) 신용공여의 금지

#### 1) 원칙

자본시장법상 신용공여란 금전·증권 등 경제적 가치가 있는 재산의 대여, 채무이행의 보증, 자금 지원적 성격의 증권의 매입 또는 그 밖에 거래상의 신용위험을 수반하는 직접적·간접적 거래로서 대통령령으로 정하는 거래를 말한다(제34조 제2항 괄호). 대통령령에서는 ① 담보를 제공하는 거래, ② 어음을 배서[22]하는 거래, ③ 출자의 이행을 약정하는 거래, ④ 그 밖에 채무인수 등 신용위험을 수반하는 거래로서 금융위원회가 정하여 고시하는 거래 등을 신용공여의 개념에 포함하고 있다(시행령 제38조 제1항).

자본시장법은 금융투자업자가 대주주[23]에게 신용공여를 하는 행위를 금지하고 있고, 대주주에 대하여도 그 금융투자업자로부터 신용공여를 받는 행위를 금지하고 있다(제34조 제2항). 따라서 금융투자업자는 ① 대주주를 위하여 담보를 제공하는 거래, ② 대주주를 위하여 어음을 배서[24]하는 거래, ③ 대주주를 위하여 출자의 이행을 약정하는 거래, ④ 그 밖에 채무인수 등 신용위험을 수반하는 거래로서 금융위원회가 정하여 고시하는 거래를 하여서는 아니 되며, 대주주 역시 그러한 신용공여를 받아서는 아니 된다.

위와 같이 자본시장법이 신용공여행위에 대하여 원칙적으로 금융투자업자뿐만 아니라 대주주도 규제를 하는 것은 법적 분쟁이 발생하였을 경우, 대주주 측에서 신용용여를 받은 행위가 법률상 선의이거나 경과실에 해당한다고 주장할 수 있는 가능성을 차단하기 위한 것으로 해석된다.

#### 2) 예외

자본시장법은 위와 같은 신용공여행위를 금지하고 있지만, 사금화의 우려가 없는

22) 「어음법」 제15조 제1항에 따른 담보적 효력이 없는 배서는 제외한다.
23) 그의 특수관계인을 포함한다.
24) 「어음법」 제15조 제1항에 따른 담보적 효력이 없는 배서는 제외한다.

일부행위에 대하여는 예외적으로 허용하고 있다. 즉 대주주에 대한 신용공여가 ① 임원에 대하여 연간 급여액[25]과 대통령령으로 정하는 금액(1억원) 중 적은 금액의 범위에서 하는 신용공여, ② 금융투자업자가 발행주식총수 또는 출자총액의 100분의 50 이상을 소유 혹은 출자하거나 대통령령으로 정하는 기준에 의하여 사실상 경영을 지배하는 해외현지법인에 대한 신용공여, ③ 그 밖에 금융투자업자의 건전성을 해할 우려가 없는 신용공여로서 대통령령으로 정하는 신용공여행위는 금지되지 아니한다(제34조 제2항 단서·시행령 제38조 제2항 내지 제4항).

한편 이러한 예외적인 신용공여를 하고자 하는 때에는 미리 이사회 결의를 거쳐야 한다. 이 경우 이사회 결의는 재적이사 전원의 찬성으로 한다(제34조 제3항).

#### (3) 금융위원회의 조치

자본시장법은 금융위원회로 하여금 대주주 등과의 거래제한 위반행위에 관한 조치를 취할 수 있도록 정하고 있다. 이에 따라 금융위원회는 금융투자업자 또는 그의 대주주가 거래제한규정을 위반한 혐의가 있다고 인정될 경우에는 금융투자업자 또는 그의 대주주에게 필요한 자료의 제출을 명할 수 있다(제34조 제6항).

나아가 금융위원회는 금융투자업자의 대주주(회사에 한한다)의 부채가 자산을 초과하는 등 재무구조의 부실로 인하여 금융투자업자의 경영건전성을 현저히 해칠 우려가 있는 경우로서 대통령령으로 정하는 경우에는 금융투자업자에 대하여 대주주가 발행한 증권의 신규취득 및 예외적으로 허용되는 신용공여를 제한할 수 있다(제34조 제7항·제34조 제2항 제2항 단서). 여기서 "대통령령으로 정하는 경우"란 ① 대주주[26]의 부채가 자산을 초과하는 경우, ② 대주주가 둘 이상의 신용평가회사에 의하여 투자부적격 등급으로 평가받은 경우를 말한다(제34조 제7항·시행령 제40조).

## Ⅴ. 대주주 등의 부당한 영향력 행사제한

### 1. 제한행위

자본시장법은 금융투자업자와 대주주 등 간의 거래를 규제하면서 대주주 등의 부당한 영향력 행사도 금지하고 있다(제35조). 그리하여 금융투자업자의 대주주[27]는

25) 근속기간 중에 그 금융투자업자로부터 지급된 소득세 과세대상이 되는 급여액을 말한다.
26) 회사만 해당하며, 회사인 특수관계인을 포함한다.

금융투자업자의 이익에 반하여 대주주 자신의 이익을 얻을 목적으로 ① 부당한 영향력을 행사하기 위하여 금융투자업자에 대하여 외부에 공개되지 아니한 자료 또는 정보의 제공을 요구하는 행위(제1호),[28] ② 경제적 이익 등 반대급부의 제공을 조건으로 다른 주주와 담합하여 금융투자업자의 인사 또는 경영에 부당한 영향력을 행사하는 행위(제2호), 또는 ③ 그 밖에 앞의 제1호 및 제2호에 준하는 행위로서 대통령령으로 정하는 행위(제3호)를 하여서는 아니 된다.

자본시장법 제35조 제3호에서 "대통령령으로 정하는 행위"란 ① 금융투자업자로 하여금 위법행위를 하도록 요구하는 행위(제1호), ② 금리, 수수료, 담보 등에 있어서 통상적인 거래조건과 다른 조건으로 대주주 자신이나 제3자와의 거래를 요구하는 행위(제2조), 또는 ③ 조사분석자료(제71조 제2호)의 작성과정에서 영향력을 행사하는 행위(제3호)를 말한다(시행령 제41조).

### 2. 금융위원회의 조치

금융위원회는 대주주 등의 부당한 영향력 행사제한 규정에 위반한 행위를 하는 경우 그에 관한 조치를 취할 수 있다. 구체적으로 금융위원회는 금융투자업자의 대주주가 위의 제35조를 위반한 혐의가 있다고 인정될 경우에는 금융투자업자 또는 그의 대주주에게 필요한 자료의 제출을 명할 수 있다(제36조).

## 제3절 | 투자자구분 및 전문투자자규제[29]

### Ⅰ. 서설

자본시장법은 舊증권거래법, 舊선물거래법 및 舊투자신탁(집합투자기구)관련 법제

27) 그의 특수관계인을 포함한다.
28) 다만, 금융회사지배구조법 제33조 제6항 또는 상법 제466조에 따른 회계장부열람권리 행사에 해당하는 경우를 제외한다.
29) 이하의 내용은 오성근 "전문투자자규제에 관한 비교법적 고찰 및 입법적 개선과제 –자본시장법, EU의 금융상품시장지침 및 영국의 업무행위규칙을 중심으로–", 증권법연구 제11권 제1호(2010. 10)의 내용을 압축·수정·최신화(update)한 것이다.

등에서 운영되지 아니하였던 투자자구분제도를 도입하였다. 이 점에서 해당제도는 자본시장법의 중요한 특징 중의 하나이다. 투자자구분제도는 2005년부터 시작된 자본시장법 제정논의 과정에서 도입의 필요성이 주장되었다.[30] 이 제도가 도입된 것은 최근 금융투자업계가 파생금융상품 등의 미공시상품을 판매하고 있고, 고도로 복잡한 신종금융상품이 활발하게 거래되고 있는 현실을 감안하면, 투자자의 속성에 따른 보호의 정도를 달리할 필요가 있기 때문이다.[31] 그리하여 자본시장법은 금융투자업자의 거래상대방인 투자자 중 위험감수능력이 있는 자를 전문투자자로 정의하고, 전문투자자가 아닌 자를 일반투자자로 구분하고 있다(제9조 제5항 · 제6항). 그리고 전자에 대하여는 투자자 보호와 관련된 규제의 대부분을 적용하지 않고 있다. 전문투자자제도는 한정된 규제자원을 일반투자자 보호에 집중함으로써 규제의 효율을 기할 수 있고, 불필요한 규제를 최소화함으로써 금융투자업자가 부담하는 규제비용을 최소화할 수 있을 것으로 기대되고 있다.[32] 그리고 전문투자자에 특화된 금융서비스 · 금융투자상품을 개발 · 공급하는 데에도 기여할 수 있다.

비교법적으로 보면, EU의 금융상품시장지침(Markets in Financial Instruments Directive, MiFID),[33] 영국의 2000년 금융서비스 · 시장법(Financial Services and Market Act 2000, FSMA2000)과 그 하위규정인 업무행위규칙(Conduct of Business Sourcebook, COBS),[34] 일본 및 호주 등 선진금융국들은 이전부터 전문투자자제도를 도입 · 적용하고 있다.

---

30) 제정경제부, 앞의 제정 방안(2006. 2. 17), 17면 등.

31) 同旨 대법원 2019. 7. 11. 선고 2016다224626 판결.

32) 성희활, "금융투자상품의 투자권유규제에서 적합성원칙과 설명의무", 인권과 정의 제389호(2009), 61면; 안성포, "독일 자본시장법상 투자자 보호에 관한 비교법적 고찰", 기업법연구 제20권 제4호(2006), 296면; 대법원 2021. 4. 1. 선고 2018다218335 판결.

33) Directive 2004/39/EC. 금융상품시장지침은 1993년 5월에 제정된 EU의 투자서비스지침(Investment Service Directive, ISD)을 대체하는 것으로서 2004년 4월에 제정된 지침이다. 2007년 11월 1일부터 EU회원국에서 시행되고 있다. 이에 관한 주요 내용은 오성근, "EU자본시장규제의 통합 동향과 시사점", 증권선물 제25호 (2007. 3), 35－37면 참조.

34) 이 규칙의 본래 약칭은 COB(Conduct of Business)이다. 그러나 EU의 금융상품시장지침을 영국 내의 제도화과정에서 그 내용을 대폭 수정하고, 그 명칭도 바뀌게 되었다(Annex 2: Towards Implementations; proposed plan for 2007. http;//www.fsa.govuk/pages/About/What/International/EU/fsap/mifid/pdf/annex2.pdf.).

## Ⅱ. 투자자구분규제의 연혁 및 외국의 유사법제

### 1. 규제 연혁

#### (1) 외국

전문투자자규제에 관한 연혁은 1986년 영국의 금융서비스법(Financial Service Act 1986, FSA 1986)에서 찾을 수 있다. 동법 제43조는 현행 영국의 업무행위규칙(COBS 3)상의 당연 프로고객(per se professional clients) 및 당연 적격상대방(per se eligible counterparties)에 해당하는 은행 등 일정한 요건을 충족하는 금융기관에 대하여는 동법을 적용하지 않는다고 명시하고 있었다. 이에 따라 은행 등의 금융기관은 주로 도매금융거래에 관하여 독자적인 규제를 받아 왔다. 그리고 1986년 금융서비스법 하에서는 전통적인 자율규제가 존중되는데, 1997년 금융감독기구(Financial Service Authority, FSA)가 발족되기 전 증권선물위원회(Securities and Future Authority, SFA), 투자운용규제단체(Investment Management Regulation Organisation, IMRO), 단위형투신·생명보험 등의 개인투자위원회(Personal Investment Authority, PIA) 등의 자율규제기관들은 고객을 '일반고객(private customers)'과 '비일반고객(non-private customers)'으로 분류하여 규제하였었다. 다만, 여기서의 '고객(customer)'은 '투자서비스의 수익자'를 의미한다. 시장상대방·신탁수익자·기업대출사업투자자(investor in corporate finance business) 등은 '고객'의 범주에서 제외하였다. 이와 같이 과거 영국의 자율규제기관들은 세부 항목에서는 서로 다르지만 ① 고객의 범위, ② 고객의 구분방법, ③ 각 유형의 고객에 대한 보호 규칙을 두고 있었다는 공통점을 갖고 있었다.[35]

#### (2) 우리나라

우리나라의 舊증권거래법에는 투자자를 구분하여 달리 취급하고자 하는 인식이 일정부분 반영되어 있었다. 그리하여 자신을 보호할 능력을 갖춘 기관투자자와 같은 투자전문가는 舊증권거래법의 주된 보호대상에서 제외되었었다. 예를 들면, 특

---

35) Arun Scrivastava·Michael Hendriken(2004), p.137에서는 그 이유를 '공통의 존(zone)에 의하기 때문'이라고 하고 있다. 공통의 존이란 SIB의 COB이라고 할 수 있다. 1986년 금융서비스법의 구체화(implementation)의 일환으로 SIB의 총칙이 제1의 핵심, SIB의 규칙이 제2의 핵심, 각 자율규제기관의 규칙(적합성원칙 등은 여기에 포함된다.)이 제3의 핵심으로서 정리되고 있는 점에 대하여는 Jonathan Fisher·Jane Bewsey(1997), p.27－28..

정한 증권발행이 공시규제대상인 '모집' 이나 '매출'에 해당하는지의 여부를 밝히면서, 기관투자자가 참여한 부분을 제외시킨 것(동법시행령 제2조의 4 제3항 제6호)이 대표적이다.

舊증권거래법에 의거 제정된 舊증권업감독규정이 '적격기관투자자'와 '일반고객'을 구분하여 규제하였던 것도 마찬가지이다. 舊증권업감독규정은 적격기관투자자를 유가증권거래에 필요한 전문적 능력을 갖추고 있다고 증권감독원장이 정하는 자로서 증권회사가 적격기관투자자라는 사실을 서면으로 통지한 고객으로 정의하였다. 다만, 당해 고객이 영업행위준칙의 규정을 적용함에 있어 일반고객과 동일한 대우를 받겠다는 의사를 증권회사에 서면으로 통지하고 증권회사가 이에 이의를 제기하지 아니한 고객은 적격기관투자자로 보지 아니하였다(동규정 제4－1조 제6호). 그리고 일반고객이라 함은 증권회사의 서비스를 제공받는 자로서 적격기관투자자 이외의 자를 의미하였다(동규정 동조 제7호).

자본시장법상 투자자구분제도는 위와 같은 규제연혁을 거쳐 도입되었고, 전문투자자와 일반투자자에 대하여 서로 다른 규제체계를 갖추게 되었다.

## 2. 외국의 유사법제

### (1) EU의 금융상품시장지침

EU의 금융상품시장지침(MiFID)은 투자자를 소매(retail)·프로(professional)·(적격)상대방(counterparty)으로 삼분하고, 각각의 투자자에 부합하는 보호규정을 마련하도록 명시하고 있다(동지침전문 31). 그리고 '고객'이라는 용어는 소매고객과 프로고객에 대하여만 사용하고, 적격상대방에 대하여는 사용하지 않고 있다.

소매고객과 프로고객에 대하여는, 먼저 프로고객을 정의하고, 프로고객이 아닌 고객을 소매고객으로 정의하고 있다(동지침 제4조 제1항 제12호). 적격상대방에 대하여는 동 지침 제24조(적격상대방을 상대로 집행되는 거래)에서 정의하고 있다. 동조 제2항은 구체적인 기관명을 열거하고,[36] 회원국에게 이러한 기관들을 적격상대방으로

36) 영국의 舊업무행위규칙(COB)도 '시장상대방'으로 반드시 인정되는 기관을 열거하고 있었다. 그 범위는 현행 금융상품시장지침 보다 좁고, 특히 인가사업자가 자동적으로 시장상대방에 해당한다고는 보지 않았던 점 등이 다르다. 그리하여 2007년 11월 1일 COB를 COBS로 개정하는 과정에서 금융상품시장지침의 범위와 일치시켰다.

서 인정할 것을 강제하고 있다.

### (2) 영국

영국의 2000년 금융서비스·시장법(FSMA 2000)에 의거하여 제정된 舊업무행위규칙(COB)은 투자자를 일반고객(private customers),[37] 중간층고객(intermediate customers, expert),[38] 시장상대방(market counterparty) 등으로 삼분하여 규제하였다(COB 4.1.4R). 그리고 동 순서로 고객을 두텁게 보호하였다. 일반고객에 대하여는 舊업무행위규칙(COB)의 모든 규정을 적용하고, 시장상대방에 대하여는 거의 적용하지 아니하였다. 중간층고객에 대하여는 그 중간, 즉 규정에 따라 적용의 유무가 결정되거나 적용시 조건이 첨부되기도 하였다. 대체로 시장상대방[39]에는 금융기관 등이, 중간층고객에는 법인 및 개인부유층이 포함되었다. 일반고객은 그 이외의 개인고객이 주를 이루었다. 다만, 고객구분 삼분법 중 시장상대방에 대하여는 고객(client 또는 customer)라는 용어를 사용하지 아니한 방식은 현행 영국의 업무행위규칙(COBS)과 동일하다.[40]

현행 업무행위규칙(COBS)[41]은 고객을 소매고객(retail clients), 프로고객(profe-

---

37) 개인(individual)에 한정되지 않고, 명확한 정의를 갖는 다른 유형의 고객 전체에서 제외된 잔여고객이라고 하는 의미에서 이러한 표현을 사용하게 되었다.

38) 중간층고객이란 시장상대방과 일반고객 사이라는 의미에서, 전통적으로는 expert라고 불리우는 고객층이다.

39) 영국의 시장상대방의 정의는 수시로 변경되어 고정적이지는 않았다. 다만, 舊업무행위규칙이 폐지되기 직전에는 (a) 국가 또는 영토의 정당한 정치조직. 여기에는 공적기관(a quasi-governmental body or a governmental agency) 등을 포함한다. (b) 국가 또는 영토의 중앙은행 기타 국립통화기구, (c) 국가 또는 (b)를 회원으로 하는 국제기구, (d) 국가의 투자기구(a State investment body) 또는 공채관리기관, (e) 인가사업자(firm). 여기에는 변호사, 회계사 및 보험계리사(actuary)는 포함되지 않는다. 그리고 해외금융기관. 다만 COB 4.1.7R(본인이 중간층고객의 경우의 예외)에 의하여 중간층고객으로서 지정투자업무 내지 부수업무가 행하여지는 경우는 제외된다. (f) 해외금융기관 또는 인가사업자(기업연금 제외)가 동의하는 경우에 그 지정대리인 내지 그룹 내 회사(associate), (g) COB 4.1.12R에 따라 시장상대방으로 간주되는 대규모중간층고객, (h) COB 4.1.8R에 의거 시장상대방으로 간주되는 공인(recognised)투자거래소·지정투자거래소·규제시장·결제기관(clearing house) 등이 해당한다. 또한 ① 규제집합투자기구(regulated collective investment scheme) 또는 ② COB 1.14R에 의거 본래는 시장상대방이지만, 일반고객으로 분류된 자가 아닌 자 등도 시장상대방에 해당한다.

40) Michael Blair·George Walker·Robert Purve(2009), p.655.

41) 2007년 11월 1일부터 전면 시행되고 있다.

ssional clients) 및 적격상대방(eligible counterparties)으로 나누어, 고객유형을 삼분하고 있다. 이 점은 舊업무행위규칙과 같다. 다만, 영국의 금융감독기구(Financial Services Authority, FSA)[42]는 종래의 일반고객을 소매고객으로, 중간층고객을 프로고객으로, 시장상대방을 적격상대방으로 단순 분류하지는 아니하였다. 그 이유는 EU의 금융상품시장지침이 비록 영국의 舊업무행위규칙을 참조하여 제정되었지만, 고객구분에 관한 용어와 기준을 다르게 설정하였기 때문이다. 즉 금융감독기구는 2007년 업무행위규칙을 개정함에 있어 ① 종래 규제와 금융상품시장지침에 의거 도입이 강제되는 제도를 단순히 병존시키는 옵션A와, ② 금융상품시장지침상의 제도와 사실상 일체화를 지향하는 옵션B를 동시에 검토한 후, 옵션B를 채택하였던 것이다.

그 결과 종래의 일반고객은 주로 소매고객으로 재분류되었지만, 프로고객으로 재분류되는 자도 있었다. 중간층고객은 주로 프로고객으로 재분류되었지만, 소매고객으로 재분류되는 자도 있었다. 시장상대방은 주로 적격상대방으로 재분류 되었지만, 프로고객으로 재분류되는 자도 있었다. 그리고 영국은 금융상품시장지침의 의제프로고객 또는 요청에 의한 프로고객이라는 표현 대신 당연 프로고객(per se professional clients) 또는 선택적 프로고객(elective professional clients)이라는 표현을 사용하고 있다(COBS 3.5.1R). 그 이유는 금융감독기구가 舊업무행위규칙상의 고객 중 자동적으로 프로고객으로 재분류한 자는 당사자의 의사와는 무관하게 당연 프로고객(per se professional client)이 되고, 나머지의 자는 선택적으로 프로고객이 될 수 있다고 판단하였기 때문이다. 그리고 고객유형에 관한 용어정의를 새롭게 함으로써 규제의 내용은 종래와 상당부분 다르다.[43]

한편 우리나라의 전문투자자는 EU와 영국의 고객의 유형 중 규제의 내용 면에서는 적격상대방과 유사하고 그 범위 면에서는 프로고객 및 적격상대방과 유사하다고 할 수 있다. 이러한 점에서 EU와 영국의 프로고객을 전문투자자로 동일시하여 명기

42) 현재 영국은 2012년 금융서비스법(Financial Services Act 2012, FSA2012)에 의거 건전성감독청(Prudential Regulation Authority, PRA), 영업행위감독청(Financial Conduct Authority, FCA)으로 분리되었다. 그리고 영국은 동법에 의거 금융시스템리스크 등 거시건전성을 담당하는 금융정책위원회(Financial Policy Committee, FPC)를 신설하였다(오성근, "영국의 금융감독체계의 개혁 및 입법적 시사점", 증권법연구 제15권 제1호(2014), pp.299−316).

43) Arun Srivastava · Michael Hendricksen(2004), p.137.

하는 것은 다소 무리하다.

#### (3) 일본

일본의 금융상품거래법은 우리나라와 유사하게 투자자를 일반투자자와 특정투자자로 구분하고 있다(동법 제2조 제31항). 그리고 투자자간 전환가능성의 여부에 따라 ① 일반투자자로 전환할 수 없는 특정투자자, ② 일반투자자로 전환가능한 특정투자자, ③ 특정투자자로 전환가능한 일반투자자, ④ 특정투자자로 전환할 수 없는 일반투자자로 분류하고 있다. 이 중 ①에 속하는 것이 적격기관투자자, 국가 및 일본은행 등이다(동법 제2조 제31항 제1호 내지 제3호 · 제34조의 2 제1항). ②에 속하는 것이 지방공공단체, 특수법인, 투자자보호기금, 예금보험기구, 보험계약자보호기구, 특정목적회사, 상장회사, 자본금이 5억엔 이상이 될 것으로 예상되는 주식회사, 금융상품거래업자 또는 외국법인 등이다(정의부령[44] 제23조). ③에 속하는 것이 특정투자자 이외의 법인, 출자총액 3억엔 이상의 조합 업무집행자인 개인 및 순자산이 3억엔 이상이며, 투자자산이 3억엔 이상의 개인으로서 거래개시 후 1년이 경과한 자, ④에 속하는 것이 ③이외의 개인이다(동법 제34조의 3 · 제34조의 4 · 내각부령[45] 제61조 · 제62조).

한편 금융상품거래법상 특정투자자에 대하여는 금융상품거래업자에게 적용되는 행위규제 중 정보격차의 시정을 목적으로 규정한 여러 조항의 적용을 면제시켜주고 있다. 그리고 특정투자자에게는 적합성원칙과 설명의무도 적용되지 아니한다.[46]

## Ⅲ. 투자자구분에 관한 법리

### 1. 투자자구분 이분법과 삼분법

#### (1) 비교법적 고찰

자본시장법은 투자자를 일반투자자와 전문투자자로 나누어, 원칙적으로 투자자구분 이분법을 취하고 있다. EU의 금융상품시장지침(MiFID)과 영국의 업무행위규칙(COBS)은 투자자를 소매고객, 프로고객 및 적격상대방으로 나누어 삼분법을 취하고

44) 金融商品取引法第二条に規定する定義に関する内閣府令.
45) 金融商品取引業等に関する内閣府令.
46) 近藤光男 · 吉原和志 · 黒沼悦郎(2009), 242－243面.

있다. 이와 관련하여 영국의 금융감독기구는 舊업무행위규칙(COB)을 제정하기 위하여 1998년 10월에 발표한 토의서[47] 1(discussion paper, DP1)[48]에서 투자자 구분법에 관한 논의가 있었음을 밝히고 있다. 토의서 1에 따르면 증권업계는 삼분법을, 은행업계는 이분법을 주장하였다. 증권업계와 은행업계의 주장의 핵심은 소매금융이 아닌, 프로간 거래(inter－professional dealing)를 어떻게 정의되어야 하는지에 있었다. 증권업계는 투자자의 기량과 경험을 근거로 프로고객을 정의할 것을 주장하였고, 은행업계는 일정한 행위 예를 들면, 일정단위 이상의 거래[49]의 주체를 프로로 정의할 것을 주장하였다.

양 업계의 주장은 주체에 관한 정의가 은행업계의 회색문서(grey paper)[50]와 증권업계의 증권선물위원회(SFA)의 규정이 상이하였던 점에서 기인한다. 즉 전자는 프로간 거래의 주체를 도매금융영업 전문가(wholesale professional) 하나의 개념으로 정리하고 있었고, 후자는 거의 동일한 범위를 시장상대방(market counterparty)과 비일반고객(non－private customer)으로 이분하고 있었기 때문이다. 양 업계의 주장은 궁극적으로 은행업계의 이분법인 도매금융고객과 소매금융고객, 증권업계의 삼분법인 시장상대방, 프로고객 및 일반고객으로 귀결되었다.

양 업계의 주장에 대하여 금융감독기구는 ① 대기업과 연금기금 등 제한적이지만 어느 정도의 보호를 요하는 준프로고객(semi－professional) 층이 있고, ② 소액의 비용으로 고객을 재분류(re－categorisation)할 수 있는 제도를 도입함으로써 유연한 대응이 가능하다는 점을 근거로 삼분법을 채택할 것을 밝혔다.[51] 이와 더불어 금융감독기구는 전 금융업에 공통하는 프로간 거래규제 및 고객구분에 관한 규칙을 제정할

47) 협의서(Consultation Paper, CP)의 시안이 되는 내용으로서 협의서와 다른 규칙제정에 앞서 작성되는 문서이다.

48) FSA, DP1, Differentiated Regulatory Approaches: Future Regulation of Inter－Professional Business(1998. 8). http://www.fsa.gov.uk/pubs/discussion/D01.pdf.

49) Ibid., para2.23－2.24. 도매영업인지의 여부를 결정함에 있어 일정규모 이상의 거래는 반드시 도매영업에 해당한다고 하는 정의방법이 있을 수 있다. 이 방식은 시장과 거래성격이 다양화되고 있는 현실을 감안하면 명료성의 측면에서는 이점은 있지만, 영국의 금융감독기구는 채택하고 싶지 않다는 입장을 나타내었다.

50) FSA, The Regulation of the Wholesale Cash and OTC Derivatives Markets Under Section 43 of the Financial Services Act 1986 (1999. 6), para.70 http://www.fsa.gov.uk/pubs/additional/grey.pdf.

51) FSA, Response to Comments on Discussion Paper: The Future Regulation of Inter－Professional Business(1999. 6), para.8.

방침을 분명히 하였다.[52] 이러한 방침은 2004년 EU의 금융상품시장지침 제정에도 영향을 미쳤고, 현재까지도 유지되고 있다.

### (2) 검토의견

EU의 금융상품시장지침과 영국의 현행 업무행위규칙(COBS)의 투자자 삼분법은 우리나라의 경우와 다르다. 우리나라와 같이 투자자 이분법을 취하는 국가의 제도는 상대적으로 규제의 내용과 범위를 명료하게 정할 수 있어 수범자에게 편리한 장점이 있다. 다만, 기능적으로 애매할 수 있고, 전문투자자의 범위에 도매영업거래 참가자를 포함하게 되면, 지나치게 넓어질 수 있는 단점이 있다. 이로 인하여 전문투자자에 대한 금융투자업자의 면책의 효과가 한정적이기 쉽다. 이러한 현상은 투자전문가인 전문투자자의 수준에 타당한 규제수준을 정하기 어렵게 할 수 있고, 불필요한 보호 또는 과잉규제를 할 수 있는 문제점이 있다. 예를 들면, 자연인인 부자와 국가는 전혀 다른 능력을 갖고 있음에도 불구하고 동일한 행위규제를 적용하여야 하는 문제점이 있을 수 있는 것이다.

## 2. 자본시장법상 투자자구분의 방식

자본시장법은 일반투자자와 전문투자자 등을 정의함에 있어, 이른바 열거주의와 消去法을 이용하고 있다. 그리하여 제9조 제5항과 시행령 제10조에서 전문투자자를 열거하고, 그에 해당하지 아니하는 자를 일반투자자로 정의하고 있다(제9조 제6항). 이러한 방식은 영국의 업무행위규칙 및 EU의 금융상품시장지침과 거의 동일하다. 영국의 업무행위규칙은 적격상대방을 당연 적격상대방(per se eligible counterparty) 및 선택적 적격상대방(elective eligible counterparty)으로 나누고 있다(COBS 3.6.1R). 프로고객에 대하여는 당연 프로고객(per se professional client) 및 선택적 프로고객(elective professional client)으로 나누고 있다(COBS 3.5.1R). 그리고 적격상대방과 프로고객에 대하여는 자세히 열거를 하고 있다. 마지막으로 소매고객에 대하여는 프로고객 혹은 적격상대방이 아닌 자로 규정하고 있다(COBS 3.4.1R).

EU의 금융상품시장지침은 용어사용상 그 실질은 영국과 거의 차이가 없지만, 형식적인 면에서는 다소 다르다. 영국의 경우는 고객의 범주에 소매고객, 프로고객 및

52) Ibid., para.4. para.7.

적격상대방으로 구분하면서(COBS 3), 고객이라는 용어는 소매고객과 프로고객에게만 사용하고 있다. 이에 비하여 EU의 금융상품시장지침은 용어의 정의에서 프로고객을 부속서Ⅱ에서 정하는 기준을 충족하는 고객으로 정의하면서, 소매고객은 프로고객이 아닌 고객으로 정의하고 있다(동지침 제4조 제11항·제12항). 그리고 부속서Ⅱ에서는 프로고객을 열거하고 있다(부속서Ⅱ의 Ⅰ). 또한 동 지침은 정의규정인 제4조가 아닌 제24조에서는 적격상대방이라는 개념을 도입하고, 그 범위를 열거하고 있다. 다만, 금융상품시장지침 전문 31은 투자자의 범주 내에 소매, 프로 및 상대방을 포함한다고 명시하고 있어 적격상대방은 투자자의 범주에 포함된다.

결국 자본시장법상 전문투자자 등의 정의방식은 영국와 EU의 정의방식과 같이 열거주의 및 소거법을 채택하고 있다는 점에서 거의 유사하다. 따라서 우리나라의 전문투자자는 법령이 명시하는 바에 따라 그 범위가 결정되고, 일반투자자는 전문투자자의 범위의 변화에 따라 영향을 받게 된다.

## Ⅳ. 전문투자자의 범위

### 1. 자본시장법상 전문투자자의 범위

#### (1) 구분 기준

자본시장법상 전문투자자에 해당하기 위하여는 위험감수능력이 있어야 한다. 위험감수능력이란 금융투자상품거래에 따라 필연적으로 발생하는 각종 위험을 감수할 수 있는 능력을 말한다.[53] 자본시장법은 이를 판단하는 기준으로 금융투자상품에 대한 전문성구비여부 및 소유자산규모 등을 들고 있다(제9조 제5항). 자본시장법은 위험감수능력을 갖춘 전문투자자로서 국가, 한국은행, 대통령령으로 정하는 금융기관, 주권상장법인 및 기타 대통령령으로 정하는 자를 들고 있다.

#### (2) 국가 및 금융기관

자본시장법 제9조 제5항 제1호 및 시행령 제10조 제1항은 국가를 전문투자자로 규정하고 있다. 따라서 헌법 또는 정부조직법 등 법률에 따라 설치된 중앙행정기관, 국회·대법원·헌법재판소 및 중앙선거관리위원회 등은 전문투자자에 속한다. 이와

---

53) 김건식·정순섭(2009), 84면.

같이 자본시장법은 국가기관의 경우 금융투자상품거래시의 위험감수능력이 동일하다고 보고 있다. 그리고 제9조 제5항 제3호는 금융기관 중에서도 시행령에서 정하는 자에 한하여 전문투자자로 인정하고 있다. 이러한 입법 태도는 금융기관간에도 금융투자상품에 대한 전문성 및 소유자산규모 등에서 차이가 있어 위험감수능력이 다르다는 점을 고려한 것이다. 그리하여 시행령 제10조 제2항은 은행, 한국산업은행, 중소기업은행, 한국수출입은행, 농업협동조합중앙회, 수산업협동조합중앙회, 보험회사, 금융투자업자,[54] 증권금융회사, 종합금융회사, 자금중개회사, 금융지주회사, 여신전문금융회사, 상호저축은행 및 그 중앙회, 산림조합중앙회, 새마을금고연합회, 신용협동조합중앙회(이상 제1호 내지 제17호) 및 그에 준하는 외국금융기관에 한하여 전문투자자의 범위로 포섭하고 있다(제18호).

### (3) 기타 전문투자자

자본시장법시행령 제10조 제3항은 ① 국가와 금융기관 이외의 전문투자자로서 예금보험공사 및 정리금융회사·한국자산관리공사·한국주택금융공사·한국투자공사 등과 같이 특별한 법률에 의하여 설치된 공공기관, ② 협회, 예탁결제원, 거래소, 금융감독원, 집합투자기구, 신용보증기금, 기술보증기금, 법률에 따라 설립된 기금[55] 및 그 기금을 관리·운용하는 법인, 법률에 따라 공제사업을 경영하는 법인, 지방자치단체, 해외 증권시장에 상장된 주권을 발행한 국내법인(이상 제1호 내지 제15호) 등을 명시하고 있다.

이밖에도 시행령 제10조 제3항은 일정한 요건을 충족하는 법인·단체, 개인 및 외국인[56]에 대하여도 전문투자자로 인정하고 있는데 그 범위는 다음과 같다. 첫째, 법인 또는 단체의 경우에는 금융위원회에 전문투자자관련 자료(금융투자업규정 제1-8 참조)를 제출한 날 전날의 금융투자상품 잔고가 100억원[57] 이상임을 증명할 수 있는 자료를 제출하여야 하고, 자료를 제출한 날부터 2년이 지나지 아니할 것 등의 요건을 모두 충족하여야 한다(제16호).

둘째, 개인의 경우에는 금융위원회에 ① 전문투자자관련 자료를 제출한 날의 전날을 기준으로 최근 5년 중 1년 이상의 기간 동안 금융위원회가 정하여 고시하는

54) 다만, 제8조 제9항에 따른 겸영투자사업자는 제외한다.
55) 다만, 신용보증기금과 기술보증기금은 제외한다.
56) 다만, 외국 법인 또는 외국 단체 및 개인은 제외한다.
57) 「주식회사 등의 외부감사에 관한 법률」에 따라 외부감사를 받는 주식회사는 50억원.

금융투자상품을 월말 평균잔고 기준으로 5천만원 이상 보유한 경험이 있고(나목), ② 금융위원회가 정하여 고시하는 소득액·자산 기준이나 금융 관련 전문성 요건을 충족하고 있음을 증명할 수 있는 자(다목)를 말한다(제17호 본문). 다만, 이 경우 ㉠ 외국인인 개인, 개인종합자산관리계좌(조세특례제한법 제91조의 18 제1항)에 가입한 거주자인 개인 및, ㉡ 전문투자자와 같은 대우를 받지 않겠다는 의사를 금융투자업자에게 표시한 개인은 제외한다(제17호 단서). 그리하여 제17호 단서에 따른 개인은 일반투자자로 구분된다. 그런데 제17호 단서상의 개인종합자산관리계좌에 가입한 거주자인 개인은 신탁업자와 특정금전신탁계약을 체결하는 경우(조세특례제한법 제91조의 18 제3항 제2호) 및 투자일임업자와 투자일임계약을 체결하는 경우(시행령 제98조 제1항 제4호의 2·제2항)로 한정된다(제17호 단서 괄호). 따라서 제17호 단서 괄호에 따르는 경우 그 이외의 개인종합자산관리계좌에 가입한 개인은 전문투자자로 취급될 수 있다.

셋째, 외국금융기관 이외의 외국인 전문투자자는 외국정부, 조약에 따라 설립된 국제기구, 외국중앙은행 및 위의 시행령 제10조 제3항 제1호부터 제17호에 준하는 외국인이어야 한다(제18호 라목). 다만, 개인종합자산관리계좌(조세특례제한법 제91조의 18 제1항)에 가입한 거주자인 외국인은 제외한다(제18호 라목 단서). 그런데 제18호 라목 단서는 ① 신탁업자와 특정금전신탁계약을 체결하는 경우(조세특례제한법 제91조의 18 제3항 제2호) 및 투자일임업자와 투자일임계약을 체결하는 경우(시행령 제98조 제1항 제4호의 2·제2항)로 한정된다(제18호 라목 단서). 따라서 그 이외에 개인종합자산관리계좌에 개입한 외국인은 전문투자자로 취급될 수 있다. 이는 위의 제17호 단서 및 그 괄호의 내용과 같다.

한편 시행령 제10조 제3항 제16호 및 제17호 단서의 (외국)법인·단체 및 (외국인)개인의 경우 금융위원회에 전문투자자 관련 자료를 제출한 후 2년이 경과하지 아니한 시점에서 재차 관련 자료를 제출하면 전문투자자의 범위에 포섭되지만, 그러하지 아니한 때에는 일반투자자에 해당하게 된다고 본다(시행령 제10조 제3항 제16호·제18호 라목 본문).

## 2. 비교법적 고찰

자본시장법상 전문투자자 범위는 EU의 금융상품시장지침(MiFID) 및 영국의 업무행위규칙(COBS)의 프로고객 · 적격상대방(eligible counterparties)의 범위와 비교하였을 때 다음과 같은 차이점이 있다. 첫째, 자본시장법은 기본적으로 동법에서 제시하고 있는 금융투자사업을 전제로 하여 전문투자자의 범위를 정하고 있다. 이에 대하여 영국은 EU의 금융상품시장지침상의 투자서비스 및 행위(investment services and activities)[58]를 하는 자는 물론이고, 동 지침상의 사업 이외의 사업을 수행하는 자일지라도 업무행위규칙 3.5.2R(3)의 요건을 충족시키는 대기업에 대하여는 당연 프로고객으로 분류하고 있다(COBS 3.5.2R). 이는 금융상품시장지침상의 업무 및 부수업무(ancillary services, 부속서 I. section B) 이외의 투자서비스업무는 회원국의 관할에 속하기 때문이다. 이에 따라 벤처캐피탈계약이나 기업금융계약을 체결하는 때에도 투자사업자의 거래상대방은 프로고객에 해당하게 된다.

둘째, 자본시장법은 집합투자기구를 전문투자자로 분류하고 있으나(시행령 제10조 제3항 제9호)이는 EU 또는 영국의 규정[59]과 비교하여 다소 다르다. 때문에 개선방향을 포함하여 상세한 내용은 후술하는 Ⅶ.에서 살펴보고자 한다.

셋째, 자본시장법은 일반 법인이나 단체 등이 전문투자자가 되기 위하여는 주로 금융투자상품의 잔고 및 계좌개설기간 등의 양적 기준을 충족하도록 정하고 있다(시행령 제10조 제3항 제16호). 이에 비하여 EU의 금융상품시장지침은 의제프로고객에 대하여는 최소한의 재무기준을 설정하고 있고(동 지침 부속서 II. I (2), 요청에 의한 프로고객에 대하여는 거래경험, 금융부문 근무경력 및 금융상품규모 등에 관한 질적 기준과 양적 기준을 모두 요구하고 있다(동 지침 부속서 II. II.1). 영국은 당연프로고객과 선택적 프로고객에 관한 양적 기준과 질적 기준의 측면에서 EU와 동일한 규정을 두고 있고(COBS 3.5.2R(2) · 3.5.3R(2)), 선택적 적격상대방에 대하여도 자본금 기준을 설정하고 있다(COBS 3.6.4R). 자본시장법의 규율방식은 일반 법인이나 단체로 하여금 전문투자자로 대우받을 수 있는 여지를 확대시키는 효과가 있을 것으로 보인다.

---

58) 금융상품시장지침에 따르면 투자서비스 · 행위는 ① 금융상품에 관한 주문의 수탁중개, ② 고객주문의 집행, ③ 자기매매, ④ 자산관리(portfolio management), ⑤ 투자조언, ⑥ 인수 · 사모확정인수, ⑦ 최량집행방식의 인수, ⑧ 다자간 결제 등이 있다(동지침 부속서 I. section A).

59) 영국의 집합투자기구에 대하여는 이중기, "투자신탁펀드의 지배구조에 관한 비교법적 연구", 증권법연구 제2권 제2호(2001), 4면 이하; 오성근, "영국의 집합투자업에 관한 규제", 증권법연구 제19권 제1호(2018. 4), 190면 이하.

넷째, 자본시장법은 개인이 전문투자자가 되기 위하여는 금융투자상품잔고가 5천만원 이상일 것을 요구하고 있다(시행령 제10조 제3항 제17호). 이 금액은 자본시장법 제정시에는 50억원이었으나, 대폭 낮춘 것이다. 이는 EU와 영국이 요구하는 기준(금융상품시장지침 부속서Ⅱ의 Ⅱ.1 · COBS 3.5.3R(2)(b))과 비교하더라도 낮다. 이에 대하여는 세 가지의 해석이 가능하다. 즉 ① 우리나라의 금융투자업계의 사정이 반영된 결과이다. 왜냐하면 EU나 영국과 같이 개인에 대한 전문투자자 대우기준을 높이는 것보다는 대폭 낮추는 것이 동 제도를 이용하고자 하는 금융투자업자의 이해에 부합하기 때문이다. ② 우리나라의 금융투자업계는 ㉠ 부유한 투자자를 전문투자자로 취급하는 것 자체는 반대하지 않지만 절차상 번거로움이 있고, ㉡ 전문투자자로 구분된 투자자와 사후분쟁의 발생가능성 등을 이유로, 현 단계에서는 동 제도를 적극적으로 이용하고자 하는 의욕이 충분하지 않기 때문에 기준금액을 대폭 낮출 필요가 있었다. ③ 개인에 대한 진입장벽을 낮게 설정함으로써 퇴직금이나 상속에 의하여 거액자금을 갖게 된 자를 전문투자자로 분류될 수 있도록 한다.

한편 EU의 금융상품시장지침의 적격상대방의 정의(동지침 제24조 제2항)는 프로고객의 정의(부속서Ⅱ)와 비교하여 보면, 표현상 다소의 차이가 있지만 ① 광의의 금융기관(은행, 증권 및 보험 등)으로서 인가 · 규제를 받는 자, ② 집합투자기구, 연금기금 및 그 운용회사 등 기관투자가 일반(프로고객의 경우와 마찬가지로 규모 기타 요건은 불문한다), ③ 국가, 지방공공단체 및 공적 단체가 포함되는 점에서 유사하다. 다만, 일정한 요건을 충족하는 사업회사를 포함하지 않고 있는 점은 프로고객은 물론 영국의 프로고객 · 적격상대방의 범위와도 다르다.

## Ⅴ. 투자자의 전환

### 1. 의의

자본시장법은 전문투자자가 다른 유형의 투자자로 전환할 수 있는 절차 등을 마련하고 있다(제9조 제5항 단서). 그리하여 전문투자자 중 스스로 투자전문성이 낮거나 위험감수능력이 부족하다고 판단하는 자에게 자신을 보호할 수 있는 기회를 부여하고 있다. 이에 비하여 일반투자자가 전문투자자로 전환하는 것은 원칙적으로 허용하지 않고 있다. 다만, 장외파생상품거래의 경우 일반투자자로 취급되는 주권상장법인 등에 한하여 전문투자자로 전환할 수 있는 절차 등을 두고 있다(제9조 제5항 제4호 ·

시행령 제10조 제1항). 이와 같이 일반투자자가 전문투자자로 전환하는 것을 원칙적으로 금지하는 이유는 동 제도가 금융투자업자에 의한 투자자 보호의무를 회피하는 수단으로 악용되는 것을 방지하기 위함이다.

결국 자본시장법의 규정을 근거로 한 투자자전환의 유형에 대하여는 ① 일반투자자로 전환 불가능한 전문투자자, ② 일반투자자로 전환 가능한 전문투자자, ③ 전문투자자로 전환 가능한 일반투자자로 나눌 수 있고, 해석론으로서 ④ 전문투자자로 전환불가능한 일반투자자의 유형을 추가할 수 있다.

## 2. 전환의 유형

### (1) 일반투자자로 전환 불가능한 전문투자자

#### 1) 관련규정

자본시장법은 금융투자상품에 대한 전문성구비여부, 소유자산의 규모 등에 비추어 위험감수능력이 뛰어난 전문투자자에 대하여는 일반투자자로의 전환을 인정하지 않고 있다. 이에 해당하는 자로는 국가, 한국은행, 장외파생상품을 거래하지 않는 주권상장법인(제9조 제5항), 은행, 한국산업은행, 중소기업은행, 한국수출입은행, 농업협동조합중앙회, 수산업협동조합, 보험회사, 금융투자업자,[60] 증권금융회사, 종합금융회사, 자금중개회사, 금융지주회사, 여신전문금융지주회사, 상호저축은행 및 그 중앙회, 산림조합중앙회, 새마을금고연합회, 신용협동조합중앙회(시행령 제10조 제1항 제3호·제2항 제1호 내지 제17호), 예금보험공사 및 정리금융회사, 한국자산관리공사, 한국주택금융공사, 한국투자공사, 협회, 예탁결제원, 전자등록기관, 거래소, 금융감독원, 집합투자기구, 신용보증기금 및 기술보증기금(시행령 제10조 제1항 제4호·제3항 제1호 내지 제11호), 외국정부, 조약에 따라 설립된 국제기구 및 외국중앙은행(시행령 제10조 제1항 제5호·제3항 18호), 이 밖에 시행령 제10조 제1항 제3호 및 제4호에 준하는 외국인(시행령 제10조 제1항 제6호) 등을 명시하고 있다.

이러한 기관들은 이른바 전문투자자 중의 전문투자자라고 할 수 있고, 전문투자자 제도를 도입한 이유가 이러한 자들에 대한 규제완화에 있기 때문에, 일반투자자로의 전환을 인정하지 않고 있다.

---

60) 제8조 제9항에 따른 겸영투자업자는 제외한다.

### 2) 비교법적 고찰

자본시장법은 국가, 금융기관 및 특별법에 의하여 설치된 공공기관 등에 대하여는 일반투자자로의 전환을 인정하지 않고 있다. 이에 반하여 EU의 금융상품시장지침(동지침 부속서 Ⅱ의 Ⅰ·실행지침 제50조 제2항)과 영국의 업무행위규칙(COBS 3.7.1R)에서는 별다른 제한을 두지 않고 있다. 특히 영국의 경우는 우리나라가 자본시장법 제정 작업에 착수한 2005년경에는 인가사업자가 중간층고객 또는 일반고객으로 전환하는 것을 제한하였으나, 2007년 11월 1일부터 시행되고 있는 현행 업무행위규칙에서는 이러한 제한을 폐지하였다. 이 점은 주목할 만하다.

이러한 차이는 ① 자본시장법은 전문투자자제도의 경제적 효율상 그와 같은 제한이 불가결하고, 전문투자자의 시장참가를 촉진하기 위하여는 법적으로 안정된, 즉 사업자의 입장에서 거래하기 쉬운 존재를 고정시킬 필요성을 중시하였고, ② EU와 영국의 경우 금융투자상품을 개발·공급하고, 투자서비스를 제공하는 것은 궁극적으로 투자사업자이고, 또한 금융투자상품의 구조가 갈수록 복잡해지고 있기 때문에 누구든지 위험에 노출될 수 있다는 점을 염두에 두고 있는 데에서 발생한 것으로 풀이된다.

## (2) 일반투자자로 전환 가능한 전문투자자

### 1) 관련규정

자본시장법은 모든 전문투자자에 대하여 일반투자자로의 전환을 금지하고 있는 것은 아니다. 본래는 전문투자자로 분류되지만, 스스로의 선택에 의하여 일반투자자로 전환하여 법의 보호를 받을 수 있는 장치를 마련하고 있다. 그 유형을 분류하여 정리하면 다음과 같다. 첫째, 주권상장법인: 주권상장법인 중에는 투자능력이 결여된 중소규모의 상장회사도 있으므로 이러한 자들을 보호하기 위하여 일반투자자로의 전환을 인정하고 있다(제9조 제5항 제4호 단서·시행령 제10조 제3항 단서).

둘째, 외국 금융기관: 은행 및 한국산업은행 등 시행령 제10조 제2항 제1호 내지 제17호의 국내 금융기관 등은 일반투자자로 전환할 수 없지만, 그에 준하는 외국 금융기관에 대하여는 일반투자자로의 전환을 인정하고 있다(시행령 제10조 제1항·제2항 제18호). 이는 국내 금융투자업자가 개발·공급하는 상품과 서비스에 대한 외국 금융기관의 이해도가 국내 금융기관과는 차이가 있음을 고려한 것으로 보인다. 또한 격지자간 거래의 어려움, 예를 들면 의사표시 및 의사의 수령능력 또는 공시 등의 면에서 격지자간 거래와는 다를 수가 있다는 점도 고려한 것으로 보인다.

셋째, 법률에 따라 설립된 기금 및 그 기금을 관리·운용하는 법인, 그리고 법률에 따라 공제사업을 경영하는 법인(시행령 제10조 제1항·제3항 제12호·제13호): 이 유형에 해당하는 자는 타인의 자금을 관리·운용하는 자로써 금융투자거래의 전문성도 중요하지만 위험부담능력, 즉 안정성이 보다 중시될 수도 있다. 이를 감안하여 자신들의 의사에 따라 법의 보호를 받을 수 있도록 한 것으로 풀이된다. 다만, 이 기금에는 신용보증기금과 기술보증기금은 제외된다. 이들은 항상 전문투자자로 분류되기 때문이다.

넷째, 지방자치단체, 해외 증권시장에 상장된 주권을 발행한 국내법인, 금융위원회에 전문투자자 관련 자료를 제출한 날 전날의 금융투자상품의 잔고가 100억원[61] 이상이고, 2년이 경과하지 아니한 법인 또는 단체,[62] 전문투자자 관련 자료를 제출한 날의 전날을 기준으로 최근 5년 중 1년 이상의 기간 동안 금융위원회가 정하여 고시하는 금융투자상품을 월말 평균잔고 기준으로 5천만원 이상 보유한 경험이 있는 개인(시행령 제10조 제1항·제3항 제14호 내지 제17호)[63]: 이 유형에 해당하는 자는 일정한 위험감수능력이 있다고 보아, 우선적으로는 전문투자자로 분류하였지만 각자의 현실적인 위험감수능력이 다양하기 때문에 일반투자자로 전환할 수 있는 길을 열어두고 있다고 풀이된다. 다만, 외국인 개인, 개인종합자산관리계좌(조세특례제한법 제91조의 18 제1항)에 가입한 거주자인 개인 및 전문투자자와 같은 대우를 받지 않겠다는 의사를 금융투자업자에게 표시한 개인도 일반투자자로 전환할 수 있다(제17호 단서). 그리하여 제17호 단서에 따른 개인은 일반투자자로 구분된다. 그런데 제17호 단서상의 개인종합자산관리계좌에 가입한 거주자인 개인은 '신탁업자와 특정금전신탁계약을 체결하는 경우(조세특례제한법 제91조의 18 제3항 제2호) 및 투자일임업자와 투자일임계약을 체결하는 경우(자본시장법시행령 제98조 제1항 제4호의 2·제2항)로 한정'된다(제17호 단서 괄호). 따라서 제17호 단서 괄호에 따르는 경우 그 이외의 개인종합자산관리계좌에 가입한 개인은 전문투자자로 분류될 수 있다.

---

61) 「주식회사 등의 외부감사에 관한 법률」에 따라 외부감사를 받는 주식회사는 50억원.
62) 외국 법인 또는 외국 단체는 제외한다.
63) 외국인인 개인은 제외한다.

2) 비교법적 검토

자본시장법은 외국 금융기관과 같이 국내 금융투자상품에 대한 이해도 및 격지자간 거래의 어려움이 예상되는 자, 기금과 같이 자금운용의 안정성이 보다 중시되는 자 및 위험감수능력에 변화가 예상되는 전문투자자 등에 대하여만 일반투자자로의 전환을 인정하고 있다. 이에 비하여 EU의 금융상품시장지침(동지침 제24조 제2항·부속서Ⅱ의 Ⅰ·실행지침 제50조 제2항)과 영국의 업무행위규칙(COBS 3.7.3R·COBS 3.7.4R)은 자본시장법과 같은 제한을 두지 않고 있다. 그 결과 ① 자본시장법의 경우는 도매금융시장에서의 거래안전을 보호할 수 있는 장점이 있는 반면, 고객보호의 유연성이 떨어질 수 있는 단점이 있고, ② EU와 영국의 경우는 고객을 보다 두텁게 보호할 수 있는 장점이 있는 반면 도매금융시장에서의 거래의 안전을 해할 우려가 있다.

## (3) 전문투자자로 전환 가능한 일반투자자

1) 관련규정

자본시장법은 일반투자자가 전문투자자로 전환하는 것을 원칙적으로 금지하고 있다. 다만, 다른 금융투자상품거래에 관하여는 전문투자자로 분류되지만, 장외파생상품거래에 한하여 예외적으로 일반투자자로 분류되는 자 중에서 전문투자자로 될 수 있는 자를 열거하고 있다. 여기에는 주권상장법인(제9조 제5항 제4호), 시행령 제10조 제3항의 법률에 따라 설립된 기금(신용보증기금 및 기술보증기금 제외) 및 그 기금을 관리·운용하는 법인(제12호) 및 법률에 따라 공제사업을 경영하는 법인(제13호), 지방자치단체(제14호), 해외 증권시장에 상장된 주권을 발행한 국내법인(제15호), 시행령 제10조 제3항 정하는 요건을 충족하는 법인·단체(제16호) 또는 개인(제17호) 중에서 장외파생상품거래를 하고자 하는 자 등이다.

이와 같이 예외적으로 일반투자자가 전문투자자로의 전환을 허용하고 있는 것은 일부 부유층 투자자, 기금 또는 지방자치단체 중에서도 스스로 장외파생상품거래에 관한 위험을 적절하게 관리할 수 있는 자가 있기 때문이다. 그리고 전문투자자 관련 자료를 제출한 지 2년이 경과한 법인 또는 단체, 개인은 다른 금융투자상품거래 시에도 전문투자자로 분류되지 아니하므로 장외파생상품거래 시에도 여기서 정의하는 일반투자자에 해당하지 아니한다(시행령 제10조 제3항 제17호 가목·금융투자업규정 제

1-8조 제4항). 그 대신 제9조 제6항에 의한 일반투자자에 해당하게 된다.

#### 2) 비교법적 고찰

자본시장법은 전문투자자제도가 악용되는 것을 방지하기 위하여 주권상장법인, 일부의 법인, 단체 또는 개인이 장외파생상품거래를 하고자 하는 경우에 한하여, 일반투자자에서 전문투자자로의 전환을 인정하고 있다. 이에 비하여 EU의 금융상품시장지침(동지침 제24조 제2항·제3항·부속서Ⅱ의 Ⅱ.1) 및 영국의 업무행위규칙(COBS 3.5.3R·COBS 3.6.4R)은 거래하고자 하는 금융투자상품의 종류를 불문하고 일정한 질적 기준과 양적 기준을 충족하는 자에 대하여는 프로고객 또는 적격상대방으로의 전환을 인정하고 있다. 이 점이 자본시장법과 다르다.

### (4) 전문투자자로 전환 불가능한 일반투자자

자본시장법은 전문투자자로 전환이 불가능한 일반투자자의 유형을 명시하지 않고 있으나, 해석론적으로는 제9조 제5항과 시행령 제10조 전문투자자의 범위에 포함되지 아니하는 금융기관, 법인 또는 단체, 개인 및 특별법에 의하여 설치된 공적 기관은 전문투자자로 전환할 수 없다고 본다.

## 3. 절차 및 전환권리·의무

### (1) 전문투자자가 일반투자자로 전환하는 경우

#### 1) 관련규정

전문투자자가 일반투자자로 전환하기 위하여는 두 가지 절차를 취하여야 한다(제9조 제5항 단서). 첫째, 전문투자자가 금융투자업자에게 일반투자자와 같은 대우를 받겠다는 의사를 서면으로 통지하여야 한다. 이와 관련하여 금융투자업자가 금융투자계약을 체결하기 전에 전문투자자에게 전환요청권이 있음을 통지할 의무가 있는지 문제된다. 자본시장법은 이에 관하여 명시하지 않고 있지만, 투자자 보호의 관점에서 전문투자자에 대한 금융투자업자의 신의성실공정의무(제37조 제1항)에 따라 통지의무를 부담한다고 본다. 일본의 금융상품거래법도 동일한 취지에서 통지의무규정을 두고 있다(동법 제34조).[64]

둘째, 금융투자업자는 전문투자자로부터 전환요청서를 받은 경우 정당한 사유가 없으면 이에 동의하여야 한다. 금융투자업자가 동의한 때에 전문투자자는 일반투자자로 본다. 금융투자업자가 정당한 사유 없이 동의하지 아니하는 때에는 불건전영업행위에 해당하게 된다(제71조 제7호·시행령 제68조 제5항 제1호). 정당한 사유란 이미 종전의 투자자의 구분에 따라 거래가 완료된 경우를 들 수 있다. 그리고 기존의 전문투자자와 금융투자업자간 일반투자자로 전환하지 않는다는 합의를 한 경우도 정당한 사유에 해당한다고 풀이한다.

이와 같이 자본시장법은 전문투자자가 일반투자자로 전환하는 경우 전문투자자에게는 전환권을, 금융투자업자에게 승낙의무를 부담시키고 있다. 그 이유는 일반투자자로 전환가능한 전문투자자가 행위규제의 전반에 대하여 적용을 받고자 하는 때에는 그 의사를 존중하여야 하는 것이 자본시장관련법의 기본 법리이기 때문이다.

### 2) 비교법적 고찰

전문투자자를 일반투자자로 분류함에 있어서 자본시장법과 EU의 금융상품시장지침(동지침 제24조 제2항)은 일정한 경우를 제외하고는 전문투자자에게는 전환권리를, 금융투자업자에게는 승낙의무를 부담시키고 있다. 이는 양 법제가 고객보호에 중점을 두고 있기 때문이다. 이에 비하여 영국의 경우는 조문의 표현은 자본시장법과 유사한 경우도 있지만(COBS 3.7.1R·3.7.2R·3.7.3R·3.7.5R 참조), 종래의 금융감독기구의 해석 등을 보면 그 실질은 다르다고 할 수 있다. 왜냐하면 영국의 금융감독기구는 비공식협의서에서 "고객을 재분류함에 있어서는 사업자와 합의가 필요하다." "사업자로부터 동의를 얻지 못하면 고객은 별도의 사업자를 구할 수밖에 없다."고 하는 점을 명확히 하고 있기 때문이다.[65] 그리하여 적격상대방이나 프로고객을 프로고객 또는 소매고객으로 재분류함에 있어서의 주도권을 사업자에게 부여하고 있는 것으로 보인다. 이러한 차이는 영국의 경우 동 제도운영의 중점을 사업자에 의한 고객서비스의 합리화에 두고 있는 데에서 기인하는 것이다.

한편 자본시장법은 전문투자자가 일반투자자로 전환하는 경우 간명한 절차 규정만을 두고 있는데(제9조 제5항 단서), 동 규정은 몇 가지 해결과제를 내포하고 있다. 이에 관한 상세한 내용은 후술하는 Ⅶ. 입법적 개선과제에서 설명한다.

---

64) 三井秀範·池田唯一監修(2008), 272面.
65) FSA, Implementing MiFID's Clients Categorisation Requirements(2006), pp.10, 2.16.

### (2) 일반투자자가 전문투자자로 전환하는 경우

#### 1) 관련규정

자본시장법은 주권상장법인 등 법에서 열거하는 일반투자자가 금융투자업자와 장외파생상품 거래를 하는 경우 전문투자자와 같은 대우를 받겠다는 의사를 금융투자업자에게 서면으로 통지하면, 예외적으로 전문투자자로의 전환을 인정하고 있다(제9조 제5항 · 시행령 제10조 제3항 단서). 이와 같이 법은 전문투자자가 일반투자자로 전환할 때와 마찬가지로 투자자에게는 전환요청권을, 금융투자업자에게는 승낙의무를 지우고 있을 뿐이다. 금융투자업자에 의한 최소한의 동의절차도 두지 않고 있다. 이러한 점에서 동 조항은 다소간의 문제를 내포하고 있다고 본다. 동 조항을 문리적으로 해석하면 일반투자자는 금융투자업자에 대한 서면통지만으로 전문투자자로 전환할 수 있기 때문이다. 즉 법의 보호를 받아야 할 일반투자자가 법적 보호장치를 제거할 수 있는 권한을 갖고 있는 것이다. 따라서 일반투자자가 전문투자자로 전환함에 있어서는 보다 신중한 절차를 마련할 필요가 있다.

#### 2) 비교법적 고찰

자본시장법은 일반투자자가 예외적으로 전문투자자로 전환하고자 하는 경우 서면통지라는 절차만을 두고 있는데, 이 점 EU나 영국의 규정에 비하여 간단하다. 그리고 문리해석상 일반투자자에게 전환요청권을, 금융투자업자에게는 승낙의무를 부여하고 있다고 할 수 있다. 이에 비하여 EU의 금융상품시장지침과 영국의 업무행위규칙은 질적 기준과 양적 기준을 제시한 후 고객에게는 전환요청권을, 투자사업자에게는 전환결정권(동지침 부속서Ⅱ의 Ⅱ.2 · COBS 3.6.5R)을 인정하고 있어 자본시장법과 비교된다. 그리고 자본시장법은 전문투자자가 된 후의 절차와 조치에 대하여 별도로 명시하지 않고 있는데 비하여, EU와 영국의 경우는 전문투자자로 분류된 자의 상황변화에 따른 통지의무(동지침 부속서Ⅱ의 Ⅱ.2 · COBS 3.5.8G) 및 전문투자자의 조건을 충족시키지 못하게 된 자에 대한 투자사업자의 후속조치의무에 관한 규정을 두고 있다는 점도 다르다(동지침 부속서Ⅱ의Ⅱ.2 · COBS 3.5.9R · 3.7.6G).

## 4. 전문투자자로의 전환과 적합성원칙

자본시장법은 장외파생상품거래에 관한 일반투자자가 전문투자자로 전환하고자 하는 경우 적합성원칙의 적용여부에 관한 규정을 두지 않고 있다. 실무적으로는 금융투자업자가 일반투자자에게 전문투자자로 전환권유를 할 수 있다고 본다. 이 때 권유단계에서의 적합성원칙(금융소비자법 제17조)이 적용될 수 있는지 문제된다. EU와 영국은 고객 재분류시의 적합성원칙에 관한 명문규정을 두지 않고 있다. 다만, 일본은 금융상품거래법을 제정함에 있어 이에 관한 논의가 있었다. 이에 따르면 일반투자자가 특정투자자로 전환하고자 하는 단계에서는 적합성원칙이 적용된다고 한다. 그리하여 ① 지식 · 경험 · 재산의 상황 및 목적에 비추어 특정투자자로 거래하는 것이 적합한 자에 대하여는 전환할 것을 권유할 수 있다.[66] 반면, ② 지식 · 경험 · 재산의 상황 및 목적에 비추어 특정투자자로 거래하는 것이 적합하지 아니한 자에 대하여 전환을 권유한 자는 적합성원칙에 위반된다.[67] ③ 일반투자자가 자발적으로 특정투자자로의 전환절차를 밟은 때에는 금융투자업자에 의한 권유행위가 없기 때문에 적합성원칙이 적용되지 아니한다.[68]

생각건대, 일반투자자에 대한 적합성 판단은 금융투자업자의 몫이다. 따라서 금융투자업자는 투자자를 가능한 한 일반투자자로 취급하는 것이 업무처리에 용이하다는 판단을 하는 경우 전문투자자로의 전환을 허용하지 않게 되는 문제점은 있다.

## 5. 전환계약의 종류

자본시장법은 일반투자자가 전문투자자로 전환할 수 있는 계약의 종류를 장외파생상품으로 한정하고 있다. 그러나 전문투자자가 일반투자자로 전환할 수 있는 계약의 종류에 대하여는 제한하지 않고 있다(제9조 제5항). 따라서 후자의 경우는 기본적으로 모든 금융투자상품 및 거래에 관하여 자유롭게 전환계약을 체결하여 전환할 수 있다. 다만, 당사자의 합의로 그 종류를 정할 수는 있을 것이다. 이에 비하여 EU의

66) 金融庁, "金融庁の考え方(パブリックコメント回答)", (2007. 7. 31), 196面.
67) 三井秀範 · 池田唯一監修(2006), 20面.
68) 近藤光男 · 吉原和志 · 黒沼悦郎(2009), 242面.

금융상품시장지침과 영국의 업무행위규칙은 고객이 (신규)적격상대방으로 분류되기를 원하는 때에는 투자사업자와 포괄적인 동의나 개별적인 계약의 형식을 취하도록 하고 있다(동지침 제24조 제2항 · COBS 3.6.6R). 그리고 의제프로고객 또는 당연 적격상대방 · 당연 프로고객을 소매고객으로 재분류 하는 때에는 하나 또는 그 이상의 특정서비스, 하나 또는 그 이상의 상품의 종류 혹은 거래에 대하여 명시적인 합의가 있어야 한다고 규정하고 있다(동지침 부속서Ⅱ의 Ⅰ · COBS 3.7.5R). 또한 소매고객이 선택적(혹은 요청에 의한) 프로고객으로 재분류하는 때에도 이와 유사하다(동지침 부속서Ⅱ의 Ⅱ.2 · COBS 3.5.3R(3)).

이와 같이 전환계약에 관한 자본시장법의 규정은 전문투자자와 일반투자자간의 전환시 그 유형을 불문하고 전환계약의 종류를 명확히 제시할 것을 요구하고 있는 EU와 영국의 규정과 비교하여 차이가 크다. 일본의 금융상품거래법은 네 가지의 전환계약의 종류를 명시하고 있다(동법 제34조 내지 제34조의 4 참조).

## Ⅵ. 규제의 효과

### 1. 행위규제의 적용제외 등

#### (1) 관련규정

##### 1) 투자권유 관련규제의 면제

금융투자업자가 전문투자자를 대상으로 투자를 권유하는 때에는 금융소비자보호법상 일반투자자에게 적용되는 적합성원칙(동법 제17조), 적정성원칙(동법 제18조), 설명의무(제19조), 방문판매 및 전화권유판매 관련 준수사항(동법 제21조의 2), 소액분쟁사건에 관한 특례(동법 제42조), 손해배상책임에 관한 입증책임의 전가(동법 제44조), 청약의 철회(동법 제46조)에 관한 규정이 적용되지 아니한다. 그리고 자본시장법상 손해배상액의 추정규정(제48조)도 적용되지 아니하며,[69] 증권의 모집 · 매출시 공모의 기준인 50인을 산출하는 경우 전문투자자는 합산대상자에서 제외된다(제9조 제7항 · 제9항, 시행령 제11조 제1항).

이러한 면제규정을 두는 것은 전문투자자는 투자경험이 풍부하고 투자목적도 일반투자자와 다르며, 일반투자자에게 필요한 설명을 듣지 않더라도 위험감수에 필요

69) 대법원 2021. 4. 1. 선고 2018다218335 판결.

한 정보를 스스로 취득하고 투자판단을 할 수 있어, 금융투자업자와 투자자간 정보격차를 시정할 필요가 없기 때문이다. 이밖에도 파생상품거래시 차등투자권유준칙의 적용도 면제된다(제50조 제1항 단서).

한편 투자권유대상 상품에 대하여 전문투자자와 일반투자자간에 차이를 두는 것은 당해 상품이 일반투자자에게 적합하지 않다고 인정되는 때에는 정당화되지만, 일반투자자에게도 적합성을 갖는 상품을 전문투자자에게만 판매하는 행위는 금융투자업자의 신의성실공정의무(제37조)에 위반될 수 있다.

#### 2) 투자자문계약 또는 투자일임계약 체결시의 행위규제의 경감

자본시장법은 투자권유 이외에 투자자문계약 또는 투자일임계약 체결시 일반투자자에게는 적용되지만 전문투자자에게는 적용되지 아니하거나 조정 가능한 규정을 두고 있다. 우선 투자자문계약 또는 투자일임계약을 체결하고자 하는 경우 투자자문업자·투자일임업자는 사전 서면교무의무 및 해당계약을 체결하는 경우 금융소비자보호법상 계약서류제공의무(동법 제23조 제1항)가 면제된다(제97조 제1항·제2항). 그리고 투자일임업자가 투자자에게 교부하여야 하는 투자일임보고서의 교부의무도 면제된다(제99조 제1항). 다만, 역외투자일임업자는 전문투자자 중 국가 또는 한국은행 등 대통령령으로 정하는 자 외의 자를 대상으로 하여 투자일임업을 영위하여서는 아니 된다(제100조 제6항·시행령 제101조 제2항).

#### 3) 사모집합투자기구 운용시의 적용면제

이에 해당하는 내용으로는 우선, 전문투자자는 일반투자자를 대상으로 하는 일반사모집합투자기구의 핵심사업설명서와 관련된 규정의 적용을 받지 아니한다(제249조의 4 제5항). 그리고 전문투자자 중 대통령령으로 정하는 자는 기관전용 사모투자전문회사의 사원의 총수계산에서 제외된다(제249조의 11 제3항). 또한 일반투자자를 대상으로 하는 일반 사모집합투자기구가 주주 또는 사원인 투자목적회사에 관하여 준용되는 보관·관리업무에 관한 규정도 전문투자자에게는 적용되지 아니한다(제249조의 13 제6항, 제184조 제3항·제4항, 제249조의 8 제2항 제5호).

#### 4) 그 밖의 행위규제의 경감

자본시장법은 위와 같이 전문투자자에게 적용되지 아니하는 규정 이외에도 여러 면에서 행위규제를 경감하거나 조정 가능한 규정을 두고 있다. 첫째, 증권신고의 효력이 발생한 증권을 취득하고자 하는 자에 대한 투자설명서 교부의무가 면제된다(제124조 제1항).

둘째, 주식 등의 대량보유 등의 보고내용 및 보고시기를 조정할 수 있다(제147조 제1항 · 시행령 제154조 제4항).

셋째, 장외파생상품 매매시 투자매매업자 또는 투자중개업자에 의한 장외파생상품 거래를 통하여 회피하려는 위험의 종류와 금액을 확인하고, 관련자료를 보관할 의무가 면제된다(제166조의 2 제1항 제1호).

넷째, 장외파생상품거래을 신규로 취급하는 경우 협회의 사전심의를 요하지 아니한다(제166조의 2 제1항 제6호 나목).

다섯째, 전문투자자 중 대통령령으로 정하는 자만을 대상으로 외국 집합투자증권을 판매하고자 하는 경우에는 외국 집합투자업자 적격 요건 및 외국 집합투자증권 판매적격 요건을 달리 정할 수 있다(제279조 제2항 · 시행령 제301조 제2항).

### (2) 비교법적 고찰

자본시장법, EU의 금융상품시장지침 및 영국의 업무행위규칙 등은 전문투자자에게 적합성원칙과 적정성의 원칙을 적용하지 않고 있는 점에서 동일하다. 이에 덧붙여 자본시장법은 전문투자자에게 설명의무의 적용을 배제시키고 있다. 이에 비하여 EU와 영국의 경우는 적격상대방에 대하여는 자본시장법과 동일한 입장을 취하고 있으나, 프로고객에 대하여는 다소 다른 입장을 취하고 있다(동지침 제24조 제1항 · 제35조 제2항 · 제36조, COBS 1 내지 14 · COBS 1 부속서1[70]). 그리고 자본시장법은 일반투자자 및 전문투자자 모두에게 금융투자업자의 신의성실공정의무를 적용하고 있으나(제37조), EU와 영국의 경우는 적격상대방에 대하여는 성실공정의무를 적용하지 않고 있다. 일본의 금융상품거래법은 자본시장법과 동일한 입장을 취하고 있다(동법 제36조).

이와 같이, 특히 EU와 영국의 법제의 규율방식이 우리와 다른 현상은 ① 프로고객의 규율과 관련한 회원국간 이해의 대립 및 실무능력의 차이, 회원국 내의 이해관계자간의 대립, 예를 들면 서비스제공자인 금융기관과 투자자간 이해가 대립하고 있고, ② 금융기관간의 이해대립, 예를 들면 은행과 자산운용업자간 이해가 여전히 대

70) 상세한 내용은 오성근, 앞의 증권법연구 제11권 제1호(2010. 10), 78-81면.

립하고 있고, ③ 프로거래에 대하여는 규제를 삼가는 전통 등에서 기인하는 것으로 분석된다.

## 2. 민사상효과

### (1) 적합성원칙과 민사상효과

자본시장법의 규정 가운데 전문투자자제도는 금융투자업자의 행위규제의 적부에 관한 것이다. 적합성원칙은 자본시장법의 금융투자업자에 의한 투자권유 행위규제의 대표적인 법리이다. 따라서 금융투자사업과 관련한 법률은 민법과 별개의 것이고, 양자의 요건과 효과는 연동하지 않는다. 그럼에도 불구하고 자본시장법은 금융투자업자가 적합성원칙(금융소비자보호법 제17조)을 위반한 경우의 민사상효과에 관한 규정을 두지 않고 있다.

생각건대, 적합성원칙은 ① 개개의 사례에서 투자자의 속성을 고려하는 원칙이므로, 그 위반행위 자체에 대하여 입법에 의한 민사상 손해배상책임을 인정하기 어렵고, ② 민사상효과를 부여하는 경우 그 요건을 명확히 할 필요성이 있는데, 동 법리의 특성상 쉽지 않다는 점을 감안하면 타당한 입법으로 보인다. 다만, 금융투자업자가 부당투자를 권유하고, 금융투자상품을 취득하게 한 경우에는 신의성실공정의무(제37조)위반에 해당되어 민사책임을 물을 수 있을 것이다. 이 효과는 전문투자자를 대상으로 하는 때에도 같다. 그리고 전문투자자에게 적합성원칙이 적용되지 않는다고 하여 금융투자업자가 사기적 권유행위를 하고, 금융투자상품을 취득하게 함으로써 손해를 입힌 때에도 전문투자자에 대한 불법행위책임이 면제된다는 의미는 아니다.

### (2) 설명의무위반과 민사상효과

#### 1) 설명의무위반과 자기책임원칙

금융투자업자는 일반투자자에게 설명의무를 부담한다(금융소비자보호법 제19조). 동조는 역으로 전문투자자에 대하여 자기책임원칙을 다시 한 번 확인시키고 있다. 이 점에서 동조는 전문투자자에게도 매우 중요한 의미를 갖는다. 투자자의 자기책임원칙이란 발행자의 정보공시를 전제로 하는 것이고, 이는 전문투자자인 경우도 마찬가지이기 때문이다. 그리하여 전문투자자에게도 엄격한 법정 공시규제를 적용하여야 한다. 즉 전문투자자는 기본적으로 자기책임을 다할 수 있는 자가 아니고, 정보분석 능력이 있는 자이기 때문에 국내외의 양식, 회계기준 및 언어를 활용한 공시에 의거 투자판단을 내릴 수 있는 투자자로 해석하여야 한다. 때문에 자본시장법은 정보분석 능력이 없는 전문투자자에게 일반투자자로의 전환을 인정하고 있는 것이다. 그에 따라 금융투자업자는 투자권유와 설명의무를 다하여야 한다.

### 2) 민사상효과

자본시장법은 종래부터 적합성원칙과는 달리 종래 민법상 계약당사자간의 보호의무를 근거로 인정되는 설명의무를 명문화하고 있었다(舊법 제47조·제48조). 그리고 법원은 설명의무위반을 근거로 민사책임을 물음에 있어 투자자의 적합성을 고려하거나,[71] 또는 별도의 법리로서 판단하고 있다.[72] 이와 같이 자본시장법과 법원은 금융투자업자가 투자권유를 하는 경우 해당업자에게 일반적인 보호의무를 근거로 설명의무를 인정하고 있다. 그리하여 금융투자업자는 투자자의 적합성에 비추어 적절한 설명을 하지 아니한 때에는 불법행위에 의거한 손해배상책임을 부담하게 된다. 다만, 자본시장법은 전문투자자를 대상으로 하는 설명의무 및 그 위반행위에 대한 별도의 규정을 두지 않고 있다. 이로 인하여 전문투자자에 대한 설명의무는 일반투자자에 비하여 다른 접근이 필요하다. 즉 ① 종래의 판례와 같이 민법상 계약당사자간의 보호의무에 근거하는 설명의무를 인정하여야 하는지, 인정하는 때에는 ② 그 위반행위에 대하여 민법 제750조의 손배배상책임을 물을 수 있는지의 여부를 고려하여야 한다.[73]

생각건대, 자본시장법(또는 금융소비자보호법)에서 전문투자자에 대한 설명의무의 적용을 배제시키고 있는 것은 제도도입의 취지에 따른 위험감수능력을 고려하였기 때문이다. 따라서 금융투자업자는 전문투자자에 대하여 민법상 고객보호의무를 근거로 하는 설명의무를 부담하지 않는 것이 원칙이다. 그러나 모든 전문투자자가 항상 금융투자업자와 대등한 정도의 능력이 있다고 보기는 어렵다. 구체적인 사실관계에 따라서는 고객보호의무에 근거한 설명의무에 대한 다툼이 발생할 여지가 있다. 이때

71) 서울남부지방법원 2009. 8. 14. 선고 2008가합20578 판결.
72) 서울고등법원 2009. 8. 21. 자 2009라997 결정.
73) 同旨 김건식·정순섭(2009), 504면.

금융투자업자에게 손해배상책임을 추궁하고자 하고자 하는 자는 자본시장법상 설명의무위반이 아닌 민법상 일반불법행위 책임법리를 적용하여야 한다. 그리고 원고는 일반투자자에게 적용되는 규정(금융소비자보호법 제17조 · 제19조 · 제44조)에 의거한 보호를 받을 수 없기 때문에, 소송법상의 일반법리에 따라 설명의무의 존재와 인과관계 또는 손해액 등에 대하여 주장하고, 증명책임을 부담하게 된다(금융소비자보호법 제44조 제2항의 반대해석).

한편 증명책임의 배분과 관련하여 자본시장법은 금융투자업자가 투자자이익우선의무(제37조 제2항)에 위반하여 투자자와 이해상충문제가 발생한 경우, 그 금융투자업자가 상당한 주의를 하였음을 증명하는 때에는 배상의 책임을 지지 아니한다고 규정하고 있다(제64조 제1항 단서). 이로 인하여 동 조항이 금융소비자보호법상 금융상품판매업자 등의 손해배상책임에 관한 규정(동법 제44조)과 상충될 수 있는 있는 부분이 있다. 이 경우 현행법상 투자자에 관한 설명의무를 직접 규정하고 있는 것은 금융소비자보호법이므로 해당법률 제19조와 제44조가 우선 적용된다고 풀이할 수밖에 없다.

## 3. 투자자구분이 잘못된 경우의 효과

### (1) 관련규정

금융투자업자는 투자자를 일반투자자와 전문투자자로 구분하고 거래하여야 한다. 이때 금융투자업자가 특정 고객을 잘못 분류한 채로 거래를 행한 경우, 그 거래를 무효로 할 수 있는지, 그리고 손해배상청구의 원인이 될 수 있는지 문제될 수 있다. 이러한 문제는 일반투자자를 전문투자자로 잘못 구분하여 거래한 결과, 해당투자자가 손해를 입은 경우에 발생하기 쉽다.

생각건대, 자본시장법의 기본은 모든 투자자가 법에서 정하는 보호를 받을 수 있도록 하는 데에 있다. 따라서 투자자 구분법제 자체는 강행성을 갖지 않는다고 본다. 따라서 투자자를 잘못 구분하였다고 하여 그 후의 거래자체를 무효로 하여서는 아니된다. 다만, 일반투자자를 전문투자자로 잘못 구분하거나 또는 전문투자자로 전환을 시킨 결과 해당투자자가 손해를 입은 때에는 투자자이익우선의무(제37조 제2항) 위반에 해당한다. 따라서 이 때에는 금융투자업자에게 손해배상을 청구할 수 있다(제64조). 다만, 금융투자업자가 전문투자자로 구분 또는 전환할 때 상당한 주의를 다하였음을 증명하거나 해당투자자가 금융투자상품의 매매, 그 밖의 거래를 할 때에 그 사실을 안 경우에는 손해배상책임을 지지 아니한다(제64조 제1항 단서). 금융투자업자가 손해배상책임을 지는 때 관련 임원에게도 귀책사유가 있는 경우에는 금융투자업자와 임원이 연대하여 그 손해를 배상할 책임이 있다(제64조 제2항). 연대책임의 성질은 부진정연대책임이다.

### (2) 영국의 금융서비스 · 시장법

영국의 금융서비스 · 시장법은 투자자구분이 잘못된 채 거래를 한 경우 그 거래를 무효 또는 집행불능의 대상으로 보고 있지 않다.[74] 이는 금융감독기구의 규칙에 위반한 행위에 대하여는 형사책임을 부담하지 않음은 물론 민사적으로도 위반행위와 관련되는 거래를 무효로 하지 않고 있기 때문이다(동법 제151조). 다만, 금융서비스 · 시장법 제30조 제2항 · 제3항 및 금융프로모션에 관한 제21조는 법률위반행위로 계약을 체결한 경우 그 계약은 원칙적으로 집행불능이고, 원상회복청구권을 갖는다고 한다.

그런데 금융서비스 · 시장법 제150조(손해배상소송)는 규칙에 위반하는 행위가 발생한 때, 개인(private person)이 사업자에게 민사상의 책임을 추궁할 수 있다고 명시하고 있다.[75] 그리하여 투자자구분이 잘못한 채로 사업자가 투자권유를 하고 거래를 한 경우, 위반행위의 규칙이 안내지침(guidance)[76]과 임의규정(evidential provision)[77]이 아니고 강행규정(rule)[78]이면, 개인은 사업자에게 손해배상을 청구할 수 있다. 다만, '위반=투자손실보상'을 의미하는 것은 아니다. 이와 관련하여 투자운용규제단체(IMRO)의 자율규제에 의거 일반고객으로 분류되어야 할 고객을 투자전문가고객(expert client)[79]로 분류하고, 신흥시장(emerging market) 채권을 판매한 사례가 있었다. 법원은 그 고객의 이해능력과 투자경험은 투자전문가고객으로 분류되기에 충분하고, 일반고객에서 투자전문가고객으로 구분되기 위하여 자율규제상 요구되고 있는 서면확인 전에 거래가 집행되었다고 하는 위반사실을 인정하였다. 다만, 손실액 및 위반과의 인과관계가 인정되지 않는다고 하여 원고의 청구를

74) Arun Srivastava · Michael Hendricksen(2004), p.156.
75) Eva Z. Lomnicka(2002), pp.257－260.
76) 금융감독기구의 규칙에 보면 G라는 표기가 첨부되어 있다.
77) 금융감독기구의 규칙에 보면 E라는 표기가 첨부되어 있다.
78) 금융감독기구의 규칙에 보면 R이라는 표기가 첨부되어 있다.
79) 종래 COB의 중간층고객에 해당한다.

인용하지는 않았다.[80]

### (3) 비교법적 검토

자본시장법과 영국의 금융서비스·시장법은 투자자구분이 잘못 된 채로 거래가 집행된 경우 그 거래를 무효로 보지 않고, 투자자에게 손해배상청구를 인정하고 있는 점에서는 동일하다. 다만, 영국의 금융서비스·시장법은 법률 위반행위로 인한 계약의 집행은 불가능하고 원상회복청구권을 인정하고 있다(동법 제21조, 제30조 제2항·제3항). 자본시장법의 해석에 있어 이를 근거로 투자자구분이 잘못된 후의 거래를 무효할 수 있는 지에 대하여는 의문이 있다.

## 4. 불건전 영업행위에 해당하는 경우의 효과

자본시장법은 투자매매업자 또는 투자중개업자에게 적용되는 불전전 영업행위의 유형 중 투자자 보호 또는 건전한 거래질서를 해할 우려가 있는 행위로서 대통령령으로 정하는 행위에 대하여도 불건전 영업행위로 보고, 금지하고 있다(제71조 제7호). 이에 따라 ① 일반투자자와 같은 대우를 받겠다는 전문투자자[81]의 요구에 정당한 사유 없이 동의하지 아니하는 행위(제1호). ② 전문투자자 요건을 모두 충족하고 있음을 증명할 수 있는 관련 자료(시행령 제10조 제3항 제17호 가목)를 제출한 이후에는 전문투자자와 같은 대우를 받지 않겠다는 의사를 표시하기 전까지는 전문투자자로 대우받는다는 사실을 일반투자자에게 설명하지 않고 서류를 제출받는 행위(제1호의 2), ③ 전문투자자 요건(시행령 제10조 제3항 제17호)을 갖추지 못했음을 알고도 전문투자자로 대우하는 행위(제1호의 3)는 불건전 영업행위에 해당한다(시행령 제68조 제5항). 그리고 일반 사모집합투자업자가 자신이 운용하는 일반 사모집합투자기구의 집합투자증권을 판매하는 경우에도 투자매매업자 또는 투자중개업자에게 적용되는 위

---

80) Arun Srivastava·Michael Hendricksen(2004), p.156에 소개된 미공개사례(Unreported Case 1988/1834 QBD, London, 2 (2001. 8))에서 규칙위반에 의거한 민사책임을 추궁한 사안의 대부분은 화해로 처리된 것으로 보인다. 다만, 소개된 사례의 경우 당해 투자가는 투자경험과 당해 사업자와의 관계가 객관적으로 충분하였고, 또한 문제된 경고서 수령 후에도 거래를 계속하는 등의 사정이 있었다. 이른바 악질적인 사례에 해당한다고 할 수 있다.

81) 시행령 제10조 제1항 각 호의 자는 제외한다.

의 제71조 제7호 및 시행령 제68조 제5항의 규정을 준용하도록 하여 전문투자자에 대한 불건전 영업행위를 규율하고 있다(제249조의 8 제9항).

한편 위의 불건전 영업행위(제71조 제7호)에 위반한 행위를 한 자에 대하여는 1억원 이하의 과태료가 부과된다(제449조 제1항 제29호).

## Ⅶ. 입법적 개선과제

### 1. 대리인 문제의 해결

전문투자자가 대리인을 두고 거래를 하는 경우 본인의 속성을 기준으로 투자자를 구분하고 거래를 하여야 할지, 아니면 제3자인 대리인의 속성을 기준으로 하여야 할지 문제된다. 전자는 거래의 실질당사자의 이익을 중시하는 입장이고, 후자는 거래상대방인 금융투자업자에 대한 편의를 중시하는 입장이다. 따라서 이에 관하여는 명문에 의하여 해결하여야 한다. 영국의 업무행위규칙은 대리인을 두고 있는 때에는 원칙적으로 본인을 기준으로 고객을 결정하고 있다(COBS 2.4.3R(1)). 다만, 예외적으로 ① 사업자가 본인과 서면으로 대리인을 그의 고객으로 취급할 것에 동의한 때, ② 사업자 또는 해외금융기관이 대리인인 경우 혹은, 본인에 대한 의무의 참탈을 대리관계형성의 주목적으로 하지 않는 경우에는 대리인을 기준으로 결정한다(COBS 2.4.3R(2)).

그런데 대리인을 기준으로 구분하는 때에도, 본인이 관련될 수 있는 규제가 적용되지 않는다는 의미는 아니다. 예를 들면, 자금세탁방지규제, 사업자의 재무규제 및 일반민사법의 적용 시에는 본인을 기준으로 결정한다.[82]

### 2. 전문투자자의 범위에 관한 집합투자기구 규정의 개선

자본시장법은 집합투자기구를 전문투자자로 분류하고, 집합투자업자에 대한 언급은 하지 않고 있다(시행령 제10조 제3항 제9호). 집합투자기구를 전문투자자로 분류할지의 여부는 두 가지 관점에서 검토할 필요성이 있다. 첫째, 집합투자기구, 특히 투자신탁을 설정하고 있는 집합투자업자가 전문성을 가지고 있다고 하여 집합투자기

82) A1 – Turki(2002), p.91.

구를 바로 전문투자자로 분류하여야 하는 것은 아니고, 집합투자기구에 투자하는 투자자를 어떻게 보호할지의 여부에 초점을 맞추고 규제를 하여야 한다.

둘째, 자본시장법은 별도로 집합투자기구의 자산행위규제(제81조 · 제82조 등)를 하고 있기 때문에 그것으로써 집합투자기구에 투자하는 투자자를 충분히 보호할 수 있다고 판단되면 운용의 자유를 제약해서는 아니 된다는 점 등이 그에 해당한다.

생각건대, 집합투자기구란 투자신탁 등 집합투자를 수행하기 위한 조직체를 말하는데(제9조 제18항), 현금 등의 집합체인 집합투자기구, 특히 투자신탁이 금융투자업자와 직접 거래의 주체가 되고, 위험감수능력을 갖춘 자로 볼 수는 없다. 그러므로 집합투자기구를 포괄적으로 전문투자자로 분류하는 것이 타당한지 재검토할 필요성이 있다. 그리고 집합투자기구를 운용하는 회사는 당연히 전문투자자에 포함되어야 한다. 이는 시행령 제10조 제3항 제12호가 '.....기금 및 그 기금을 관리 · 운용하는 법인'을 전문투자자로 규정하고 있는 데에서도 잘 알 수 있다. 다만, 집합투자기구의 유형에는 투자유한회사, 투자합자회사, 투자합자조합 및 투자익명조합도 포함되므로 이러한 기구들에 대하여 전문투자자로서의 지위를 부여한 것은 타당한 측면이 있다.

EU와 영국도 위와 유사한 입법을 하고 있다. 예컨대, EU의 금융상품시장지침은 집합투자기구 및 그 운용회사를 의제프로고객(동지침 부속서 Ⅱ의 Ⅰ.(1)(e))으로, 집합투자사업체규제지침(UCITS Directive)의 규제를 받는 집합투자기구 및 그 운용회사는 적격상대방(동지침 제24조 제2항)으로 분류하고 있다. 영국도 EU와 동일한 규정을 두고 있다(COBS 3.5.2R(1)(e) · COBS 3.6.2R(4)). 연금기금의 경우도 이와 유사하다.

### 3. 전문투자자에서 일반투자자로의 전환절차 개선

자본시장법은 전문투자자가 일반투자자로 전환하는 경우 금융투자업자에게 승낙의무를 부담시키고 있다. 이는 실무적으로 다음과 같은 문제점을 발생시킬 수 있다.

첫째, 금융투자업자가 자율적으로 전문투자자를 일반투자자로 대우할 수 있을지의 여부이다. 예를 들면, 전문투자자와 계약을 체결하기 전에 금융투자업자가 서면을 자율적으로 교부할 수 있을 지의 여부가 문제될 수 있는 것이다. 전문투자자제도의 도입취지 중의 하나가 금융투자업자의 경비를 절감시키는 데에 있음에도 불구하고, 금융투자업자가 전문투자자와 일반투자자를 일률적으로 취급하는 것이 오히려 업무의 효율성을 추구할 수 있다고 판단하는 때에는 이러한 현상이 나타날 수 있다.

둘째, 금융투자업자는 정당한 사유가 있으면 승낙의무를 부담하지 않는데, 예를 들어 사전에 계약으로 전환에 필요한 조건을 붙여서 전환청구를 제한할 수 있는지의 여부도 문제된다.

셋째, 승낙의무의 의미와 관련한 문제점도 있다. 예를 들면, ① 금융투자업자가 전문투자자만을 거래상대방으로 하는 사업자라는 사유로 승낙을 거절할 수 있는지 문제될 수 있다. ② 승낙은 하지만, 일반투자자로 전환한 후에는 거래를 하지 않을 수 있는지의 여부도 문제된다. 이 때에는 기존의 거래잔고를 여하히 해소시킬지의 여부가 난제로 될 것이다.

## 4. 일반투자자에서 전문투자자로의 전환절차 개선

자본시장법에 따르면 일반투자자가 금융투자업자에게 전문투자자와 같은 대우를 받겠다는 의사표시를 서면으로 통지하면, 전문투자자로의 전환절차가 종료된다(시행령 제10조 제3항 단서). 그러나 이와 관련하여서는 다음과 같은 사항을 개선할 필요가 있다. 첫째, 일반투자자에게는 전환요청권을 인정하는 한편, 금융투자업자에게는 승낙의무가 아닌 전환결정권을 부여하여, 금융투자업자의 판단 하에 전문투자자로 전환시킬 수 있도록 하여야 한다. 이는 EU와 영국의 법제를 보더라도 명료하다.

둘째, EU와 영국의 법제와 같이 일반투자자가 전문투자자로 전환된 후, 전문투자자로서의 요건을 충족시키지 못하는 자에 대한 조치에 대하여 별도로 명시할 필요가 있다.

셋째, 금융투자업자가 금융투자계약을 체결하기 전에 일반투자자에게 전환요청권이 있음을 통지할 의무가 있는지 문제된다. 자본시장법은 이에 관하여 명시하지 않고 있지만, 전문투자자가 일반투자자로 전환할 때와는 달리 금융투자업자는 그러한 통지의무를 부담하지 않는다고 본다. 왜냐하면 자본시장법은 투자자 보호의 관점에서 일반투자자로서 행위규제에 의한 보호를 받는 것을 원칙으로 하고, 전문투자자제도는 예외적으로 적용되기 때문이다.

넷째, 금융투자업자가 사전에 계약으로 전환에 필요한 조건을 붙여서 일반투자자의 전환청구를 제한할 수 있는지의 여부도 문제된다. 이는 앞의 셋째 고려사항과 동일한 논리로 허용하여야 한다고 본다.

다섯째, 일반투자자로부터 서면으로 전환요청이 있으면, 금융투자업자의 책임이 면책되는지 문제된다. 생각건대, 일반투자자로부터의 전환요청이 있었다고 할지라도, 금융투자업자는 전문투자자로 전환하는 것이 적당하지 아니한 자를 전환시키는 때에는 제37조의 신의성실공정의무를 위반할 가능성이 있다.[83)]

## 5. 전환효과의 동일성 확보

자본시장법에 따르면 금융투자업자는 전문투자자와 일반투자자의 통지에 따라 자기의 고객을 전환시키게 되는데, 그 효과가 다른 사업자에게도 미칠 수 있는지 문제된다. 다만, 법문상으로는 그 효력을 인정하기 어렵다. 이로 인하여 투자자가 유사한 거래를 함에도 불구하고 어떤 금융투자업자는 전문투자자로 취급하고, 다른 금융투자업자는 일반투자자로 취급될 가능성이 있다. 예를 들면, ① 금융투자업자와 투자자간 친소관계, ② 복수의 금융투자업자와 거래를 하는 투자자의 금융투자업자에 대한 신뢰도의 수준이 다르면, 그와 같은 현상이 나타날 수 있다. 따라서 모든 금융투자업자가 투자자를 동일하게 취급할 수 있는 제도를 마련하고, 관련정보를 관리할 수 있는 방안을 강구할 필요가 있다. 다만, 이 경우 금융투자업자가 경비를 부담하도록 하는 방안은 바람직하지 않다.

## 6. 전문투자자로의 전환에 따른 적합성원칙 위반과 행정처분규정의 도입

자본시장법은 장외파생상품과 관련하여 일반투자자가 전문투자자로 전환하고자 하는 경우 적합성원칙(금융소비자보호법 제17조)의 적용여부에 대하여 명시하지 않고 있다. 그러나 해석론으로서는 금융투자업자가 일반투자자에게 전문투자자로의 전환을 권유할 수 있다고 본다. 이때 적합성원칙에 위반하는 권유행위는 금융소비자보호법상 부당권유금지(동법 제21조)에 반하는 원인이 될 수도 있으므로, 금융소비자보호법상 과징금(동법 제57조 제1항 제3호) 및 과태료(동법 제69조)의 처분대상이 된다.

그러나 부적합한 자에 대하여 전문투자자로의 전환을 권유하는 행위가 항상 부당권유금지행위로 이어진다고 단언할 수는 없다. 그리고 적합성원칙위반을 이유로 하는 민사상 책임규정을 두는 것은 법리의 특징 등에 비추어 적절하지 않다. 따라

83) 清水真人, "プロ向け市場に関する法的枠組みの検討", 企業と法創造 第6巻 第1号(2009. 10), 194面.

서 별도의 행정처분규정을 두어 금융투자업자를 규제하는 것이 바람직하다고 본다. 다만, 기존의 전문투자자는 적합성원칙의 적용을 받지 아니하므로 행정처분규정을 두더라도 전문투자자와 거래한 금융투자업자는 처분대상에서 제외하는 것이 바람직하다.

## 7. 고객 및 투자자 용어 구분정리

자본시장법은 그 목적의 하나로 투자자 보호를 들고 있고(제1조), 제9조 제5항과 제6항에서 투자자를 정의하고 있다. 그런데 제7조(금융투자업자의 적용배제) 제3항, 제63조의 2(고객응대직원에 대한 보호 조치 의무), 제101조(유사투자자문업의 신고) 제1항·제3항, 제250조(은행에 대한 특칙) 제6항 제2호, 동법시행령 제3조(금융투자상품의 범위) 등에서 여전히 '고객'이라는 표현을 사용하고 있다. 그럼에도 그에 대한 용어 정의가 없다. 이에 비하여 EU의 금융상품시장지침의 전문 31은 동 지침의 목적이 투자자 보호에 있음을 명시하면서, 투자자의 범주를 소매투자자, 프로투자자 및 상대방투자자로 나누고 있다. 고객에 대하여는 동 지침 제4조에서 투자사업자가 투자 또는 부수서비스를 제공하는 자연인 또는 법인으로 정의하고 있다(제10항). 그리고 소매투자자와 프로투자자에 대하여는 각각 소매고객(제4조 제12항), 프로고객(제4조 제11항)이라는 용어를 붙여 사용하면서도 시장상대방에 대하여는 '고객'이라는 용어를 사용하지 않고 있다. 따라서 투자자가 고객보다 넓은 범위임을 밝히고 있다.

영국의 업무행위규칙은 투자자라는 용어를 별도로 사용하지 않고, 용어정의를 통하여 소매고객, 프로고객 및 적격격상대방을 모두 고객의 범주에 포함시키고 있다(COBS 3.1.2G). 일본의 금융상품거래법과 금융상품판매법은 특정투자자를 고객의 범위에 포섭시키고 있다(동법시행령 제10조 제1항).

자본시장법시행령 제3조의 규정을 보면, 고객이 투자자보다 광의의 개념인 것으로 보이지만, 법 전체적인 체계상으로는 금융상품시장지침과 같이 고객보다 투자자의 범위를 넓게 보는 것이 바람직하다. 이 역시 명문규정을 통하여 해결하여야 한다.

### 8. 제도남용의 문제해결

전문투자자제도는 활용도가 높아질수록 이론적·실무적으로 여러 가지로 어려운 점이 발생할 수 있다. 예를 들면, 투자자가 전문투자자와 일반투자자로의 전환을 빈번하게 하는 경우 금융투자업자의 입장에서는 투자자관리에 어려움이 예상된다. 이는 금융투자업자의 비용을 증대시키게 되므로, 제도도입의 취지가 무색해지게 된다. 역으로 금융투자업자가 업무합리화를 위하여 약관으로 조건을 붙이는 행위도 예상할 수 있다. 그러므로 투자자 보호의 관점에서 입법적 고려가 요망된다.

# 제5장 공통영업행위규제 등

# 제5장 공통영업 행위규제 등

## 제1절 | 공통영업행위규제

### Ⅰ. 서설

자본시장법의 목적을 달성하기 위하여 무엇보다도 필요한 것은 영업행위규제이다. 그리하여 자본시장법은 금융투자업자가 업무를 수행할 때에 준수하여야 할 다양한 형태의 영업행위규제를 하고 있다. 특히 증권거래는 고도로 전문화되고 복잡한 측면을 가지고 있기 때문에 일반투자자가 투자를 하는 때에는 자기의 판단만으로는 충분하지 아니하여 전문가인 금융투자업자의 조언과 판단에 따르는 경우가 많다. 이러한 점에서 일반투자자를 보호할 필요가 있다. 그리하여 자본시장법은 제37조에서 '금융투자업자는 신의성실의 원칙에 따라 공정하게 금융투자업을 영위하여야 한다.'라고 하는 신의성실공정의 원칙을 천명하고 있다. 동조는 2007년 자본시장법이 제정될 당시에 새롭게 추가된 것이다. 동 원칙은 국제증권감독기구(IOSCO)가 1990년 11월 총회에서 증권회사의 행위규범으로서 채택된 것을 자본시장법의 제정시 증권업자의 공정성확보 방안의 하나로서 채택되었다. 신의성실공정의무는 고객이 계약을 체결하기 전부터 금융투자업자에게 부과되는 것이다.

이 밖에도 자본시장법은 손실보전 등의 금지(제55조) 등의 통칙규정을 두고 있다. 이와 같은 통칙규정을 두고 있는 것은 금융서비스의 다양화 및 새롭고 복잡한 금융투자상품의 판매가 증가하고 있기 때문이다. 이로 인하여 금융투자업자와 투자자간의 정보격차가 한층 문제되어 왔다. 이로 인하여 자본시장법은 투자자에게 자기책임을 묻기 위한 전제로서 다양한 금융투자상품에 관하여 포괄적·횡단적인 투자자 보호구조를 정비하게 되었다. 그리고 동일한 경제적인 기능을 갖는 금융투자상품에 대하여는 업종을 묻지 않고, 동일한 법칙을 적용하고 있기도 하다. 또한 자본시장법의 적용대상 외의 금융투자업자에게도 각각의 사업법에서 위의 규정들을 준용하도록 명시하고 있다. 다만, 투자자문업, 집합투자업, 신탁업에 대하여는 각각의 업무의 특수성에 따른 특별규정을 두고 있다.

한편 2020년 3월 개정 전 자본시장법은 적합성원칙(舊법 제46조), 적정성원칙(舊법 제46조의 2) 및 설명의무(舊법 제47조)에 관한 통칙규정을 두었으나, 2021년 12월 30일부터 금융소비자보호법이 시행됨에 따라 적합성원칙은 동법 제17조로, 적정성원칙은 동법 제18조로, 설명의무는 동법 제19조로 통합되었다. 따라서 이러한 원칙과 의무도 포괄적이고 공통적으로 금융투자업자의 영업행위를 규제하고 있다.

## Ⅱ. 신의성실공정의무 등[1]

### 1. 신의성실공정의무

#### (1) 서

자본시장법 제37조 제1항은 “금융투자업자는 신의성실의 원칙에 따라 공정하게 금융투자업을 영위하여야 한다.”고 규정하고 있다. 그리고 동조 제2항은 “금융투자업자는 금융투자업을 영위함에 있어서 정당한 사유 없이 투자자의 이익을 해하면서 자기가 이익을 얻거나 제3자가 이익을 얻도록 하지 못한다.”고 규정하고 있다. 이 중 제37조 제1항은 금융투자업자의 신의성실공정의무라고 할 수 있고,[2] 동조 제2항은 투자자이익우선의무 등과 같은 포괄적·일반적 의무라고 할 수 있다.

---

1) 이 부분은 오성근, “자본시장법상 신의성실공정의무에 관한 고찰,” 증권법연구 제15권 제3호(2014. 12)의 내용을 일부 수정한 것이다.

2) 최근의 판례 중 증권회사의 주가연계증권(ELS)의 판매와 관련하여 증권회사의 책임을 물음에 있어서 신의성실의 원칙을 적용한 예로는 서울지방법원 2010. 7. 1. 선고 2009가합90394 판결을 들 수 있다. 본 사례에서 법원은 민법 제2조의 신의성실의 원칙이라는 표현을 사용하지 않고 있으나, 법원이 언급하고 있는 신의성실원칙은 민법 제 2 조의 원칙을 말한다. 동 사례에 대하여는 이상훈, “ELS 판매 증권회사의 신의성실 원칙상의 주의의무”, 기업지배구조연구 제45권 겨울(2012), 140－143면.

본래 舊증권거래법[3] 제107조 제2항과 舊자산운용업법[4] 제86조는 선량한 관리자의 주의의무를 규정하고 있었으나, 자본시장법 제정과정에서 금융투자업자의 이해상충을 방지하기 위하여 세련된 체제가 구축되어야 한다는 주장에 따라 신의성실공정의무에 관한 규정이 새롭게 마련되었다.[5] 이 규정의 신설과정에서는 금융투자업자에게 기존의 민·상법이나 기타 금융관련법령에서 시행되던 선관주의의무나 충실의무와는 전혀 차원을 달리하는[6] 가중된 형태의 주의의무, 이른바 자금수탁자로서의 신인의무인 'fiduciary duty'를 도입하여야 한다는 주장이 제기되기도 하였었다.[7]

이러한 법 제정과정에서의 논의를 살펴보면, 해당규정의 기초법리, 적용범위 또는 그 기능에 관한 우리나라에서의 합의가 아직은 충분하지 않은 상태인 것으로 보인다. 다만, 입법의 의도만을 고려하여 보면, 자본시장법 제37조 제1항의 신의성실공정의무는 국제증권감독기구(International Organization of Securities Commission, IOSCO)가 1990년 11월 산티아고 총회에서 채택한 증권업자의 7대 행위규범원칙[8] 중 제1의 원칙인 「성실공정」의무(honest and fairness)를 자본시장법에 도입하였다고 보아도 크게 무리가 없다.

---

3) 법률 제972호, 1962. 1. 15. 제정, 시행 1962. 4. 1.

4) 법률 제6987호, 2003. 10. 4. 제정, 시행 2004. 1. 5.

5) 한국증권법학회(2009Ⅰ), 179면.

6) 여기서 차원을 달리한다는 것은 선관주의의무와 충실의무가 위임관계를 기초로 한다는 점에서 착안한 것이다(김화진·김병연·김용재, "증권관련 업무 겸업과 이해상충 해결방안", 한국증권업협회 연구용역보고서(2006. 10), 126면).

7) 이에 관한 상세한 내용은 위의 보고서, 126-127면.

8) 7대 행위규범원칙의 내용을 살펴보면 다음과 같다. ① 성실·공정(honest and fairness): 증권업자는 그 업무를 수행함에 있어서 고객의 최대의 이익 및 시장의 건전성을 추구할 수 있도록 성실하고 공정하게 행동하여야 한다. ② 주의의무(diligence): 증권업자는 그 업무를 수행함에 있어서 고객의 최대의 이익 및 시장의 건전성을 추구할 수 있도록 상당한 기술, 배려 및 주의를 가지고 행동하여야 한다. ③ 능력(capabilities): 증권업자는 그 업무를 적절하게 수행하는데 필요한 인재를 고용하고 절차를 정비하여야 한다. ④ 고객에 관한 정보취득(information about customers): 증권업자는 서비스를 제공함에 있어서 고객의 자산상황, 투자경험 및 투자목적을 파악하여야 한다. ⑤ 고객에 대한 정보제공(information for customers): 증권업자는 고객과의 거래를 함에 있어서 당해거래에 관한 구체적 정보를 충분히 제공하여야 한다. ⑥ 이해상충의 방지(conflicts of interest): 증권업자는 이해상충을 회피하기 위하여 노력하여야 한다. 이해상충을 회피할 수 없을 우려가 있는 경우에도 모든 고객을 공평하게 취급하여야 한다. ⑦ 준수의무(compliance): 증권업자는 고객의 최대의 이익 및 시장의 건전성을 추구하기 위하여 그 업무에 적용되는 모든 규칙을 준수하여야 한다(http://www.iosco.org).

이와 같이 우리나라에서 금융투자업자에 대한 신의성실공정의무는 자본시장법의 제정과 더불어 도입되었다고 할 수 있기 때문에 제37조 제1항의 의의, 그 적용범위 또는 그 기능에 대하여 활발한 논의가 전개되고 있다.

한편 미국은 1990년 국제증권감독기구가 증권업자의 성실공정의무를 채택하기 이전부터 연방증권관련 법제를 통하여 많은 관련학설과 판례를 축적하여 왔다. 그 축적된 논리가 국제증권감독기구의 원칙으로 확산되어 국제적 규범으로 채택되고 있다고 할 수 있다.

따라서 여기에서는 제37조 제1항의 신의성실공정의무의 연혁적 국가라고 할 수 있는 미국의 법제를 중심으로 그에 관한 기초법리를 우선적으로 소개하고자 한다. 그리고 우리나라에서의 증권업자의 신의성실공정의무와 다른 법리와의 관계를 분석한 후 자본시장법에서의 그 구체적 기능을 살펴보고자 한다.

### (2) 연혁 및 기초법리

#### 1) 개요

앞에서 기술한 바와 같이 자본시장법상 신의성실공정의무는 국제증권감독기구의 행위규범원칙 중 제1의 내용을 도입한 것으로 볼 수 있다. 국제증권감독기구가 권고하고 있는 성실공정의무의 유래는 미국의 법리에서 찾을 수 있다. 미국은 증권업자의 성실공정의무의 기초법리를 이른바, 간판이론(the shingle theory)[9] 및 수탁자이론(the fiduciary theory)[10]에서 구하고 있다. 전자의 대표적인 판례로는 1943년 Charles Hughes & Co. v. SEC(이하 '1943년 Charles Hughes 사례')[11]를 들 수 있고, 후자의 경우에는 1949년(Arleen W.)[12] Hughes v. SEC 1949년의 Hughes 사례[13] (이하 '1949년 Hughes사례')가 대표적인 판례이다.

그런데 양 판례는 불공정거래의 규제를 목적으로 한 미국의 1933년 증권법(Securities Act of 1933)과 1934년 증권거래법(Securities Exchange Act of 1934)이 제

9) James D. Cox · Robert W. Hillman · Donald C. Langevoort(2006), pp.1032－1034.
10) Andrew S. QC · Stuart Ritchie(2008), pp.14－17.
11) Charles Hughes & Co. Inc. v. SEC, 139 F.2d 434(2d Cir. 1943).
12) 동 사례의 명칭과 관련하여 다소 혼선이 있을 수 있다. 일반적으로는 Arleen W.의 명칭은 생략된 채 Hughes로 소개된다. 미국의 공식 판례집에서도 「Hughes v. SEC …」로 기재되어 있다. 다만, 그 이전 1948년 SEC심결례에서는 Arleen W. Hughes라는 명칭을 사용하였다.
13) Hughes v. SEC, 174 F.2d 969(D. C. Cir. 1949).

정된 지 얼마 지나지 않아서 발생한 사건으로서 그 이후 미국 및 전 세계 증권업계에 새로운 법리를 제시한 것으로 평가받고 있다. 양 사례의 명칭도 Hughes Ⅰ(The first Hughes) 및 Hughes Ⅱ로 불리기도 한다.[14] 이하에서는 신의성실공정의무의 연혁적 사례이자 기초법리를 제공하고 있는 양 판례에 대하여 살펴보고자 한다.

### 2) 1943년 Charles Hughes 사례[15]와 간판이론

#### ① 간판이론[16]의 개념

간판이론(shingle theory)이란 브로커(broker. 위탁매매업자)·딜러(dealer. 자기매매업자)가 증권업자로서의 간판을 내걸 때(When he hangs out his 'shingle')에는 고객에 대하여 공정하고 성실하게 업무를 수행하겠다는 묵시적인 표시(implied representation)를 한 것으로 보는 이론을 말한다.[17] 따라서 간판을 내걸고 있는 브로커·딜러가 증권투자의 권유를 하는 경우 권유내용에 합리적인 근거가 있어야 하고, 그 전제로서 권유증권에 대한 합리적인 조사를 행하여야 한다.[18]

간판이론은 브로커나 딜러가 고객을 공정하게 취급을 하였는가에 관한 이론이기도 하다. 따라서 금융투자상품의 거래에 관한 舊자본시장법 제46조의 적합성원칙과 제47조의 설명의무 등도 간판이론의 한 단면이라고 할 수 있다. 그리고 동 이론은 브로커가 고객에게 특정 증권을 시장가격(prevailing market prices)보다 훨씬 높은 가격에서 강매(强賣)시킨 사례인 1943년 Charles Hughes사례에서 최초로 채택되었다.

#### ② 사실관계와 쟁점[19]

이 사례에서 원고이자 증권업자인 Charles Hughes는 뉴욕주 법률에 의거 1940년

---

14) Franklin D. Ormsten, "SEC Shingle Theory : Continuing Viability; Continuing Questions", Educational Materials & Links(http://www.sacarbitration.com/shingle), p.4.

15) 이 사건의 판결은 http://www.leagle.com/decision/1943573139F2d434_1421에서 쉽게 접근할 수 있다.

16) 이하의 내용은 오성근(2004), 제 2 장 제 2 절 Ⅰ의 내용을 주로 인용하였다.

17) Arthur B. Laby, SELLING ADVICE AND CREATING EXPECTATIONS : WHY BROKERS SHOULD BE FIDUCIARIES, 87 Wash. L. Rev. 707, 744(2012); Thomas Lee Hazen(2006), pp.670－671.

18) A. Jacobs, "The Impact of Securities Exchange Act Rule 10b－5 on Broker－Dealers," 57 Connell L. Rev. 869(1972), p. 899; Hanly v. SEC 415 F.2d 589(2d Cir. 1969).

19) 이 내용은 오성근(2004), 제 2 장 제 2 절 Ⅰ을 주로 인용하였다.

4월 9일 등록되었고, 브로커와 딜러로서 증권업을 영위하고 있었다. 본사도 뉴욕에 있었으며, 주로 장외거래(over-the-counter trading)에 종사하였다. Charles Hughes는 증권시장에 관하여 별로 지식이 없는 독신 여성이나 미망인(single women or widows)을 상대로 주식투자를 권유하였다. 그 과정에서 고객들로부터 신임(confidence)을 얻게 되자 고객의 증권투자포트폴리오를 사실상 관리하게 되었고,[20] 수시로 주식의 교체를 권유하였다.

고객들(Mrs. Furbeck and other customers)에게는 주식의 시세를 알리지 않은 채 장외시장(over-the-counter-market)에서 시장가격(market value)보다 16.1% 내지 40.9% 높은 가격으로 주식을 매입해 주고, 그 차액을 수수료로 챙겼다.

미국의 SEC는 브로커가 고객에게 제시한 가격이 당시의 시장가격과 다른 가격이라는 사실을 밝히지 않고 고객에게 증권을 매입해 준 행위는, 1933년 증권법 제17조(a)항, 1934년 증권거래법 제15조(c)(1) 및 SEC규칙 15c(1)-2 등의 사기행위에 해당한다는 이유로 위 회사의 브로커·딜러 등록을 취소(revocation)하였다.[21] SEC의 논리는 '브로커·딜러가 브로커·딜러라는 간판을 내건 사실은 고객에게 공정하고 성실하게 업무를 수행한다는 것을 묵시적으로 표시하는 것이다'라는 데 있다. 이 사건에 이어서 SEC는 브로커가 증권을 권유하는 경우에는 권유증권에 대한 합리적인 조사를 하여야 한다는 원칙을 간판이론에 추가하였고, 이에 위반하는 행위는 사기적 행위 금지규정에 반하는 것으로 보았다.[22]

③ 판결의 내용[23]

법원은 SEC의 행정처분을 지지하였다.[24] 즉 위와 같은 사실관계와 쟁점에 대하여 법원은 장외거래업무에 종사하는 원고인 증권업자가 적극적으로 고객에게 매수를 권유한 후, 시장가격을 현저히 초과하는(beyond the usual) 가격으로 고객에게 매도한 경우에는 사기를 행한 것으로 보았다. 왜냐하면 증권업자 스스로가 당해 증권에 대하여

---

20) she virtually placed complete control her securities portfolio in their hands.
21) Charles Hughes & Co., Inc., SEC Securities Exchange Act Release No. 3464(July 20, 1943).
22) Thomas Lee Hazen(2006), pp. 672-673; Hanly v. SEC, 415 F.2d 589(2nd Cir. 1969). 본건에 대한 상세한 내용에 관하여는 Note, 44 N. Y. U. L. Rev. 1191(1969) 및 John C. Coffee, Jr.·Joel Seligman(2003), pp.705-711.
23) http://www.leagle.com/decision/1943573139F2d434_1421.
24) 139 F.2d 434(2d Cir. 1943).

조언할 충분한 자격을 갖고 있는 자임을 표시하고 있다고 보았기 때문이다. 따라서 증권업자의 매도가격이 시장가격을 현저히 초과하는 경우에는 그 시장가격을 공시하여야 한다고 설명하였다.[25] 또한 비록 원고가 스스로를 단순한 매도·매수자간의 당사자거래(Even considering petitioner as a principal in a simple vendor–purchaser transaction)라고 생각하였다고 하더라도, 원고는 전문적 지식(expert knowledge)을 가지고 있고, 적극적으로 조언(proffered advice)을 하였다는 점에서, 원고는 여전히 특별한 의무를 부담한다(still under a special duty)고 지적하였다. 그리하여 법원은 원고가 고객이 시장상황에 무지하다는 사실에 편승하여 이득을 취하여서는 아니 된다고 설명하였다.[26]

법원은 원고의 거래가 성공한 핵심은 원고가 고객으로부터 점진적으로 얻어 온 신뢰(confidence)라고 보았다. 그리하여 일단 그와 같은 신뢰가 확립되면, 원고가 취득한 가격과의 차액(mark–up)[27]을 명확히 밝히지 아니한 것은 중요사실에 대한 설명을 게을리한 것이며, 사기적 수단(fraudulent device)을 이용한 행위에 해당한다고 판시하였다.[28]

#### ④ 동 판결의 특징

##### 가. 매수자위험부담원칙의 비적용

동 판결은 미국의 1933년 증권법 및 1934년 증권거래법상 사기적 금지규정에 관한 새로운 해석론을 확립한 점에 또 하나의 특징이 있다. 즉 동 판결은 신뢰를 바탕으로 하는 사기와 기만적 행위에 대하여는 종래의 매수자위험부담원칙(the rule of caveat emptor)을 적용하지 아니한다[29]는 입장을 명확히 밝혔다.[30]

미국은 1929년의 주가폭락 사태가 증권업자들의 사기적 행위에도 한 원인이 있다고 보아 1933년 증권법의 제정을 기화로 하는 일련의 증권관련법의 제정시 사기적

---

25) It should disclosure the market price if sales are to be made substantially above the level.

26) not to take advantage of its customers' ignorance of market conditions.

27) 간판이론은 단지 증권업자의 차액수수료의 취득사례에만 적용되었던 것은 아니다(Thomas Lee Hazen(2006), p.671).

28) 139 F. 2d 434, 436–437.

29) 이와 관련하여 법원이 인용한 판례는 Federal Trade Commission v. Standard Education Society, 302 U.S. 112(1937)이다.

30) 139 F. 2d 434, 436–437.

행위 등에 대하여는 "매도자도 주의해야 한다(Let the seller also beware)."라고 하는 원리를 추가적으로 확립하고자 하였다.[31] 그리하여 1933년 증권법 및 1934년 증권거래법 등에서 사기금지규정을 상세히 도입하게 되었다. 그러나 SEC는 증권거래에 있어서의 일반적 사기금지규정과의 적용상 차이점에 대하여 어려움을 겪고 있었다.

1943년 Charles Hughes 사례의 판결은 SEC의 고민을 해결하게 되는 계기가 되었다. 그것은 SEC에 등록한 증권업자가 증권업무에 종사하는 것, 즉 간판을 내걸었다는 것 자체가 공정거래를 하여야 한다는 묵시의 표시를 포함하고 있기 때문에 전통적인 매수자위험부담의 원칙에서 탈피하여 매도자위험부담원칙을 도출할 수 있는 계기가 되었기 때문이다.

### 나. 공시의무 및 공정거래

1943년 Charles Hughes 사례는 매도자위험부담원칙을 도출하는 계기가 되었다. 이에 따라 증권업자의 공시의무와 공정거래의무도 자연스럽게 도출할 수 있게 되었다. SEC는 동 사례 등에서 도출되는 공시의무는 "고객을 보호하기 위한 최소한의 장치"라고 설명하고 있다.[32] 그리하여 공시의무를 제대로 이행하게 되면 원고는 그렇게 많은 이익을 얻을 수 없게 된다고 보았다.[33]

동 사례에서 법원은 증권업자가 간판을 내걸은 것은 공정한 거래를 행한다는 점을 묵시적으로 표시하는 것이라고 판단하였다. 다만, 구체적으로 어떠한 것이 공정한 거래인지에 대하여는 명확한 기준을 제시하지 않고 1939년의 Duker & Duker심결[34] 등을 인용하고 있다. Duker & Duker심결에서 SEC는 "고객은 공정하고 전문직업인의 규범(standard of the profession)에 따라 취급된다."라고만 설명하였다.[35] 위와 같이 미국의 SEC도 단지 "공정하고 전문직업인의 규범"이라고만 설명하였고, 구체적인 기준을 제시하지 못하였다. 이로 인하여 적용범위가 무한할 수 있다는 결점이 있었다.

그러나 간판이론의 이러한 결점은 역으로 규제기관에게 증권업자의 다양한 부정

---

31) Message from the President－Regulation of Securities Issues, presented to the Senate, March 28, 1933, 77 Cong. Rec. 937(1933).
32) William T. Lesh, "Federal Regulation of Over－the－Counter Brokers and Dealers", 59 Harv. L. Rev (1946), p.1246.
33) Ibid., p. 1247.
34) Duker & Duker 6 S.E.C. 386(1939).
35) William T. Lesh, op. cit., p.1247.

행위를 규제할 수단을 제공할 수 있는 장점으로 작용하였다. 즉 법원은 증권업자가 간판을 내걸었기 때문에 공정한 거래를 하여야 한다는 묵시적인 표시를 내포하고 있다는 점을 명확히 함으로써 많은 지지를 받았다. 증권업자는 자기의 간판에 묵시적인 표시가 내포되어 있으므로 보다 높은 행위규범을 부담하고, 증권거래의 공정성을 확보하여야 하며, 일반투자자를 보호하여야 하는 의무를 부담한다고 보았기 때문이다.[36)]

이와 같이 1943년 Charles Hughes 사례가 제시한 간판이론은 일부의 비판에도 불구하고 미국의 증권관련제정법의 목적을 달성하는 수단으로 인식되어 판례법으로서 발전하여 왔다.

### 3) 1949년 Hughes 사례[37)]와 수탁자이론

#### ① 수탁자의 개념 및 증권업자

간판이론에서 보았던 것과 마찬가지로 SEC는 증권업자가 법 형식상으로는 통상적인 거래에 있어서의 매수 또는 매도당사자로서의 본인(principal)에 해당한다고 할지라도, 증권업자와 고객과의 사이에서는 고객이 증권업자를 신뢰(confidence)하였다고 볼 수 있는 경우에는 증권업자를 묵시적인 대리인(implied agency)으로 보아야 한다는 법리를 전개하여 왔다.[38)] 이를 '수탁자이론'이라 한다. 다만, 민사소송의 경우 단순한 위탁매매의 실행(brokerage) 등에는 수탁자책임이 인정되지 아니하는 경우가 적지 않다.

수탁자이론에 따르면 보통법상의 수탁자에 관한 법리가 투자자문업자는 물론 브로커·딜러 등의 증권업자에게도 적용된다.[39)] 따라서 증권업자는 고객의 이익을 최우선으로 하여야 할 의무[40)]와 모든 이해상충사항에 관한 공시의무를 부담되게 된다.[41)]

그런데 증권업자가 딜러로서 거래를 하는 때에는 대등당사자간의 거래라고 볼 수

36) 139 F.2d 434, 437(2d Cir. 1943).
37) 이 판결의 전체 내용은 https://www.casetext.com/case/hughes-v-securities-and-exchange-commission/에서 쉽게 접근할 수 있다.
38) Louis Loss · Joel Seligman(1991), pp.3816-3817.
39) Steven W. Stone(2007), p.14.
40) SEC, Securities Exchange Act of 1934, In the matter of : Arleen W. Hughes, Release No. 4048(1948. 2. 18), p.8.
41) James D. Cox · Robert W. Hillman · Donald C. Langevoort(2006), p.7.

있다. 이러한 때에도 증권업자를 수탁자로 볼 수 있는지 문제될 수 있다. 수탁자이론은 그 근거를 다음과 같이 증권과 증권거래의 특성에서 구하고 있다. 첫째, 증권은 복잡한 상품(intricate merchandise)이다. 이 때문에 증권을 이해하기 위하여는 전문적인 지식이 필요하다. 일반투자자는 통상적으로 비전문가이고 기술적이지도 않지만 증권업자는 전문가이다.[42] 따라서 보통법에 의거 투자전문가인 증권업자는 비전문가인 투자자를 보호할 의무가 있다.[43]

둘째, 증권거래에 필요한 정보가 증권업자에게 집중되어 있다. 이 때문에 일반투자자는 증권시장의 구조상 증권업자를 통하여 간접적으로 관련정보를 수집하는 것이 일반적이다. 그리고 증권거래에는 특수한 기술(special skills)이 필요하다.[44] 이와 같은 현실은 증권업자가 딜러로서 거래당사자가 되는 경우에도 고객이 증권업자에게 의존할 수밖에 없는 관계, 이른바 특별결합관계(relational reliance)[45]를 형성할 수밖에 없게 된다. 이로 인하여 그러한 관계에 대하여도 마치 신뢰받은 자를 수탁자[46]로 보는 신임관계(fiduciary relationship)로 보아왔던 것이다.[47]

이와 같이 수탁자이론은 고객이 증권업자를 증권거래를 하는 전문가로서 신뢰하고 있다는 점에 기초를 두고 있고, 이 점이 다른 사업과 다르다.[48] 수탁자에게는 위탁자의 이익을 우선시 하여야 하고, 수탁자의 지위를 이용하여 자기의 이익을 추구하여서는 아니 되는 엄격한 의무가 부과된다. 따라서 이에 반하는 행위는 사기적 행위에 해당하게 된다. 1949년 Hughes 사례는 이에 관한 대표적인 판례이다.[49]

---

42) SEC, News Digest A brief summary of financial proposals filed with and by the S.E.C. For Release(1961. 11. 2), p.1.
43) Jerry F. English, "Securities－Investment Adviser Act－Failure to Disclosure Adviser's Position in market with Respect to Stock Recommended to Subscribers.－SEC v. Capital gains Research", Boston College L. R, Vol.4, 210(1962. 10. 1), p.212.
44) Robert H. Mundheim, "Professional Responsibilities of Broker－dealers : The Suitability Doctrine", Vol. 1965 Duke, L. J. 445(1965. summer), p.450.
45) Donald C. Langevoort, "Fraud and Deception by Securities Professionals", 61 Tex. L. Rev. 1247(1983). pp.1250, 1279－1283.
46) 이를 'trust－like' relationship이라고 한다(Andrew S. QC · Stuart Ritchie(2008), p.14; Peter Birks, "The Content of Fiduciary Obligation", 34 Isr. L. Rev. 3(2000), pp.35－36).
47) Louis Loss · Joel Seligman(1991), p.3830 n. 115.
48) Robert H. Mundheim, op. cit., pp.446－447, 본문과 각주 4).
49) Steven W. Stone(2007), p.14.

② 1949년 Hughes 사례의 사실관계와 쟁점[50)]

1949년 Hughes 사례의 경우, 원고인 증권업자는 1928년부터 콜로라도 스프링스(Colorado Springs)를 근거지로 하여 브로커·딜러로서 영업을 하여 왔다. 이후 1940년에 원고는 1934년 증권거래법 제15조에 의거 브로커·딜러로, 1942년에는 1940년 투자자문업자법(Investment Advisers Act of 1940) 제203조에 의거 투자자문업자로도 등록하였다.[51)] 그리고 미국연방 9개 주에 걸쳐 175명의 고객이 있었다. 고객과의 사이에서는 "회사(증권업자)는 별도의 합의가 없는 한 모든 거래를 투자자문 및 본인의 자격으로 행한다."고 규정한 합의서(Memorandum of Agreement)가 교환되었다.[52)]

동 사례의 쟁점은 ① 원고인 증권업자가 공개증권시장(open market)에서 당해 증권을 매입하는 경우에 최선의 가격(best price)과, ② 원고가 해당증권의 취득가격(비용)을 공시하지 아니하고 고객에게 증권을 매도해버린 점에 있었다.[53)]

원고의 이러한 행위에 대하여 SEC는 브로커·딜러인 원고에게는 수탁자로서 공시의무가 있고, 이를 이행하지 아니한 행위는[54)] 반사기규정(anti-fraud)인 1933년 증권법 제17조(a)항, 1934년 증권거래법 제10조(b)항, 제15조(c)항(1)호, SEC규칙 10b-5, 15c(1)-2를 고의적으로 위반하는 것[55)]이라고 하여 브로커·딜러로서의 등록을 취소하는 명령(order revoking her registration as a broker and dealer)을 내렸다.[56)] 본 사례는 SEC의 처분의 정당성에 관한 것이었다. 다만, 본 건에서는 1943년 Charles Hughes 사례에서 볼 수 있었던 영업이익마진(mark-ups)은 문제되지 아니하였다.

---

50) 이 내용은 https://www.casetext.com/case/hughes-v-securities-and-exchange-commi-ssion/와 SEC Release No. 4048(1948. 2. 18))의 자료를 근거로 기술하였다.

51) SEC Release No. 4048, p. 2; 174 F. 2d 969, 971(D.C.Cir. 1949).

52) Company petitioner, when acting as investment adviser, shall act as Principal in every such transaction(Ibid.); SEC Release No. 4048, p.3.

53) SEC Release No. 4048, p.3.

54) SEC Release No. 4048, p.1.

55) SEC Release No. 4048, p.13; 174 F. 2d 969, 975.

56) SEC Release No. 4048, p.14.

③ 판결의 내용[57)]

동 사례에서 법원은 SEC의 취소명령(order of revocation)을 지지하면서, 그 이유를 다음과 같이 밝히고 있다.[58)] 먼저 원고와 고객간에 이루어진 거래의 대부분의 경우, 원고는 명백하게 수탁자로서 행동하였다(petitioner concededly acted as a fiduciary)고 보았다. 기록에 따라 법원은 원고가 일부의 예를 제외하고는 동시에 투자자문업자 및 브로커·딜러라고 하는 이중적 자격(dual capacity)에서 행동하였다고 지적하였다.[59)] 그리고 그와 같은 이중적 자격을 갖는 때에는 이해상충의 문제가 필연적으로 발생하고, 그러한 문제가 발생하는 경우, 법은 수탁자에 대한 규율의 일부로서 엄격한 행위규범(stringent standards of conduct)을 사전에 정하는 형식으로 보호조항(safeguards)을 명시하여 왔다고 설명하였다. 이에 대한 부연설명을 위하여 법원은 100여년 전의 연방대법원이 해당원리에 대하여 판시[60)]한 내용을 소개하였다. 즉 "이해관계가 상반되는 때 법은 현명하게 간섭한다. 이러한 간섭은 수탁자의 의무감[61)]이 이기적 동기를 극복할 가능성이 있는 몇몇 사안에서 나타나는 것이 아니라, 이기심이 의무감을 지배하여 결국에는 의무감을 저버리게 할 개연성(possibility)과 위험성(danger)이 존재하는 사안들에 대비하기 위하여 규정된다."[62)]라는 내용이 그

---

57) 이 내용은 주로 https://www.casetext.com/case/hughes-v-securities-and-exchange-commission/의 핵심부분을 요약한 것이다.

58) 174 F. 2d 969, 975-976.

59) 이와 관련하여 미국의 1940년 투자자문업자법(The Investment Advisers Act of 1940) 제206조(3)항에 따르면 "투자자문업은 우편 또는 주간통상(州間通商)의 수단 또는 방법을 직접 또는 간접적으로 이용, 고객에 대하여 거래의 완료 전에 서면으로 거래에 있어서의 자기의 자격을 명확히 하여야 하고, 당해 거래에 대하여 고객의 동의를 얻지 아니한 채 해당고객을 상대방으로 하는 증권매매인 자기거래(for his own account)를 행하거나 혹은 해당고객의 계산으로 증권의 위탁매매를 행함에 있어서 해당고객 이외의 자의 브로커로서 거래를 하여서는 아니 된다. 다만, 이 금지규정은 해당브로커 또는 딜러가 해당거래에 관하여 투자자문으로서 행동하지 아니하는 경우에는 브로커 또는 딜러의 고객과 거래를 하는 때에는 적용하지 아니한다"(http://www.sec.gov/).

60) 이 때 법원이 인용한 사례는 Michoud et al. v. Girod et al., 1846, 4 How. 503, 554-555이다.

61) 원문에는 the sense of that duty라고 되어 있으나 앞 문장과의 관계를 감안하여 이와 같이 번역하였다.

62) "In this conflict of interest, the law wisely interposes. It acts not on the possibility, that, in some cases, the sense of that duty may prevail over the motives of self-interest, but it provides against the possibility in many cases, and the danger in all cases, that the dictates of self-interest will exercise a predominant influence,

에 해당한다.

이어서 법원은 원고의 행위가 제정법 및 그에 의거한 규칙이 정한 반사기규정을 위반하였다고 판단하였다. 왜냐하면 원고는 상반되는 이해관계의 성질 및 범위에 대하여 완전한 공시를 하지 아니하였고, 이는 누락행위(acts of omission)에 해당하기 때문이다.[63]

나아가 법원은 위에서 기술한 사실관계인 원고의 행위, 즉 ① 상당한 주의(due diligence)를 가지고 공개시장(open market)에서 고객을 위하여 매수할 수 있는 증권의 최선의 가격(best price)과, ② 원고가 해당증권의 취득가격(비용)을 공시하지 아니하고 고객에게 증권을 매도해버린 점에 대한 공시를 하지 아니한 사실관계에 대한 입장을 밝혔다. 이에 따르면 법원은 1933년 증권법 제17조(a)항, 1934년 증권거래법 제10조(b)항 및 동법 제15조(c)항 (1)호 및 관련규칙 등을 근거로 "어떠한 상황에 비추어서 타인을 오인하게 하지 않도록 할 목적으로 중요한 사실에 대한 설명을 생략하는 것은 명백히 위법하다."고 지적하였다.[64] 그 이유는 위에서 인용한 제정법상 세 개의 규정과 규칙의 문언이, 국회가 단지 고의적으로 허위사실을 설명하는 행위는 물론 반사실(half-truths) 또는 완전한 사실(whole-truth)에 관한 설명을 하지 아니하는 행위도 금지하고 있기 때문이다.

법원은 이와 같은 제정법규의 문언이, 사려 깊은 투자자 또는 그렇지 아니한 투자자인지의 여부를 불문하고, 투자행위를 전체적으로 보호하기 위하여 마련되었다고 해석하였다. 그리고 현 시점에서 공개시장에서 취득할 수 있는 최선의 가격 및 등록인(원고) 및 비용은 모두 앞에서 인용한 문언의 범위 내의 중요사실에 해당한다고 결론내렸다. 따라서 그에 대한 공시가 없는 한, 고객의 입장에서는 수탁자의 이중적이고 상반되는 역할(fiduciary's acting in a dual and conflicting role)에 대하여 동의할 수 없다고 판시하였다.

---

and supercede that of duty"(174 F. 2d 969, 975).

63) The acts of petitioner which constitute violations of the antifraud sections of statutes and of regulations thereunder are acts of omission in that petitioner failed to fully disclose the nature and extent of her adverse interest(ibid., p.975).

64) "any omission to state a material fact necessary in order to make the statements made, in the light of the circumstances under which they were made, not misleading" is expressly made unlawful (ibid., 976).

④ 동 판결의 특징

1949년 Hughes 사례는 1943년 Hughes 사례와 달리 원고가 불합리한 이익을 취했다고 볼 수 없는 사실관계에 대하여도 수탁자이론을 적용하여 증권업자의 행위가 사기금지규정에 해당할 수 있음을 적시하였다. 이 점이 동 사례의 특징이다. 법원은 그 근거를 최선의 시장가격과 증권업자의 취득가격을 공시하지 아니한 점에서 구하고 있다. 그리고 해당공시의무는 간판이론에서 볼 수 있는 바와 같이 거래당사자간의 신임관계(fiduciary relationship)를 인정함으로써 매도자의 공시의무, 즉 매도자의 주의의무에서 도출하고 있다.[65)]

4) 간판이론과 수탁자이론의 수렴

양 이론은 적용범위에서 차이가 발생할 수 있는데, 이론적인 측면에서만 보면 간판이론의 적용범위가 수탁자이론의 적용범위보다 넓다. 왜냐하면 간판이론은 고객의 증권업자에 대한 신뢰의 정도와는 관계없이 간판을 내걸었다는 사실 자체만으로 그 법리가 적용될 수 있기 때문이다.[66)]

그러나 1943년 Hughes 사례의 간판이론과 1949년 Hughes 사례의 수탁자이론은 실제로는 동일한 결론을 도출할 수 있고,[67)] 언제나 명확하게 구별할 수는 없어 보인다.[68)] 왜냐하면 법원은 ① 1943년 Hughes 사례에서도 여전히 공정한 거래를 행한다고 하는 묵시적인 표시 중에서의 '공정한 거래'의 기준의 설정을 해석상의 자유재량에 위임할 수 있음을 확인하고 있고, ② 수탁자이론의 경우에도 당사자 간의 '신임관계를 형성하는 행위의 기준'에 대하여 간판이론과 마찬가지로 해석상 자유재량의 여지를 남겨놓고 있기 때문이다. 이처럼 양 이론은 모두 유연한 해석을 중시하고 있다고 할 수 있다.

한편 SEC는 내부자거래에 관한 연방대법원의 Chiarella 판결[69)] 및 Dirks 판결[70)]

65) SEC Release No. 4048, pp.5－6.
66) Manuel F. Cohen · Joel J. Rabin, Broker－Dealer Selling Practice Standards : The Importance of Administrative Adjudication in Their Development, 29 Law & Contemp. Prob. 691(1964), p.702.
67) Comment, "Current Problems in Securities Regulation", 62 mich. L. Rev. 680(1964), p.738.
68) 실제로 미국의 주요 문헌에서도 여전히 혼용해서 목차를 구성하는 예가 있다. 대표적으로 Thomas Lee Hazen(2006), pp.698－672.
69) Chiarella v. United States, 445 U.S. 222(1980).

이전에는 수탁자이론을 간판이론에 흡수하여 판단하여 왔다.[71] 그러나 내부자거래에 관한 연방대법원의 Chiarella 판결 및 Dirks 판결 이후에는 법원의 법리와 조화를 추구하기 위하여 수탁자이론에 의하여 증권업자를 규제하고 있다고 볼 수 있다.[72]

### (3) 외국의 입법례[73]

#### 1) 일본의 금융상품거래법상 성실공정의무 및 주요 판례

##### ① 규정의 변천

일본에서 증권업자의 성실공정의무에 관한 규정은 1992년 증권거래법 제49조의 2에 의하여 신설되었다. 동 규정은 1998년 개정증권거래법 제33조로 이관되었다. 현행 금융상품거래법은 제36조에 그에 관한 규정을 두고 있다. 현행 금융상품거래법의 규정은 1998년 개정증권거래법의 규정을 계수한 것이므로 규정의 변천과정에서는 1998년 증권거래법의 규정이 중요하다고 할 수 있다.

##### ② 해석론

1998년 舊증권거래법 제33조는 "증권회사, 그 임원 및 사용인은 고객에 대하여 성실하고 공정하게 그 업무를 수행하여야 한다"고 규정하였다. 이 규정에 대하여 일본에서는 1990년 11월 국제증권감독기구(IOSCO)가 채택한 증권업자의 행위규범원칙 중 제1의 원칙인 성실공정의무를 증권거래법에 명문화한 것으로 해석하였다.[74] 그리고 일본의 舊증권거래법은 증권회사, 임원 및 사용인의 증권업무수행에 있어서의 고객보호를 위한 상세한 원칙을 정하고 있었다. 예를 들면 거래형태 명시의무(동법 제38조), 거래설명서 교부의무(동법 제40조), 거래보고서 교부의무(동법 제41조), 단정적 판단의 제공으로 인한 권유 등의 금지(동법 제42조) 등을 정하고 있었다. 일본의 학계에서는 이러한 거래 원칙에 따라 구체적인 의무를 수행하지 아니하는 사항에

---

70) Dirks v. SEC, 463 U.S. 646(1983).

71) Louis Loss · Joel Seligman(1991), p.3831 n.115; Manuel F. Cohen · Joel J. Rabin, op. cit., p. 704.

72) Louis Loss · Joel Seligman(1991), p.3778.

73) 미국의 경우도 증권관련법제 이외에 근로자퇴직소득보장법(The Employment Retirement Income Security Act, ERISA) 등에서 관련규정을 두고 있다. 이에 관하여는 한국증권법학회(2009 I ) 179면 이하에서 상세히 다루고 있기 때문에 여기서는 생략한다.

74) 河本一郎 · 大武泰南 · 神崎克郎(2000), 218面.

대하여도 성실공정의무가 적용된다고 보고 있다.[75]

따라서 성실공정의무는 증권거래에 변화가 있는 경우 이에 대응하는 새로운 규범이 창출되기 때문에 특히 중요성을 갖게 된다.[76] 다만, 일본에서는 증권회사의 성실공정의무가 증권투자에 있어서 투자자의 자기책임원칙을 전제로 하는 것이라고 해석하고 있다. 즉 증권투자는 투자자가 스스로의 판단과 책임으로 하는 것이고 이를 전제로 하여 증권회사의 성실공정의무가 문제된다는 것이다. 그러므로 증권회사, 임원 및 그 사용인은 고객에 대하여 공정하고 성실하게 증권업무를 수행하여야 한다는 것은 고객의 증권거래에 대하여 이익을 발생시키고 손실을 회피하여야 하는 의무가 아니라,[77] 고객에 대하여 투자자의 자기판단과 책임으로 증권투자를 하여야 함을 이해시켜야 하는 의무인 것이다.[78]

③ 사례

일본에서 증권업자의 성실공정의무에 관하여 소개되는 대표적인 판례와 그 내용은 다음과 같다.[79]

가. 東京高法 平成 6年 12月 8日 판결[80]

본 건은 증권회사 직원에게 시장상황에 따른 적시 매각의무가 있는지에 대한 것이었다. 이에 대하여 법원은 시장에 상장되어 있는 주식의 가격은 항상 변동하는 것이므로 그것을 확실하게 예측하는 것은 어렵다고 보았다. 그 이유는 시장상황에 따라 적합한 시기에 증권을 매각하기 위하여는 하락추세가 계속되고 있다고 하더라도 반등세로 전환되는 시기가 도래하는 것을 예측하여야 하는데, 반등으로의 전환 시기 즉 하락추세가 언제 멈출지를 예측하는 것은 어렵다고 보았기 때문이다. 따라서 증권회사가 주식시장이나 주가의 움직임을 정확하게 예측할 수 있으리라고 기대하는 것은 무리가 있다는 것이다. 그러므로 증권회사가 고객의 손실이 확대되지 않도록 예탁받은 담보유가증권을 조기에 매각할 의무가 있다고 할 수 없다고 판시하였다.

---

75) 위의 책.
76) 위의 책.
77) 위의 책, 219面.
78) 舊일본증권업협회의 협회원의 투자권유, 고객관리 등에 관한 규칙 제3조.
79) 이하의 내용은 1998년 증권거래법개정 직후 주요 문헌에서 인용된 것을 소개한 것이다.
80) 判例時報 第1585号, 1997. 2. 1, 26面.

### 나. 大阪高法 平成 7年 4月 20日 판결[81)]

이 판례에서는 외화표시워런트상품은 장외매매에 의한다는 사실을 설명을 하여야 하는지의 여부가 문제되었다. 본 건 증권회사의 담당자는 외화표시워런트 거래를 권유함에 있어서 "워런트채권은 주식보다 수배의 이익을 얻을 수 있는 히트상품이고 수수료도 없다."고 설명하였을 뿐이다.

그러나 법원은 워런트거래를 권유함에 있어서는 ① 워런트의 의의, ② 권리행사가격, 권리행사기간 즉, 권리행사에 따른 취득주식수의 의의, ③ 외화표시워런트의 가격형성구조 및 고위험상품으로서 가치가 영(零)이 될 수 있다는 점, ④ 외화표시워런트 거래는 상장주식 등과는 달리 증권회사와 장외매매를 한다는 점에 대하여 충분히 설명하고, 원고가 이에 대하여 정확하게 인식할 수 있게 하여야 한다고 보았다. 그럼에도 불구하고 증권회사 직원은 이에 대한 어떠한 설명도 없었기 때문에 담당자의 권유는 외화표시워런트를 권유함에 있어서의 주의의무를 위반하였다고 할 수 있고, 증권거래 시 증권회사의 성실의무에 반하는 위법행위라고 할 수 있다고 지적하였다. 이로 인하여 증권회사는 위법한 권유로 인하여 거래를 한 결과 고객에게 손실을 발생시켰으므로 민법 제715조에 의거 손해배상책임을 부담하였다.

### 다. 東京地法 平成 7年 6月 19日 판결[82)]

본 건은 투자자가 워런트의 보유비중을 지속적으로 증가시킬 때, 증권업자는 투자자에게 투자를 단념하도록 설득하는 등 고객에게 손실을 끼치지 않도록 배려해야 할 의무를 부담하여 하는지의 여부가 문제되었다. 즉 본 건의 투자자는 워런트가격이 지속적으로 하락하고 있는 가운데에서도 손실을 회복하기 위하여 증권회사의 담당자를 통하여 액면 2.0p의 가치밖에 없는 워런트의 매수비중을 더욱 높였다.

그런데 투자자는 증권회사 담당자가 스스로 워런트거래의 위험성에 대한 인식의 부족으로 인하여, 본사로부터도 의문시 되었던 거래에 대하여 고객에게 전혀 설명하지 아니하였기 때문에 워런트의 매수를 확대하였다고 주장하였다. 법원은, 담당자가 고객에게 매수확대의 위험성에 대하여 충분히 설명하고 매수확대를 단념하도록 설득함으로써, 고객이 불필요한 손실을 입히지 아니하도록 배려하여야 할 신의칙상의 의무를 해태한 과실이 인정된다고 하였다.

---

81) 判例時報 第1546号, 1996. 1. 1, 20面.
82) 判例時報 第1566號, 1996. 7. 21, 40面.

### 라. 東京高法 平成 8年 11月 27日 판결[83]

본 건의 사실관계는 적합성원칙과 설명의무가 중첩적으로 적용되었다. 법원은 일본의 舊증권거래법 제49조의 2[84]가 성실공정의무를 정하고, 동법 제50조 제1항 제1호[85]가 단정적 판단을 제공하여 권유하는 행위를 금지하는 점 등에 의하면, 증권회사 및 그 사용인은 투자자에 대하여 증권거래의 권유시 투자자의 직업, 연령, 증권거래에 관한 지식, 경험, 자력 등에 비추어 당해 증권거래로 인한 이익과 위험에 관한 정확한 정보의 제공과 설명을 함으로써 투자자가 올바른 인식을 형성한 후에 자율적인 판단에 의거하여 당해 증권거래를 할지의 여부를 결정할 수 있도록 배려하여야 할 신의칙상의 의무(설명의무)를 부담한다고 판시하였다. 따라서 증권회사 및 그 사용인이 위의 의무를 위반하여 거래권유를 함으로써 투자자가 손해를 입은 때에는 불법행위를 구성하고 손해배상책임을 면할 수 없다고 결론 내렸다.

### 2) EU 및 영국의 성실공정의무 관련규정

EU의 금융상품시장지침(MiFID)[86]은 제24조 제 1 항에서 성실공정의무를 명시하고 있다. 이에 따르면 회원국은 투자서비스 및 그 부수서비스를 고객에게 제공하는 때에는 투자업자가 고객의 최선의 이익에 따라 성실, 공정 그리고 전문가로서 행동하도록 조치를 강구하여야 한다. 이 밖에도 금융상품시장지침은 제23조 내지 제30조 등에서 투자자를 보호하기 위한 규정을 두고 있다.

한편 영국의 경우는 현행 영업행위감독청(Financial Conduct Authority, FCA)의 사업원칙(FCA Principle For Business)[87] PRIN 2.1.1.R에서는 증권업자의 성실성(integrity)을, 그리고 6.에서는 고객에 대한 공정한 취급(treat them fairly)을 규정하고 있다.

---

83) 判例時報 第1587號, 1997. 2. 21, 72面.
84) 1997년 개정 전 법률.
85) 1997년 개정 전 법률.
86) DIRECTIVE 2014/65/EU OF THE EUROPEAN PARLIAMENT AND OF THE COUNCIL of 15 May 2014 on markets in financial instruments and amending Directive 2002/92/EC and Directive 2011/61/EU.
87) George Walker · Rogert Purves(2014), pp.223−224; Alastair Hudson(2013), pp.258−265, 302−303.

### (4) 자본시장법상 다른 법리와의 관계

#### 1) 검토대상 법리

자본시장법은 금융투자상품을 정의함에 있어서 '투자성'이라는 개념 요소를 도입하면서 금융투자업자에게 공통영업행위규칙으로서 신의성실공정의무를 지우고 있다 (제37조).[88] 그리하여 금융투자업자는 신의성실의 원칙에 따라 공정하게 금융투자업을 영위하여야 한다. 이외도 동법은 집합투자업자, 투자자문업자, 일임투자업자 및 신탁업자 등 이른바 자산운용업자에게 공통영업행위규칙으로서 선관주의의무 및 충실의무를 부과하고 있다.

따라서 자본시장법상 신의성실공정의무가 구체적인 기능을 발휘하기 위하여는 민법 제2조의 신의성실의 원칙, 선관주의의무 및 충실의무와의 관계를 분석·정리하는 작업이 선행되어야 한다.

#### 2) 신의성실공정의무와 민법 제2조의 신의성실의무와의 관계

자본시장법 제37조의 신의성실공정의무가 민법 제2조의 신의성실원칙을 주의적으로 규정한 것인지의 여부에 대하여 긍정설과 부정설이 나뉜다. 먼저, 긍정설은 대체적으로 민법 제2조는 모든 법률관계의 초석으로서 이 조항이 없었던 舊증권법체계에서도 민법 제2조의 적용이 가능하였던 점을 논거로 들고 있다.[89] 이에 대하여 부정설은 제37조의 신의성실공정의무를 민법 제2조의 신의성실의 원칙을 단순히 되풀이 한 것으로 보는 것은 지나치게 소극적인 해석이라고 한다. 그 이유는 증권회사와 고객 간의 각종 거래관계도 당연히 민법의 규율을 받으므로,[90] 이를 굳이 자본시장법에 민법의 일반원칙과 동일한 조항을 반복적으로 규정할 필요가 없기 때문이다.[91]

한편 이와 관련된 판례의 입장은 의사의 설명의무,[92] 숙박업자의 고객보호의무,[93] 수익증권판매업자의 설명의무 및 고객보호의무,[94] ELS상품 판매와 관련된 증

---

88) 한편 미국은 회사법상 이사의 성실의무에 관한 논의가 있는데, 그 개념과 내용은 증권업자의 성실공정의무와는 다르다고 할 수 있다. 이에 대한 상세한 내용은 손성, "미국 Disney 판결에 관한 분석과 시사점", 상사판례연구 제21집 제1권(2008), 167면 이하 참조.
89) 임재연(2023), 201면; 김정수(2014), 211면.
90) 윤광균, "증권회사의 고객보호의무와 손해배상책임", 저스티스 통권 제97호(2007), 118면.
91) 한국증권법학회(2009 I ), 178면.
92) 대법원 2013. 4. 26. 선고 2011다29666 판결; 대법원 1992. 4. 14. 선고 91다36710 판결 등.
93) 대법원 2000. 11. 24. 선고 2000다38718 판결.

권회사의 신의성실의무[95] 등의 존재를 인정하고 있다. 그리고 이러한 설명의무 또는 고객보호의무는 기본적으로 신의칙상 인정되는 부수적인 의무임을 확인하고 있다.[96] 그리고 미국의 1943년 Hughes 사례와 사실관계가 어느 정도 유사해 보이는 워런트거래관련 사건[97]에서 대법원은 "매매거래에 있어서 매수인은 목적물을 염가로 구입할 것을 희망하고 매도인은 목적물을 고가로 처분하기를 희망하는 이해상충의 지위에 있으며, 각자가 자신의 지식과 경험을 이용하여 최대한으로 자신의 이익을 도모할 것으로 예상되기 때문에, 당사자 일방이 알고 있는 정보를 상대방에게 사실대로 고지하여야 할 신의칙상의 주의의무가 인정된다고 볼 만한 특별한 사정이 없는 한, 매도인이 목적물의 시가를 묵비하여 매수인에게 고지하지 아니하거나 또는 시가보다 높은 가액을 시가라고 고지하였다 하더라도 상대방의 의사결정에 불법적인 간섭을 하였다고 볼 수 없으므로 불법행위가 성립한다고 볼 수 없는바, 주식과 같은 투기성 있는 객체의 거래에 있어서는 더욱 그러하다"고 판시하여 일견 신의성실의 원칙이 적용되기 위한 전제로 투자자의 자기책임원칙을 강조하고 있는 것처럼 보일 수도 있다.

그러나 이 판결의 피고는 증권회사의 직원이 아니라 장외시장을 통하여 테크노필이 발행한 워런트를 원고들에게 직접 매도한 매도인 또는 소개인이었다. 따라서 근본적으로 1943년 Hughes 사례의 판결과 사실관계가 다르다고 할 수 있고, 이러한 거래의 경우 투자자의 자기책임원칙이 강조되는 것은 합당하다.

생각건대, 증권업자를 통한 증권거래시 고객을 보호하기 위한 법리로서 우리 판례는 표현이 다른 몇 가지 법리를 적용하고 있으나, 우리 법상 민법 제2조의 신의성실의무의 법리보다 적용범위가 넓은 법리를 찾을 수 없다. 왜냐하면 민법 제2조의 신의성실의 원칙은 사법관계의 기초법리이므로 금융투자업자도 이 원칙에 따른 행위를 하여야 하기 때문이다. 그리고 미국 증권업자의 성실공정의무의 기초법리로 수렴되고 있는 수탁자이론의 핵심요소가 고객과 증권업자 간의 특별결합관계인데, 신의성실원칙의 주요한 내용이 특별결합관계 내지 사회생활관계 하에서 타인의 정당한 이익에 대한 배려의 의무를 가리키기 때문이다.[98]

---

94) 대법원 2012. 12. 26. 선고 2010다86815 판결; 대법원 2011. 7. 28. 선고 2010다76368 판결 등.

95) 서울지방법원 2010. 7. 1. 선고 2009가합90394 판결.

96) 대법원 2000. 11. 24. 선고 2000다38718 판결.

97) 대법원 2006. 11. 23. 선고 2004다62955 판결.

따라서 현행 법체계의 법리해석상 제37조의 신의성실공정의무는 민법 제2조의 신의성실의무의 적용범위보다 넓게 적용될 여지는 없고, 민법 제2조의 주의적 규정으로서 금융투자업자 행위의 해석원리로 삼아야 한다고 풀이한다.

### 3) 신의성실공정의무와 선관주의의무와의 관계

자본시장법은 금융투자업자의 유형을 투자매매업, 투자중개업, 집합투자업, 투자자문업, 투자일임법 및 신탁업 등으로 나누고 있다. 자본시장법은 이러한 금융투자업을 영위하는 업자 중 집합투자업자, 투자자문업자 투자일임업자 및 신탁업자에 대하여는 명시적으로 선관주의의무를 부담시키고 있다(제79조 제1항, 제96조 제1항, 제102조 제1항).

투자매매업자와 투자중개업자에 대하여는 명시적으로 선관주의에 관한 규정을 두고 있지 않지만, 이들 업자도 동 의무를 부담하는 데에는 이론의 여지가 없다. 왜냐하면 ① 투자매매업이란 누구의 명의로 하든지 자기의 계산으로 금융투자상품의 매도·매수, 증권의 발행·인수 또는 그 청약의 권유, 청약, 청약의 승낙을 영업으로 하는 것을 말하고(제6조 제2항), ② 투자중개업이란 누구의 명의로 하든지 타인의 계산으로 금융투자상품의 매도·매수, 그 중개나 청약의 권유, 청약, 청약의 승낙 또는 증권의 발행·인수에 대한 청약의 권유, 청약, 청약의 승낙을 영업으로 하는 것을 말하기 때문이다(제6조 제3항).

이 중 투자매매업은 상법상 자기명의로써 타인의 계산으로 법률행위를 하는 위탁매매인(상법 101조)의 개념과는 다르지만, 증권회사가 영위하고 있는 자기매매업, 인수업 및 매출업을 포함하는 것으로 볼 수 있다. 그리고 투자중개업의 범위에는 제정시부터 상법상 위탁매매인 및 대리업을 포함하였고, 2013년 5월 28일 개정을 통하여 상법상 중개업(상법 제93조)도 추가적으로 포함하였다. 그에 따라 투자매매업자와 투자중개업자는 투자자와의 관계에서 수임인의 지위에 서게 된다. 따라서 어떠한 유형의 영업을 하든지 위임의 본지에 따라 민법상 선량한 관리자의 주의의무를 부담하게 된다(민법 제680조·제681조).

이처럼 자본시장법은 자산운용업자 등을 중심으로 선관주의의무에 관한 규정을 명시적으로 두고 있고, 그 이외의 투자매매업자와 투자중개업자도 법리상 선관주의의무를 부담하게 되므로 모든 금융투자업자가 선관주의의무를 부담한다. 따라서 금

---

98) 이정원, "보험자의 고지의무에 대한 소고", 부산대법학연구 제52권 제2호(2011), 494-495면.

융투자업자에게 공통영업행위규칙으로서 선관주의의무만을 규정하는 것이 타당하다고 볼 여지도 있다. 그럼에도 불구하고 동법이 공통영업행위규칙으로서 별도로 신의성실공정의무를 명시한 것은 모든 금융투자업자에게 위임의 요소가 없는 금융투자업자의 영업행위도 항상 성실하고 공정하게 수행하도록 함으로써 규제의 공백을 없애기 위함이다.

#### 4) 신의성실공정의무와 충실의무와의 관계

미국의 1943년 Hughes 사례와 1949년 Hughes 사례는 모두 증권 및 증권거래의 특수성을 감안하여 일반투자자를 보호하고, 증권업자에게 통상의 거래와는 다른 고도의 행위규범을 부과하는데 근거가 되는 법리를 제시하였다. 그리고 양 판결은 증권시장을 무대로 한 각양각색의 부정행위에 대하여 대처할 수 있는 유연성을 갖고 있는 판결이기도 하다. 증권거래에 있어서는 투자자 보호를 위하여 특별한 규제가 필요하다는 점은 양 판결뿐만이 아니라 미국의 1933년 증권법이나 1934년 증권거래법 등이 제정된 사실에서도 잘 알 수 있다.

이러한 1943년 Hughes 사례의 판결과 1949년 Hughes 사례의 판결의 의의는 미국의 증권관련 제정법이 규정한 일반적 사기금지규정에서는 개별적으로 명확히 금지되지 아니하는 행위이지만, 증권업자의 공정거래의무인 성실공정의무를 도입함으로써 투자자 보호의 관점에서 그러한 행위를 규제할 수 있는 법적 수단을 명확히 하였다는 점에 있다. 그리하여 통상의 매도자에게는 부과되지 아니하는 고도의 행위규범을 증권업자에게 부과할 수 있는 것으로 이해할 수 있다. 이러한 점에서 보면, 미국에서의 증권업자의 성실공정의무의 법적 성질은 주의의무(duty of care)가 아닌 충실의무(duty of loyalty)라고 해석할 수 있다.[99)]

기술한 바와 같이 자본시장법은 제79조 제2항 등에서 집합투자업자(자산운용회사) 등의 충실의무를 규정하고 있다. 자본시장법 제79조 제2항 등의 충실의무가 영미법상 충실의무를 의도하여 도입하였는지의 여부는 불분명하다. 다만, 입법자는 선관주의의무와 충실의무의 적용 요건을 '투자신탁재산의 운용'과 '해당업무수행'으로 각각 달리 정함으로써 그 위법성요건에 관한 입법 의도를 어느 정도 밝히고 있는 것으로 보인다. 즉 집합투자업자는 항상 투자자의 이익이 되도록 재산을 운용하여야 하고, 투자자가 납득할 수 있는지의 여부를 숙고하면서 업무를 수행할 의무를 부담

---

99) SEC Release No. 4048, pp.6-7.

한다는 취지가 내포된 것으로 풀이할 수 있다.

그러나 문리적인 측면에서 보면, 동 의무는 회사법상 이미 도입된 충실의무와 선관주의의무의 관계에 대한 해석과 관련된다. 우리나라의 다수설과 판례는 충실의무에 관한 규정이 선관주의의무와 전혀 다른 의무를 규정한 것으로 보기 어렵다고 판단하고 있다. 따라서 동 규정도 그에 따라 해석되어야 한다. 자본시장법상 신의성실공정의무는 선관주의의무보다는 그 적용범위가 보다 넓다는 점에 대하여는 이미 밝힌 바와 같으므로 동법에서 정하고 있는 충실의무의 적용범위 역시 신의성실공정의무의 적용범위 내에 포섭된다고 할 수 있다.

### (5) 구체적 기능

#### 1) 서

자본시장법 제37조의 신의성실공정의무는 민법 제2조의 신의성실의 원칙을 주의적으로 규정한 것이다. 그 적용범위는 비위임적 요소가 있는 증권업자의 행위까지 포함함으로써 선관주의의무보다 넓다고 할 수 있다. 그러한 점을 기초로 이하에서는 신의성실공정의무가 자본시장법의 규제체제 하에서의 구체적으로 어떠한 기능을 발휘할 수 있는지를 분석하여 보고자 한다. 그 분석을 함에 있어서는 일반적 규제시 유용한 기능과 자산운용업자규제에 유용한 기능으로 나누어 기술한다.

#### 2) 일반적 규제시 유용한 기능

자본시장법상 신의성실공정의무에 관한 제37조는 일반적 규제를 함에 있어서 다음과 같은 구체적 기능을 할 수 있다. 첫째, 금융상품을 권유하는 투자권유대행자의 행위를 규제하는 조항으로서 유용하게 기능할 수 있다. 자본시장법에 따르면 금융투자업자는 '개인'으로서 금융투자상품에 전문적 지식이 있는 자 등(이하 '투자권유대행인')에게 파생상품을 제외한 투자권유를 위탁할 수 있다(제51조 제1항). 그리고 투자권유대행인은 투자권유를 위탁한 자를 위하여만 투자권유를 하여야 한다(동조 제3항). 이러한 규정에 따르면 투자권유대행인은 상인인 금융투자업자를 위하여 그 영업부류에 속하는 거래를 중개하는 상법상 중개대리상(상법 제87조)에 해당한다. 중개대리상계약의 성질은 위임이다. 따라서 투자권유대행인은 자기에게 투자권유를 위탁한 금융투자업자에게만 선관주의의무를 부담하고(민법 제680조), 투자자와는 법률관계를 가지지 아니하기 때문에 투자자에게 직접적인 책임을 지지 아니하는 것이 원칙이다. 그러나 제37조 제1항의 조항에 '공정성'의무를 추가하고 있기 때문에 투자권유대행인이 이에 반하여 투자권유를 하여 고객에게 손해를 입힌 경우, 그 권유자가 고객에 대하여 직접적인 책임을 질 수 있는 근거가 마련되었다고 할 수 있다.

둘째, 신의성실공정의무는 자본시장의 건전성 확보라는 측면에서도 유용하게 기능할 수 있다. 자본시장법 제1조는 법의 목적 사항으로서 자본시장의 '공정성', '신뢰성' 및 '효율성'이라는 표현만을 사용하고 자본시장의 '건전성 확보'라는 요건은 명시하지 아니하고 있다. 살피건대, 자본시장법은 기본적으로 자본시장의 존재를 예정하고 있다. 그리고 자본시장은 투자자의 투자판단을 집약하는 장치로서 기능하고 있다. 금융투자업자는 시장과 투자자를 연결하는 접점이 된다. 그러므로 금융투자업자도 자본시장에서 금융투자상품거래의 공정성을 확보하여야 하는 역할을 담당하여야 하며, 여기에는 자본시장의 건전성을 추구하여야 하는 의무도 포함되어 있다고 해석할 수 있다. 결국 신의성실공정의무는 시장의 건전성을 확보하는 범위 내에서 투자자의 이익을 최대한 보호하여야 하는 의무라고 할 수 있다.

셋째, 고객에 대한 정보제공의무의 정도를 달리 적용할 수 있는 기능을 한다. 금융투자업자와 고객과의 사이에 신뢰의 관계가 기본적으로 존재하기 때문에 금융투자업자에 대한 고객의 신뢰는 보호되어야 한다. 이러한 금융투자업자의 일반적 보호의무는 사전적으로 금융투자상품에 대한 정보공개의무를 인정함으로써 일부 구현된다.[100] 따라서 고객이 전문가인 금융투자업자를 통해 금융투자상품을 거래할 때에는 관련된 정보제공을 받을 것을 기대한다. 이러한 기대는 투자권유의 유무와 상관없이 존재한다고 할 수 있다. 다만, 투자권유가 있는 상황에서는 특정인에게 적극적 권유를 했음을 이유로, 이러한 정보제공의무가 좀 더 강화되어 해당고객의 주관적 상황에 맞도록 설명을 해야 하는 것이고, 투자권유가 없는 경우라면 이보다는 완화된 설명과 정보제공을 하는 것으로 족하다고 볼 수 있다.[101] 전자의 경우는 舊자본시장법 제47조(금융소비자보호법 제19조)의 설명의무로 구체화되고, 후자의 경우는 자본시장법 제37조의 일반적인 신의성실의무로서의 '기본적 정보제공의무'로 구체화될 수 있는 것이다.[102]

넷째, 규제·감독기능의 국제적 조화를 추구할 수 있다. 외국에서는 자본시장법

100) 김건식·정순섭(2010), 545면.
101) 장근영, "투자권유 없이 거래하는 고객에 대한 금융투자업자의 의무", 증권법연구 제12권 제2호(2011), 62면.
102) 장근영, 위의 논문, 63면.

제37조의 신의성실공정의무를 주로 성실공정의무로 표현하고 있다(호주의 금융서비스개혁법 912A, 일본의 금융상품거래법 제36조, 독일의 유가증권거래법 제31조 등 참조). 주요 금융선진국에서 성실공정의무규정을 도입한 이유는 1990년 국제증권감독기구(IOSCO)에서 성실공정의무(honest and fairness)를 포함한 7대 행위규범을 발표하고, 국내법으로 입법화할 것을 결의하였기 때문이다. 따라서 제37조 제1항의 규정은 규제·감독기능의 국제적 조화를 추구할 수 있다는 점에서 유용하다.

### 3) 집합투자업자(자산운용회사)규제시 유용한 기능

자본시장법 제37조 제1항 신의성실공정의무에 관한 기능은 모든 금융투자업자에게 적용되는 것이지만, 집합투자업자에 대하여는 특히 유용하다고 할 수 있다. 이를 분설하면 다음과 같다. 첫째, 자산운용업자는 다른 금융투자업자와 마찬가지로 자본시장과 투자자를 연결하는 접점으로서 기능한다. 따라서 자산운용업자는 신의성실공정의무에 따라 거래의 공정성을 확보하여 시장의 건전성을 추구하여야 할 의무를 부담한다.

둘째, 제174조 미공개중요정보 이용행위 금지규정은 자산운용시 집합투자업자에 대한 신의성실공정의무 준수를 강제하는 기능을 할 수 있다. 상당한 경우 집합투자업자는 집합투자재산으로 자산운용대상 주권상장법인의 주요주주에 해당하는 수준의 주식을 보유할 수 있다. 이 경우 집합투자업자의 임직원 및 대리인(제174조 제1항 제5호)은 자연스럽게 투자대상 주권상장법인의 미공개정보에 접근할 수 있고, 그 정보를 이용하여 주식매매를 하고 차익을 얻을 수 있다. 이러한 행위는 궁극적으로 해당집합투자재산 투자자의 이익을 해할 뿐만이 아니라 자본시장에 대한 투자자의 신뢰를 손상시킨다. 본래 집합투자업자의 임직원 등은 투자자와 직접적인 법률관계를 가지지 아니하므로 투자자에게 책임을 지지 아니함이 원칙이다. 그러나 제37조 제1항은 거래의 공정의무도 포함하고 있으므로, 이에 반한 자산운용행위를 함으로써 투자자의 이익을 해하는 경우에는 집합투자업자의 임직원 등도 투자자에 대하여 직접적인 책임을 져야 하는 법리적 근거가 마련되었다고 할 수 있다. 제175조는 집합투자업자의 임직원 등이 미공개중요정보를 이용하여한 경우 제3자에 대한 손해배상책임을 지도록 규정하고 있는데, 이는 그러한 행위가 공정의무에 반하는 것으로 보았기 때문이다.

셋째, 제176조의 시세조종행위 등의 금지규정도 집합투자업자가 자산운용을 하는 때에 준수하여야 할 신의성실공정의무에 관한 구체적 규정이라고 할 수 있다. 자본시장법은 누구든지 상장증권 또는 장내파생상품매매에 관하여 시세조종을 하여서는 아니 된다고 명시하고 있다. 이와 같이 자본시장법은 시세조종행위의 주체를 한정하지 않고 있다. 따라서 집합투자업자 및 그 임직원 등도 동 규정의 적용을 받게 된다. 집합투자업자 및 운용전문인력(Fund Manager)의 명성, 경쟁력, 인사고과 및 연봉 등은 회사전체 그리고 개개인이 운용하는 집합투자기구의 수익률에 좌우된다. 이로 인하여 집합투자업자 또는 운용전문인력은 언제든지 특정 상장증권 또는 장내파생상품에 대하여 부당하게 거래량을 증가시키거나 매매가 성황을 이루고 있는 듯이 잘못 알게 하거나 그 시세를 인위적으로 변동시키는 행위를 통하여 집합투자기구의 수익률을 조작하고자 하는 유혹에 빠질 수 있다. 그러한 행위는 사기적 또는 불공정행위에 해당하고 공정의무에 반한다. 제177조는 제3자에 대한 시세조종의 배상책임을 명시하고 있는데, 동 규정은 집합투자업자는 물론 공정의무를 위반한 해당회사의 임직원에게 적용하는 경우에 유용하다고 할 수 있다.

넷째, 자본시장법 제85조 제1호는 자산운용업자가 집합투자재산을 운용함에 있어서 금융투자상품, 그 밖의 투자대상자산의 가격에 중대한 영향을 미칠 수 있는 매도 또는 매수의사를 결정한 후에는 선행매매(front running)를 할 수 없도록 강제하고 있다. 이 역시 신의성실공정의무가 구체적으로 기능할 수 있는 조항이다. 집합투자업자는 집합투자재산으로 많은 금융투자상품을 보유하고 있다. 따라서 집합투자재산에 관한 매도 매수의사를 결정한 후 이를 실행하기 이전에 그 금융투자상품 그 밖의 투자대상자산을 집합투자업자의 계산으로 매수 또는 매도하거나 제 3 자에게 매수 또는 매도를 권유할 수 있다. 이러한 행위 역시 집합투자재산 투자자의 이익을 해칠 뿐만 아니라 시장의 건전성에 대한 투자자의 신뢰를 손상시키므로 제37조 제1항에 의거 규제할 수 있게 된다.

### (6) 제언

자본시장법 제37조의 금융투자업자의 신의성실공정의무는 1990년 국제증권감독기구(IOSCO)가 공표한 증권업자의 7대 행위규범 중 제1의 원칙인 성실공정의무를 입법화한 것이라고 할 수 있다. 7대 행위규범은 국제적으로 통용되고 있다. 이러한 면에서 자본시장법상 신의성실공정의무에 관한 규정은 국제적 차원에서 규제 · 감독의 조화를 이룰 수 있다는 데에 적지 아니한 의의가 있다. 국제증권감독기구가 공표한 성실공정의무(honest and fairness)는 미국의 1943년 Hughes 판결과 1949년 Hughes 판결에서 확립된 간판이론과 수탁자이론을 기초로 하고 있다. 다만, 내부자 거래에 관한 Chiarella 판결 및 Dirks 판결 이후에는 양 이론은 점차 수탁자이론으로 수렴되고 있다.[103] 이를 토대로 이상에서는 금융투자업자의 신의성실공정의무에 대한 기초법리를 고찰하여 보았다.

고찰의 결과 우리나라의 경우는 미국과는 달리 현행 법리의 체계상 동 의무에 대하여 독자적인 법리를 적용하고 발전시키기에는 무리가 있다고 판단된다.[104] 그 이유 중의 하나는 법제 체계가 불문법 국가와 성문법 국가의 차이에서 발생할 수 있는 법률규정의 해석과 적용, 그리고 역사적 경험의 차이에서 오는 것일 수도 있다.

그러나 제37조의 신의성실공정의무 규정이 사문화되는 것을 방지하고 그 기능을 다하기 위하여는 향후 학계에서의 활발한 논의와 합의가 필요하다. 그 이유는 ① 자본시장법상 신의성실공정의무는 민법 제2조의 신의성실원칙과 관련된 법리가 자본시장법에 적용되어야 하는데, 민법 제2조 신의성실원칙의 경우 그 해석과 관련하여 신의칙이 우리 법체계상 지위에 대하여도 합의가 이루어지지 아니한 상태이며, ② 그 구체적인 내용이나 기능과 관련해서도 여전히 논의가 진행 중이기 때문이다.[105] 또한 민법 제2조 신의성실의 원칙의 구체적 내용에 대하여는 법관의 재량에 맡겨져 있는 사항이라는 입장과 단지 재판규범의 역할을 하는데 그치는 것이 아니라 수범자에 대한 행위규범으로서의 기능도 한다는 견해로 나누어져 있기도 하다.[106] 민법 학계에서의 이와 같은 논의현상이 자본시장법의 규정을 해석함에 있어서도 재현된다면 제37조의 조문은 의도하든 의도하지 아니하든 그 기능을 제대로 수행하지도 못한 채 방치될 가능성이 있다.

그러한 점에서 향후 이에 논의가 활성화 될 필요성이 있다. 그리고 자본시장법상

---

103) Louis Loss · Joel Seligman(1991), p.3778.

104) 외국의 경우에도 수탁자의 의무위반과 관련하여 'honesty'와 'fairness'에 대한 해석론이 반드시 일치하는 것은 아니다. 그 중에서 'honesty'에 대하여는 우리가 신의성실의무로 해석하는 'good faith'의 또 다른 표현에 불과하다는 견해도 있다. 이 견해에서는 수탁자가 성실하고 합리적으로 행동하였을 경우에는 일반적으로 공정한 것으로 보아 의무위반이라고 볼 수 없다고 한다. 다만, 전문적 수탁자(professional trustees)에 대하여는 법원이 달리 취급하고 있음은 부정하지 않고 있다(Paul S. Davies · Graham Virgo(2013), pp. 743－746).

105) 곽윤직 편집대표(2010), 86－88면; 이정원, 앞의 논문, 493면.

106) 곽윤직 편집대표(2010, 86－89면.

신의성실공정의무를 기존의 어떠한 법리에 포섭되는 것으로 해석할 것인지 아니면 새로운 법리를 창설한 것으로 해석할 것인지의 여부와는 관계없이 미국의 1943년 Hughes 사례의 판결과 1949년 Hughes 사례의 판결이 지향하는 바는 금융투자업자를 규제함에 있어서 제대로 반영되어야 한다. 또한 금융투자상품거래에 관한 분쟁의 해결시에도 양 판결에서 나타난 취지가 해석상 주요 참조사항이 되어야 한다.

## Ⅲ. 투자자이익우선의무

### 1. 적용범위

자본시장법 제37조 제2항은 금융투자업자가 금융투자업을 영위함에 있어서 정당한 사유가 없이 투자자의 이익을 해하면서 자기 또는 제3자의 이익을 얻지 못하도록 하고 있다. 이 규정은 민법 제124조의 자기계약 및 쌍방대리의 금지규정과 상법 제398조의 이사 등과 회사간의 자기거래 제한 규정을 자본시장법상 금융투자업자를 규제하기 위하여 도입한 것이라고 보는 견해도 있는데,[107] 단지 그에 국한할 필요는 없을 것이다. 왜냐하면 앞서 제37조 제1항에 대한 해석론의 전개시 기술한 바와 같이 자본시장법이 인정하고 있는 투자매매업자, 투자중개업자, 집합투자업자, 투자자문업자, 투자일임업자 및 신탁업자는 모두 선관주의의무를 부담하기 때문이다. 따라서 금융투자업자는 투자자의 최선의 이익이 되도록 업무를 수행하여야 하며, 동 규정은 이를 구체적으로 명시한 것이라고 할 수 있다. 이 점에서 제37조 제2항에 따른 의무를 '투자자이익우선의무'[108]라고 칭하는 것이 바람직하다.[109]

그 이유를 구체적으로 보면 ① 투자매매업은 상법상 자기명의로써 타인의 계산으로 법률행위를 하는 위탁매매인(상법 제101조)의 개념과는 다르지만, 증권회사가 영위하고 있는 자기매매업, 인수업 및 매출업을 포함하는 것으로 볼 수 있고, ② 투자중개업의 범위에는 제정시부터 상법상 위탁매매인 및 대리업을 포함하였고, 2013년 5월 28일 개정을 통하여 상법상 중개업(상법 제93조)도 추가적으로 포함하였으므로 자기계약과 쌍방대리의 법리만으로는 제37조 제2항의 도입취지를 충분히 달성할 수

107) 증권법학회(2009 I), 189면.
108) 同旨 임재연(2023), 201면.
109) 향후 이 조항에 대한 해석상 논란의 소지가 적지 않다. 다른 규정과의 적용상 충돌도 예상된다. 따라서 개정안 마련시에는 입법적으로 이에 대한 매듭을 짓는 것이 해석과 적용 양 측면에서 바람직한 것으로 보인다.

없기 때문이다. 또한 집합투자업자, 투자자문업자, 투자일임업자 및 신탁업자도 항상 고객의 대리인의 지위를 가지고 행동을 하는 것은 아니기 때문이다.

한편 제37조 제2항의 규정은 자기계약과 쌍방대리의 금지를 포함하는 것으로 해석하는 데에는 이론의 여지가 없을 것으로 보인다. 따라서 동 규정은 민법 제124조와 상법 제398조에 대한 대법원의 법리가 금융투자업자에게도 적용할 수 있음을 확인시킨 점에서도 그 의의가 적지 않다.

## 2. 정당한 사유

### (1) 자기거래와 쌍방대리의 경우

자본시장법 제37조 제2항은 금융투자업자가 '정당한 사유'가 있는 경우에는 자기가 이익을 얻거나 제3자가 이익을 얻을 수 있도록 하고 있다. 따라서 정당한 사유에 대한 개념정의가 중요하다. 왜냐하면 정당한 사유의 내용에 따라 제37조 제2항의 존재의의가 달라질 수 있기 때문이다. 제37조 제2항의 규제범위에는 민법 제124조의 자기거래(또는 자기계약) 및 쌍방대리도 포함된다. 대법원은 자기거래와 쌍방 대리는 본인의 이익을 보호하기 위해 금지되나, 예외적으로 본인이 미리 승낙한 경우[110]나 기존의 이해관계를 결제시키는 채무이행의 경우에는 쌍방대리가 허용되는 것으로 판시하고 있다. 따라서 '본인의 승낙' 또는 '이해관계를 결제시키기 위한 채무이행'은 정당한 사유에 해당한다. 여기서의 본인의 범위에는 투자자는 물론 자기거래의 경우 금융투자회사 자신도 포함된다.

상법 제398조의 이사 등과 회사간의 거래와 관련하여 대법원은 다음과 같이 판시하고 있다.[111] 첫째, 상법 제398조가 이사와 회사 사이의 거래에 관하여 이사회의 승인을 얻도록 규정하고 있는 취지는, 이사가 그 지위를 이용하여 회사와 거래를 함으로써 자기 또는 제3자의 이익을 도모하고 회사 나아가 주주에게 불측의 손해를 입히는 것을 방지하고자 하는 데에 있다고 판시하고 있다. 그리고 2011년 개정법 이전에는 이사회의 사후추인이 가능하다는 학설과 판례가 있었으나, 현행 규정은 '미리' 이사회의 승인을 받도록 하고 있다. 따라서 이사 등과 금융투자회사간의 거래는 사

110) 대법원 1969. 6. 24. 선고 69다571 판결.
111) 대법원 2023. 6. 29. 선고 2021다291712 판결; 대법원 2020. 7. 9. 선고 2019다205398 판결; 대법원 2007. 5. 10. 선고 2005다4284 판결.

전승인만이 정당한 사유에 해당하고, 사후승인은 정당한 사유에 해당하지 아니한다.

둘째, 이사와 회사 사이의 이해상충거래가 비밀리에 행해지는 것을 방지하고 그 거래의 공정성을 확보함과 아울러 이사회의 적정한 직무감독권의 행사를 보장하기 위해서는 그 거래와 관련된 이사는 이사회의 승인을 받기에 앞서 이사회에 그 거래에 관한 자기의 이해관계 및 그 거래에 관한 중요한 사실들을 개시하여야 할 의무가 있다. 만일 이러한 사항들이 이사회에 개시되지 아니한 채 그 거래가 이해상충거래로서 공정한 것인지 여부가 심의된 것이 아니라 단순히 통상의 거래로서 이를 허용하는 이사회의 결의가 이루어진 것에 불과한 경우 등에는 이를 가리켜 상법 제398조 전문이 규정하는 이사회의 승인이 있다고 할 수는 없다고 판시하고 있다. 따라서 이사 등이 해당거래와 관련한 이해관계 및 그 중요한 사실들을 개시하지 아니한 채 금융투자회사의 이사회의 승인결의가 있다고 하여도 그것은 정당한 사유에 해당하지 아니한다.

셋째, 이사와 회사 사이의 이해상충거래에 대한 승인은 주주 전원의 동의가 있다거나 그 승인이 정관에 주주총회의 권한사항으로 정해져 있다는 등의 특별한 사정이 없는 한 이사회의 전결사항이라고 하면서, 이사회의 승인을 받지 못한 이해상충거래에 대하여 아무런 승인 권한이 없는 주주총회에서 사후적으로 추인 결의를 하였다 하여 그 거래가 유효하게 될 수는 없다고 판시하고 있다. 따라서 주주총회에서 이사 등의 회사와의 거래에 대하여 사후 승인을 받았다고 하더라도 그것은 정당한 사유에 해당하지 아니한다.

넷째, 회사가 이해상충거래를 묵시적으로 추인하였다고 보기 위해서는 그 거래에 대하여 승인 권한을 갖고 있는 이사회가 그 거래와 관련된 이사의 이해관계 및 그와 관련된 중요한 사실들을 지득한 상태에서 그 거래를 추인할 경우 원래 무효인 거래가 유효로 전환됨으로써 회사에 손해가 발생할 수 있고 그에 대하여 이사들이 연대책임을 부담할 수 있다는 점을 용인하면서까지 추인에 나아갔다고 볼 만한 사유가 인정되어야 한다고 판시하고 있다. 따라서 이러한 이익상반거래를 묵시적으로 추인한 행위는 정당한 사유에 해당하지 아니한다.

### (2) 위탁매매인의 개입권행사

#### 1) 의의

상법은 위탁자가 거래소의 시세 있는 물건 또는 유가증권의 매매를 위탁한 경우에는 위탁매매인 스스로가 매수인(매도위탁의 경우) 또는 매도인(매수위탁의 경우)이 될 수 있다고 명시하고 있다(상법 제107조 제1항). 이 규정에 따라 위탁매매인의 지위를 갖는 금융투자업자는 개입권을 행사할 수 있다. 이러한 개입권의 행사는 자본시장법 제37조 제2항에서 말하는 '정당한 사유'에 해당한다. 위탁매매인의 개입권이란 위탁매매인이 직접 위탁된 매매거래의 상대방이 될 수 있는 권리를 말한다. 과거에는 물건에 대하여만 개입권을 행사할 수 있도록 하였으나, 2010년 5월 개정으로 거래소의 시세가 있는 유가증권에 대하여도 위탁매매인이 개입권을 행사할 수 있게 되었다.

### 2) 취지

위탁매매인, 즉 금융투자업자가 매매상대방의 지위를 겸한다면 그가 가격 등 매매조건을 스스로 결정하게 되므로 위탁자, 투자자의 이익을 해할 염려가 있다. 이 때문에 금융투자업자는 제3자 중에서 매매상대방을 찾아야 하는 것이 원칙이다(상법 제107조 제 1 항의 반대해석). 이는 민법상 대리인의 자기계약이 금지되고(민법 제124조 전단), 상법 제398조의 이사 등의 자기거래가 금지되는 것과 같은 이치이다.

그러나 가격 등 매매조건의 공정성이 보장된다면 금융투자업자가 매매의 상대방이 되더라도 위탁자에게 불리할 것은 없다. 금융투자업자의 입장에서는 자기상(自己商)을 겸하거나 제3자로부터 동일한 증권에 관해 반대의 위탁을 받았기 때문에 위탁자, 즉 투자자가 원하는 증권을 자신이 소유하거나 투자자가 처분하고자 하는 증권을 자신이 필요로 할 경우에는, 자신이 직접 거래당사자가 됨으로써 비용을 줄이고 이윤을 증가시킬 수 있다.

그러므로 상법은 위탁자에게 불리하지 않은 상황에서 위탁매매인의 영리실현을 배가시켜 주기 위하여 개입권을 인정한 것이다.

### 3) 법적 성질

위탁매매인, 즉 금융투자업자의 개입권은 위탁매매인의 일방적 의사표시에 의하여 효과가 발생한다(상법 107조 제1항). 따라서 그 법적 성질은 형성권이다.

### 4) 개입권행사 요건

금융투자업자의 개입권행사는 투자자의 이익을 해할 우려가 있으므로 다음과 같은 요건이 구비된 경우에만 인정된다.

① 거래소의 시세가 있는 증권일 것

거래소의 시세 있는 증권의 매매를 위탁한 경우에 한해 개입권을 행사할 수 있다. 이에 해당하는 것으로는 자본시장법 제386조 제1항에 의하여 한국거래소가 개설한 금융투자상품시장 등이 그 예이다. 거래소의 시세는 그 지역의 거래계의 객관적인 평가로 볼 수 있고, 금융투자업자가 그 가격을 지급한다면 투자자의 입장에서는 가장 공정한 매매라고 할 수 있으므로 개입권의 행사를 허용하는 것이다. 따라서 이 요건은 개입권행사에 있어서 가장 중요하다고 할 수 있다.

② 개입을 금하는 특약이나 법률이 없을 것

투자자가 매매상대방을 지정하거나 기타 위탁매매인의 개입을 금하는 명시 또는 묵시의 의사표시가 있으면 개입권을 행사할 수 없다. 개입을 금하는 의사는 위탁매매인이 개입권을 행사하기 전에 표시하면 족하다. 다만, 위탁매매인의 개입을 법으로 금지하는 예가 있다. 자본시장법은 투자매매업자 또는 투자중개업자가 금융투자상품에 관한 같은 매매에 있어 자신이 본인이 됨과 동시에 상대방의 투자중개업자가 되어서는 아니 된다고 명시하고 있다(제67조 본문).

그러나 투자매매업자 또는 투자중개업자가 투자자로부터 증권시장 또는 파생상품시장에서의 매매위탁을 받고, 증권시장 또는 파생상품시장을 통하여 매매가 이루어지도록 한 경우에는 자기계약이 금지되지 아니한다(제67조 제1호).

③ 위탁매매가 실행되지 아니하였을 것

금융투자업자는 위탁받은 매매를 실행하지 않은 상태에서만 개입권을 행사할 수 있다. 이미 제3자와 위탁받은 매매를 한 경우에는 그 제3자에 대해 채권이 발생한다. 이 채권은 투자자와 금융투자업자와의 사이에서는 투자자에 귀속하므로(상법 제103조), 위탁매매인인 금융투자업자가 개입권을 행사할 여지가 없다.

### 3. 위반의 유형

자본시장법 제37조 제2항에 위반되는 유형은 다양할 것으로 보인다. 먼저 위에서 기술한 정당한 사유에 해당하지 아니함에도 불구하고 해당행위를 하였을 경우에는 동조 위반으로 볼 수 있다. 그리고 과거 투자신탁회사들이 회사의 이익을 개선하기 위하여 활용하였던 회사재산과 집합투자기구의 재산간의 편출입,[112] 특정한 집합투자기구의 운용성과를 높이기 위하여 활용되었던 자전거래[113] 등도 중요한 위반의 유형으로 들 수 있다. 이 밖에도 증권의 분매과정에서 투자자의 이익을 해하면서 자기 또는 제3자의 이익을 추구하는 행위 혹은 선행매매행위 등도 동조의 위반유형에 해당할 것이다.

이와 같이 제37조 제2항은 자본시장법이 규정하고 있는 금융투자업자별 영업행위규칙에 위반하는 행위 또는 불공정거래행위 등 광범위한 범위에 걸쳐서 적용될 여지가 있다.

## Ⅳ. 상호 및 명의대여규제

### 1. 상호의 규제

#### (1) 상호의 선정

##### 1) 상호선정에 관한 입법주의

상인이 상호를 선정함에 있어서 상호가 표상하는 뜻이 상인 또는 영업내용의 실제와 일치하여야 하느냐의 여부는 입법정책상의 문제인데, 다음과 같은 세 가지 입법주의가 있다.

① 상호진실주의

상호는 반드시 영업주 또는 영업내용의 실제와 부합하여야 한다는 입법주의이다. 예를 들면, 「홍길동 양복점」은 홍길동이란 사람이 영업주일 경우에 한하여, 그리고 양복업에 대하여만 사용할 수 있다. 이는 프랑스의 입법주의이다.

② 상호자유주의

상인으로 하여금 영업의 실제와는 관계없이 어떠한 상호든지 자유롭게 선정하고 승계할 수 있게 하는 입법주의이다. 예를 들면 「홍길동 한정식」은 홍길동이 아닌 사

---

112) 대법원 2009. 1. 30. 선고 2006다62461 판결; 대법원 2007. 11. 29. 선고 2005다64552 판결.
113) 대법원 2004. 10. 28. 선고 2002도3131 판결.

람이 한정식을 운영할 수 있고, 또 홍길동이란 사람이 한정식이 아닌 경양식점을 운영하여도 무관하다. 다만, 이 입법주의에 따라 상호를 선정하는 경우 거래상대방에게 상인의 동일성 및 영업내용의 혼란을 줄 우려가 있다(영미, 독일).

③ 절충주의

상인이 새로이 상호를 선정할 때에는 영업의 실제와 일치하도록 하지만, 영업의 양도 또는 상속에 의하거나 회사에서 사원의 입사나 퇴사가 있는 때에는 상호의 속용을 허용하는 입법주의이다(1998년 이전 독일).

④ 상법상의 원칙

상법은 「상인은 그 성명 기타의 명칭으로 상호를 정할 수 있다」고 규정하고 있으므로(상법 제18조) 상호자유주의를 원칙으로 하고 있다. 이에 따라 상인은 영업의 실제와 관계없이 영업주, 영업내용, 관련지역을 나타내거나 또는 나타내지 않는 어떠한 문자든지 상호로 선택할 수 있다. 예를 들면, 제주도하고 전혀 인연이 없는 사람이 「제주옥돔」이라는 상호를 걸고 흑돼지를 팔더라도 무방하다. 다만, 상법은 상호자유주의를 채택하면서도 거래상대방을 기만하여 건전한 거래질서를 해할 염려가 있는 최소한의 범위에서 몇 가지 제약을 가하고 있다.

2) 상호선정의 제한

상법은 상호자유주의를 원칙으로하고 있다. 다만, 거래상대방의 신뢰를 보호하는 한편 무질서한 상호선정으로 인한 불이익을 입는 자가 발생하는 것을 방지하기 위하여 다음과 같은 제한을 두고 있다.

① 상호단일의 원칙

가. 의의

상호단일의 원칙이라 함은 동일한 영업에는 동일한 상호를 사용하도록 하는 것을 말한다(상법 제21조 제1항). 상법은 하나의 영업에 여러 개의 상호를 사용하는 경우 대외적으로 영업의 주체와 영업 자체의 동일성에 혼동을 줄 우려가 있고, 다른 상인의 상호선택의 폭을 제한할 수 있기 때문에 이 원칙을 적용하고 있다.

### 나. 영업별단일성

상호의 단일은 하나의 영업에 하나의 상호를 사용하여야 한다는 것을 의미한다. 따라서 수개의 영업을 영위할 때에는 영업별로 상호를 달리 정할 수 있다. 예를 들면, 숙박업과 음식업을 겸영하는 상인은 전자에는 백록담호텔이라는 상호를, 후자에는 용두암식당이라는 상호를 붙일 수 있다.

그러나 이는 자연상인에 국한되는 것이다. 회사의 상호는 영업에 관하여 뿐만 아니라 회사의 전인격(全人格)을 나타내는 명칭이므로 하나만 있을 수 있다. 따라서 회사는 두 개 이상의 영업을 하더라도 하나의 상호만을 사용하여야 한다. 삼성전자가 반도체사업과 휴대폰사업을 동시에 영위하는 것과 같다.

### 다. 수개의 영업소와 상호

상인이 하나의 영업에 관하여 수개의 영업소를 갖더라도 영업은 하나이다. 그러므로 각 영업소는 동일한 상호를 사용하여야 한다. 다만, 상법은 영업소가 둘 이상이어서 본·지점의 관계에 있게 되는 경우에는 지점의 상호에는 본점과의 종속관계를 표시하도록 하고 있다(상법 제21조 제2항). 예를 들면, 「우리은행 여의도지점」과 같은 식으로 한다.

### ② 회사상호의 사용제한

회사가 아니면 상호에 회사임을 표시하는 문자를 사용하지 못한다(상법 제20조 전단). 이에 위반한 경우에는 200만원의 과태료를 과한다(상법 제28조). 이러한 제한을 하는 것은 자연인인 상인이 상호에 회사라는 명칭을 사용함으로써 영업규모와 신용도를 과장하려는 경향이 있기 때문이다.

### ③ 회사의 상호표시방법

상법상 회사의 상호에는 그 종류에 따라 합명회사, 합자회사, 주식회사, 유한책임회사 또는 유한회사의 문자를 사용하여야 한다(상법 제19조). 이와 같은 제한을 하는 이유는 회사의 종류별로 사원의 책임이 다르기 때문에 거래상대방이 부담하는 거래상의 위험도 달라지며, 회사별로 조직구성과 대표행위의 절차가 상이한데 이것도 거래의 효력에 영향을 미칠 수 있기 때문이다.

④ 특정업종을 나타내는 상호의 규율

특정업종을 영위하는 자는 관련 특별법에 의하여 상호 중에 업종을 표시하여야 하는 경우가 있다. 예를 들면, 보험·증권·은행 등의 영업을 하는 자는 그 상호 중에 보험·증권·은행 등의 문자를 사용하여야 한다(은행법 제14조, 자본시장법 제38조, 보험업법 제8조 제1항). 보험회사는 상호 중에 다시 주로 영위하는 보험회사의 종류, 즉 생명보험회사인지 손해보험회사인지를 표시하여야 한다(보험업법 제8조 제1항).

한편 특별법에 의하여 위 사업을 영위하고자 하였으나, 인·허가를 받지 못한 자는 해당명칭 및 유사명칭을 사용하지 못한다(은행법 제8조, 보험업법 제4조, 자본시장법 제12조).

⑤ 주체를 오인시킬 수 있는 상호의 사용금지

상법은 누구든지 타인의 영업으로 오인할 수 있는 상호의 사용을 금지하고 있다(상법 제23조 제1항). 이에 위반한 경우에는 벌칙이 적용된다(상법 제28조). 이 규정의 의의는 상인이 상호자유주의를 악용하여 타인의 영업으로 오인될 만한 상호를 사용함으로써 타인이 쌓은 신용과 사회적 지명도를 훔치는 것을 방지하는 데에 있다. 상법 제23조의 규정은 주로 상인이 다른 상인의 상호 또는 그와 유사한 상호를 사용한 경우에 적용되지만, 반드시 이에 국한되지는 아니한다. 즉 상인이 아니더라도 본조에서 말하는 타인의 영업으로 오인할 수 있는 상호에서의 타인이 될 수 있다.

### (2) 금융투자업에 관한 상호사용의 규제

#### 1) 상법규정의 적용과 예외

앞에서 기술한 바와 같이 상법은 상호선정에 관하여 상호자유주의를 채택하면서도 거래상대방의 신뢰를 보호하는 한편 무질서한 상호선정으로 인한 불이익을 입는 자가 발생하는 것을 방지하기 위하여 몇 가지 제한을 두고 있다. 상법의 규정은 일반적으로 자본시장법의 상호사용에 적용된다. 다만, 자본시장법은 상법의 특별법으로서 증권의 발행과 유통에 관한 규율을 하는 법이기 때문에 상법과는 다른 몇 가지 특별한 규정을 두고 있다.

상호에 관한 상법의 규정과 법리 중 자본시장법에 적용될 수 있는 것은 상호진실주의, 회사상호의 사용제한(상법 제20조) 및 오인야기금지규정(상법 제23조) 등을 들 수 있다.

### 2) 입법과정

2006년 우리나라 자본시장법(안) 제38조 제1항에서는 금융투자회사는 그 상호 중에 "투자"라는 문자를 사용하도록 강제하고 있었다. 이에 따라 종래 '○○증권'은 '○○투자증권'으로, '○○자산운용회사'는 '○○투자운용회사'로 상호를 변경하여야 했다. 그러나 이 규정은 기대되는 이익이 거의 없는 반면, 상호변경에 따른 비용만 발생하므로 일본과 같이 "투자"라는 문자의 사용의무를 폐지하는 것이 바람직하다는 주장에 따라 당초의 안은 폐기되었다.[114]

### 3) 상호진실주의

자본시장법은 금융투자업자가 아닌 자는 그 상호 중에 "금융투자"라는 문자 또는 이와 같은 의미를 가지는 외국어문자, 즉 "financial investment"(그 한글표기문자 포함)나 "그와 비슷한 의미를 가지는 외국어 문자"(그 한글표기문자 포함)를 사용하지 못하도록 하고 있다(제38조 제1항 · 시행령 제42조 제1항). 이와 같이 자본시장법은 금융투자업을 영위하는 상인만이 금융투자라는 영업내용의 실재와 부합하는 상호를 사용하게 한다는 점에서 상호진실주의를 채택하고 있다고 할 수 있다. 다만, 자본시장법은 금융투자업자로 하여금 상호 중에 반드시 금융투자라는 상호를 사용하도록 강제하고 있는 것은 아니다. 따라서 종래와 같이 "증권", "투자신탁", "선물" 또는 "자산운용"이라는 용어를 사용하여도 무방하다.

### 4) 회사상호의 사용제한

상법은 자연인인 상인이 상호에 회사라는 명칭을 사용함으로써 영업규모와 신용도를 과장하려는 경향이 있기 때문에 회사상호의 사용을 제한하고 있다(상법 제20조). 자본시장법상 금융투자업자의 경우에도 대부분[115]은 주식회사일 것이므로(제12조 제2항, 제18조 제2항), 자연인인 상인이 이러한 회사의 명칭을 사용하여서는 아니된다.

상법은 합명회사나 합자회사의 무한책임사원의 성명을 상호 중에 사용할 수 있도

114) 금융감독위원회, "자본시장과 금융투자업에 관한 법률(안)에 대한 검토 결과"(2006. 9. 26), 3면.
115) 투자자문업자와 투자일임업자를 제외한다(제11조).

록 하고 있으나(상법 제226조, 제269조), 자본시장법은 이를 금지하고 있다. 자본시장법상 집합투자업자는 투자합자회사 설립시 상법과 마찬가지로 무한책임사원 1인과 유한책임사원 1인의 기명날인을 받아야 한다(제213조 제1항). 그러나 투자합자회사는 업무집행사원 1인 이외의 무한책임사원을 둘 수 없고, 이 경우 무한책임사원은 반드시 집합투자업자이어야 한다(제214조 제1항). 이는 상법 제173조의 예외규정이다. 그리고 집합투자업자는 주식회사이어야 한다(제12조 제2항).

따라서 집합투자업자가 투자합자조합을 설립하는 경우에도 자연인인 상인의 성명을 상호 중에 사용할 수 없고, 사용하고자 하는 때에는 집합투자업자의 상호를 사용하여야 한다.

### 5) 주체를 오인시킬 수 있는 상호의 사용금지

자본시장법은 금융투자업별로 상호의 사용을 규제하고 있다. 즉 증권을 대상으로 투자매매업 또는 투자중개업을 영위하는 자가 아닌 자는 그 상호 중에 증권 또는 "securities"(그 한글표기문자 포함)나 "그와 비슷한 의미를 가지는 다른 외국어 문자"(그 한글표기문자 포함)를 사용하지 못한다(제38조 제2항 · 시행령 제42조 제2항). 다만, 증권집합투자기구(제229조 제1호)는 제183조 제 1 항에 따라 "증권"이라는 문자 또는 이와 같은 의미를 가지는 외국어문자로서 대통령령으로 정하는 문자를 사용할 수 있다(제38조 제2항 · 시행령 제42조 제2항). 따라서 증권집합투자기구에는 증권, securities(그 한글표기문자 포함)나 그와 비슷한 의미를 가지는 다른 외국어 문자(그 한글표기문자 포함)를 사용할 수 있다.

장내파생상품 또는 장외파생상품을 대상으로 하여 투자매매업 혹은 투자중개업을 영위하는 자가 아닌 자는 그 상호 중에 "파생", "선물"이라는 문자나 "derivatives 또는 futures"(그 한글표기문자 포함)나 "그와 비슷한 의미를 가지는 다른 외국어 문자"(그 한글표기문자 포함)를 사용하지 못한다(제38조 제3항 · 시행령 제42조 제3항).

집합투자업자가 아닌 자는 그 상호 중에 "집합투자", "투자신탁" 또는 "자산운용"이라는 문자 또는 "collective investment, pooled investment, investment trust, unit trust 또는 asset management"(그 한글표기문자 포함)나 "그와 비슷한 의미를 가지는 다른 외국어문자"(그 한글표기문자 포함)를 사용하지 못한다. 다만, 투자신탁인 집합투자기구는 "투자신탁"이라는 문자 또는 "investment trust"(그 한글표기문자 포함)나 "그와 비슷한 의미를 가지는 다른 외국어문자"(그 한글표기문자 포함)를 사용할 수 있다(제38조 제4항·시행령 제42조 제4항). 이 밖에도 자본시장법은 투자자문업자, 투자일임업자 및 신탁업자가 아닌 자의 상호사용에 관하여도 위와 유사한 규제를 하고 있다(제38조 제5항 내지 제7항·시행령 제42조 제5항 내지 제7항).

자본시장법이 금융투자업자별로 위와 같은 규제를 하는 것은 다른 금융투자업을 영위하는 상인 또는 금융투자업을 전혀 영위하지 아니하는 상인이 금융투자업자의 영업으로 오인될 만한 상호를 사용함으로써 해당금융투자업자가 쌓은 신용과 사회적 지명도를 훔치는 것을 방지하기 위한 것으로 풀이된다. 따라서 상호에 관한 제38조와 시행령 제42조는 상법 제23조 제1항의 규정을 구체화한 규정으로 볼 수 있다.

## 2. 명의대여의 규제

### (1) 명의대여의 의의 및 취지

명의대여라 함은 타인에게 자기의 성명 또는 상호를 사용하여 영업할 것을 허락하는 행위를 말한다. 명의차용은 상인이 사회적으로 또는 특정분야에서 명성과 신용을 가지고 있는 자의 이름을 빌려 영업을 하고자 할 때 또는 행정관청의 특허·면허 등이 필요한 영업을 하고자 하지만 이를 받지 못한 자가 이미 면허를 받은 자의 이름을 빌려 영업을 할 때 주로 발생한다. 명의대여를 하는 경우에는 명의대여자의 이름으로 거래한 상대방에 대하여 예측하지 못한 손해를 줄 우려가 있다.

따라서 거래상대방의 예측하지 못한 손해에 대하여는 명의대여자에게 거래상의 책임을 묻는 것이 상거래의 안전을 위하여 바람직하다. 이 같은 취지에서 상법은 외관법리 내지는 금반언의 법리에 입각하여 명의대여자로 하여금 자기의 명성이나 신용을 사용하여 실제로 영업을 한 명의차용자와 연대하여 책임을 지도록 하고 있다.

### (2) 상법과 자본시장법 규정의 차이

상법 제24조는 타인에게 명의를 대여한 자, 즉 명의대여자는 자기를 영업주로 오인하여 명의차용자와 거래한 제 3 자에 대하여 명의차용자와 연대하여 책임을 진다고 규정하고 있다. 이에 비하여 자본시장법은 금융투자업자로 하여금 자기의 명의를 대여하여 타인에게 금융투자업을 영위하게 하여서는 아니 된다고 규정하고 있다(제39조).

따라서 상법상 명의대여행위에 대한 책임은 손해배상책임의 문제로 귀착되지만,

자본시장법상 명의대여의 행위는 위법행위문제로 귀착된다. 그 결과 금융투자업자가 명의를 대여하여 타인에게 금융투자업을 영위하게 한 때에는 3년 이하의 징역 또는 1억원 이하의 벌금에 처하여 진다(제445조 제3호). 이는 자본시장법상 명의대여행위가 중대한 법률위반행위임을 반증하는 것이다.

### (3) 금지의 이유

상법이 명의대여를 허용하는데 비하여 자본시장법에서는 이를 금지하는 이유에 대하여는 크게 두 가지로 정리해 볼 수 있다. 첫째, 자본시장법은 무인가 영업행위를 금지하고 있는데(상법 제11조, 제17조), 상법과 같이 명의대여를 허용하고 금융투자업자가 외관법리 또는 금반언의 법리에 따른 책임만을 지도록 하게 되면, 사실상 무인가 영업행위를 용인하는 결과가 된다. 따라서 금융투자업자의 명의대여행위는 자본시장법상 금융투자업자의 시장진입규제에 관한 큰 틀을 허물어 버리게 되므로 허용할 수 없는 것이다.

둘째, 경험칙으로 부당한 금융투자업무로 인한 금융사고액의 규모는 일반상거래의 규모보다 크다. 게다가 무인가업자가 금융투자업자의 명의를 빌려 영업을 하고 손해가 발생할 경우에는 그 손해액을 예측하기 어렵다. 즉 상법 제24조의 규정을 준용하여 명의차용자와 명의대여자가 충분히 변제할 수 있는 규모를 초과하는 것이 일반적이다. 따라서 투자자 보호차원에서도 명의대여행위 자체를 금지하는 것이라고 할 수 있다.

셋째, 무인가 · 무등록 금융투자업자에게 명의대여를 허용하게 되면, 첫 번째 이유와 같이 시장진입규제의 틀이 허물어질 위험성이 있음은 물론 시장질서가 교란될 가능성이 있다. 이 경우에는 자본시장법의 목적인 '금융투자업의 건전한 육성', '자본시장의 공정성 · 신뢰성 및 효율성 고양'이라는 목적을 달성할 수 없게 된다.

### (4) 적용상의 예외

자본시장법은 명의대여규정의 적용상의 예외로서 두 가지를 명시하고 있다. 투자성 있는 예금에 관한 특례(제77조 제1항)와 투자성 있는 보험에 관한 특례(동조 제2항)가 그에 해당한다. 그리하여 자본시장법은 은행이 투자성 있는 예금계약, 그 밖에 이에 준하는 것으로서 대통령령으로 정하는 계약을 체결하는 경우에는 투자매매업에 관한 금융투자업인가(제12조)를 받은 것으로 보고, 명의대여금지에 관한 제39조를 적용하지 않고 있다.

이 밖에도 자본시장법은 보험회사(보험업법 제2조 제8호 내지 제10호까지의 자 포함)가 투자성 있는 보험계약을 체결하거나 그 중개 또는 대리를 하는 경우에는 투자매매업 또는 투자중개업에 관한 금융투자업인가(제12조)를 받은 것으로 보고, 이 경우는 명의대여금지규정(제39조)을 적용하지 아니한다.

## Ⅴ. 겸영업무, 부수업무 및 업무위탁의 규제[116]

### 1. 겸영업무

#### (1) 舊증권거래법상 규제의 한계

종래의 증권거래법은 증권회사의 고유업무로서 증권업을 규정하고 있었다(동법 제2조 제8항, 제28조). 그리고 겸영업무로서는 ① 신용공여업무(동법 제49조) 및 증권저축업무(동법 제50조), ② 금융관련법령이 정하거나 금융감독위원회가 인가한 업무 및 동법시행령이 정하는 부수업무(동법 제51조 제1항 제3호) 등이 있었다.[117]

증권회사의 겸영업무는 법정겸영업무와 인가겸영업무로 나눌 수 있었다. 법정겸영업무란 신용공여업무나 증권저축업무 등 증권거래법 또는 금융관련법령에서 정하여 허용한 업무를 말한다. 예를 들면, 「외국환거래법」에 의한 외국환업무(동법 제3조 제1항 제16호 · 제17호, 제8조), 舊자산운용업법에 의한 판매회사업무 · 수탁회사업무 · 자산보관회사업무(동법 제26조 1항, 제23조, 제24조) 등, 「보험업법」에 의한 보험대리점업무 · 보험중개사업무(동법 제91조, 제87조 제2항, 제89조 제2항) 등이 그에 해당한다. 인가겸영업무란 대통령령이 정하는 금융업으로서 그 업무의 성격상 증권회사가 겸업하는 것이 가능하다고 판단하여 금융위원회가 인가한 업무를 말한다. 예를 들면, 선물업, 장외파생상품업, 투자자문업, 투자일임업 및 신탁업 등이 그에 해당한다. 다만, 대법원은 인가겸영업무에 대하여 증권회사가 인가를 받지 아니하고 업무를 겸영하고자 매매행위를 하여도 그 매매행위의 효력에는 영향이 없다고 판시하였다.[118]

그러나 이러한 대법원의 입장에도 불구하고 종래의 증권거래법을 비롯한 금융관

---

116) 자본시장법이 현행 규제체계를 채택하게 된 배경에 대하여는 금융위원회, “금융투자업 업무위탁 및 겸영·부수업무 규제 개선방안”, (2019. 5. 27), 참조.

117) 임재연(2023), 205면.

118) 대법원 1973. 5. 30. 선고 72다1726 판결.

련법의 체계는 은행, 증권, 보험의 영역을 구분하고 상호간의 겸영을 금지하는 분업형 구조를 가지고 있었다. 이러한 분업형 구조는 글로벌시장에서 겸영·겸업·대형화하는 금융기관과의 경쟁력에서 우위를 점할 수 없었고, 국제 금융시장의 변화에 능동적으로 대처할 수 없다는 한계가 있었다.

### (2) 자본시장법상 겸영업무

舊증권거래법상의 분업형 구조의 한계를 극복하기 위하여 자본시장법은 금융투자업을 기능별로 투자매매업, 투자중개업, 집합투자업, 투자자문업, 투자일임업 및 신탁업으로 나누고(제6조 제1항), 상호간에 겸영을 허용하는 것을 원칙으로 하고 있다. 그리하여 종래 증권거래법상 인가겸영업무이었던 선물업, 장외파생상품업무, 투자자문업과 투자일임업 및 신탁업은 자본시장법 제6조 제1항의 고유업무에 해당하고 더 이상 인가겸영업무는 존재하지 아니한다. 법정겸영업무만이 있을 뿐이다.

자본시장법 제40조·시행령 제43조는 그러한 법정겸영업무에 관하여 규정하고 있다. 다만, 동법은 제정과정에서 많은 논의가 있었던[119] 지급결제시스템과 지로업무에 참여할 수 있는 금융투자업자는 투자매매업자나 투자중개업자로 제한하고 있다(시행령 제43조 제1항 제1호). 이 때문에 '투자자문업', '투자일임업' 또는 '투자자문업과 투자일임업'만을 영위하는 금융투자업자는 자본시장법 제40조와 시행령 제43조에서 정하는 다양한 금융업무를 겸영할 수 없다(시행령 제43조 제1항 제2호, 제40조 제1항 제5호·시행령 제43조 제5항).

투자일임업자 또는 투자자문업자의 겸영을 금지하는 것은 고객의 자금을 직접 수탁하지 아니하므로 최저자기자본 요건이 대폭 완화되어 있고,[120] 등록제를 채택하고 있다는 점에서 다른 업종 중 업무수행능력이 결여된 자가 시장에 참여할 우려가 있기 때문이다. 또한 이러한 금융투자업은 고도로 전문성을 요구하는 것이므로 해당업무에 전념하도록 하는 것이 법의 취지에 부합하기 때문이기도 하다.

한편 자본시장법이 투자중개업자나 투자매매업자에 대한 신뢰도를 바탕으로 이들 금융투자업자에게 겸영을 대폭 허용한다고 하더라도, 업무의 성격에 따라서는 이해상충의 문제가 언제든지 발생할 수 있다. 그러한 문제점이 발생하기 쉬운 예

119) 그 과정에 대하여는 증권법학회(2009 I), 200－201면.
120) 일반투자자와 전문투자자를 대상으로 하고, 투자대상자산의 범위가 증권이나 장내파생상품 등을 포함하는 투자자문업의 최저자기자본금은 2.5억원, 투자일임업은 15억원이다(제18조 제2항 제2호·시행령 제21조 제2항 별표[3]).

로는 투자자문업, 투자일임업, 집합투자업 또는 대출업을 겸영하는 경우를 들 수 있다.

### (3) 겸영에 따른 이해상충행위 규제

#### 1) 투자자문업의 겸영

투자매매업자나 투자중개업자(이하 '증권회사')는 본업인 증권업 이외에 많은 업무를 겸영할 수 있다(제12조). 이 경우 증권업의 고객과 겸영업무의 고객의 이해가 충돌할 수 있다. 대표적으로는 증권회사가 투자자문업을 영위하는 경우를 들 수 있다. 투자자문계약을 체결하고 있는 고객은 그 조언에 따라 투자를 한다. 여기서 증권회사 또는 그 임직원은 증권회사가 투자자문업을 겸영하는 경우 투자자문업과 관련된 조언에 따라 고객이 투자하고자 하는 증권거래에 관한 정보를 이용하여 자기의 계산으로 증권거래를 할 우려가 있다. 또는 투자자문업의 고객 이외의 투자자에 대하여 증권거래의 위탁을 권유할 수도 있다.

그러나 증권회사는 투자자문업을 영위하는 경우 투자자문업의 고객에 대하여 선량한 관리자의 주의로서 해당업무를 수행하여야 한다. 그리고 투자자의 이익을 보호하기 위하여 해당업무를 충실하게 수행하여야 한다(제96조). 이 때문에 투자자문업을 수행하는 과정에서 취득한 고객의 매매정보를 이용하여 스스로 증권거래를 하거나 또는 투자권유에 활용하는 것은 투자자문업 수행시 부담하는 선관주의의무(충실의무) 위반에 해당하게 된다. 그리고 증권회사 또는 그 임직원은 투자자문업자의 조언에 따라 고객이 행하는 증권의 매매 또는 파생상품 등 금융투자상품에 관한 정보를 이용하여 자기의 계산으로 해당금융투자상품의 거래 등을 하거나 또는 고객 이외의 자에 대하여 해당금융투자상품거래의 위탁 등을 권유하여서는 아니 된다. 이러한 행위는 제37조 제2항의 투자자이익우선의무에 반하기 때문이다.

한편 증권회사 또는 그 임직원은 고객이 투자자문업자의 조언에 따라 거래한 금융투자상품의 거래를 종료시키거나 혹은 그 고객으로 하여금 반대매매를 시키기 위하여 투자자문업의 고객 이외의 고객에게 해당금융투자상품 거래 등을 권유하여서는 아니 된다. 이러한 행위는 위에서 기술한 이해상충행위와는 달리 증권업의 고객의 이익을 희생시켜 투자자문업의 고객의 이익을 추구하는 행위로써 제37조 제1항의 신의성실공정의무에 반하기 때문이다.

### 2) 투자일임업, 집합투자업의 겸영

자본시장법상 증권회사는 업무단위의 인가를 통하여 투자일임업무 및 집합투자업을 겸영할 수 있다(제12조·시행령 제15조). 이른바 자산운용업을 겸영할 수 있는 것이다.[121] 이 경우에도 증권회사는 각각의 업무를 수행함에 있어 선관주의의무(충실의무)를 부담한다. 즉 증권회사는 투자일임업을 겸영함에 있어 투자자에 대하여 선량한 관리자의 주의로써 투자일임재산을 운용하여야 하고(제96조 제1항), 투자자의 이익을 보호하기 위하여 해당업무를 충실하게 수행하여야 한다(동조 제2항).

집합투자업의 겸영시에는 투자자에 대하여 선량한 관리자의 주의로써 집합투자재산을 운영하여야 하고(제79조 제1항), 투자자의 이익을 보호하기 위하여 해당업무를 충실하게 수행하여야 한다(동조 제2항). 따라서 투자일임업무의 투자자와 집합투자기구의 수익자의 이익을 희생시켜 자기 또는 다른 증권업에 관련된 투자자의 이익을 추구하여서는 아니 된다. 이러한 점에서 자산운용업을 영위하는 금융투자업자는 이해상충을 방지하기 위하여 다음과 같은 행위를 하여서는 아니 된다. 첫째, 증권회사 또는 그 임직원은 증권회사가 투자일임업무를 겸영하는 경우 증권회사가 투자일임업무 수행에 따르는 투자일임계약에 의거 투자자를 위하여 행하는 금융투자상품에 관한 정보를 이용하여 증권회사의 계산으로 해당금융투자상품 거래 등을 하거나 또는 당해 투자자 이외의 투자자에게 해당금융투자상품 거래 등의 위탁을 권유하여서는 아니 된다.

둘째, 증권회사가 집합투자업을 겸영하는 경우 당해 업무에 의거한 집합투자재산의 운용지시와 관련된 금융투자상품 거래 등에 관한 정보를 이용하여 증권회사의 계산으로 해당금융투자상품 거래 등을 하거나 해당금융투자상품 거래 등의 권유를 하여서는 아니 된다.

셋째, 증권회사 또는 그 임직원은 투자일임업무 수행에 따르는 투자일임계약에

---

121) 이 경우 증권회사는 자산운용업과 자산운용상품 판매업을 동시에 수행하게 된다. 그러나 이러한 운영체제는 과거 일체형투자신탁 하에서 많은 부작용을 낳았던 경험이 있다. 수조원의 공적자금이 투입되어 그 부작용을 어느 정도 해소하였던 경험이 바로 그에 해당한다. 따라서 동 규정은 종합금융투자업자를 양성하기 위한 근거규정으로서는 의미가 있으나, 우리 금융산업의 문화와 경험에 비추어 보아서는 향후 장기간 실질적인 효용성을 거두기 어렵다고 판단된다. 그럼에도 불구하고 이 글에서는 겸영시 발생할 수 있는 실질적 이해상충의 문제를 정리하는 의미에서 관련 문제점을 약간 기술하였다.

의거하여 투자자를 위하여 행한 금융투자상품 거래 등을 종료시키거나 또는 일임계약의 투자자를 위한 반대매매를 시키기 위하여 그 투자자 이외의 투자자에게 해당 금융투자상품의 거래 등을 권유하여서는 아니 된다. 그리고 증권회사 또는 그 임직원은 집합투자업의 운용업무에 의거한 집합투자재산의 운용지시에 따라서 행한 금융투자상품 거래 등을 종료시키거나 반대매매를 시키기 위하여 당해 집합투자기구재산의 수익자 이외의 투자자에게 해당금융투자상품의 거래 등을 권유하여서는 아니 된다.

넷째, 투자자문업자의 조언에 의거하여 투자자가 행한 금융투자상품의 거래 등에 관한 정보 또는 투자일임계약에 의거 투자자를 위하여 행한 금융투자상품 거래 등에 관한 정보를 이용하여 투자일임계약 업무 수행시 해당금융투자상품 거래 등을 하는 행위도 금지된다.

다섯째, 집합투자업의 운용업무에 의거한 집합투자재산의 운용지시와 관련된 금융투자상품의 거래 등에 관한 정보를 이용하여 투자일임계약에 의거한 해당금융투자상품의 거래 등을 하는 행위도 금지된다.

마지막으로 다른 증권업에서의 투자자의 이익을 희생시켜 투자일임계약의 투자자와 집합투자업의 투자자의 이익을 추구하는 행위를 하여서도 아니 된다.

### 3) 대출업의 겸영

자본시장법상 증권회사는 금융위원회가 정하여 고시하는 업무와 관련한 대출업무를 영위할 수 있다(시행령 제43조 제5항 제4호 후단). 따라서 증권회사는 프로젝트파이낸싱(시행령 제68조 제2항 제4호의 2) 대출업무를 영위할 수 있다(금융투자업규정 제4-1조 제2항). 증권회사는 대출업무를 겸영하는 경우에도 증권업의 투자자에 대하여 신의성실의 원칙에 따라 공정하게 업무를 수행하여야 한다(제37조 제1항).

대출업의 겸영으로 발생하는 이해상충은 투자자문업, 투자일임업 또는 집합투자업의 겸영으로 초래될 수 있는 이해상충과는 그 성격을 달리한다. 즉 증권회사는 원칙적으로 자본시장법 제72조에서 정하는 신용공여 이외에는 금전대출을 할 수 없다. 그 취지는 증권업에 있어서의 금전대출을 강요하는 행위를 방지함과 동시에 금전의 차입으로 인하여 자기의 재산상태를 초과하는 증권거래를 예방함으로써 증권업의 투자자를 보호하고자 하는 데 있다. 이러한 점에서 대출업의 겸영에 따르는 규제는 투자자문업자의 겸영이나 자산운용업의 겸영과는 그 성격을 달리한다고 볼 수 있는 것이다.

## 2. 부수업무

### (1) 의의 및 취지

금융투자업자의 부수업무란 금융투자업 인가를 받거나 등록을 한 금융투자업에 부수하는 업무를 말한다. 따라서 부수업무는 금융투자업자의 고유업무나 겸영업무에 해당하는 것을 제외한 업무이다. 자본시장법이 부수업무를 인정하는 것은 사회일반의 이익과 투자자를 보호하기 위함이다.

### (2) 새로운 규제방식의 배경

舊증권거래법은 증권업자가 영위할 수 있는 부수업무를 사전에 법령에서 정하고 있었다(동법 제51조 제1항 제3호 · 동법시행령 제36조의 2 제5항). 이른바 포지티브 시스템(positive system)을 채택하고 있었다. 그러나 이러한 규제방식은 부수업무를 추가 · 확대하려면 법령을 개정하여야 하는 번거로움을 야기하였고, 그로 인하여 빠르게 변화하는 금융투자업자의 업무를 시의적절하게 허용할 수 없는 문제점을 발생시켰다. 그 결과 금융투자산업 전체의 효율성이 저하되었다. 그리고 이러한 규제방식은 포괄주의규제방식을 취하는 새로운 금융시스템에 맞지 않았다.

위와 같은 경험과 문제인식을 바탕으로 자본시장법은 기존의 규제체계에서 탈피하여 네거티브 시스템(negative system)을 채택하고 있다. 그리하여 금융투자업자는 원칙적으로 모든 부수업무를 영위할 수 있게 되었다. 다만, 예외적으로 법령에서 제한하는 행위는 영위할 수 없다.

### (3) 부수업무의 제한

자본시장법은 원칙적으로 네거티브 시스템을 취하고 있지만, 법령에서는 일부 예외적인 제한행위를 정할 수 있다. 그러므로 금융투자업자가 모든 업무를 언제나 자유롭게 영위할 수 있는 것은 아니다. 그리하여 금융위원회는 ① 금융투자업자의 경영건전성을 저해하는 경우, ② 인가를 받거나 등록한 금융투자업의 영위에 따른 투자자 보호에 지장을 초래하는 경우, ③ 금융시장의 안정성을 저해하는 경우 중 어느 하나에 해당하는 경우에는 그 부수업무의 영위를 제한하거나 시정할 것을 명할 수 있다(제41조 제2항).

그러나 위와 같은 법령상의 제한 이외에도 금융투자업자가 영위하는 업무가 금융투자업과 전혀 무관한 경우에는 부수업무에 해당하지 않는다. 예를 들면, 금융투자업자가 영위하는 프로야구단, 요식업 또는 숙박업 등은 부수업무에 해당하지 않는다. 임직원의 복리후생을 위한 사업, 예를 들면 유치원 등의 운영도 마찬가지이다. 이러한 업무는 자본시장법의 규제를 받지 아니하므로 후술하는 보고의무도 부담하지 않는다.

### (4) 보고의무

금융투자업자가 금융투자업에 부수업무를 영위하고자 하는 경우에는 그 업무를 영위하기 시작한 날부터 2주 이내에 이를 금융위원회에 보고하여야 한다(제41조 제1항). 다만, 금융위원회가 위에서 기술한 제41조 제2항에 따른 제한명령 또는 시정명령을 내릴 때에는 동조 제1항에 따라 보고를 받은 날부터 30일 이내에 그 내용 및 사유가 구체적으로 기재된 문서로 하여야 한다(제41조 제3항). 그리고 금융위원회는 제41조 제1항에 따라 보고받은 부수업무 및 동조 제2항에 따라 제한명령 또는 시정명령을 한 부수업무를 대통령령으로 정하는 방법 및 절차에 따라 인터넷 홈페이지 등에 공고하여야 한다(제41조 제4항).

## 3. 업무위탁

### (1) 의의 및 취지

자본시장법상 업무위탁이란 금융투자업자가 영위하는 업무와 관련하여 해당업무의 일부를 제3자에게 위탁하는 것을 말한다. 금융투자업자의 업무위탁을 인정하는 취지는 대량적이고 반복적으로 발생하는 금융투자업무의 일부를 전문조직에 위탁함으로써 업무의 효율성과 의사결정의 신속성을 기하기 위함이다. 그리고 내부인력의 활용과 비용 절감에도 효과적일 수 있다.

### (2) 유형

자본시장법은 고유업무(금융투자업), 겸영업무(제40조 제1항) 또는 부수업무(제41조 제1항)와 관련한 업무위탁을 인정하고 있다(제42조 제1항 본문). 내부통제업무에 대하여도 원칙적으로 위탁을 허용하면서 일정한 제한을 가하고 있다(42조 제1항 단서). 이와 같이 자본시장법은 투자매매업, 투자중개업, 집합투자업, 투자자문업, 투자일임업 및 신탁업 등의 6가지의 고유업무(제6조 제1항)와 관련한 업무위탁을 인정하고 있다. 그러므로 투자매매업자가 인수대상 증권의 가치분석업무를 외부에 위탁하거나 펀드회사(fund company)가 외화자산의 운용이나 운용지시업무를 외국계 펀드회사에 위탁하는 행위도 인정된다.

### (3) 본질적 업무의 위탁

#### 1) 의의

자본시장법상 본질적 업무란 해당금융투자업자가 인가를 받거나 등록을 한 업무와 직접적으로 관련된 필수업무로서 대통령령으로 정하는 업무를 말한다(제42조 제4항 괄호). 자본시장법은 본질적 업무의 위탁을 원칙적으로 허용하고, 그 수탁자의 자격을 제한하고 있다.

#### 2) 유형

① 투자매매업인 경우

투자매매업의 본질적 업무에는 ㉠ 투자매매업 관련계약의 체결과 해지업무(가목), ㉡ 금융투자상품의 매매를 위한 호가 제시업무(나목), ㉢ 매매에 관한 청약의 접수, 전달, 집행 및 확인업무(다목), ㉣ 증권의 인수업무(라목), ㉤ 인수대상 증권의 가치분석업무(마목), ㉥ 인수증권의 가격결정, 청약사무수행 및 배정업무(바목) 등이 해당한다(시행령 제47조 제1항 제1호).

② 투자중개업의 경우

투자중개업의 본질적 업무에는 ㉠ 투자중개업 관련계약의 체결 및 해지업무(가목), ㉡ 일일정산업무(나목), ㉢ 증거금 관리와 거래종결업무(다목), ㉣ 매매주문의 접수, 전달, 집행 및 확인업무(라목) 등이 해당한다(시행령 제47조 제1항 제2호). 다만, 온라인소액투자중개업인 경우에는 온라인소액투자중개업 관련 계약의 체결·해지업무, 온라인소액투자중개업자의 게재 내용의 사실확인 업무(제117조의 11) 및 청약의 접수·전달·집행·확인업무에 한정한다(시행령 제47조 제1항 제2호 단서).

③ 집합투자업의 경우

집합투자업의 본질적 업무에는 ㉠ 투자신탁(제9조 제18항 제1호)의 설정을 위한 신탁계약의 체결·해지업무와 투자유한회사, 투자합자회사, 투자유한책임회사, 투자합자조합 또는 투자익명조합의 설립업무(가목), ㉡ 집합투자재산의 운용·운용지시업무(집합투자재산에 속하는 지분증권[122]의 의결권행사 포함)(나목), ㉢ 집합투자재산의 평가업무(다목) 등이 해당한다(시행령 제47조 제1항 제3호).

④ 투자자문업의 경우

투자자문업의 본질적 업무에는 ㉠ 투자자문계약의 체결과 해지업무(가목), ㉡ 투자자문의 요청에 응하여 투자판단을 제공하는 업무(나목) 등이 해당한다(시행령 제47조 제1항 제4호)

⑤ 투자일임업의 경우

투자일임업의 본질적 업무에는 ㉠ 투자일임계약의 체결과 해지업무(가목), ㉡ 투자일임재산의 운용업무(나목) 등이 해당한다(시행령 제47조 제1항 제5호)

⑥ 신탁업의 경우

신탁업의 본질적 업무에는 ㉠ 신탁계약[123]과 집합투자재산[124]의 보관·관리계약의 체결과 해지업무(가목), ㉡ 신탁재산(투자신탁재산은 제외. 이하 이 호에서 같다)의 보관·관리업무(나목), ㉢ 집합투자재산의 보관·관리업무. 여기에는 운용과 운용지시의 이행업무를 포함한다(다목), ㉣ 신탁재산의 운용업무. 여기에는 신탁재산에 속하는 지분증권[125]의 의결권행사를 포함한다(라목) 등이 해당한다(시행령 제47조 제1항 제6호).

3) 예외

자본시장법은 일정한 업무에 대하여는 금융투자업자의 본질적 업무에서 제외하고 있다(시행령 제47조 제1항 단서). 즉 ① 위의 집합투자업의 본질적 업무 중 집합투자

122) 지분증권과 관련된 증권예탁증권을 포함한다.
123) 투자신탁의 설정을 위한 신탁계약을 포함한다.
124) 투자신탁재산은 제외한다.
125) 지분증권과 관련된 증권예탁증권을 포함한다.

재산의 운용 · 운용지시업무(시행령 제47조 제1항 제3호 나목) 및 투자일임재산의 본질적 업무 중(시행령 제47조 제1항 제5호 나목) 부동산의 개발, 임대, 관리 및 개량 업무와 그에 부수하는 업무, ② 위의 신탁업의 본질적 업무 중 ㉠ 신탁재산(투자신탁재산은 제외. 이하 이 호에서 같다)의 보관 · 관리업무(나목), ㉡ 집합투자재산의 보관 · 관리업무[126](다목)(시행령 제47조 제1항 제6호)와 관련한 채권추심업무 및 그 밖에 투자자 보호 및 건전한 거래질서를 해칠 우려가 없는 경우로서 금융위원회가 정하여 고시하는 업무는 제외한다.

위 가운데 ②의 '금융위원회가 정하여 고시하는 업무'란 집합투자재산의 운용 · 운용지시업무와 투자일임재산의 운용업무로서 금융위원회가 요구하는 요건을 모두 갖추어 전자적 투자조언장치를 활용하는 업무를 말한다(금융투자업규정 제4-4조의 2). 이 요건에는 ⓐ 위탁자인 금융투자업자가 전자적 투자조언장치에 대한 배타적 접근 권한 및 통제권을 보유하면서 직접 전자적 투자조언장치를 이용할 것(제1호), ⓑ 위탁자인 금융투자업자가 운용 · 운용지시 업무의 주체로서 투자자 등에 대하여 운용 · 운용지시와 관련하여 직접적인 책임을 부담한다는 사항을 집합투자규약 또는 투자일임계약에 명시할 것(제2호), ⓒ 위탁자인 금융투자업자가 전자적 투자조언장치에 대해 충분히 이해하고, 전자적 투자조언장치 점검, 유지 · 보수, 변경 등의 주체로서 역할을 할 것(제3호) 등이 해당한다.

따라서 이러한 요건이 충족되는 업무는 본질적 업무에는 해당하지 않지만, 그 일부를 타인에게 위탁할 수 있다(제42조 제1항 전단 · 시행령 제47조 제1항 단서). 다만, 이 경우에도 투자자와 직접적인 법률관계를 맺는 것은 집합투자업자 등과 같이 위탁자이고 업무를 위탁하는 수탁자가 아니다. 그 결과 투자자에게 직접적인 책임을 지는 자 역시 위탁자이다. 이 점 주의를 요한다.

#### 4) 수탁자의 자격 및 위탁의 방식

자본시장법은 금융투자업자가 본질적 업무를 위탁하는 경우에는 수탁자의 자격을 제한하고 있다. 그리하여 위탁하는 업무(제42조 제1항 본문)가 금융투자업자의 본질적 업무인 경우 그 업무를 위탁받는 자는 그 업무수행에 필요한 인가를 받거나 등록을 한 자이어야 한다. 이 경우 그 업무를 위탁받는 자가 외국 금융투자업자로서 대통령령으로 정하는 요건을 갖춘 경우에는 인가를 받거나 등록을 한 것으로 본다(제42조

126) 운용과 운용지시의 이행 업무를 포함한다.

제4항 · 시행령 제47조 제2항).

한편 위에서 기술한 금융투자업자의 본질적 업무의 예외규정(시행령 제47조 제1항 단서 · 금융투자업규정 제4－4조의 2)상의 업무는 본질적 업무가 아니므로 수탁자의 자격요건의 제한을 받지 않는다는 것인지 아니면, 이른바 종래에 인정되었던 '핵심적 업무'[127]로서 위탁이 금지되는 것인지 법령상 명확하지 않다.

### (4) 내부통제업무의 위탁

#### 1) 의의

자본시장법은 내부통제업무에 관하여 원칙적으로 제3자에게 위탁을 허용하면서 일정한 업무에 대하여는 이를 금지하고 있다. 그리하여 내부통제업무 중 해당업무에 관한 의사결정권한까지 위탁하는 경우로서 대통령령으로 정하는 내부통제업무는 제3자에게 위탁하여서는 아니 된다(제42조 제1항 단서). 이는 사전 · 사후적 내부시정장치인 내부통제업무의 의사결정과정과 기관을 명확히 하여 투자자와의 분쟁발생시 그 책임소재를 분별하기 위함이다.

#### 2) 위탁의 금지유형 및 예외

자본시장법은 제42조 제1항 단서의 '대통령령으로 정하는 내부통제업무'의 제3자 위탁을 금지하고 있다. 여기에 해당하는 업무란 ① 금융회사지배구조법 제25조 제1항에 따른 준법감시인의 업무(제1호), ② 금융회사지배구조법 제28조 제1항에 따른 위험관리책임자의 업무(제2호), ③ 내부감사업무(제3호)의 어느 하나에 해당하는 업무를 말한다(시행령 제45조). 다만, 투자자 보호 및 건전한 거래질서를 해칠 우려가 없는 경우로서 금융위원회가 정하여 고시하는 업무는 제외한다. 이에 해당하는 업무는 위 제1호의 준법감시인의 업무로서 임직원의 법규준수와 관련한 교육을 말한다(금융투자업규정 제4－3조).

### (5) 업무위탁계약의 체결 및 제한 · 시정조치

금융투자업자가 고유업무, 겸영업무, 부수업무 및 본질적 업무를 제3자에게 위탁하는 경우에는 위탁계약을 체결하여야 한다. 그 사항에는 ① 위탁하는 업무의 범위

---

127) 김홍기(2021), 136면; 임재연(2020), 189면; 김정수(2014), 225면.

(제1호), ② 수탁자의 행위제한에 관한 사항(제2호), ③ 위탁하는 업무의 처리에 대한 기록유지에 관한 사항(제3호), ④ 그 밖에 투자자 보호 또는 건전한 거래질서를 위하여 필요한 사항으로서 대통령령으로 정하는 사항(제4호) 등이 포함되어야 한다. 그리고 그 내용을 대통령령으로 정하는 방법 및 절차에 따라 금융위원회에 보고하여야 한다(제42조 제2항). 그리고 앞의 제4호의 '대통령령으로 정하는 사항'에는 ① 업무위탁계약의 해지에 관한 사항(제1호), ② 위탁보수 등에 관한 사항(제2호), ③ 그 밖에 업무위탁에 따른 이해상충방지체계 등 금융위원회가 정하여 고시하는 사항 등이 해당한다(시행령 제46조 제2항).

한편 위탁계약의 내용이 ① 금융투자업자의 경영건전성을 저해하는 경우(제1호), ② 투자자 보호에 지장을 초래하는 경우(제2호), ③ 금융시장의 안정성을 저해하는 경우(제3호), ④ 금융거래질서를 문란하게 하는 경우(제4호) 중 어느 하나에 해당하는 경우 금융위원회는 해당업무의 위탁을 제한하거나 시정할 것을 명할 수 있다(제42조 제3항).

### (6) 재위탁의 허용

금융투자업자의 고유업무, 겸영업무, 부수업무 및 본질적 업무를 위탁받은 자는 위탁한 자의 동의를 받은 경우에 한정하여 위탁받은 업무를 제3자에게 재위탁할 수 있다(제42조 제5항). 이는 원칙적으로 재위탁을 금지하던 규정을 2020년 5월 19일에 전면 개정한 것이다.

### (7) 업무위탁사실의 기재 및 통보

금융투자업자는 업무위탁을 한 내용을 금융소비자보호법 제23조 제1항에 따른 계약서류 및 자본시장법상의 투자설명서(제123조 제1항)[128]에 기재하여야 하며, 투자자와 계약을 체결한 후에 업무위탁을 하거나 그 내용을 변경한 경우에는 이를 투자자에게 통보하여야 한다(제42조 제8항).

### (8) 업무위탁자의 손해배상책임 및 수탁자의 준수의무

자본시장법은 업무를 위탁받은 자, 즉 수탁자 또는 재위탁을 받은 자가 그 위탁받

---

128) 집합투자업자의 경우 제124조 제2항 제3호에 따른 간이투자설명서를 포함한다. 이하 제64조, 제86조 및 제93조에서 같다.

은 업무를 영위하는 과정에서 투자자에게 손해를 끼친 경우 민법 제756조 제1항이 준용됨을 밝히고 있다(제42조 제9항). 이 규정에 대하여는 업무를 위탁받은 자 등이 피용자를 고용하여 업무를 영위하는 과정에서 제3자에게 손해를 끼친 경우 당해 수탁자가 손해배상을 부담하는 것으로 읽힐 여지가 있다. 그러나 이 규정에 대하여는 금융투자업자를 사용자로, 수탁자를 피용자로 하여 금융투자업자의 업무를 위탁받은 자 또는 재위탁을 받은 자가 그 위탁받은 업무를 영위하는 과정에서 투자자에게 손해를 끼친 경우, 금융투자업자가 민법상의 사용자배상책임을 부담하는 것으로 해석하여야 한다. 다만, 금융투자업자가 사용자배상책임을 다할 때에는 피용자에게 구상권을 행사할 수 있다(민법 제756조 제3항).

한편 업무를 위탁받은 자 또는 재위탁을 받은 자는 자본시장법상 직무관련 정보의 이용금지(제54조), 손실보전의 금지(제55조) 및 금융실명거래법상의 금융거래의 비밀보장(제4조) 의무를 부담한다(제42조 제10항). 이러한 규정들은 업무를 실제로 영위하는 자들에게 부과되는 의무이다. 그러므로 금융투자업자와의 위임계약에 따라 업무를 영위하는 수탁자가 부담하는 것은 당연하지만, 주의적으로 규정한 것이다.

## Ⅵ. 이해상충의 방지

### 1. 의의 및 특징

금융투자업자의 이해상충행위는 다양한 방식으로 나타날 수 있다. 그리하여 자본시장법은 개별 금융투자업자의 이해상충행위 금지규정을 두고 있고, 일반적 의무로서 내부통제의무와 각종의 정보교류차단의무를 규정하고 있다. 그리고 자본시장법상 신의성실공정의무(제37조 제1항)도 이해상충행위규제를 위한 포괄조항으로 볼 수 있다. 정보교류차단의무에 대하여는 일반적으로 차단벽(chinese wall) 또는 방화벽(fire wall)이라고 한다. 자본시장법상 이해상충의 방지를 위한 규정은 기본적으로 원칙중심(principle base)의 규제의 성격을 띠고 있다. 그리하여 금융투자업자는 이해상충관리체계를 자발적으로 정비할 의무를 부담한다. 그리고 자기회사 및 자기가 속한 금융그룹전체의 업무의 내용·특성·규모 등에 적합하도록 이해상충관리체계를 정비하여야 한다.

## 2. 내부통제

### (1) 이해상충의 파악, 평가 및 관리의무

금융투자업자는 금융투자업의 영위와 관련하여 금융투자업자와 투자자간, 특정 투자자와 다른 투자자간의 이해상충을 방지하기 위하여 이해상충이 발생할 가능성을 파악·평가하고, 금융회사지배구조법 제24조에 따른 내부통제기준(이하 '내부통제기준')이 정하는 방법 및 절차에 따라 이를 적절히 관리하여야 한다(제44조 제1항). 이에 따라 내부통제에 관한 구체적인 관리방법 및 절차 등은 금융투자업자 스스로 기준을 설정하여 운영할 수 있다. 예를 들면, 회사전체 또는 부서별 내부통제규정, 모범규준이나 최선의 업무관행(best practice)을 설정하여 운영할 수 있는 것이다. 그리고 그 내용에는 임직원의 행위요령, 금융투자업자간·금융투자업자와 투자자간의 내부통제기준이 포함되어야 하며, 투자자의 차별대우를 금지하는 내용 등이 포함되어야 한다.

### (2) 이해상충의 사전통지·해소의무

금융투자업자는 이해상충이 발생할 가능성을 파악·평가한 결과 이해상충이 발생할 가능성이 있다고 인정되는 경우에는 그 사실을 미리 해당투자자에게 알려야 하며, 그 이해상충이 발생할 가능성을 내부통제기준이 정하는 방법 및 절차에 따라 투자자 보호에 문제가 없는 수준으로 낮춘 후 매매, 그 밖의 거래를 하여야 한다(제44조 제1항·제2항).

### (3) 거래회피의무

금융투자업자는 위에서 기술한 이해상충이 발생할 가능성을 낮추는 것이 곤란하다고 판단되는 경우에는 매매, 그 밖의 거래를 하여서는 아니 된다(제44조 제2항·제3항). 예를 들면, 은행과 증권회사 등이 업무교류를 하는 경우 은행예금자를 충분히 보호할 수 없거나 어느 한쪽의 이익을 희생시켜 다른 회사의 이익을 추구할 가능성이 있는 경우에는 해당거래를 회피하여야 한다. 그리고 은행이 기업에 대하여, 혹은 증권회사 등이 기업에 대하여 갖는 영향력을 행사하여 계열 금융회사를 지원하도록 하는 행위도 금지된다. 이러한 점에서 금융투자업자의 거래회피의무는 이해상충행위를 사법적으로 하여서는 아니 되는 행위로써 금지하고 있다고 해석할 수 있다.

## 3. 정보교류의 차단

### (1) 차단대상

#### 1) 금융투자업자간의 정보교류

금융투자업자는 금융투자업(제40조 제1항[129]), 부수업무(제41조 제1항) 및 종합금융투자사업자에 허용된 업무(제77조의 3)(이하 '금융투자업 등')를 영위하는 경우 내부통제기준이 정하는 방법 및 절차에 따라 '제174조 제1항 각 호 이외의 부분에 따른 미공개중요정보 등 대통령령으로 정하는 정보'(후술)의 교류를 적절히 차단하여야 한다(제45조 제1항).

#### 2) 사외정보교류

금융투자업자는 금융투자업 등을 영위하는 경우 계열회사를 포함한 제3자에게 정보를 제공할 때에는 내부통제기준이 정하는 방법 및 절차에 따라 '제174조 제1항 각 호 이외의 부분에 따른 미공개중요정보 등 대통령령으로 정하는 정보'(후술)의 교류를 적절히 차단하여야 한다(제45조 제2항).

#### 3) 교류차단대상정보

자본시장법은 위의 금융투자업자간의 정보교류 및 사외정보교류 차단대상정보를 열거하고 있다. 이에 따르면 제45조 제1항 및 제2항에서 말하는 '제174조 제1항 각 호 외의 부분에 따른 미공개중요정보 등 대통령령으로 정하는 정보'란 ① 제174조 제1항 각 호 외의 부분에 따른 미공개중요정보(제1호), ② 투자자의 금융투자상품 매매 또는 소유 현황에 관한 정보로서 불특정 다수인이 알 수 있도록 공개되기 전의 정보(제2호), ③ 집합투자재산, 투자일임재산 및 신탁재산의 구성내역과 운용에 관한 정보로서 불특정 다수인이 알 수 있도록 공개되기 전의 정보(제3호), ④ 그 밖에 제1호 내지 제3호까지의 정보에 준하는 것으로서 금융위원회가 정하여 고시하는 정보를 뜻한다(제45조 제2항). 다만, 투자자 보호 및 건전한 거래질서를 해칠 우려가 없고 이해상충이 발생할 가능성이 크지 않은 정보로서 금융위원회가 정하여 고시하는 정보는 제외한다(시행령 제50조 제1항).

---

129) 겸영금융투자업자, 그 밖에 대통령령으로 정하는 금융투자업자를 제외한다.

### (2) 정보교류차단에 필요한 내부통제기준의 설정

금융투자업자간의 정보교류 및 사외정보교류 차단에 필요한 내부통제기준에는 ① 정보교류 차단을 위해 필요한 기준 및 절차(제1호), ② 정보교류 차단의 대상이 되는 정보의 예외적 교류를 위한 요건 및 절차(제2호), ③ 그 밖에 정보교류 차단의 대상이 되는 정보를 활용한 이해상충 발생을 방지하기 위하여 대통령령으로 정하는 사항(제3호)을 반드시 포함하여야 한다(제45조 제3항). 제3호에 의거 금융투자업자는 이해상충 발생을 방지하기 위한 조직 및 인력의 운영, 이해상충 발생 우려가 있는 거래의 유형화 및 교류차단대상정보의 활용에 관련된 책임소재 사항을 관련 내부통제기준에 포함시켜야 한다(시행령 제50조 제2항).

### (3) 사후준수의무

금융투자업자는 정보교류의 차단(제45조 제1항 · 제2항)을 위하여 몇 가지 사항을 준수하여야 한다. 여기에는 ① 정보교류 차단을 위한 내부통제기준의 적정성에 대한 정기적 점검(제1호), ② 정보교류 차단과 관련되는 법령 및 내부통제기준에 대한 임직원 교육(제2호), ③ 그 밖에 정보교류 차단을 위하여 대통령령으로 정하는 사항(제3호) 등이 포함된다(제45조 제4항). 이와 같이 자본시장법은 금융투자업자의 정보교류 차단에 필요한 사항에 대하여는 사후적으로 관리하여야 할 이해상충행위로 보고, 해당의무를 부과하고 있다. 다만, 이에 관한 규정은 위의 제45조 제3항과 함께 원칙적인 기준만을 제시하고 있고, 세부적인 기준은 각 금융투자업자가 자율적으로 마련하도록 하고 있다. 이른바 원칙중심(principle base)의 규제의 성격을 밝히고 있다. 따라서 행정당국은 감시 · 감독을 함에 있어서 개별행위의 이해상충에 관한 사후관리가 합리적으로 이행되고 있는 지의 여부에 유의할 필요가 있다.

## 4. 위반시의 손해배상책임 및 제재

금융투자업자는 법령 · 약관 · 집합투자규약 · 투자설명서[130]에 위반하는 행위를 하거나 그 업무를 소홀히 하여 투자자에게 손해를 발생시킨 경우에는 그 손해를 배상할 책임이 있다. 따라서 금융투자업자가 투자매매업 또는 투자중개업과 집합투자업

130) 자본시장법 제123조 제1항에 따른 투자설명서를 말한다.

을 함께 영위함에 따라 발생하는 이해상충 방지의무를 위반한 경우[131]에는 당연히 손해배상책임을 진다. 다만, 그러한 업무를 영위하는 금융투자업자가 상당한 주의를 하였음을 증명하거나, 투자자가 금융투자상품의 매매, 그 밖의 거래를 할 때에 그 사실을 안 경우에는 배상책임을 지지 아니한다(제64조 제1항).

금융투자업자가 위의 규정에 따라 손해배상책임을 지는 경우 관련되는 임원에게도 귀책사유가 있으면, 해당임원은 연대하여 그 손해를 배상할 책임이 있다(동조 제2항). 이는 해당임원이 투자자와 직접적인 법률관계를 갖지 아니함에도 불구하고 책임을 지도록 하는 이례적인 규정인데, 그 법리는 상법상 대표이사·이사의 제3자에 대한 책임의 경우와 같다(상법 제210조·제389조 제3항).

한편 자본시장법은 정보교류 차단의무에 위반한 행위에 대하여 무거운 벌칙을 가하고 있다. 이에 따라 정보교류 차단의 대상이 되는 정보(제45조 제1항·제2항)를 정당한 사유 없이 본인이 이용하거나 제3자에게 이용하게 한 자와 정보교류 차단의 대상이 되는 정보를 제공받아 이용한 자는 5년 이하의 징역 또는 2억원 이하의 벌금에 처하여진다(제444조 제6호의 2).

## Ⅶ. 투자권유규제

### 1. 금융소비자보호법상 공통규제

#### (1) 개념, 법적 구성 및 6대 판매원칙 등

투자권유라 함은 다수의 투자자에게 거래의 사적 계약을 성립시키기 위한 준비행위로서 청약의 유인에 속한다.[132] 구체적으로는 상담, 조사분석자료의 공표, 컴퓨터 등 유·무선전자통신수단, 신문·잡지·TV·라디오 등 언론매체에 대한 기고 및 출연, 투자설명회 등의 방법에 의하여 특정한 금융투자상품의 매매거래나 특정한 매매전략기법 또는 특정한 재산운용배분의 전략·기법을 채택하도록 권유하는 행위를 말한다(舊증권업협회의 「증권회사의 영업행위에 관한 규정」제1-2조 참조).[133]

---

131) 제44조(이해상충의 관리)·제45조(정보교류의 차단)를 포함하여 제37조 제2항(투자자이익우선의무), 제71조(투자매매업자·투자중개업자의 불건전 영업행위금지) 또는 제85조(집합투자업자의 불건전 영업행위금지)에 위반한 경우를 말한다.

132) 遠田新一(1996), 353面.

133) 오성근(2004), 77면.

종래 자본시장법은 투자권유규제에 대하여 모두 8개의 조문으로 구성되어 있었다. 그러나 2020년 3월 24일「금융소비자보호법」[134]이 제정됨에 따라 적합성원칙(舊자본시장법 제46조), 적정성원칙(舊자본시장법 제46조의 2), 설명의무(舊자본시장법 제47조), 단정적 판단의 제공행위·불초청행위 등의 부당권유행위금지(舊자본시장법 제49조)와 같은 주요 4개의 조문은 동법으로 이관되었다. 그리하여 다른 금융상품과 함께 통합적으로 규제되고 있다.

그 결과 현행 금융소비자보호법은 종래의 자본시장법상 투자권유금지행위에 덧붙여 불공정영업행위금지 및 광고규제규정을 둠으로써 이른바 6대 판매원칙을 밝히고 있다(동법 제17조 내지 제22조).[135] 따라서 현행 법제상 투자권유규제를 이해하기 위하여는 금융소비자보호법상의 6대 판매원칙도 함께 고찰하여야 한다. 이 경우 자본시장법상 금융투자상품, 금융투자업자, 투자자문업자 및 투자일임업자는 금융상품, 금융판매업자, 금융회사 및 금융상품자문업자의 개념에 포섭된다(금융소비자보호법 제2조).

### (2) 공통적인 적용범위 및 위반의 효과

#### 1) 적용범위

2020년 3월 개정 전의 자본시장법과 마찬가지로 금융소비자보호법은 전문투자자에게는 적합성원칙(동법 제17조), 적정성원칙(동법 제18조) 및 설명의무(동법 제19조)의 적용을 배제하고 있다. 전문투자자는 기본적으로 투자경험이 풍부하고 투자목적도 일반투자자와 다르며, 일반투자자에게 필요한 설명을 듣지 않더라도 스스로 위험감수에 필요한 정보를 취득하고 투자판단을 할 수 있기 때문이다.[136] 즉 금융투자업자와 전문투자자간의 정보격차를 시정할 필요가 없기 때문에 위와 같은 원칙들의 적용을 배제하고 있는 것이다. 이에 비하여 불공정영업행위의 금지, 부당권유행위의 금지 및 금융상품 등에 관한 광고관련 준수사항에 대한 규정은 일반투자자와 전문투자자 모두에게 적용된다(동법 제20조 내지 제22조). 일상적으로 고의나 악의가 개입될 여지가 상대적으로 크다고 본 것이다.

---

134) 법률 제17112호, 2020. 3. 24.
135) 성희활(2022), 192면.
136) 오성근, 앞의 증권법연구 제11권 제1호(2010. 10), 77면.

### 2) 위반의 효과

#### ① 계약해지권

금융소비자보호법은 이른바 6대 판매원칙 중 「금융상품 등에 관한 광고관련 준수사항」에 대한 규정을 제외한 나머지 원칙에 대하여는 위법계약해지권을 인정하고 있다. 그리하여 위법계약해지권은 금융투자업자 등이 동법 제17조 내지 제21조상의 관련규정을 위반하여 대통령령으로 정하는 금융상품에 관한 계약을 체결한 경우에 인정된다. 이 경우 투자자는 5년 이내의 대통령령으로 정하는 기간 내에 서면 등으로 해당계약의 해지를 요구할 수 있다. 금융투자업자는 해지를 요구받은 날부터 10일 이내에 투자자에게 수락여부를 통지하여야 하며, 거절할 때에는 거절사유를 함께 통지하여야 한다(동법 제47조 제1항). 금융투자자는 금융투자업자가 정당한 사유 없이 투자자의 요구를 따르지 않는 경우 해당계약을 해지할 수 있다(동조 제2항). 이에 따라 계약이 해지된 경우 금융투자업자는 수수료, 위약금 등 계약의 해지와 관련된 비용을 투자자에게 요구할 수 없다(동조 제3항). 그리고 계약의 해지요구권의 행사요건, 행사범위 및 정당한 사유 등과 관련하여 필요한 사항은 대통령령으로 정한다(동조 제4항).

#### ② 손해액의 추정

자본시장법은 금융투자업자가 금융소비자보호법상의 설명의무(동법 제19조 제1항·제3항)를 위반하여 일반투자자에게 손해배상책임이 발생한 경우의 손해액을 추정하고 있다. 그리하여 금융투자상품의 취득으로 인하여 일반투자자가 지급하였거나 지급하여야 할 금전 등의 총액에서 그 금융투자상품의 처분, 그 밖의 방법으로 그 일반투자자가 회수하였거나 회수할 수 있는 금전 등의 총액을 뺀 금액을 설명의무위반으로 인한 손해액으로 추정한다(제48조).

#### ③ 사법상의 효력

금융투자업자가 금융소비자보호법상 6대 판매원칙 중 적합성원칙, 적정성원칙 및 설명의무에 위반하여 거래를 하였더라도 사법상의 효력에는 영향이 없다. 따라서 금융투자업자는 법령위반을 이유로 거래의 무효를 주장할 수 없다.

### (3) 적합성원칙

#### 1) 연혁 및 의의

기술한 바와 같이 적합성원칙은 간판이론(shingle theory)에서 유래한다.[137] 간판이론이란 간판(看板)을 내걸고 있는 브로커 · 딜러가 증권투자의 권유를 하는 경우 권유내용에 합리적인 근거가 있어야 하고, 그 전제로서 권유증권에 대한 합리적인 조사를 행하여야 하는 이론이다.[138] 이와 같이 적합성원칙은 간판이론에서 유래한 것으로서, 금융투자업자는 투자자의 투자목적, 재산상태, 투자경험 등에 비추어 적합한 투자가 아니면 고객에 대해서 권유해서는 아니 된다는 원칙을 말한다.[139] 즉 적합성원칙이란 증권업자에게 적합한 거래를 권유할 적극적 의무가 아니라, 적합하지 않은 거래를 권유하여서는 아니 된다는 소극적 의무를 말한다.[140]

한편 우리나라에서는 적합성원칙과 관련하여 舊증권거래법이나 舊증권투자신탁업법 등에는 규정이 없었지만, 금융감독위원회의 「舊증권업감독규정」(제4－15조 제1항 · 제2항) 및 증권거래소의 「舊선물 · 옵션업무규정」(제60조 제3호) 등에 이 원칙을 내포하는 규정들을 두고 있었다.

#### 2) 적합성원칙의 내용

금융소비자보호법은 舊자본시장법상 적합성원칙에 관한 규정을 계수하면서 보다 상세한 규정을 두고 있다(동법 제17조).

##### ① 투자자의 구분 · 확인의무

금융소비자보호법은 투자를 권유하는 금융투자업자에게 투자자의 구분 · 확인의무를 부과하고 있다. 그리하여 금융상품판매업자 등은 금융상품계약체결등을 하거나

---

137) 오성근(2004), 14면.

138) J. D. Cox, R. W. Hilman, D. C. Langvoort, Securities Regulation Cases and Materials, Aspen Publishers, Inc., p.1094 (1997); A. Jacobs, "The Impact of Securities Exchange Act Rule 10b－5 on Broker－Dealers", 57 Connell L. Rev. 869, p.899 (1972); Hanly v. SEC 415 F.2d 589 (2d Cir. 1969).

139) M. J. Benson, "Online Investing and the Suitability obligations of Broker and Broker－Dealers", 34 Suffolk U. L. Rev. 395 p.400 (2001); A. Jacobs, op. cit., p.897 (1972).

140) 神崎克郎(2000), 80面 참조.

자문업무를 하는 경우에는 상대방인 투자자가 일반투자자인지 전문투자자인지를 확인하도록 명시하고 있다(동법 제17조 제1항). 금융투자의 기본원칙은 자기책임의 원칙이지만, 일반투자자와 전문투자자에게 수평적이고 동일한 기준으로 자기책임원칙을 부과하는 것은 합리적이라고 할 수 없기 때문에 금융투자업자에게 투자자를 구분하고 확인할 의무를 부과하고 있다.

② 투자자의 정보파악과 기록의 유지 관리 및 정보의 제공의무

금융투자업자는 일반투자자에게 금융상품의 계약체결을 권유하는 경우에는 면담·질문 등을 통하여 투자에 따른 정보를 파악하고, 일반투자자로부터 서명,[141] 기명날인, 녹취 또는 그 밖에 대통령령으로 정하는 방법으로 확인을 받아 이를 유지·관리하여야 하며, 확인받은 내용을 일반투자자에게 지체 없이 제공하여야 한다(금융소비자보호법 제17조 제2항). 동법 제17조 제2항에 의거 일반투자자에게 적용되는 금융상품에는 ①「보험업법」 제108조 제1항 제3호에 따른 변액보험(variable insurance) 등 대통령령으로 정하는 보장성 상품. 이 경우에는 일반투자자의 연령, 재산상황,[142] 및 보장성상품 계약체결의 목적 등을 파악하여야 한다(제1호). ② 투자성 상품[143] 및 운용 실적에 따라 수익률 등의 변동 가능성이 있는 금융상품으로서 대통령령으로 정하는 예금성 상품. 이 경우에는 일반투자자의 해당금융상품 취득 또는 처분 목적, 재산상황 및 취득·처분 경험 등을 파악하여야 한다(제2호). ③ 그 밖에 일반투자자에게 적합한 금융투품 계약의 체결을 권유하기 위하여 필요한 정보로서 대통령령으로 정하는 사항(제4호) 등이 포함된다. 그리고 이러한 의무는 금융투자상품자문업자가 자문에 응하는 경우에도 적용된다(금융소비자보호법 제17조 제2항 괄호). 또한 이러한 의무에 따라 금융투자업자 등이 금융상품의 유형별로 파악하여야 하는 정보의 세부적인 내용은 대통령령으로 정한다(동법 동조 제4항).

한편 위의 규정들은 적합성원칙의 기본개념을 명시한 것으로서 금융투자업자가 투자자에게 금융투자상품을 권유하기 전에 면담 등을 통하여 일반투자자의 투자목적, 투자경험 등 특성 등에 관한 고객파악의무(know-your-customer rule)를 반영한 것이다. 그리고 투자자 스스로도 투자성향 및 능력 등을 인지하도록 하여 현재

---

141)「전자서명법」 제2조 제2호에 따른 전자서명을 포함한다.
142) 부채를 포함한 자산 및 소득에 관한 사항을 말한다.
143) 투자성 상품이란 투자성 상품 자본시장법 제3조에 따른 금융투자상품 및 이와 유사한 것으로서 대통령령으로 정하는 금융상품을 말한다(금융소비자보호법 제3조 제3호).

및 장래의 투자판단에 도움을 주기 위한 것이기도 하다.

③ 주체 및 객체

적합성원칙은 '금융상품판매업자 등'에게 적용된다(금융소비자보호법 제17조 제1항). '금융상품판매업자 등'이란 금융상품판매업자 또는 금융상품자문업자를 말한다(동법 제2조 제9호 괄호). 따라서 동 원칙이 적용되는 주체는 자본시장법 투자중개업자 및 투자자문업자이다. 그리고 집합투자업자가 펀드상품을 직접 판매하는 때, 즉 투자중개업자로서의 인가를 받은 경우(제12조 제1항)에도 적합성원칙을 준수하여야 한다. 적합성 원칙의 객체는 일반투자자이다.

④ 소극적 의무

금융투자업자는 금융소비자보호법상의 일반투자자에 관한 정보(동법 제17조 제2항 각 호)를 고려하여 그 일반투자자에게 적합하지 아니하다고 인정되는 계약 체결을 권유해서는 아니 된다. 이 경우 적합성 판단기준은 금융소비자보호법 제17조 제2항 각 호의 구분에 따라 대통령령으로 정한다(동법 동조 제3항). 이는 기술한 바와 같이 적합성원칙이 일반투자자에게 적합한 거래를 권유할 적극적 의무가 아니라 적합하지 않은 거래를 권유하여서는 아니 된다는 소극적 의무임에도 불구하고, 투자권유과정에서 이에 관한 혼동이 자주 발생함에 따라 주의적으로 규정한 것이다.

⑤ 적용배제 및 사전고지의무

금융소비자보호법상의 적합성원칙은 자본시장법에서 규정하는 온라인소액투자중개의 대상이 되는 증권 등 대통령령으로 정하는 투자성 상품에는 적용되지 아니한다(금융소비자보호법 제17조 제2항 제2호 괄호). 자본시장법상의 '온라인소액투자중개'란 온라인상에서 누구의 명으로 하든지 타인의 계산으로 대통령령으로 정하는 방법으로 발행하는 채무증권, 지분증권, 투자계약증권의 모집 또는 사모에 관한 투자중개행위를 말한다(제9조 제27항). 온라인소액투자중개는 주로 증권형 크라우드펀딩(Crowd Funding)과 같은 익명의 다수를 상대로 권유하는 경우에 발생한다. 이러한 점에서 해당중개행위는 일반적인 투자중개업자와의 중개행위와는 그 형태가 다르다. 그리고 해당중개행위는 부합계약(附合契約)의 일종으로 볼 수 있기 때문에 청약의 유인이라고 할 수 있는 투자중개업자의 권유행위와도 법적 성질이 다르다. 따라서 자본시장법상 투자중개업자에게 어울리는 적합성원칙을 온라인소액투자중개행위에 대하여도 적용하는 것은 그 거래의 형태나 법적 성질상 타당하지 않기 때문에 특례규정을 두고 있는 것으로 풀이된다.

나아가 금융투자업자가 자본시장법상 전문투자형 사모집합투자기구(제249조의 2)의 집합투자증권을 판매하는 경우에는 적합성원칙에 관한 금융소비자보호법의 규정(동법 제17조 제1항 내지 제3항)을 적용하지 아니한다. 다만, 자본시장법상의 적격투자자(제249조의 2) 중 일반투자자 등 대통령령으로 정하는 자가 대통령령으로 정하는 바에 따라 요청하는 경우에는 적합성원칙이 적용된다(금융소비자보호법 제17조 제5항). 그리고 금융투자업자 등은 금융소비자보호법 제17조 제5항의 단서에 따라 대통령령으로 정하는 자에게 적합성원칙에 관한 규정의 적용을 별도로 요청할 수 있음을 대통령령으로 정하는 바에 따라 미리 알려야 한다(동법 제17조 제6항).

### (4) 적정성원칙

#### 1) 의의 및 연혁

적정성원칙(Appropriateness Test)이라 함은 일반투자자의 특성에 적합한 투자 권유만을 하도록 하는 '적합성원칙'과는 달리 특수한 형태의 금융투자상품이나 서비스(feature of the specific type of product or service)에 대하여 투자권유가 없는 경우에도 그 적정성을 판단하도록 하는 원칙을 말한다.[144] 그러므로 적정성원칙은 주로 구조화상품(structured products)이나 장외파생상품과 같이 위험이 큰 금융투자상품에 적용된다. 적정성원칙도 적합성원칙과 같이 간판이론에서 유래한다고 볼 수 있다. 외국의 입법례로는 미국의 금융산업규제청(Financial Industry Regulatory Authority, FINRA)의 규칙(Rule) 2009,[145] 영국의 영업행위규칙(COBS) 제10장 및 유럽연합의 제2차 금융상품지침(MiFID Ⅱ 제25조 제3호)을 들 수 있다.

#### 2) 적정성원칙의 내용

##### ① 투자자의 파악의무 및 정보제공의무

금융소비자보호법상 금융투자업자는 대통령령으로 각각 정하는 보장성 상품, 투자성 상품 및 대출성 상품에 대하여 일반투자자에게 계약 체결을 권유하지 아니하고

144) Danny Busch · Guido Ferrarini(2017), p.94.
145) 장근영, 앞의 논문, 56－57면.

금융투자상품 투자계약을 체결하려는 경우에는 미리 면담 · 질문 등을 통하여 해당투자자의 정보(동법 제17조 제2항 각 호)를 파악하여야 한다(동법 제18조 제1항). 그리고 금융투자업자는 금융소비자보호법 제18조 제1항 각 호의 구분에 따라 확인한 사항을 고려하여 해당금융투자상품이 그 일반투자자에게 적정하지 아니하다고 판단되는 경우에는 대통령령으로 정하는 바에 따라 그 사실을 알리고, 그 투자자로부터 서명, 기명날인, 녹취, 그 밖에 대통령령으로 정하는 방법으로 확인을 받아야 한다. 이 경우 적정성 판단기준은 금융소비자보호법 제18조 제1항 각 호의 구분에 따라 대통령령으로 정한다(동법 동조 제2항). 그리고 금융투자업자가 금융투자상품의 유형별로 파악하여야 하는 정보의 세부적인 내용은 대통령령으로 정한다(동법 동조 제3항).

이와 같이 적정성원칙은 특수한 형태의 금융투자상품에 대하여 투자권유가 없는 경우에 적용되는 원칙으로서, 금융투자업자에게 일반투자자에 대한 일반적인 위험고지의무를 부담시키고 있다는 점에서 의미가 있다. 따라서 고객주문서비스만을 제공하는 금융투자업자가 복잡하지 아니한 금융투자상품(non-complex financial instruments)을 판매하는 경우에는 적정성원칙이 적용되지 않는다(MiFID Ⅱ 제25조 제4호 참조).[146)]

한편 적정성원칙은 적합성원칙과는 달리 자본시장법상 투자자문업자에게는 적용되지 아니한다. 따라서 해당자문업자는 특수한 형태의 금융투자상품에 대하여도 자문서비스를 제공할 수 있다(금융소비자보호법 제18조 제1항 반대해석). 다만, 이 경우에도 적합성원칙은 준수하여야 한다. 그리고 금융소비자보호법은 일반금융소비자에게 적정성원칙이 적용되는 것으로 하고 있으므로 투자권유시 동 원칙이 적용되는 객체는 적합성원칙의 경우와 같이 일반투자자이다.

#### ② 적용배제 및 사전고지의무

금융투자업자가 자본시장법상 전문투자형 사모집합투자기구(제249조의 2)의 집합투자증권을 판매하는 경우에는 적정성원칙에 관한 규정(금융소비자보호법 제18조 제1항 · 제2항)을 적용하지 아니한다(금융소비자보호법 제18조 제4항 본문). 다만, 적격투자자(제249조의 2) 중 일반투자자 등 대통령령으로 정하는 자가 대통령령으로 정하는 바에 따라 요청하는 경우에는 그러하지 아니하다(동법 동조 동항 단서). 그리고 금융투자업자는 앞의 단서에 따라 대통령령으로 정하는 자에게 적정성원칙에 관한 규정

146) Danny Busch · Guido Ferrarini(2017), pp.90, 109.

(동법 제18조 제1항·제2항)의 적용을 별도로 요청할 수 있음을 미리 알려야 한다(동법 동조 제5항·동법시행령 제12조).

### (5) 설명의무

#### 1) 의의 및 연혁

설명의무라 함은 '정확하고 완전하게 알려주어야 할 의무'를 말한다. 설명의무는 독일에서 금융기관의 주의의무의 하나로서 논의되어 왔다. 원칙적으로 일반사법상의 거래에서 일방이 상대방에 대하여 거래의 위험 등에 대하여 설명할 의무는 없다. 그러나 구체적인 거래에 따라서는 그 범위에 차이가 있기는 하지만, 금융거래에서 금융기관이 고객에 대해 설명의무를 부담한다는 점에 대하여는 다툼이 없다. 그 이유로는 ① 금융기관과 고객 사이에 존재하는 정보의 격차, ② 금융기관은 당해 업무로부터 이익을 얻는다는 점을 들 수 있다.

따라서 투자권유에서의 설명의무란 증권업자가 투자권유를 할 때 고객에게 충분히 정보를 제공하고 상품의 내용, 위험도, 계약의 형태 등을 정확하게 알려주어야 할 의무를 말한다.[147] 우리나라의 실정법에서 투자권유시 설명의무에 관한 규정은 舊증권투자신탁업법[148]에 규정되어 있었다(동법 제27조 제2항). 동법에서의 설명의무는 투자신탁설명서를 기초자료로 하여 부담하는 것으로 하였는데, 동법시행령에서는 투자신탁설명서에 기재하여야 할 세부내용을 열거하였다(동법시행령 제13조 제1항). 그리고 그 내용은 이후 舊자산운용업법[149]으로 확대·계수되었다(동법 제56조 제2항). 또한 금융감독위원회의 舊증권업감독규정(제4-4조 제1항, 제4-17조 제1항)과 증권거래소의 舊선물·옵션업무규정(제59조, 제61조 제1항, 제2항) 등에서도 관련규정을 두고 있었다. 이후 수차례의 변화를 거쳐 자본시장법으로 계수되었고, 현재는 금융소비자보호법 제19조에 규정되어 있다.

---

147) Thompson v. Smith Barney, Harris Upham & Co., 709 F.2d 1413, 1419 (11th Cir. 1983); 服部育生(2000), 63面.

148) 법률 제2129호, 1969. 8. 4. 제정.

149) 법률 제6987호, 2003. 10. 4. 제정. 이 법률은 舊증권투자신탁업법과 舊증권투자회사법을 확대하여 제정되었다. 이후 자본시장법이 법률 제8635호, 2007. 8. 3. 공포되면서 통합·폐지되었다.

### 2) 설명의무의 내용

#### ① 의무의 주체 · 객체

금융소비자보호법상 설명의무를 부담하는 자는 금융상품판매업자 등이다(동법 제19조 제1항). 따라서 자본시장법상 이에 해당하는 자는 투자중개업자 및 투자자문업자이다(동법 제19조 제1항 괄호 참조). 집합투자업자가 직접 펀드투자를 권유하는 때, 즉 투자중개업자로서의 인가를 받은 경우(제12조 제1항)에도 설명의무를 부담한다. 금융소비자보호법은 설명의무를 일반금융소비자로 한정하여 적용하고 있으므로 투자권유시 동 의무가 적용되는 객체는 적합성원칙 및 적정성원칙의 경우와 같이 일반투자자이다.

#### ② 설명사항

##### 가. 상품에 관한 사항

금융투자업자가 일반투자자에게 계약체결을 권유하는 경우 및 일반투자자가 설명을 요청하는 경우에는 금융투자상품에 관한 '중요한 사항'을 일반투자자가 이해할 수 있도록 설명하여야 한다. 이때 일반투자자가 특정 사항에 대한 설명만을 원하는 경우에는 해당사항으로 한정한다(금융소비자보호법 제19조 제1항). 금융소비자보호법은 '중요한 사항'으로서 투자성 상품에 대하여는 ① 투자성 상품의 내용, ② 투자에 따른 위험, ③ 대통령령으로 정하는 투자성 상품의 경우 대통령령으로 정하는 기준에 따라 금융상품직접판매업자가 정하는 위험등급 등을 명시하고 이를 설명하도록 하고 있다. 그 밖에 ④ 투자자가 부담해야 하는 수수료 등 투자성 상품에 관한 중요한 사항으로서 대통령령으로 정하는 사항 등도 설명하도록 정하고 있다(동법 동조 동항 제1호 나목). 그리고 투자성 상품과 연계되거나 제휴된 금융상품 또는 서비스 등(이하 '연계 · 제휴서비스 등')이 있는 경우에는 ① 연계 · 제휴서비스 등의 내용, ② 연계 · 제휴서비스 등의 이행책임에 관한 사항, ③ 그 밖에 연계 · 제휴서비스 등의 제공기간 등 연계 · 제휴서비스 등에 관한 중요한 사항으로서 대통령령으로 정하는 사항에 대하여 설명하여야 한다(동법 동조 동항 제2호).

##### 나. 청약철회에 관한 사항 등

금융소비자보호법은 일반투자자에게 청약의 철회를 인정하고 있다. 그리하여 일반투자자가 금융투자업자와 투자성 상품이나 투자자문업에 관한 계약의 청약을 한 경우에는 계약서류를 제공받은 날 또는 계약체결일로부터 7일 이내에 청약을 철회할 수 있다(동법 제19조 제1항 제3호 · 제46조 제1항 제2호). 이른바 계약의 해제를 원하는 경우 숙려기간을 인정하고 있는 것이다. 이러한 청약의 철회는 일반투자자가 청약의 철회의사를 표시하기 위하여 서면을 발송한 때에 효력이 발생한다. 이 경우서 대통령령에서 서면 이외의 방법을 정한 때에는 그에 따른다(동법 제19조 제1항 제3호 · 제46조 제2항 제1호).

그 밖에 금융투자업자는 일반투자자를 보호하기 위하여 대통령령으로 정하는 사항에 관하여도 설명을 하여야 한다(동법 제19조 제1항 제4호).

#### 다. 거짓 또는 왜곡설명 금지

금융투자업자는 계약체결을 권유하는 경우 그에 따른 설명을 할 때 일반투자자의 합리적인 판단 또는 금융투자상품의 가치에 중대한 영향을 미칠 수 있는 사항으로서 대통령령으로 정하는 사항을 거짓으로 또는 왜곡하여 설명하거나 대통령령으로 정하는 중요한 사항을 빠뜨려서는 아니 된다. 여기서의 '왜곡'이라 함은 불확실한 사항에 대하여 단정적 판단을 제공하거나 확실하다고 오인하게 할 소지가 있는 내용을 알리는 행위를 말한다(금융소비자보호법 제19조 제3항).

한편 일반적으로 '알리는 행위'라 함은 '소개'에 머무르는 행위를 뜻한다. 그러므로 금융소비자보호법에서 말하는 설명의무는 '소개'행위까지 미친다고 해석할 수 있다.

### 3) 설명서제공의무와 확인의무

금융투자업자는 계약체결을 권유하는 경우 그에 따른 설명에 필요한 설명서를 일반투자자에게 제공하여야 한다. 그리고 설명한 내용을 일반투자자가 이해하였음을 서명, 기명날인, 녹취 또는 그 밖에 대통령령으로 정하는 방법으로 확인을 받아야 한다. 다만, 투자자 보호 및 건전한 거래질서를 해칠 우려가 없는 경우로서 대통령령으로 정하는 경우에는 설명서를 제공하지 아니할 수 있다(금융소비자보호법 제19조 제2항). 그리고 이에 따른 설명서의 내용 및 제공 방법 · 절차에 관한 세부내용은 대통령령으로 정한다(동법 동조 제4항).

### (6) 불공정영업행위의 금지

#### 1) 의의

금융소비자보호법상 불공정영업행위라 함은 금융투자업자가 우월적 지위를 이용하여 금융투자자의 권익을 침해하는 행위를 말한다(동법 제20조 제1항 참조). 동법은 이러한 행위를 엄격히 규제하고 있다.

#### 2) 의무의 주체 및 객체

금융소비자보호법상 불공정영업행위가 금지되는 자는 금융상품판매업자 등이다(동법 제20조 제1항). 그러므로 자본시장법상 이에 해당하는 자는 투자중개업자 및 투자자문업자이다(금융소비자보호법 제19조 제1항 괄호 참조). 집합투자업자가 직접 펀드투자를 권유하는 때, 즉 투자중개업자로서의 인가를 받은 경우(제12조 제1항)에도 불공정영업행위가 금지된다. 불공정영업행위가 금지되는 객체는 금융소비자이다. 따라서 투자권유시에는 적합성원칙, 적정성원칙 및 설명의무와는 달리 일반투자자 및 전문투자자가 모두에게 불공정영업행위의 금지규정이 적용된다(금융소비자보호법 제20조 제1항).

이와 같이 모든 투자자에게 불공정영업행위가 적용되는 이유는 행위의 부당성이 다른 권유행위보다 심각할 수 있기 때문이다.

#### 3) 금지의 내용

금융투자업자는 ① 대출성 상품, 그 밖에 대통령령으로 정하는 금융투자상품에 관한 계약체결과 관련하여 투자자의 의사에 반하여 다른 금융투자상품의 계약체결을 강요하는 행위(제1호), ② 대출성 상품, 그 밖에 대통령령으로 정하는 금융투자상품에 관한 계약체결과 관련하여 부당하게 담보를 요구하거나 보증을 요구하는 행위(제2호), ③ 금융투자업자 또는 그 임직원이 업무와 관련하여 편익을 요구하거나 제공받는 행위(제3호)를 하여서는 아니 된다(금융소비자보호법 제20조 제1항). 그리고 연계·제휴서비스 등이 있는 경우 연계·제휴서비스 등을 부당하게 축소하거나 변경하는 행위로서 대통령령으로 정하는 행위도 금지된다. 다만, 연계·제휴서비스 등을 불가피하게 축소하거나 변경하더라도 투자자에게 그에 상응하는 다른 연계·제휴서비스 등을 제공하는 경우와 금융투자업자의 휴업·파산·경영상의 위기 등에 따른 불가피한 경우는 예외이다(동법 제20조 제1항 제5호). 그 밖에 금융투자업자가 우월적 지위를 이용하여 투자자의 권익을 침해하는 행위 역시 불공정영업행위로써 금지된다(동법 동조 동항 제6호).

한편 불공정영업행위에 관하여 구체적인 유형 또는 기준은 대통령령으로 정한다(동법 동조 제2항).

### (7) 부당권유행위금지

#### 1) 부당권유행위의 의의 및 금지의 취지

부당권유행위란 기술한 투자권유의 개념에 반하여 투자자의 건전한 투자판단을 저해하는 행위를 말한다. 부당권유행위는 거래의 공평성과 공정성을 왜곡시킬 뿐만 아니라 부당투자권유행위에 응하여 거래를 한 고객에게 재산상의 손해를 입힐 수 있다. 그리고 부당권유는 전문가인 금융투자업자가 투자계약의 유인단계에서 투자자와 선량하게 투자계약을 체결하여야 할 선관주의의무에 반하는 행위라고 할 수 있다.[150] 그리하여 舊증권거래법(동법 제14조), 舊자본시장법(동법 제49조)에서는 선관주의의무의 구체적 내용으로서 부당권유행위의 구체적 유형을 정하여 금지시켜왔다. 동 규정들은 현재 금융소비자보호법으로 이관되어 부당권유행위를 금지시키고 있다(동법 제21조).

#### 2) 설명의무와의 차이

금융소비자보호법의 법문에 의하면 설명의무와 부당권유행위 금지규정은 중복되는 면이 있다. 대표적으로는 단정적 판단의 제공행위가 그에 해당한다(동법 제19조 제3항 괄호, 제21조 제1호). 그리고 동법은 '내부통제기준에 따른 직무수행 교육을 받지 않은 자로 하여금 계약체결 권유와 관련된 업무를 하게 하는 행위'를 부당권유행위의 한 유형으로 열거하고 있는데(동법시행령 제16조 제3항 제1호), 이 역시 설명의무 위반이라고 할 수 있다(동법 제19조 제1항). 다만, 전체적으로 보면, 설명의무는 '중요한 사항'을 일반투자자에게 적극적으로 알려야 하는 의무를 말하고, 부당권유행위는 적극적인 허위표시, 부실표시 또는 소극적인 불표시를 통하여 투자를 권유하는 행위라는 점에서 차이가 있다. 그리고 설명의무는 일반투자자를 대상으로 하고, 부당권

150) 오성근(2004), 77면.

유행위금지는 모든 투자자를 대상으로 한다는 점과 그 취지는 기술한 바와 같다.

### 3) 유형

#### ① 단정적 판단의 제공행위

단정적 판단이라 함은 금융투자상품의 매매 기타 거래와 관련하여 투자자에게 특정 금융투자상품 가격의 상승 또는 하락에 대하여 판단의 근거가 되는 구체적 또는 합리적인 정보의 제공을 동반하지 않는 경우를 말한다.[151] 금융소비자보호법은 이를 '불확실한 사항에 대하여 단정적 판단을 제공하거나 확실하다고 오인하게 할 소지가 있는 내용을 알리는 행위'로 표현하고 있다(동법 제21조 제1호). 구체적으로는 '이 주식의 주가는 다음 달에 10,000원이 될 것', '이 주식은 작전주이므로 60,000원까지 상승할 것이라는 취지를 알리고, 작전의 중심멤버와 직접적으로 연락을 할 수 있으므로 만약 무슨 일이 있으면 피고가 책임을 질 것' 또는 '전문가가 참여하고 있고, 펀드운용자(Fund Manager)가 확실히 운용을 하고 있으므로 틀림없이 이익을 얻을 것'이라고 하여 권유하는 행위 등이 이에 해당한다.[152]

#### ② 허위사실고지

금융소비자보호법은 부당권유행위의 하나의 유형으로서 금융투자상품의 내용을 사실과 다르게 알리는 행위를 명시하고 있다(동법 제21조 제2호). 이른바 허위사실고지를 금지하고 있는 것이다. 예를 들면, 금융투자상품의 구조에 관한 내용을 사실과 다르게 알리거나, 장내파생상품과 장외파생상품에 관한 내용을 사실과 다르게 알리는 행위 등이 여기에 포함된다. 그리고 펀드(Fund)의 경우 채권형펀드인지 주식형펀드인지 혹은 자산편입비율에 관한 내용을 사실과 다르게 알리는 경우도 이에 해당한다.

이러한 허위사실고지는 금융투자상품에 관한 고지내용 전체를 허위로 만들고 적극적으로 허위사실을 알림으로써 투자자의 투자판단을 왜곡시키기 때문에 금지하고 있다.

---

151) 오성근(2004), 101면.
152) 오성근(2004), 102－107면.

### ③ 중요한 사항의 불고지

금융소비자보호법은 금융투자상품의 가치에 중대한 영향을 미치는 사항을 미리 알고 있으면서 투자자에게 알리지 아니하는 행위를 금지하고 있다(동법 제21조 제3호). 즉 중요한 사항을 고지하지 않는 소극적 행위를 금지하고 있는 것이다. 본래 이러한 행위는 허위사실고지와는 달리 금융투자업자의 적극적인 고지행위를 요건으로 하지 않는다. 그러나 어느 쪽이든 투자자의 오해를 유발할 수 있고, 투자자에게 중요한 사항을 알리지 않는 것도 금융투자상품에 관한 전체적인 고지를 부실하게 만들고, 허위사실고지와 동일하게 위법성을 갖기 때문에 금지하고 있다고 본다.[153]

### ④ 오인을 유발하게 하는 고지

오인을 유발하게 하는 고지라 함은 투자자의 오해를 발생시킬 우려가 있는 고지를 말한다. 금융소비자보호법은 이를 금융투자상품 내용의 일부에 대하여 비교대상 및 기준을 밝히지 아니하거나 객관적인 근거 없이 다른 금융투자상품과 비교하여 해당금융상품이 우수하거나 유리하다고 알리는 행위로 정의하고, 이를 금지하고 있다(동법 제21조 제4호).

오인을 유발하게 하는 고지에 대하여는 '애매한 고지'와 '반진실(half-truths)고지'로 구분할 수 있다. '애매한 고지'는 고지사실 자체가 어느 의미에서는 진실하지만 다른 의미에서는 허위인 것처럼 보이는 고지를 말한다. 반진실고지는 고지된 사실은 진실하지만 투자자가 오인하지 않도록 하기 위하여 필요한 사실을 알리지 않음으로써 오해를 유발하게 하는 고지를 말한다.[154] 반진실고지는 예를 들면, 회사채나 주식발행회사의 평균이익률만을 표시하고 있을 뿐 이익률이 계속하여 감소하고 있다는 사실을 알리지 아니한 경우와 같이 일부의 사실을 누락함으로써 투자자의 오해를 유발하게 하는 고지가 전형적인 예이다. 그리고 특정 금융투자상품의 절대적인 수익률만을 알리고, 동종업종의 평균수익률이나 비교가능한 다른 금융투자상품의 수익률을 알리지 아니하는 행위도 또 다른 예이다. 따라서 고지되지 아니한 부분으로 말미암아 금융투자상품 전체에 관하여 오인 인상을 초래하거나 고지사항의 일부를 허위로 만들 때에는 적극적인 부실고지가 되어 위법성을 갖게 된다.

한편 금융소비자보호법 제21조 제4호 중 앞 문장은 '애매한 고지'라고 할 수 있고,

---

153) 오성근(2004), 82면 참조.
154) 오성근(2004), 81면.

뒤의 문장은 '반진실고지'라고 할 수 있다.

⑤ 투자성 상품의 불초청권유

금융소비자보호법은 투자성 상품의 경우 금융투자자로부터 계약의 체결권유를 해 줄 것을 요청받지 아니하고 방문 또는 전화 등 실시간 대화의 방법을 이용하는 행위를 금지하고 있다(동법 제21조 제6호 가목). 이른바 불초청권유행위(unsolicited call)를 금지하고 있는 것이다. 그 이유는 투자자의 사생활을 해치고, 충동적인 투자를 유발할 우려가 있기 때문이다.[155] 비교법적으로는 영국의 「1986년 금융서비스법」(Financial Service Act 1986, FSA 1986) 제56조 및 이를 확대 · 계수한 「2000년 금융서비스 · 시장법」(Financial Services and Markets Act 2000, FSMA 2000) 제21조 · 「업무행위규칙 3(COB 3)」의 COB 3.10.3,[156] 일본의 「금융상품거래법」 제38조, 호주의 「2001년 금융서비스개혁법」(Financial Services Reform Act of 2001, FSRA 2001) 제992A조 · 제992AA조 등에서 관련규정을 두고 있다.

⑥ 의사에 반하는 재권유

가. 의의

금융소비자보호법은 계약의 체결권유를 받은 금융투자자가 이를 거부하는 취지의 의사를 표시하였는데도 계약의 체결권유를 계속하는 행위도 금지하고 있다(동법 제21조 제6호 나목). 이른바 의사에 반하는 재권유행위(solicitation against will)에 대하여도 금지하고 있는 것이다.

나. 적합성원칙과의 관계 및 금지대상상품

의사에 반하는 재권유금지원칙은 특히, 적합성원칙만으로는 투자자를 충분히 보호할 수 없다고 인정되는 거래에 대하여 투자자의 속성을 묻지 않고 일률적으로 적용하는데 그 특징이 있다. 이러한 점에서 재권유금지원칙은 적합성원칙과 불초청권유금지의 사이에 위치한다고 해석할 수 있다. 불초청권유의 금지대상은 '방문 또는 전화 등'을 이용한 권유행위로 한정되고 있는데 비하여, 의사에 반하는 재권유의 금

---

155) 한국증권법학회(2015 I ), 312면.

156) 오성근, "영국 금융서비스 · 시장법상 금융프로모션규제와 입법적 시사점", 한양법학 제21집 제1호(2007. 8), 496면.

지대상이 되는 행위에 대하여는 한정하고 있지 않기 때문이다. 다만, 의사에 반하는 재권유금지의 대상이 되는 전형적인 금융투자상품으로는 금리·통화 등의 장외파생상품거래, 시장파생상거래를 포함하는 금융선물거래 및 이와 유사한 외국의 시장파생상품거래를 생각해 볼 수 있다. 투자자들이 자기책임으로 투자하기가 용이하지 않기 때문이다.

다. 재권유의 허용 및 권유수락의사확인의무

금융소비자보호법은 투자자가 체결권유를 거부하는 의사를 표시하였음에도 계약의 체결권유를 계속하는 행위를 금지하고 있다. 그러므로 금융투자업자가 재권유 행위를 한 후 일정 기간경과 후의 재권유 및 다른 종류의 금융투자상품에 대한 투자권유는 가능하다. 다만, 이 경우에도 투자자는 거부의사를 표시할 수 있다. 따라서 금융투자업자는 재권유를 하기 전에 투자자가 권유를 받을 의사가 있는지의 여부를 확인하여야 한다고 본다. 이른바 권유수락의사확인의무를 부담하는 것이다.

⑦ 부적격자 및 정보조작에 의한 권유

금융소비자보호법은 위에서 기술한 부당권유행위 이외에도 금융투자자 보호 또는 건전한 거래질서를 해칠 우려가 있는 행위로서 대통령령으로 정하는 행위를 금지하고 있다(동법 제21조 제7호). 이에 의거 동법시행령 제16조 제3항은 ① 내부통제기준에 따른 직무수행 교육을 받지 않은 자로 하여금 계약체결 권유와 관련된 업무를 하게 하는 행위(제1호), ② 동법 제17조 제2항에 따른 일반투자자의 정보를 조작하여 권유하는 행위(제2호), ③ 투자성 상품에 관한 계약의 체결을 권유하면서 일반투자자가 요청하지 않은 다른 대출성 상품을 안내하거나 관련 정보를 제공하는 행위(제3호), ④ 그 밖에 제1호 내지 제3호까지의 행위에 준하는 것으로서 금융상품에 대한 투자자의 합리적 판단을 저해하는 금융위원회가 정하여 고시하는 행위(제4호)를 금지하고 있다.

4) 규제사항 및 책임

부당권유행위금지와 관련하여 금융소비자보호법의 법문상으로는 설명의무와는 달리 '중요한 사항'이라는 표현이 없다. 이 때문에 중요한 사항은 물론 중요하지 아니한 모든 사항에 대하여도 규제가 이루어질 수 있다. 이 경우 부당권유행위에 대한 사후 구제책에 대하여는 구분하여 살펴볼 필요가 있다. 우선, 손해배상을 청구하기 위하여는 그 요건으로 '중요한 사항'에 대하여 거짓의 내용을 알리는 행위가 필요하다. 왜냐하면 금융투자업자가 투자권유를 할 때 투자자는 중요하지 않은 사항에 의하여 투자판단을 하더라도 그로 인하여 손해를 입을 가능성이 거의 없기 때문이다. 미국의 1933년 증권법(Securities Act of 1933, SA 1933) 제11조도 이러한 취지를 반영하고 있다.

둘째, 투자자의 투자판단에 영향을 미치지 아니하는 미세한 사항에 대하여도 거짓을 알릴 수 있기 때문에 '중요하지 아니한 사항'은 행정처분의 원인이 될 수 있다고 본다. 금융소비자보호법이 부당권유행위에 반하는 행위를 한 자에게 과징금을 부과할 수 있도록 하고(동법 제57조), 과태료의 처분을 하도록 하는 것(동법 제69조)은 이러한 뜻을 반영한 규정으로 풀이된다.

셋째, 자본시장법은 금융투자업자가 법령 · 약관 · 집합투자규약 · 투자설명서(제123조 제1항)에 위반하는 행위를 하거나 그 업무를 소홀히 하여 투자자에게 손해를 발생시킨 경우에는 그 손해를 배상할 책임이 있다고 명시하고 있다. 따라서 투자자는 금융소비자보호법상 부당권유행위금지규정에 위반하여 손해를 입은 경우 손해배상을 청구할 수 있다. 그리고 민법상의 불법행위요건(동법 제750조)을 충족하는 경우에는 그로 인한 책임을 물을 수도 있다. 예를 들면, 금융투자업자가 허위의 사실을 알리어 투자를 권유하고, 투자자는 이를 신뢰하여 투자결정을 함으로써 금융투자업자가 위탁거래를 실행하여 수수료를 징수하면, 그 행위는 사기적 행위에 해당하므로 불법행위책임이 발생할 수 있다.[157)]

한편 법문은 거짓을 알리는 행위 그 자체를 금지하고 있으므로 투자자가 계약을 체결하였는지의 여부는 묻지 않는다.

### (8) 광고규제

#### 1) 규제의 대상 및 예외

금융소비자보호법은 광고규제에 관한 규정을 두고 있다. 그리하여 ① '금융상품판매업자 등이 아닌 자' 및, ② '투자성 상품에 관한 금융상품판매대리 · 중개업자 등 대통령령으로 정하는 금융상품판매업자 등'이 금융상품판매업자 등의 업무에 관한

---

157) 서울고등법원 1994. 4. 2. 선고 98나42266 판결.

광고 또는 금융상품에 관한 광고(이하 '금융상품 등에 관한 광고')를 하는 행위를 금지하고 있다(동법 제22조 제1항 본문). 다만, ① 한국금융투자협회, 보험협회 등 그리고 이에 준하는 기관으로서 대통령령으로 정하는 기관 및 ② 그 밖에 금융상품판매업자 등이 아닌 자로서 금융상품판매업자 등을 자회사 또는 손자회사로 하는 금융지주회사 등 대통령령으로 정하는 자는 금융상품 등에 관한 광고를 할 수 있다(동법 제22조 제1항 단서).

### 2) 규제의 취지

광고는 다수의 투자자에게 정보를 제공하고 금융투자상품에 대한 유인을 할 수 있는 수단으로서 현실적으로 투자자의 행동에 큰 영향을 미친다. 그리하여 금융투자상품의 이점만을 강조하고 위험성 등에 관한 단점을 정확히 전달하지 않는 경우에는 투자자가 잘못된 투자판단을 할 수 있다. 따라서 금융소비자보호법이 광고를 규제하는 것은 금융투자업자가 일정한 정보 또는 일정한 사실을 정확히 전달하지 아니하고 상대방을 오인하게 한 상태에서의 투자권유행위는 위법하다고 할 수 있기 때문에 이를 방지하기 위함이다.[158]

### 3) 규제의 내용

금융소비자보호법상 금융상품판매업자 등[159]이 금융상품 등에 관한 광고를 하는 경우에는 금융소비자가 금융상품의 내용을 오해하지 아니하도록 명확하고 공정하게 전달하여야 한다(동법 제22조 제2항). 그리고 투자성 상품에 관하여 광고를 하는 경우에는 ① 투자에 따른 위험, ② 과거 운용실적을 포함하여 광고를 하는 경우에는 그 운용실적이 미래의 수익률을 보장하는 것이 아니라는 사항, ③ 그 밖에 금융소비자 보호를 위하여 대통령령으로 정하는 내용이 포함되어야 한다(동법 제22조 제3항 제3호·제4호).

나아가 투자성 상품을 광고하는 경우에는 다음과 같은 행위를 하여서는 아니 된다(동법 제22조 제4항 제4호). 즉 ① 손실보전 또는 이익보장이 되는 것으로 오인하게 하는 행위. 다만, 금융소비자를 오인하게 할 우려가 없는 경우로서 대통령령으로 정

---

158) Dension v. Kelly, [1991 Transfer Binder], Federal Securities Law Reports(CCH), 96019, 90097(Mar. 20. 1991).

159) 금융소비자보호법 제22조 제1항 단서에 해당하는 자를 포함한다.

하는 경우는 제외한다(가목). ② 대통령령으로 정하는 투자성 상품에 대하여 해당투자성 상품의 특성을 고려하여 대통령령으로 정하는 사항 외의 사항을 광고에 사용하는 행위(나목), ③ 수익률이나 운용실적을 표시하는 경우 수익률이나 운용실적이 좋은 기간의 수익률이나 운용실적만을 표시하는 행위 등 금융소비자 보호를 위하여 대통령령으로 정하는 행위(다목)를 하여서는 아니 된다.

#### 4) 기타

금융상품판매업자 등이 금융투자상품 등에 관한 광고를 할 때「표시 · 광고의 공정화에 관한 법률」(이하 '표시광고법')상의 표시 · 광고사항(동법 제4조 제1항)이 있는 경우에는 해당법률에서 정하는 바에 따른다. 그리고 협회 등은 금융상품판매업자 등의 금융상품 등에 관한 광고와 관련하여 대통령령으로 정하는 바에 따라 광고 관련 기준을 준수하는지를 확인하고 그 결과에 대한 의견을 해당금융상품판매업자 등에게 통보할 수 있다. 또 광고규제에 관한 구체적인 내용 및 광고의 방법과 절차는 대통령령으로 정한다(금융소비자보호법 제22조 제5항 내지 제7항).

### (9) 계약서류 제공의무

#### 1) 관련규정 및 취지

금융상품직접판매업자 및 금융상품자문업자는 금융소비자와 금융상품 또는 금융상품자문에 관한 계약을 체결하는 경우 금융상품의 유형별로 대통령령으로 정하는 계약서류를 금융소비자에게 지체 없이 제공하여야 한다. 다만, 계약내용 등이 금융소비자 보호를 해칠 우려가 없는 경우로서 대통령령으로 정하는 경우에는 계약서류를 제공하지 아니할 수 있다(금융소비자보호법 제23조 제1항). 그리고 이에 따른 계약서류 제공의 방법 및 절차는 대통령령으로 정한다(동법 제23조 제3항).

금융상품거래는 계약이 체결된 후 사후적 분쟁이 발생할 가능성이 있기 때문에 이에 대비하여 관련 근거서류를 제공하도록 하는 데 동 규정의 취지가 있다.

#### 2) 입증책임의 전환

금융소비자보호법은 계약서류를 제공한 경우 그 사실에 관하여 금융소비자와 다툼이 있는 경우에는 금융상품직접판매업자 및 금융상품자문업자가 이를 증명하도록 하여 입증책임을 전환시키고 있다(동법 제23조 제2항). 이는 금융상품직접판매업자 및 금융상품자문업자는 계약 체결을 전문으로 하는 자로서 내부통제제도 등을 통하여 계약서류를 체계적으로 보존·관리하고 있다는 점을 고려한 규정이다.

## 2. 자본시장법상 규제

### (1) 손실보전약속행위 등의 금지

#### 1) 의의 및 취지

손실보전약속행위란 유가증권의 매매거래에 있어서 고객에 대하여 당해 거래에서 발생하는 손실의 전부 또는 일부를 부담할 것을 약속하는 행위를 말한다. 손실보전행위는 부당투자권유의 대표적인 예이므로 자본시장법에서는 손실보전행위에 의한 권유행위를 금지하고 있다(제55조). 손실보전약속행위는 자본시장의 본질을 훼손하고 안이한 투자판단을 초래하여 가격형성의 공정을 왜곡하는 행위로서, 금융상품투자에 있어서의 자기책임원칙에 반하는 것이다.[160] 그리고 손실보전약속행위는 투자자의 시장에 대한 신뢰를 손상시키고 투자자를 보호하고자 하는 자본시장법의 목적에 반함은 물론 금융투자업자의 재무건전성을 훼손할 수 있기 때문에 이를 방지하기 위하여 금지시키고 있다.

#### 2) 금지의 범위

일반적으로 손실보전행위의 범위에는 일정한 이익까지 제공하기로 하는 약속인 이익보증행위도 포함된다.[161] 이에 따라 자본시장법은 ① 투자자가 입을 손실의 전부 또는 일부를 보전하여 줄 것을 사전에 약속하는 행위, ② 투자자가 입은 손실의 전부 또는 일부를 사후에 보전하여 주는 행위, ③ 투자자에게 일정한 이익을 보장할 것을 사전에 약속하는 행위, ④ 투자자에게 일정한 이익을 사후에 제공하는 행위를 금지하고 있다(제55조 제1호 내지 제4호).

법문의 규정에 따라 손실보전행위의 구체적인 예를 들면 다음과 같다. 첫째, 투자를 권유하는 단계에서 증권회사와 고객간에 '일정한 수익률을 보장'하여 거래를 권유하는 행위도 금지된다.[162] 예컨대 ① 현재 주가가 10,000원인 주식을 9,000원에

---

160) 오성근(2004), 94면; 대법원 2001. 4. 24. 선고 99다30718 판결.
161) 대법원 1997. 2. 14. 선고 95다19140 판결; 대법원 1996. 8. 23. 선고 94다38199 판결.
162) 대법원 1996. 8. 23. 선고 94다38199 판결 참조; 대법원 1997. 2. 14. 선고 95다19140 판결.

매도한 경우 '주당매매손실인 1,000원 또는 그 일부 금액을 보전할 것을 약속하는 행위'와, ② 현재 10,000원인 주식에 대해 사전적으로, 예컨대 10%의 이익률을 약정하여 9,000원에서 매도행위가 이루어졌으면 '2,000원에 대하여 보증을 약속하며 권유하는 행위'도 금지의 대상이 된다. 이러한 경우에는 단정적 판단의 제공행위와 관련되는 경우가 대부분이라고 할 수 있으나, 독립적으로 발생할 수도 있다.[163]

둘째, '손실의 일부를 보전할 것을 약속하는 행위'란 그 부담부분이 확정금액으로 제시되거나 또는 그 부담부분을 확정할 수 있는 기준을 제시하여 행하여 진 경우도 해당한다.

셋째, '손실보전의 약속'이란 절대적인 경우뿐만이 아니라 일정한 요건과 관련이 있는 경우에도 해당한다. 따라서 주문의 일시, 내용을 특정하고 그에 합치하는 경우에 손실보전을 약속하여 거래를 한 경우에는 손실보전의 약속에 해당한다.

넷째, 손실보전의 약속은 서면 또는 구두에 의한 경우 모두 해당한다. 또한 투자권유와 동시에 이루어질 것을 요하지 않고, 이익을 제공하는 자와 동일인에 의하여 이루어질 필요도 없다.

다섯째, 손실보전을 약속하여 권유가 이루어진 한 투자자가 그 권유에 따라 거래를 하지 않더라도 제55조에 위반한다.

여섯째, '이익을 제공하는 행위'란 현금을 제공하는 것만이 아니라 금융투자업자가 투자자와의 사이에 상대매매에 의하여 주식을 저가에 팔고 당해 주식을 고가에 매입하는 방법으로 고객에게 매각이익을 제공하는 경우도 포함된다. 또한 '간접적인 이익의 제공'이라고 할 수 있는 각종 용역의 제공도 포함된다고 할 수 있다.[164]

한편 손실보전약속행위 등은 금융투자업자의 임직원이 자기의 계산으로 하는 경우에도 적용된다(제55조 후단). 그리고 업무를 위탁받은 자가 그 위탁받은 업무를 영위하는 경우에도 준용된다(제42조 제10항·제42조 제1항). 또한 투자권유대행인이 투자권유를 대행하는 경우에도 준용된다(제52조 제6항).

---

163) 예를 들면, 거액의 투자자를 유치하기 위하여는 단정적 판단의 제공보다는 일정한 이익률을 약속하는 방법이 보다 쉬울 것이다.

164) 오성근(2004), 99-101면.

### 3) 예외적 허용

#### ① 연금 또는 퇴직금신탁

본래 신탁업자는 수탁한 재산에 대하여 손실의 보전이나 이익의 보장을 하여서는 아니 된다(제103조 제3항 · 시행령 제104조 제1항 본문). 다만, 예외적으로 연금이나 퇴직금의 지급을 목적으로 하는 신탁으로서 금융위원회가 정하여 고시하는 경우에는 손실의 보전이나 이익의 보장을 할 수 있다(시행령 제104조 제1항 단서). 이는 연금이나 퇴직금 수급자로 하여금 예측가능한 자산운용을 하고, 수급자의 안정적인 생활보장을 고려한 규정이다.

#### ② 사적 화해 또는 분쟁조정절차를 취하는 경우

투자매매업자 또는 투자중개업자는 불건전영업행위를 하여서는 아니 된다(제71조). 손실보전의 약속행위도 넓게는 이에 해당할 수 있다. 다만, 자본시장법은 투자자 보호 및 건전한 거래질서를 해할 우려가 없는 경우로서 대통령령으로 정하는 경우에는 예외적으로 이를 허용하고 있다. 이에 해당하는 예로는 ① 투자매매업자 · 투자중개업자 및 그 임직원이 자신의 위법[165]행위여부가 불명확한 경우 사적 화해의 수단으로 손실을 보상하는 행위,[166] ② 투자매매업자 또는 투자중개업자의 위법행위로 인하여 손해를 배상하는 행위, ③ 분쟁조정 또는 재판상의 화해절차에 따라 손실을 보상하거나 손해를 배상하는 행위를 들 수 있다(제71조 · 시행령 제68조 제5항 제14호 · 금융투자업규정 제4－20조 제1항 제7호).

한편 위와 같은 손실보상을 하기 위하여는 사전에 준법감시인에게 보고하여야 한다. 준법감시인이 없는 경우에는 감사 등 이에 준하는 자에게 보고하여야 한다(금융투자업규정 제4－20조 제1항 제7호 괄호).

### 4) 위반의 효과

손실보전약속행위를 금지시키는 규정(제55조)은 강행규정이다. 손실보전약속행위 등은 선량한 풍속 기타 사회질서에 반하는 행위이기 때문이다.[167] 이는 이에 해당하

165) 과실로 인한 위법을 포함한다.
166) 다만, 증권투자의 자기책임원칙에 반하는 경우에는 그러하지 아니하다.
167) 최홍석, “투자가에 대한 증권회사의 책임”, 상사법연구 제16권 제2호(1997), 634면; 김건식, “증권회사직원의 이익보증약정과 투자자의 구제”, 민사판례연구 제19집(1997), 289면;

는 자에 대하여는 3년 이하의 징역 또는 1억원 이하의 벌금에 처한다는 형사처벌조항(제445조 제10호)에서도 그 근거를 찾을 수 있다. 따라서 무효인 손실보전약속 등의 행위에 따라 투자자가 수령한 이익금은 원인 없는 부당이득으로써 금융투자업자에게 반환되어야 한다. 다만, 이익보전약속행위는 자본시장법 제55조 등에 위반한 행위로서 민법 제750조상의 '위법행위'에 해당하기 때문에 손해를 입은 고객은 위법행위를 제외한 다른 요건만 입증하면 손해배상을 청구할 수 있다고 본다.

한편 손실보전약속행위를 한 금융투자업자 및 그 임직원은 금융위원회로부터 등록의 취소 또는 위탁계약의 취소처분 등을 받을 수 있다(제420조 제1항 · 제3항[별표1], 제422조[별표1]).

### (2) 투자권유준칙

#### 1) 의의

자본시장법상 투자권유준칙이라 함은 금융투자업자가 투자권유를 함에 있어서 금융투자업자의 임직원이 준수하여야 할 구체적인 기준 및 절차를 말한다. 기술한 바와 같이 금융투자업자는 ① 금융소비자보호법상 6대 판매원칙을 준수하여야 하고, ② 자본시장법상 손실보전약속행위 등을 할 수 없는데, 투자권유준칙은 이러한 규제원칙들을 반영한 실무 지침이라고 할 수 있다. 일반적으로 '준칙'은 행정법상의 행정규칙의 성격을 지니지만, 자본시장법상의 준칙은 법규성이 없는 '모범규준'(best practice)의 일종으로 볼 수 있다.[168]

#### 2) 금융투자업자의 의무 및 협회의 권한

금융투자업자는 투자권유를 하는 데 필요한 '투자권유준칙'을 정하여야 한다. 다만, 파생상품 등에 대하여는 일반투자자의 투자목적 · 재산상황 및 투자경험 등을 고려하여 투자자 등급별로 차등화된 투자권유준칙을 마련하여야 한다(제50조 제1항). 그리고 금융투자업자는 투자권유준칙을 정한 경우 이를 인터넷 홈페이지 등을 이용하여 공시하여야 한다. 투자권유준칙을 변경한 경우에도 또한 같다(동조 제2항). 금융투자협회는 투자권유준칙과 관련하여 금융투자업자가 공통으로 사용할 수 있는 표준투자권유준칙을 제정할 수 있다(동조 제3항).

---

김신, "투자수익보장약정의 효력", 판례연구(부산판례연구회) 제8집(1998), 273면.
168) 김정수(2014), 275면.

### (3) 투자권유대행인

#### 1) 의의 및 취지

자본시장법상 투자권유대행인이라 함은 금융투자업자로부터 금융투자상품의 투자권유를 위탁받은 자이다(제51조 제1항). 동 제도는 舊자산운용업법상의 펀드권유인 제도(동법시행령 제55조 제1항 제6호)가 확대되어 금융투자상품 전반에 도입되었다. 동 제도는 금융투자상품의 판매망을 확충하고, 금융투자업자의 영업력을 강화하여 금융투자상품시장을 확장하는 데 기여하고자 도입되었다.

한편 파생상품에 등에 대한 투자권유에는 투자권유대행인 제도가 적용되지 아니한다(제51조 제1항 괄호). 상품의 특성상 파생상품 등에 대하여는 고도의 전문적인 지식을 요하는 경우가 많기 때문이다.

#### 2) 자격 및 등록

투자권유대행인은 일정한 자격을 갖춘 자로서 개인에 한한다(제51조 제1항). 그리고 금융투자업자는 투자권유대행인을 활용하고자 하는 경우에는 금융위원회에 등록하여야 한다(동조 제3장). 투자권유대행인이 등록을 하기 전에는 투자권유행위를 할 수 없다(동조 제2항).

#### 3) 적용제외

투자권유대행인에 대하여는 금융투자업자의 제3자에 대한 업무위탁에 관한 규정(제42조)을 적용하지 아니한다(제51조 제1항 후단). 이는 금융투자업자의 관리하에 있는 투자권유대행인에게 제42조를 적용하는 것은 타당하지 않기 때문이다.

#### 4) 금지행위

금융투자업자는 투자권유대행인 외의 자에게 투자권유를 대행하게 하여서는 아니된다(제52조 제2항). 그리고 금융투자업자는 투자권유대행인이 투자권유를 대행함에 있어서 법령을 준수하고 건전한 거래질서를 해하는 일이 없도록 성실히 관리하여야 하며, 이를 위한 투자권유대행기준을 정하여야 한다(동조 제4항). 또한 금융투자업자의 손해배상책임(제48조), 금융투자업자의 직무관련 정보의 이용 금지(제54조), 손실보전약정행위 등의 금지(제55조) 및 금융실명거래법상 금융거래의 비밀보장에 관한 규정(동법 제4조)은 투자권유대행인이 투자권유를 대행하는 경우에 준용된다(제52조 제6항).

#### 5) 검사 및 위반시의 조치

자본시장법은 투자권유대행인으로 하여금 투자권유의 대행과 관련하여 그 업무와 재산상황에 관하여 금융감독원장의 검사를 받도록 강제하고 있다(제53조 제1항). 그리고 금융위원회는 투자권유대행인이 등록요건 유지의무를 위반한 경우 등 관련법령에 위반하거나 투자권유대행인의 업무에 비추어 부당한 행위를 하는 경우에는 금융투자업자의 투자권유대행인 등록을 취소하거나 그 투자권유대행인에 대하여 6개월 이내의 투자권유대행업무 정지를 할 수 있다(동조 제2항). 이 밖에도 금융위원회는 투자권유대행인 제도의 건전한 운영에 필요한 감사 및 각종의 조치를 취할 수 있다. 또한 이에 위반하는 투자권유대행인에게는 1억원 이하의 과태료를 부과한다(제449조).

## Ⅷ. 직무관련 정보의 이용금지 등

### 1. 직무관련 정보 및 정보교류 차단의 대상이 되는 정보의 이용금지

#### (1) 의의

자본시장법은 금융투자업자가 '직무상 알게 된 정보'로서 외부에 공개되지 아니한 정보를 정당한 사유 없이 자기 또는 제3자의 이익을 위하여 이용하는 것을 금지하고 있다(제54조 제1항). 그리고 금융투자업자 및 그 임직원이 내부통제기준이 정하는 바에 따라 '정보교류 차단의 대상이 되는 정보'(제45조 제1항 · 제2항)를 정당한 사유 없이 본인이 이용하거나 제3자에게 이용하게 하는 행위도 금지하고 있다(제54조 제2항).

#### (2) 금지의 취지

직무관련 정보 등의 이용을 금지하는 것은 자본시장에서의 공정한 경쟁 및 자본시장의 공정성 · 신뢰성을 높이고자 하는 자본시장법의 목적(제1조)에 반하는 행위를 사전에 차단하기 위함이다. 예를 들면, 직무관련 정보 등을 이용하게 되면 집합투자기구(CIS) 등의 자산운용과 결합하여 선행매매(제71조 제1호)가 행하여 질 수 있고,

미공개중요정보(제174조)를 이용한 내부자거래(insider trading)로 이어질 수 있기 때문에 규율하는 것이다. 즉 선행매매(front running)나 내부자거래의 예비적 행위를 규율하는데 의미가 있는 것이다. 그리고 선행매매나 내부자거래를 회피하는 기교적 행위에 대하여도 포괄적으로 적용될 수 있다. 이러한 점에서 동조는 금융투자업자에게 공통적으로 적용되는 영업행위규칙이라고 할 수 있다.

### (3) 금지의 대상 및 범위

직무관련 정보 등의 이용금지규제의 대상은 금융투자업자, 그 임직원 및 정보교류 차단의 대상이 되는 정보를 제공받아 이용한 자이다(제54조, 제428조 제4항, 제444조 제6호의 2). 직무관련 정보의 이용은 대부분 법인관련정보와 관련될 수 있다. 특히 증권회사는 법인관련업무를 통하여 금융투자상품 발행회사에 관한 정보를 얻기 쉬운 입장에 있다. 이 때문에 그 직무상 얻게 된 발행회사에 관한 정보가 영업점 등에 유포되는 경우에는 내부자거래 등에 이용될 수 있으므로 그러한 행위를 금지하는 것이다. 그리고 '직무상 알게 된 정보'에는 외부에 공개되지 아니한 정보도 포함된다.

따라서 기관투자가나 거액의 투자자의 거래동향 등 시장동향에 관한 정보의 이용도 금지된다. '정보교류의 차단의 대상이 되는 정보'에 대하여는 제45조에서 명시하고 있다. 이러한 점에서 '직무상 알게 된 정보'(제54조 제1항)와 '정보교류의 차단의 대상이 되는 정보'(제54조 제2항)가 규제하는 범위는 포괄적이다.

### (4) 위반시의 제재

금융위원회는 금융투자업자 및 그 임직원이 제54조 제2항을 위반한 경우에는 그 금융투자업자, 임직원 및 정보교류 차단의 대상이 되는 정보를 제공받아 이용한 자에게 그 위반행위와 관련된 거래로 얻은 이익[169] 또는 이로 인하여 회피한 손실액의 1.5배에 상당하는 금액 이하의 과징금을 부과할 수 있다(제428조 제4항). 그리고 제54조 제2항에 위반한 금융투자업자의 임직원 및 정보교류 차단의 대상이 되는 정보(제45조 제1항·제2항)를 제공받아 이용한 자는 5년 이하의 징역 또는 2억원 이하의 벌금에 처해진다(제444조 제6호의 2).

---

169) 미실현 이익을 포함한다.

## 2. (표준)약관규제

### (1) 의의

일반적으로 약관이라 함은 그 명칭이나 형태 또는 범위에 상관없이 계약의 한쪽 당사자가 여러 명의 상대방과 계약을 체결하기 위하여 일정한 형식으로 미리 마련한 계약의 내용을 말한다(약관규제법[170] 제2조 제1호). 그리고 표준약관이라 함은 사업자 및 사업자단체가 건전한 거래질서를 확립하고 불공정한 내용의 약관이 통용되는 것을 방지하기 위하여 일정한 거래 분야에서 적용되는 표준이 될 만한 약관을 말한다(약관규제법 제19조의 3 제1항).

### (2) 취지

자본시장법이 약관을 규율하는 것은 금융투자업자의 영업에 관한 계약내용을 표준화·정형화 하여 반복되는 대량의 거래를 신속하게 처리하고 거래의 부대비용을 줄일 수 있도록 하기 위함이다. 투자자의 입장에서도 약관에 의하여 계약을 체결할 때에는 특별한 협상능력을 요하지 아니하므로 모든 투자자가 평등한 조건에서 거래를 할 수 있다. 그리고 표준약관을 규율하는 취지는 금융투자업의 영업이 공정하게 영위될 수 있도록 하는 데에 있다.

### (3) 약관의 제정 또는 변경시의 절차

금융투자업자는 금융투자업의 영위와 관련하여 약관을 제정 또는 변경하는 경우에는 약관의 제정 또는 변경 후 7일 이내에 금융위원회 및 협회에 보고하여야 한다. 다만, 투자자의 권리나 의무에 중대한 영향을 미칠 우려가 있는 경우로서 대통령령으로 정하는 경우에는 약관의 제정 또는 변경 전에 미리 금융위원회에 신고하여야 한다(제56조 제1항). 금융투자업자는 약관을 제정 또는 변경한 경우에는 인터넷 홈페이지 등을 이용하여 공시하여야 한다(동조 제2항).

### (4) 표준약관의 제정 또는 변경시의 절차

금융투자협회는 건전한 거래질서를 확립하고 불공정한 내용의 약관이 통용되는

170) 원 명칭는 「약관의 규제에 관한 법률」이다.

것을 방지하기 위하여 금융투자업 영위와 관련하여 표준이 되는 약관(표준약관)을 제정할 수 있다(제56조 제3항). 그리고 동 협회는 표준약관을 제정 또는 변경하고자 하는 경우에는 미리 금융위원회에 신고하여야 한다. 다만, 전문투자자만을 대상으로 하는 표준약관을 제정 또는 변경하는 경우에는 그 표준약관을 제정 또는 변경한 후 7일 이내에 금융위원회에 보고하여야 한다(동조 제4항).

### (5) 공정거래위원회 및 금융위원회의 조치

약관 또는 표준약관을 신고 혹은 보고받은 금융위원회는 그 약관 또는 표준약관을 공정거래위원회에 통보하여야 한다. 이 경우 공정거래위원회는 통보받은 약관 또는 표준약관이 약관규제법상 불공정약관조항에 관한 규정(동법 제6조 내지 제14조)에 위반된 사실이 있다고 인정될 때에는 금융위원회에 그 사실을 통보하고 그 시정에 필요한 조치를 취하도록 요청할 수 있으며, 금융위원회는 특별한 사유가 없는 한 이에 응하여야 한다(제56조 제6항).

금융위원회는 약관 또는 표준약관이 자본시장법 또는 금융과 관련되는 법령에 위반되거나 그 밖에 투자자의 이익을 침해할 우려가 있다고 인정되는 경우에는 금융투자업자 또는 금융투자협회에 그 내용을 구체적으로 기재한 서면에 의하여 약관 또는 표준약관을 변경할 것을 명할 수 있다(동조 제7항).

## 3. 수수료규제

### (1) 의의 및 취지

금융투자업자 등이 투자자로부터 수취하는 수수료는 투자자들의 이익금이나 수익률에 직접적인 영향을 미친다. 그리하여 자본시장법은 이에 관한 규율을 함으로써 투자자들의 투자판단이나 투자의 종료여부를 판단하는데 도움을 주고자 하고 있다.

### (2) 공시 및 통보절차

자본시장법상 금융투자업자는 투자자로부터 받는 수수료의 부과기준 및 절차에 관한 사항을 정하고, 인터넷 홈페이지 등을 이용하여 공시하여야 한다(제58조 제1항). 그리고 금융투자업자는 수수료 부과기준을 정함에 있어서 투자자를 정당한 사유 없이 차별하여서는 아니 된다(동조 제2항). 또한 금융투자업자는 수수료 부과기준 및 절차에 관한 사항을 금융투자협회에 통보하여야 하고, 동 협회는 통보받은 사항을 금융투자업자별로 비교하여 공시하여야 한다(동조 제3항 · 제4항).

## 4. 소유증권의 예탁

자본시장법은 금융투자업자[171]가 그 고유재산을 운용함에 따라 소유하게 되는 증권[172]을 예탁결제원에 지체 없이 예탁하도록 강제하고 있다. 다만, 해당증권의 유통가능성, 다른 법령에 따른 유통방법이 있는지 여부, 예탁의 실행 가능성 등을 고려하여 대통령령으로 정하는 경우에는 예탁결제원에 예탁하지 아니할 수 있다(제61조 제1항). 본래 (투자)신탁재산을 신탁업자나 집합투자업자의 재산과 분리하여 예탁하도록 하는 것은 분별관리의 법리상 당연하다. 이에 비하여 그 밖의 금융투자업자가 고유재산으로 취득한 증권을 제3자에게 예탁하도록 하는 것은 이례적이다.

생각건대, 자본시장법이 이와 같은 규제를 하는 것은 금융투자업자가 고의나 과실로 고유재산으로 취득한 증권에 대하여 적법한 절차에 따른 계리(計理)를 하지 않거나 실물이 실제로 존재하는지의 여부를 확인하지 아니하는 경우를 염두에 둔 것으로 풀이된다. 만약 이러한 상황이 발생한다면 결과적으로는 금융투자업자 고유재산의 자산과 부채구조가 왜곡되어 건전한 영업이나 경영활동에 지장을 초래할 수 있다. 이에 비하여 금융투자업자가 고유재산으로 취득한 증권을 결제업무 전문기관인 예탁결제원에 예탁하는 경우에는 거래의 편의성을 확보하고 회사재산에 관한 투명한 관리를 할 수 있게 된다.

한편 금융투자업자가 외화증권[173]을 예탁결제원에 예탁하는 경우에는 대통령령으로 정하는 방법에 따라 예탁하여야 한다(제61조 제3항).

## 5. 임직원의 금융투자상품 매매제한 - 자기매매의 제한

### (1) 의의 및 취지

자본시장법은 금융투자업자의 임직원이 자기의 계산으로 금융투자상품을 매매하

171) 겸영금융투자업자를 제외한다. 이하 이 조에서 같다.
172) 대통령령으로 정하는 것을 포함한다.
173) 외국환거래법 제3조 제1항 제8호의 외화증권을 말한다. 이하 같다.

는 경우 일정한 제한을 하고 있다(제63조). 금융투자업자의 임직원은 금융투자상품의 발행과 유통에 관한 정보를 투자자보다 알기 쉬운 입장에 있다. 그리하여 미공개중요정보를 이용한 내부자거래(제174조)를 하거나 선행매매(제71조 제1호) 등 불공정거래를 할 수 있기 때문에 이를 방지하기 위하여 일정한 제한을 하고 있는 것이다.

### (2) 예외적 허용요건

자본시장법은 금융투자업자 임직원의 자기매매를 제한하면서, 일정한 요건을 충족하는 경우에는 이를 허용하고 있다. 이에 따르면, 금융투자업자의 임직원[174]은 자기의 계산으로 ① 증권시장에 상장된 지분증권, ② 장내파생상품 등 대통령령으로 정하는 금융투자상품을 매매하는 경우에는 다음의 방법에 따라야 한다(제63조 제1항 · 시행령 제64조 제1항). 즉 ① 자기의 명의로 매매할 것, ② 투자중개업자 중 하나의 회사[175]를 선택하여 하나의 계좌를 통하여 매매할 것. 다만, 금융투자상품의 종류, 계좌의 성격 등을 고려하여 대통령령으로 정하는 경우에는 둘 이상의 회사 또는 둘 이상의 계좌를 통하여 매매할 수 있다. ③ 매매명세를 분기별[176]로 소속 금융투자업자에게 통지할 것, ④ 그 밖에 불공정행위의 방지 또는 투자자와의 이해상충의 방지를 위하여 대통령령으로 정하는 방법 및 절차를 준수할 것 등의 요건을 충족하여야 한다.

자본시장법 제63조는 자기의 계산으로 하는 경우의 제한규정이므로 제3자의 계산으로 하는 매매에는 적용되지 아니한다. 그리고 사외이사는 회사의 임원이므로 제한의 대상이 된다. 그러므로 제63조의 허용요건을 충족하여야 한다.

### (3) 금융투자업자의 의무

금융투자업자는 그 임직원의 자기계산에 의한 금융투자상품 매매와 관련하여 불공정행위의 방지 또는 투자자와의 이해상충의 방지를 위하여 그 금융투자업자의 임

---

174) 겸영금융투자업자 중 대통령령으로 정하는 금융투자업자의 경우에는 금융투자업의 직무를 수행하는 임직원에 한한다. 이하 이 조에서 같다.

175) 투자중개업자의 임직원의 경우에는 그가 소속된 투자중개업자에 한하되, 그 투자중개업자가 그 임직원이 매매하려는 금융투자상품을 취급하지 아니하는 경우에는 다른 투자중개업자를 이용할 수 있다.

176) 투자권유자문인력, 제286조 제1항 제3호 나목의 조사분석인력 및 투자운용인력의 경우에는 월별로 한다. 이하 이 조에서 같다.

직원이 따라야 할 적절한 기준 및 절차를 정하여야 한다. 그리고 분기별로 임직원의 금융투자상품의 매매명세를 정하여진 기준 및 절차에 따라 확인하여야 한다(제63조 제2항 · 제3항).

## 6. 손해배상책임

### (1) 특징

자본시장법은 금융투자업자의 손해배상책임과 관련하여 특징적인 규정을 두고 있다. 우선, 금융투자업자는 법령 · 약관 · 집합투자규약 · 투자설명서[177]에 위반하는 행위를 하거나 그 업무를 소홀히 하여 투자자에게 손해를 발생시킨 경우에는 그 손해를 배상할 책임이 있다. 이는 법령이나 정관위반이 아닌 집합투자규약 · 투자설명서에 위반하는 행위에 대하여까지 책임을 확장하고 있다는 점에서 특징적이다(제64조 제1항 본문).

### (2) 입증책임의 전환

자본시장법은 위 제64조 제1항 본문의 규정에도 불구하고 배상의 책임을 질 금융투자업자가 제37조 제2항(투자자이익우선의무), 제44조(이해상충의 관리), 제45조(정보교류의 차단), 제71조(투자매매업자 또는 투자중개업자의 불건전영업행위의 금지) 또는 제85조(집합투자업자의 불건전영업행위의 금지)를 위반한 경우[178]로서 그 금융투자업자가 상당한 주의를 하였음을 증명하거나 투자자가 금융투자상품의 매매, 그 밖의 거래를 할 때에 그 사실을 안 경우에는 배상의 책임을 지지 아니한다고 규정하고 있다(제64조 제1항 단서). 이와 같이 동조 제1항의 단서는 금융투자업자에게 증명책임을 전환시키고 있다. 다만, 금융소비자보호법상 설명의무(동법 제19조 제1항 · 제3항)의 위반의 경우와는 달리 손해액을 추정하지 않고 있다(제48조 참조).

### (3) 임원의 연대책임

금융투자업자가 제64조 제1항에 따른 손해배상책임을 지는 경우로서 관련되는 임

---

177) 제123조 제1항에 따른 투자설명서를 말한다.

178) 투자매매업 또는 투자중개업과 집합투자업을 함께 영위함에 따라 발생하는 이해상충과 관련된 경우에 한한다.

원에게도 귀책사유가 있는 경우에는 그 금융투자업자와 관련되는 임원이 연대하여 그 손해를 배상할 책임이 있다(동조 제2항). 이 책임은 금융투자업자와 임원간의 손해액을 분별하기 어렵다는 점에서 부진정연대책임이다. 그리고 임원의 귀책사유가 있어야 한다는 점에서 무과실책임이다.

## 7. 외국 금융투자업자의 특례

### (1) 의의

자본시장법은 외국법인의 지점이나 영업소에 관한 특례규정을 두고 있다. 이는 지점이나 영업소에 대하여는 준거법을 명확하게 하는 것이 어렵기 때문에 투자자 보호를 결할 수 있다는 점을 고려한 규정이다.

### (2) 관련규정

외국 금융투자업자의 지점, 그 밖의 영업소(이하 '국내지점 등')에 대하여 자본시장법을 적용함에 있어서 대통령령으로 정하는 영업기금은 이를 자본금으로 보고, 자본금·적립금 및 이월이익잉여금의 합계액은 이를 자기자본으로 보며, 국내대표자는 임원으로 본다(제65조 제1항). 국내지점 등은 영업기금과 부채의 합계액에 상당하는 자산을 대통령령으로 정하는 방법으로 국내에 두어야 한다(동조 제2항). 그리고 국내지점 등이 청산 또는 파산하는 경우 그 국내에 두는 자산은 국내에 주소 또는 거소가 있는 자에 대한 채무의 변제에 우선 충당하여야 한다(동조 제3항). 금융위원회는 국내지점 등의 대표자의 직무를 일시 대행할 자(이하 '직무대행자')를 지정하여야 하며, 그 국내지점 등은 그 사실을 소재지에서 등기하여야 한다. 이 경우 금융위원회는 직무대행자에게 적정한 보수를 지급할 것을 그 국내지점 등에 명할 수 있다(동조 제4항). 그 이외에 결산에 관한 사항 등 국내지점 등의 금융투자업의 영위에 관하여 필요한 사항은 대통령령으로 정한다(동조 제5항).

### (3) 의무위반시의 제재

자본시장법은 외국 금융투자업자의 특례에 관한 규정(제65조 제2항·제3항)을 위반한 자에 대하여 형사벌을 가하고 있으며(제447조 제1항), 법인의 대표자 또는 개인의 대리인, 사용인에 대하여는 벌금형을 과하고 있다(제448조).

## 제2절 | 금융투자업자별 영업행위규제

### Ⅰ. 개요

자본시장법은 금융투자업자인 투자매매업자, 투자중개업자, 집합투자업자, 투자자문업자, 투자일임업자 및 신탁업자(제6조 제1항 · 제8조 제1항)의 특성을 반영하여 사업자별로 영업행위규제를 하고 있다. 이 가운데 투자매매업자 및 투자중개업자의 행위규제에 대하여는 종합금융투자사업자 및 다자간매매체결회사에 관한 특례규정(제77조의 3 · 제78조)을 두고 있다.

### Ⅱ. 투자매매업자 및 투자중개업자의 영업행위규제

#### 1. 매매형태의 명시

##### (1) 관련규정

투자매매업자 또는 투자중개업자는 투자자로부터 금융투자상품의 매매에 관한 청약 또는 주문을 받는 경우에는 사전에 그 투자자에게 자기가 투자매매업자인지 투자중개업자인지를 밝혀야 한다(제66조).

##### (2) 취지

자본시장법상 매매형태의 명시에 관한 규정은 금융투자업자가 투자매매업과 투자중개업을 겸하는 경우에 발생하는 폐해를 방지하기 위한 것이다. 투자중개업인 경우에는 투자자로부터 중개수수료를 받게 되지만, 투자매매업자인 경우에는 누구의 명으로 하든지 자기의 계산으로 매매를 하기 때문에(제6조 제2항) 투자자와 이해충돌의 가능성이 생길 수 있다. 왜냐하면 투자매매업을 하는 경우에는 투자자와 금융투자업자가가 매매의 당사자가 될 수 있고, 이 경우에는 투자자보다 투자매매업자 자신의 이익을 우선시 하여 매매를 성립시킬 수 있기 때문이다. 그리하여 자본시장법은 투자매매업자 등으로 하여금 사전에 투자자에게 매매형태를 밝히도록 하고 있다.

### (3) 위반시의 제재

사전에 자기가 투자매매업자인지 투자중개업자인지를 밝히지 아니하고 금융투자상품의 매매에 관한 청약 또는 주문을 받은 자는 1년 이하의 징역 또는 3천만원 이하의 벌금에 처한다(제446조 제11호). 그리고 해당금융투자업자 및 임직원에 대하여는 금융위원회가 일정한 조치를 취할 수 있다(제420조 제1항 제6호 · 동조 제3항, 제422조 제1항 · 제2항).

## 2. 자기계약의 금지

### (1) 의의

자기계약이라 함은 투자매매업자 또는 투자중개업자가 금융투자상품에 관한 같은 매매에 있어 자신이 본인이 됨과 동시에 상대방의 투자중개업자가 되는 것을 말한다. 자본시장법은 이러한 행위를 금지하고 있다(제67조 본문).

### (2) 금지의 이유

자기계약을 금지하는 이유는 투자매매업자 또는 투자중개업자는 양 업무를 겸하는 것이 통상적이므로 위탁매매일지라도 자신의 이익을 우선시하여 계약을 체결할 수 있기 때문이다. 그러나 상법은 시세가 있는 물건 또는 유가증권에 대한 위탁매매업자의 개입권을 인정하고 있는데(제107조), 자본시장법도 이러한 취지를 반영하여 증권시장 또는 파생상품시장을 통하여 매매가 이루어지는 자기계약에 대하여는 예외적으로 허용하고 있다.

### (3) 예외

자본시장법은 자기계약의 금지에 대한 예외규정을 두고 있다. 그리하여 ① 투자매매업자 또는 투자중개업자가 증권시장 또는 파생상품시장을 통하여 매매가 이루어지도록 한 경우(제1호), ② 그 밖에 투자자 보호 및 건전한 거래질서를 해할 우려가 없는 경우로서 대통령령으로 정하는 경우(제2호) 중 어느 하나에 해당하는 경우에는 자기계약이 허용된다(제67조 단서).

### (4) 위반시의 제재

자기계약금지규정에 위반하여 금융투자상품을 매매한 자는 1년 이하의 징역 또는 3천만원 이하의 벌금에 처한다(제446조 제12호).

## 3. 최선집행의무

### (1) 의의

최선집행의무(The Duty of Best Execution of Securities Transaction)란 금융투자업자가 투자자에게 최선의 집행의무를 부담하는 것을 말한다.179) 구체적으로는 금융투자업자의 선관주의의무의 일환으로서 투자자에게 가장 유리한 조건으로 매매를 집행할 수 있도록 합리적인 주의를 다하여야 할 의무를 말한다. 이는 다자간매매체결회사(Alternative Trading System, ATS) 기타 거래소 이외의 방법으로 금융투자상품을 매매할 수 있게 됨에 따라, 금융투자업자가 투자자의 이익을 추구하여야 할 의무로서 그 중요성이 부각되고 있다. 따라서 금융투자업자가 투자자의 상대방이 되어 거래를 하는 경우에도 이 의무를 부담한다. 자본시장법은 이에 관한 규정을 명시하고 있다. 그리고 이 의무는 금융투자업자의 선관주의의무는 물론 신의성실공정의무(제37조 제1항)를 근거규정으로 한다.

### (2) 규제의 내용

#### 1) 최선집행기준 및 변경사실의 공표 등

투자매매업자 또는 투자중개업자는 금융투자상품의 매매에 관한 투자자의 청약 또는 주문을 처리하기 위하여 대통령령으로 정하는 바에 따라 최선의 거래조건으로 집행하기 위한 기준(이하 '최선집행기준')을 마련하고 이를 공표하여야 한다(제68조 제1항). 그리고 최선집행기준에 따라 금융투자상품의 매매에 관한 청약 또는 주문을 집행하여야 한다(동조 제2항). 또한 대통령령으로 정하는 기간마다 최선집행기준의 내용을 점검하여야 한다. 이 경우 최선집행기준의 내용이 금융투자상품의 매매에 관한 청약 또는 주문을 집행하기에 적합하지 아니한 것으로 인정되는 때에는 이를 변경하

179) 神崎克郎, "投資者の注文の最良執行の確報", インベストメント 第50巻 第2号(1997), 6面.

고, 그 변경 사실을 공표하여야 한다(동조 제3항).

투자매매업자 또는 투자중개업자는 금융투자상품의 매매에 관한 청약 또는 주문을 받는 경우에는 미리 문서, 전자문서, 그 밖에 대통령령으로 정하는 방법으로 최선집행기준을 기재 또는 표시한 설명서를 투자자에게 교부하여야 한다. 다만, 이미 해당설명서[180]를 교부한 경우에는 그러하지 아니하다(동조 제4항). 또한 ① 최선집행기준에 따른 최선의 거래조건의 구체적인 내용, 최선집행기준의 공표의 방법과, ② 금융투자상품의 매매에 관한 청약·주문의 집행 방법 및, ③ 최선집행기준의 점검·변경 및 변경 사실의 공표 방법 등에 관하여 필요한 사항은 대통령령으로 정한다(동조 제5항).

#### 2) 적용대상 매매 및 예외

최선집행의무는 모든 금융투자상품의 매매에 적용된다. 다만, ① 증권시장에 상장되지 아니한 증권의 매매, ② 장외파생상품의 매매, ③ 증권시장에 상장된 증권이나 장내파생상품 중 복수의 금융투자상품시장에서의 거래 가능성 및 투자자 보호의 필요성 등을 고려하여 총리령으로 정하는 금융투자상품의 매매에 대하여는 최선집행의무가 적용되지 아니한다(제68조 제1항 괄호·시행령 제66조의 2 제1항). 적용을 제외하는 이유는 명확하지는 않지만, 이러한 매매에 대하여는 일반투자자를 대상으로 처리방법을 쉽고 명료하게 하기 어렵기 때문인 것으로 풀이한다.

### (3) 위반행위의 유형

최선집행기준의 공표 등은 최선집행의무를 공시함으로써 시세나 거래정보에 의하여 가격, 비용, 시간, 매매체결의 가능성 등의 집행가능성 조건을 감안하면서 투자자에게 최선의 조건으로 집행하도록 규제하고 있는 것이다. 그러므로 상장증권의 매매주문을 받은 경우 투자자로부터 별도의 지시가 없는 한 투자매매업자나 투자중개업자가 스스로 상대방이 되어 거래를 성립시키는 경우에는 제68조 제1항에 반하게 된다. 그리고 투자자로부터 지시가 없는 한 투자중개업자 등이 회원인 특정한 거래소에서 집행한다고 하는 기준은 적법하지만, 같은 종목임에도 불구하고 투자중개업자 등이 보유한 종목은 거래소 이외의 장소에서 유리한 조건으로 거래하여 이익을 얻는다면, 이는 위탁계약이나 신의성실공정의무에 근거하는 최선집행의무를

180) 최선집행기준을 변경한 경우에는 변경한 내용이 기재 또는 표시된 설명서를 말한다.

위반하는 행위로 해석할 수 있다.

### (4) 현행법의 문제점 및 해결방안

현행법상 최선집행기준 등을 정하는 것은 투자매매업자나 투자중개업자에게 중요한 문제이다. 각각의 금융투자업자는 그 영업태양에 따라 개별적인 집행방법이 있으므로 이에 따라 적절한 집행기준 등을 정하여야 하기 때문이다. 그러므로 일반투자자를 대상으로 하는 경우에는 그 처리방법이 이해하기 쉽고 명확하지 아니하면 분쟁에 휘말릴 가능성이 있다. 그리고 최선집행의무에서의 최선이란 단순히 가격만이 아니고 비용이나 매매체결의 가능성 등을 종합하여 배려해야 함을 의미하는데, 이는 실무적으로 이행하기 쉽지 않다. 때문에 또 다른 분쟁의 소지가 있다. 따라서 투자매매업자 등은 이에 관한 적절한 처리방법을 강구할 필요가 있다.

한편 자본시장법은 투자자에게 최선집행기준을 서면으로 교부하도록 하고 있는데, 그것만으로 충분한지도 의문이다. 때문에 적어도 고객에 대하여는 사전에 매매주문과 관련된 설명을 할 필요가 있다고 본다. 그 밖에도 회사내부에서의 최선집행기준의 통일성을 기하고, 투자중개업자가 개입하는 경우의 현실적인 문제점에 대한 처리방침 등을 마련할 필요가 있다.

### (5) 위반의 효과 및 제재

투자매매업자 등이 최선집행의무를 위반하여 손해를 입은 투자자는 민사상의 손해배상책임을 진다. 그리고 최선집행의무 규정을 위반하여 의무를 이행하지 아니한 자에 대하여는 1억원 이하의 과태료가 부과된다(제449조 제1항 제28호의 2).

## 4. 자기주식의 예외적 취득

### (1) 의의

자기주식의 취득이란 회사가 주주로부터 자기가 발행한 주식을 양수 받는 것을 의미한다. 상법은 자기주식의 취득의 요건에 관한 일반적인 규정을 두고 있다(상법 제341조). 그리고 회사의 합병 또는 다른 회사의 영업전부의 양수로 인한 경우 등의 특정목적에 의한 자기주식의 취득을 허용하고 있다(상법 제341조의 2). 이에 덧붙여 자본시장법은 증권시장의 매매형태, 매매수량 및 거래수단을 고려하여 자기주식취득에 관한 예외적 취득요건을 정하고 있다(제69조).

### (2) 취지

본래 2011년 개정상법은 일정한 요건을 충족하는 경우 자기주식의 취득을 허용하고, 처분방법 등에 대하여도 정관으로 정하지 아니하는 때에는 이사회가 자유롭게 결정하여 정할 수 있도록 하고 있다(상법 제342조 제1항). 그럼에도 불구하고 자본시장법에서 자기주식취득에 관한 일정한 요건을 정하고 있는 것은 증권시장에서 자유롭게 자기주식을 취득·처분하도록 하는 경우에는 시세조종(manipulation)이나 내부자거래로 이어질 수 있는 가능성을 차단하는데 그 취지가 있는 것으로 해석된다.

### (3) 투자매매업자의 자기주식의 취득 및 처분

자본시장법은 투자매매업자가 투자자로부터 자신이 발행한 자기주식으로서 증권시장[181]의 매매 수량단위 미만의 주식에 대하여 매도의 청약을 받은 경우에는 이를 증권시장 밖에서 취득할 수 있도록 허용하고 있다. 이 경우 취득한 자기주식은 대통령령으로 정하는 기간 이내에 처분하여야 한다(제69조). 이에 따라 자기주식은 취득일로부터 3개월 이내에 처분하여야 한다(시행령 제67조). 그리고 자본시장법은 '증권시장의 매매 수량단위 미만의 주식'에 자기주식의 취득을 허용한다는 점에서 특징적이다.

### (4) 주권상장법인의 자기주식의 취득 및 처분의 특례

#### 1) 취득의 특례

자본시장법에 따르면, 주권상장법인은 ① 상법 제341조 제1항에 따른 방법(제1호), ② 신탁계약에 따라 자기주식을 취득한 신탁업자로부터 신탁계약이 해지되거나 종료된 때 반환받는 방법(제2호)[182] 중 어느 하나의 방법으로 자기주식을 취득할 수 있다(제165조의 3 제1항). 이 경우 자기주식의 취득가액의 총액은 이익배당의 한도(상법 제462조 제1항) 이내이어야 한다(제165조의 3 제2항). 그리고 주권상장법인은 이사회의 결의로써 자기주식을 취득할 수 있다(제165조의 3 제3항). 이는 상법이 자기주식

181) 다자간매매체결회사에서의 거래를 포함한다. 이하 이 조에서 같다.
182) 신탁업자가 해당주권상장법인의 자기주식을 상법 제341조 제1항의 방법으로 취득한 경우로 한정한다.

을 취득하려는 회사는 원칙적으로 주주총회의 결의를 거치고, 이사회의 결의로 이익배당을 할 수 있다고 정관으로 정하고 있는 경우에 한하여, 예외적으로 이사회의 결의로써 갈음할 수 있도록 하는 규정과 다르다(상법 제341조 제2항).

#### 2) 처분의 특례

자본시장법에 따르면, 주권상장법인은 제165조의 3 제1항에 따라 자기주식을 취득[183]하거나 이에 따라 취득한 자기주식을 처분[184]하는 경우에는 대통령령으로 정하는 요건·방법 등의 기준에 따라야 한다(동조 제4항).

## 5. 임의매매의 금지

### (1) 의의 및 취지

임의매매라 함은 투자매매업자 또는 투자중개업자가 투자자나 그 대리인으로부터 금융투자상품의 매매의 청약 또는 주문을 받지 아니하고 무단으로 투자자로부터 예탁받은 재산으로 금융투자상품의 매매를 하는 행위를 말한다. 자본시장법은 이를 엄격히 규제하고 있다(제70조). 이는 투자자의 승인을 받지 아니한 행위로써 그 의사에 반하는 것이고, 과당매매(churning)로 이어질 개연성이 있기 때문에 금지하는 것이다.[185]

### (2) 일임매매와의 구분

일임매매란 투자자로부터 금융투자상품에 대한 투자판단의 전부 또는 일부를 일임받아 투자자별로 구분하여 금융투자상품을 취득·처분, 그 밖의 방법으로 운용하는 행위를 말한다(제71조 제6호). 일임매매는 원칙적으로 투자일임업자에게만 허용된다(제8조 제6항). 다만, 투자중개업자가 투자자의 매매주문을 받아 이를 처리하는 과정에서 금융투자상품에 대한 투자판단의 전부 또는 일부를 일임받을 필요가 있는 경우로서 대통령령으로 정하는 경우에는 투자일임업을 영위할 수 있다(제71조 제6호 단서·제7조 제4항). 이러한 점에서 실제 매매주문을 처리하는 과정에서 일임매매와 임

---

183) 자기주식을 취득하기로 하는 신탁업자와의 신탁계약의 체결을 포함한다.
184) 자기주식을 취득하기로 하는 신탁업자와의 신탁계약의 해지를 포함한다.
185) 오성근(2004), 117면.

의매매를 구분하는 것은 쉽지만은 않다. 따라서 투자중개업자는 투자자와의 분쟁에 대비하여 주문처리과정을 녹음하거나 투자자가 확인한 기록을 유지할 필요가 있다.

#### (3) 위반의 효과

사전 또는 사후에 투자자의 승인을 받지 아니한 임의매매는 당연히 투자자의 계산에 속하지 아니한다고 본다. 그리고 임의매매에 대하여는 채무불이행 또는 불법행위책임을 물을 수 있다고 본다. 이 경우 임의매매인지의 여부는 사실인정의 문제로 귀착된다. 임의매매는 형법 제356조의 배임죄에 해당할 여지도 있다.[186] 또한 자본시장법은 임의매매의 금지규정에 위반하여 투자자로부터 예탁받은 재산으로 금융투자상품의 매매를 한 자에 대하여는 5년 이하의 징역 또는 2억원 이하의 벌금에 처하도록 하여 엄격한 제재를 가하고 있다(제444조 제7호).

### 6. 불건전 영업행위의 금지

#### (1) 의의 및 취지

자본시장법은 신의성실공정의무 및 부당투자권유 등에 관한 공통영업행위규제 그리고 불공정거래행위의 금지와는 별도로 투자매매업자 또는 투자중개업자의 불건전 영업행위를 금지하고 있다(제71조). 이는 금융투자업자의 영업행위에 관한 포괄적 규제의 추상성에 따른 다툼을 예방하고, 영업행위나 관행이 지속적으로 변화하는데 따른 규제의 공백을 제거하기 위하여 도입되었다.

#### (2) 선행매매금지

##### 1) 의의 및 취지

선행매매(front running)라 함은 금융투자상품을 매매하는 경우 투자자의 주문을 받은 투자매매업자 또는 투자중개업자가 사전에 자기나 제3자의 계산으로 유리한 거래를 성립시키는 행위를 말한다. 이러한 행위는 자본시장법상 신의성실공정의무(제37조 제1항)에 반함은 물론 투자자의 이익을 우선하여야 하는 선관주의의무에도 반한다. 그리고 부정거래행위(제178조)에도 해당할 수 있다. 그리하여 자본시장법은

---

186) 대법원 1995. 11. 21. 선고 94도1598 판결.

선행매매를 금지하고 있다(제71조 제1호).

### 2) 금지행위

자본시장법은 투자자로부터 금융투자상품의 가격에 중대한 영향을 미칠 수 있는 매수 또는 매도의 청약이나 주문을 받거나 받게 될 가능성이 큰 경우 이를 체결시키기 전에 그 금융투자상품을 자기의 계산으로 매수 또는 매도하거나 제3자에게 매수 또는 매도를 권유하는 행위를 금지하고 있다(제71조 제1호).

### 3) 예외적 허용

자본시장법은 일정한 요건을 충족하는 경우에는 선행매매를 제한적으로 허용하고 있다. 그리하여 ① 투자자의 매매에 관한 청약이나 주문에 관한 정보를 이용하지 아니하였음을 증명하는 경우(가목) 또는, ② 증권시장[187]과 파생상품시장 간의 가격차이를 이용한 차익거래, 그 밖에 이에 준하는 거래로서 투자자의 정보를 의도적으로 이용하지 아니하였다는 사실이 객관적으로 명백한 경우(나목)에는 금지대상이 아니다(제71조 단서 · 시행령 제68조 제1항 제1호).

### 4) 한계 및 대응

자본시장법은 원칙적으로 동일한 현물시장 또는 파생상품시장에서의 선행매매를 금지하고 있다. 이러한 점에서 자본시장법의 규정은 규율의 한계가 있다. 선행매매는 각기 다른 유형의 시장을 이용하여서도 발생할 수 있기 때문이다. 예를 들면, 현물시장의 주문정보를 이용하여 장내파생상품시장에서 거래하는 경우와 같다. 즉 대량의 매수주문을 받은 경우에는 주식가격이 상승하게 되고, 이에 연동되는 장내파생상품거래를 통하여 자기 또는 제3자가 이익을 취할 수도 있다. 이러한 시장간 선행매매(intermarket front running)에 대하여는 준용규정은 없지만, 제54조의 '직무관련 정보의 이용 금지'규정 또는 제178조의 '부정거래행위 등의 금지'규정을 적용하여 규제할 수 있는 여지는 충분하다고 해석한다.

187) 다자간매매체결회사에서의 거래를 포함한다.

### (3) 조사분석자료의 공표 전 매매금지

#### 1) 의의

조사분석자료라 함은 특정 금융투자상품의 가치에 대한 주장이나 예측을 담고 있는 자료를 말한다(제71조 제2호 괄호). 일반적으로 금융투자업자가 조사분석자료에 의한 매수 또는 매도추천 이전에 분석증권을 먼저 매도 또는 매수함으로써 이익을 얻는 행위를 스캘핑(Scalping)이라고 한다.[188] 비교법적으로 보면, 미국은 1940년 투자자문업자법(Investment Advisor Act of 1940, IAA 1940)상의 사기금지규정인 제206조, 일본은 금융상품거래법 제42조의 2에서 주로 투자자문업자나 집합투자업자를 규제의 대상으로 삼고 있으나, 자본시장법은 투자매매업자 또는 투자중개업자에 대하여도 규제를 하고 있다(제71조 제2호).

#### 2) 금지의 취지

스캘핑은 자본시장법이 금지하고 있는 시세를 조종(제176조)하여 자기 또는 제3자의 이익을 취할 수 있는 행위이기 때문에 원칙적으로 금지하고 있다(제71조 제2호·시행령 제68조 제1항 제2호 참조).

#### 3) 금지행위 및 금지기간

자본시장법은 투자매매업자 또는 투자중개업자가 조사분석자료를 투자자에게 공표함에 있어서 그 조사분석자료의 내용이 사실상 확정된 때부터 공표 후 24시간이 경과하기 전까지 그 조사분석자료의 대상이 된 금융투자상품을 자기의 계산으로 매매하는 행위를 금지하고 있다. 이를 분설하면 다음과 같다. 첫째, 자본시장법상 스캘핑의 금지행위는 조사분석자료의 대상이 되는 금융투자상품을 '자기의 계산'으로 매매하는 행위이다. 그 결과 다른 법규에 위반하지 않는 한 제3자의 계산으로 조사분석자료를 활용하는 매매행위는 허용된다.

둘째, 금지기한은 조사분석자료의 내용이 사실상 확정된 때부터 공표 후 24시간이 경과하기 전까지이다. 따라서 그 이후에는 다른 법규에 위반하지 않는 범위 내에서 조사분석자료를 활용한 매매행위를 할 수 있다.

---

188) 성희활(2022), 217－218면.

#### 4) 예외적 허용

자본시장법은 일정한 요건을 충족하는 경우에는 공표 전의 조사분석자료를 활용한 매매행위를 제한적으로 허용하고 있다. 구체적으로는 ① 조사분석자료의 내용이 직접 또는 간접으로 특정 금융투자상품의 매매를 유도하는 것이 아닌 경우(가목), ② 조사분석자료의 공표로 인한 매매유발이나 가격변동을 의도적으로 이용하였다고 볼 수 없는 경우(나목), ③ 공표된 조사분석자료의 내용을 이용하여 매매하지 아니하였음을 증명하는 경우(다목), ④ 해당조사분석자료가 이미 공표한 조사분석자료와 비교하여 새로운 내용을 담고 있지 아니한 경우 등은 금지되지 아니한다(제71조 단서 · 시행령 제68조 제1항 제2호). 투자자 보호 및 건전한 거래질서를 해할 우려가 없다고 보기 때문이다.

### (4) 기업금융업무관련 조사분석자료작성자에 대한 성과보수 지급금지

#### 1) 의의

경제분석가(economists) 또는 기업분석가(analysts) 등과 같이 회사 내부의 조사분석자료작성 담당자가 현재와 장래의 경제상황 혹은 금융투자상품의 가치를 정확히 예측하는 것은 투자자의 이익에 부합하고, 자본시장에서 금융투자업자의 신뢰도 제고에도 도움이 된다. 그러므로 우수한 경제분석가나 기업분석가 등에게 성과보수를 지급하는 것은 장려할 만한 일이다. 그러나 조사분석자료가 기업금융업무와 연계될 때에는 성과보수의 지급에 신중을 기할 필요가 있다.

#### 2) 금지의 취지

자본시장에서의 기업금융업무는 그 대상금액이 거액인 것이 일반적이고, 금융투자업자의 손익에 결정적인 영향을 미친다. 따라서 기업기업금융업무와 연동된 조사분석자료작성 담당자에게 성과보수를 지급하는 경우에는 금융투자업자가 의도하는 대로 분석자료가 왜곡될 수 있다. 이 경우 투자자는 불측의 손해를 입게 되고, 자본시장에서 금융투자업자에 대한 신뢰도는 실추된다. 이러한 행위는 포괄적으로 신의성실공정의무(제37조 제1항) 및 선관주의의무에 반한다. 그리하여 자본시장법은 일정한 경우 성과보수의 지급행위를 금지하고 있다(제71조 제3호).

#### 3) 금지되는 기업금융업무

기술한 바와 같이 자본시장법은 조사분석자료 작성을 담당하는 자에 대하여 대통령령으로 정하는 기업금융업무와 연동된 성과보수를 지급하는 행위를 금지하고 있다. 여기서의 기업금융업무라 함은 ① 인수업무, ② 모집 · 사모 · 매출의 주선업무, ③ 기업의 인수 및 합병의 중개 · 주선 또는 대리업무, ④ 기업의 인수 · 합병에 관한 조언업무, ⑤ 프로젝트금융에 관한 자문업무, ⑥ 프로젝트금융의 주선업무, ⑦ 사모집합투자기구의 집합투자재산 운용업무[189] 중 어느 하나에 해당하는 업무를 말한다(제71조 제3호 · 시행령 제68조 제2항).

#### 4) 예외적 허용

위와 같은 엄격한 규제에도 불구하고 자본시장법은 해당조사분석자료가 투자자에게 공표되거나 제공되지 아니하고, 금융투자업자 내부에서 업무를 수행할 목적으로 작성된 경우에는 기업금융업무에 관한 조사분석자료작성 당당자에게 성과보수를 지급할 수 있도록 하고 있다(제71조 단서 · 시행령 제68조 제1항 제3호).

### (5) 증권의 모집 또는 매출관련 조사분석자료의 사전 공표 혹은 제공금지

#### 1) 의의 및 금지의 취지

자본시장법은 특정한 증권의 모집 또는 매출과 관련한 조사분석자료를 사전에 공표하거나 특정인에게 제공하는 행위를 금지하고 있다(제71조 제4호). 이는 금융투자업자가 자신이 모집 또는 매출과 관련된 증권의 원활한 매각을 유도하기 위하여 왜곡되거나 부적절한 조사자료를 작성, 사전에 공표하고 제공하는 행위를 방지하는데 그 취지가 있다. 그리고 이러한 행위를 허용하게 되면, 사전에 증권의 가격을 인위적으로 조종하여 금융투자업자가 시세차익을 취할 수도 있다. 이 경우에는 투자자의 보호, 자본시장의 공정성과 신뢰성을 높이고자 하는 자본시장법의 목적(제1조)에 반하게 된다.

---

189) 제249조의 7(일반 사모집합투자기구의 집합투자재산 운용방법 등) 제5항 각 호의 방법으로 운용하는 경우로 한정한다.

### 2) 금지대상증권 및 금지기간

투자매매업자 또는 투자중개업자의 증권의 모집 또는 매출과 관련하여 그 증권이 증권시장에 최초로 상장된 후 일정한 기간 전에 그 증권에 대한 조사분석자료를 공표하거나 특정인에게 제공하는 행위가 금지되는 대상증권은 ① 주권(가목), ② 대통령령으로 정하는 주권 관련 사채권(나목). 여기서 주권 관련 사채권이란 전환사채권, 신주인수권부사채권, 교환사채권[190] 및 전환형 조건부자본증권(제176조의 12)을 말한다(시행령 제68조 제4항) ③ 가목 또는 나목과 관련된 증권예탁증권(다목) 중 어느 하나에 해당하는 증권이다(제71조 제4호).

금지기간은 그 증권이 증권시장에 최초로 상장된 후 40일 이내이다(제71조 제4호 · 시행령 제68조 제3항). 따라서 40일이 경과한 때에는 그 증권에 대한 조사분석자료를 공표하거나 특정인에게 제공할 수 있다.

## (6) 투자권유대행인 및 투자권유자문인력 이외의 부적격자에 의한 투자권유의 금지

### 1) 의의 및 금지의 취지

자본시장법은 투자권유대행인(제51조 내지 제53조) 및 투자권유자문인력(제286조 제1항 제3호 가목)이 아닌 자에게 투자권유를 하게 하는 행위를 금지하고 있다(제71조 제5호). 이러한 행위는 불건전한 영업행위일 뿐만 아니라 부당투자권유의 행위에도 해당하기 때문에 금지하는 것이다.

### 2) 예외적 허용

위와 같은 규정에도 불구하고 투자권유대행인 및 투자권유자문인력이 아닌 자가 금적립계좌 등에 대한 투자권유를 하는 행위는 허용된다(제71조 단서 · 시행령 제68조 제1항 제4호). 투자대상의 위험성이 적다고 판단한 것으로 보인다.

---

190) 주권, 전환사채권 또는 신주인수권부사채권과 교환을 청구할 수 있는 교환사채권만 해당한다.

### (7) 일임매매의 금지

#### 1) 의의 및 금지의 취지

자본시장법은 투자매매업자 또는 투자중개업자의 일임매매행위를 원칙적으로 금지시키고 있다. 이에 따라 투자매매업자 또는 투자중개업자는 투자자로부터 금융투자상품에 대한 투자판단의 전부 또는 일부를 일임받아 투자자별로 구분하여 금융투자상품을 취득·처분, 그 밖의 방법으로 운용하는 행위를 하지 못한다(제71조 제6호 본문). 그 이유는 일임매매는 투자일임업자의 고유의 업무이기 때문이다. 그리고 일임매매는 과당매매(churning)로 이어질 개연성이 있다는 점도 또 다른 금지의 취지이다.[191]

#### 2) 예외적 허용

자본시장법은 원칙적으로 투자매매업자 또는 투자중개업자의 일임매매를 금지하고 있으나 일부 예외를 인정하고 있다. 그리하여 ① 투자매매업자나 투자중개업자가 투자일임업을 등록하여 일임업을 하는 경우와, ② 투자중개업자가 투자자의 매매주문을 받아 이를 처리하는 과정에서 금융투자상품에 대한 투자판단의 전부 또는 일부를 일임받을 필요가 있는 경우로서 대통령령으로 정하는 경우에는 투자일임업으로 보지 아니한다. 즉 일임매매를 할 수 있다(제71조 제6호 단서·제7조 제4항).

### (8) 그 밖의 불건전 영업행위 금지

#### 1) 의의

자본시장법은 제71조 제1호 내지 6호에서 명시적으로 금지하는 불건전 영업행위 이외에도 투자자 보호 또는 건전한 거래질서를 해할 우려가 있는 행위로서 대통령령으로 정하는 불건전 영업행위도 추가적으로 금지하고 있다(제71조 제7호).

#### 2) 금지의 유형

자본시장법 제71조 제7호에서 '대통령령으로 정하는 행위'란 다음 각 호의 어느 하나에 해당하는 행위를 말하며, 이러한 행위도 불건전 영업행위로써 금지된다(시행령 제68조 제5항). 즉 **제1호**: 제9조 제5항 단서에 따라 일반투자자와 같은 대우를 받

191) 오성근(2004), 115－117면.

겠다는 전문투자자[192]의 요구에 정당한 사유 없이 동의하지 아니하는 행위

**제1호의 2**: 시행령 제10조 제3항 제17호 가목에 따른 서류를 제출한 이후에는 전문투자자와 같은 대우를 받지 않겠다는 의사를 표시하기 전까지는 전문투자자로 대우받는다는 사실을 일반투자자에게 설명하지 않고 서류를 제출받는 행위

**제1호의 3**: 시행령 제10조 제3항 제17호에 따른 요건을 갖추지 못했음을 알고도 전문투자자로 대우하는 행위

**제2호의 2**: 개인인 일반투자자 중 금융소비자보호법 제17조 제2항[193] 또는 제18조 제1항[194]에 따라 투자목적 · 재산상황 및 투자경험 등의 정보를 파악한 결과 판매상품이 적합하지 않거나 적정하지 않다고 판단되는 사람 또는 65세 이상인 사람을 대상으로 금융투자상품[195]을 판매하는 경우 ① 판매과정을 녹취하지 않거나 투자자의 요청에도 불구하고 녹취된 파일을 제공하지 않는 행위(가목), ② 투자자에게 권유한 금융투자상품의 판매과정에서 금융투자상품의 매매에 관한 청약 또는 주문(이하 '청약 등')을 철회할 수 있는 기간(이하 '숙려기간')에 대해 안내하지 않는 행위(나목), ③ 투자권유를 받고 금융투자상품의 청약 등을 한 투자자에게 2영업일 이상의 숙려기간을 부여하지 않는 행위(다목), ④ 숙려기간 동안 투자자에게 투자에 따르는 위험, 투자원금의 손실가능성, 최대 원금손실 가능금액 및 그 밖에 금융위원회가 정하여 고시하는 사항을 고지하지 않거나 청약 등을 집행하는 행위(라목), ⑤ 숙려기간이 지난 후 서명, 기명날인, 녹취 또는 그 밖에 금융위원회가 정하여 고시하는 방법으로 금융투자상품의 매매에 관한 청약 등의 의사가 확정적임을 확인하지 않고 청약 등을 집행하는 행위(마목), ⑥ 청약 등을 집행할 목적으로 투자자에게 그 청약등의

---

192) 시행령 제10조 제1항 각 호의 자는 제외한다.

193) 금융상품판매업자 등은 일반금융소비자에게 각각의 금융상품 계약 체결을 권유(금융상품자문업자가 자문에 응하는 경우를 포함)하는 경우에는 면담 · 질문 등을 통하여 다음 각 호의 구분에 따른 정보를 파악하고, 일반금융소비자로부터 서명(「전자서명법」 제2조 제2호에 따른 전자서명을 포함), 기명날인, 녹취 또는 그 밖에 대통령령으로 정하는 방법으로 확인을 받아 이를 유지 · 관리하여야 하며, 확인받은 내용을 일반금융소비자에게 지체 없이 제공하여야 한다.

194) 금융상품판매업자는 대통령령으로 각각 정하는 보장성 상품, 투자성 상품 및 대출성 상품에 대하여 일반금융소비자에게 계약 체결을 권유하지 아니하고 금융상품 판매 계약을 체결하려는 경우에는 미리 면담 · 질문 등을 통하여 다음 각 호의 구분에 따른 정보를 파악하여야 한다.

195) 투자자 보호 및 건전한 거래질서를 해칠 우려가 없는 것으로서 금융위원회가 정하여 고시하는 금융투자상품은 제외한다.

의사가 확정적임을 표시해 줄 것을 권유하거나 강요하는 행위(바목) 중 어느 하나에 해당하는 행위

**제2호의 3**: 고난도금융투자상품[196]을 판매하는 경우 ① 개인인 일반투자자를 대상으로 하는 제2호의 2 각 목의 어느 하나에 해당하는 행위(가목), ② 개인인 투자자에게 고난도금융투자상품의 내용, 투자에 따르는 위험 및 그 밖에 금융위원회가 정하여 고시하는 사항을 해당투자자가 쉽게 이해할 수 있도록 요약한 설명서를 내어 주지 않는 행위[197](나목) 중 어느 하나에 해당하는 행위

**제3호**: 투자자[198] 또는 거래상대방[199] 등에게 업무와 관련하여 금융위원회가 정하여 고시하는 기준을 위반하여 직접 또는 간접으로 재산상의 이익을 제공하거나 이들로부터 재산상의 이익을 제공받는 행위

**제4호**: 증권의 인수업무 또는 모집·사모·매출의 주선업무와 관련하여 ① 발행인이 제119조 제3항에 따른 증권신고서[200]와 제123조 제1항에 따른 투자설명서[201] 중 중요사항에 관하여 거짓의 기재 또는 표시를 하거나 중요사항을 기재 또는 표시하지 않는 것을 방지하는 데 필요한 적절한 주의를 기울이지 않는 행위(가목), ② 증권의 발행인·매출인 또는 그 특수관계인에게 증권의 인수를 대가로 모집·사모·매출 후 그 증권을 매수할 것을 사전에 요구하거나 약속하는 행위(나목), ③ 인수(모집·사모·매출의 주선 포함. 이하 이 호에서 같다)하는 증권의 배정을 대가로 그 증권을 배정받은 자로부터 그 증권의 투자로 인하여 발생하는 재산상의 이익을 직접 또는 간접으로 분배받거나 그 자에게 그 증권의 추가적인 매수를 요구하는 행위(다목), ④ 인수하는 증권의 청약자에게 증권을 정당한 사유 없이 차별하여 배정하는 행위(라목), ⑤ 그 밖에 투자자의 보호나 건전한 거래질서를 해칠 염려가 있는 행위로서 금융위원회가 정하여 고시하는 행위(마목) 중 어느 하나에 해당하는 행위

---

196) 투자자 보호 및 건전한 거래질서를 해칠 우려가 없는 것으로서 금융위원회가 정하여 고시하는 고난도금융투자상품은 제외한다.

197) 다만, ① 투자자가 해당설명서를 받지 않겠다는 의사를 서면, 전신, 전화, 팩스, 전자우편 또는 그 밖에 금융위원회가 정하여 고시하는 방법으로 표시한 경우 또는, ② 집합투자증권의 판매시 제124조 제2항 제3호에 따른 간이투자설명서 또는 제249조의 4 제2항 전단에 따른 핵심상품설명서를 교부한 경우에는 제외한다.

198) 투자자가 법인, 그 밖의 단체인 경우에는 그 임직원을 포함한다.

199) 거래상대방이 법인, 그 밖의 단체인 경우에는 그 임직원을 포함한다.

200) 제122조 제1항에 따른 정정신고서와 첨부서류를 포함한다.

201) 제124조 제2항 제2호에 따른 예비투자설명서 및 제124조 제2항 제3호에 따른 간이투자설명서를 포함한다.

**제4호의 2**: 주권을 상장하지 않은 증권시장에 주권을 상장하기 위한 모집·매출과 관련하여 이루어지는 ① 증권금융회사를 통해 청약자의 중복청약[202]여부를 확인하지 않는 행위(가목), ② 청약자의 중복청약 사실을 확인했음에도 불구하고 해당청약자에게 주식을 배정[203]하는 행위(나목)

**제5호**: 금융투자상품의 가치에 중대한 영향을 미치는 사항을 미리 알고 있으면서 이를 투자자에게 알리지 아니하고 해당금융투자상품의 매수나 매도를 권유하여 해당금융투자상품을 매도하거나 매수하는 행위

**제6호**: 투자자가 미공개중요정보 이용행위 금지(제174조)·시세조종행위 등의 금지(제176조) 및 부정거래행위 등의 금지(제178조) 규정을 위반하여 매매, 그 밖의 거래를 하려는 것을 알고 그 매매, 그 밖의 거래를 위탁받는 행위

**제7호**: 금융투자상품의 매매, 그 밖의 거래와 관련하여 투자자의 위법한 거래를 감추어 주기 위하여 부정한 방법을 사용하는 행위

**제8호**: 금융투자상품의 매매, 그 밖의 거래와 관련하여 결제가 이행되지 아니할 것이 명백하다고 판단되는 경우임에도 정당한 사유 없이 그 매매, 그 밖의 거래를 위탁받는 행위

**제9호**: 투자자에게 해당투자매매업자·투자중개업자가 발행한 자기주식의 매매를 권유하는 행위

**제10호**: 투자자로부터 집합투자증권[204]을 매수하거나 그 중개·주선 또는 대리하는 행위. 다만, 제235조 제6항[205] 단서에 따라 매수하는 경우는 제외한다.

**제11호**: 손실보전 등의 금지(제55조) 및 불건전 영업행위의 금지(제71조)에 따른 금지 또는 제한을 회피할 목적으로 하는 행위로서 장외파생상품거래, 신탁계약, 연

---

202) 투자매매업자 또는 투자중개업자에게 청약한 이후에 다른 투자매매업자 또는 투자중개업자에게 추가로 청약하는 행위를 말하며, 제165조의 6 제4항 제4호에 따른 청약은 제외한다. 이하 같다.

203) 최초로 청약을 받은 투자매매업자 또는 투자중개업자가 배정하는 경우는 제외한다.

204) 증권시장에 상장된 집합투자증권은 제외한다.

205) 집합투자증권을 판매한 투자매매업자·투자중개업자, 집합투자재산을 운용하는 집합투자업자 또는 집합투자재산을 보관·관리하는 신탁업자는 환매청구를 받거나 환매에 응할 것을 요구받은 집합투자증권을 자기의 계산으로 취득하거나 타인에게 취득하게 하여서는 아니 된다. 다만, 집합투자증권의 원활한 환매를 위하여 필요하거나 투자자의 이익을 해할 우려가 없는 경우로서 대통령령으로 정하는 경우에는 그 투자매매업자·투자중개업자·집합투자업자 또는 신탁업자는 환매청구를 받거나 환매에 응할 것을 요구받은 집합투자증권을 자기의 계산으로 취득할 수 있다.

계거래 등을 이용하는 행위

제12호: 채권자로서 그 권리를 담보하기 위하여 백지수표나 백지어음을 받는 행위

제12호의 2: 집합투자업자와의 이면계약 등에 따라 집합투자업자에게 집합투자재산의 운용에 관한 명령·지시·요청 등을 하는 행위

제13호: 집합투자증권의 판매업무와 집합투자증권의 판매업무 외의 업무를 연계하여 정당한 사유 없이 고객을 차별하는 행위

제13호의 2: 종합금융투자사업자가 시행령 제77조의 6 제2항[206]을 위반하여 동조 제1항 제2호에 따른 단기금융업무를 하는 행위

제13호의 3: 종합금융투자사업자가 시행령 제77조의 6 제3항[207]을 위반하여 동조 제1항 제3호에 따른 종합투자계좌업무를 하는 행위

제13호의 4: 제117조의 10 제4항[208] 단서에 따라 온라인소액증권발행인이 정정게재를 하는 경우 온라인소액투자중개업자가 정정 게재 전 해당증권의 청약의 의사를 표시한 투자자에게 ① 정정 게재 사실의 통지(가목), ② 시행령 제118조의 9 제1항[209] 각 호의 어느 하나에 해당하는 방법을 통한 투자자 청약 의사의 재확인 행위를 하지 않는 행위

제13호의 5: 제117조의 10 제6항 제2호[210]에 따른 투자자가 온라인소액투자중개

---

206) 종합금융투자사업자는 제1항 제2호에 따른 단기금융업무를 하는 경우 준수하여야 할 기준을 말한다.

207) 종합금융투자사업자는 제1항 제3호에 따른 종합투자계좌업무를 하는 경우 준수하여야 할 기준을 말한다.

208) 온라인소액증권발행인은 증권의 청약기간의 종료일부터 7일 전까지 제117조의 7 제10항 제3호에 따라 온라인소액투자중개업자가 관리하는 인터넷 홈페이지를 통하여 투자자의 투자판단에 도움을 줄 수 있는 정보를 제공할 수 있다. 다만, 온라인소액증권발행인은 대통령령으로 정하는 바에 따라 투자자의 투자판단에 영향을 미칠 수 있는 중요한 사항을 포함하고 있는 정보가 제2항에 따른 게재의 내용과 상이한 경우에는 제2항에 따른 게재의 내용을 즉시 정정하고 온라인소액투자중개업자가 관리하는 인터넷 홈페이지를 통하여 정정 게재(정정 게재일이 청약기간의 말일부터 7일 이내인 경우에는 청약기간의 말일은 그 게재일부터 7일 후로 변경된 것으로 본다)하여야 한다.

209) 시행령 제130조 제1항 제1호 가목에 따른 모집가액 또는 매출가액이 증액되거나 같은 호 나목에 따른 사항이 변경됨에 따라 정정 게재를 하는 경우는 제외한다.

210) 제6항: 투자자(전문투자자 등 대통령령으로 정하는 자를 제외한다)가 온라인소액투자중개를 통하여 투자하는 금액은 다음 각 호의 한도를 초과하여서는 아니 된다. 제2호: 제1호의 요건을 갖추지 못한 자 ① 최근 1년간 동일 온라인소액증권발행인에 대한 누적투자금액: 500만원 이하로서 대통령령으로 정하는 금액(가목), ② 최근 1년간 누적투자금액: 1천만원 이하로서 대통령령으로 정하는 금액(나목).

의 방법을 통하여 증권을 청약하려는 경우 온라인소액투자중개업자가 해당투자자에게 투자에 따르는 위험 등에 대하여 이해했는지 여부를 질문을 통하여 확인하지 않거나, 확인한 결과 투자자에게 온라인소액투자중개의 방법을 통한 투자가 적합하지 않음에도 청약의 의사표시를 받는 행위

제13호의 6: 청약금액이 모집예정금액에 시행령 제118조의 16 제5항에 따른 비율(100분의 80)을 곱한 금액을 초과하여 증권의 발행이 가능한 요건이 충족되었음에도 온라인소액투자중개업자가 해당사실을 청약자에게 통지하지 않는 행위

제14호: 그 밖에 투자자의 보호나 건전한 거래질서를 해칠 염려가 있는 행위로서 금융위원회가 정하여 고시하는 행위 등이 그에 해당한다. 그리하여 이 가운데 어느 하나에 해당하는 행위는 불건전 영업행위로써 금지된다.

### (9) 위반시의 제재

자본시장법 제71조 제1호 내지 제6호의 불건전영업행위 금지규정에 위반한 행위를 한 자에 대하여는 5년 이하의 징역 또는 2억원 이하의 벌금에 처한다(제444조 제8호). 다만, 제71조의 제7호 '투자자 보호 또는 건전한 거래질서를 해할 우려가 있는 행위로서 대통령령으로 정하는 행위'를 한 자에 대하여는 대하여는 1억원 이하의 과태료를 부과한다(제449조 제29호).

## 7. 신용공여

### (1) 의의 및 관련규정

투자매매업자 또는 투자중개업자는 증권과 관련하여 금전의 융자 또는 증권의 대여의 방법으로 투자자에게 신용을 공여할 수 있다. 다만, 투자매매업자는 증권의 인수일부터 3개월 이내에 투자자에게 그 증권을 매수하게 하기 위하여 그 투자자에게 금전의 융자, 그 밖의 신용공여를 하여서는 아니 된다(제72조 제1항). 그리고 신용공여의 기준 및 방법에 관하여 필요한 사항은 대통령령으로 정한다(동조 제2항).

### (2) 취지

자본시장법이 증권의 투자와 관련하여 원칙적으로 신용공여를 인정하는 것은 자본시장의 유동성을 제고시키기 위함이다. 다만, 증권의 인수와 관련하여 기한제한을

두는 것은 투자매매업자나 투자중개업자가 증권의 모집·매출시 인수자인 투자자와 통모하여 단기간에 투자자의 자금을 거의 활용하지 않고 투기적 이익을 취하게 하거나, 때로는 투자자를 유인하여 인수의 위험을 전가시킬 수 있기 있기 때문이다. 따라서 3개월이라는 제한 기간을 둠으로써 정상적인 매매를 통한 거래를 하도록 강제하고 있다.

#### (3) 예외

자본시장법은 신용공여에 관한 일정한 예외를 허용하고 있다. 그리하여 종합금융투자사업자가 전담중개업무를 영위하는 경우에는 제72조에도 불구하고 증권 외의 금전 등에 대한 투자와 관련하여 일반 사모집합투자기구 등에 신용공여를 할 수 있다. 이 경우 종합금융투자사업자는 일반 사모집합투자기구등의 신용공여와 관련한 위험수준에 대하여 평가하고 적정한 수준으로 관리하여야 한다(제77조의 3 제4항). 그리고 신용공여 관련규정은 다자간매매체결회사(ATS) 또는 온라인소액투자중개업자에게도 적용하지 아니한다(제78조 제2항, 제117조의 7 제1항).

### 8. 매매명세의 통지의무

#### (1) 의의 및 관련규정

투자매매업자 또는 투자중개업자는 금융투자상품의 매매가 체결된 경우에는 그 명세를 투자자에게 통지하여야 한다(제73조). 구체적인 방법은 대통령령으로 정한다(시행령 제70조).

#### (2) 취지

자본시장법이 투자자매매업자나 투자중개업자에게 매매명세의 통지의무를 부과하는 것은 자신이나 제3자의 이익을 위한 임의매매와 같은 위법거래 또는 수수료수입을 주된 목적으로 하는 과당매매(churning)[211]를 방지하기 위함이다. 그리하여 투자자로 하여금 자신의 주문내역과 통지내용이 일치하는지를 확인하도록 하고 있다.

---

211) 오성근(2004), 113－124면.

#### (3) 예외

자본시장법은 매매명세의 통지의무에 관한 일정한 예외를 허용하고 있다. 그리하여 위 제73조의 규정은 다자간매매체결회사 또는 온라인소액투자중개업자에게는 적용하지 아니한다(제78조 제2항 · 제117조의 7 제1항).

#### (4) 위반시의 제재

매매명세의 통지의무규정을 위반하여 매매명세를 통지하지 아니하거나 거짓으로 통지한 자에 대하여는 3천만원 이하의 과태료를 부과한다(제449조 제3항 제5호).

### 9. 투자자예탁금의 별도예치의무

#### (1) 의의 및 취지

투자자예탁금이라 함은 투자자로부터 투자매매업자 또는 투자중개업자가 금융투자상품의 매매, 그 밖의 거래와 관련하여 예탁받은 금전을 말한다(제74조 제1항 괄호). 투자매매업자 등에게 투자자예탁금의 별도예치의무를 부과하는 것은 회사재산과 투자자의 재산을 분별관리하여 금융투자업자의 재무상태가 악화되더라도 투자자가 투자자금을 안전하게 반환받을 수 있도록 하기 위함이다. 이는 상법 제103조의 위탁물의 귀속에 관한 법리 또는 신탁재산의 분별관리 법리와 같은 취지라고 할 수 있다.

#### (2) 주요 관련규정

##### 1) 예치, 신탁 및 자기계약

투자매매업자 또는 투자중개업자는 투자자예탁금을 고유재산과 구분하여 증권금융회사에 예치 또는 신탁하여야 한다(제74조 제1항). 겸영금융투자업자 중 대통령령으로 정하는 투자매매업자 또는 투자중개업자는 제1항에 불구하고 투자자예탁금을 제1항에 따른 예치 또는 신탁 외에 신탁업자(증권금융회사를 제외한다. 이하 이 조에서 같다)에게 신탁할 수 있다. 이 경우 그 투자매매업자 또는 투자중개업자가 신탁업을 영위하는 경우에는 신탁의 설정에 관한 신탁법 제3조 제1항에 불구하고 자기계약을 할 수 있다(동조 제2항).

한편 자본시장법 제74조 제1항 또는 제2항에 따라 투자매매업자 또는 투자중개업자가 예치기관에 예치 또는 신탁하여야 하는 투자자예탁금의 범위, 예치 또는 신탁의 비율, 예치 또는 신탁한 투자자예탁금의 인출, 예치기관의 투자자예탁금 관리, 그 밖에 투자자예탁금의 예치 또는 신탁에 관하여 필요한 사항은 대통령령으로 정한다. 이 경우 예치 또는 신탁의 비율은 투자매매업자 또는 투자중개업자의 재무상황 등을 고려하여 인가받은 투자매매업자 또는 투자중개업자별로 달리 정할 수 있다(동조 제13항).

#### 2) 투자재산의 명시의무

투자매매업자 또는 투자중개업자는 위의 제74조 제1항 또는 제2항에 따라 증권금융회사 또는 신탁업자(이하 '예치기관')에게 투자자예탁금을 예치 또는 신탁하는 경우에는 그 투자자예탁금이 투자자의 재산이라는 뜻을 밝혀야 한다(동조 제3항).

#### 3) 상계 등의 금지

누구든지 위의 제74조 제1항 또는 제2항에 따라 예치기관에 예치 또는 신탁한 투자자예탁금을 상계 · 압류(가압류 포함)하지 못하며, 투자자예탁금을 예치 또는 신탁한 투자매매업자 또는 투자중개업자(이하 '예치금융투자업자')는 대통령령으로 정하는 경우 외에는 예치기관에 예치 또는 신탁한 투자자예탁금을 양도하거나 담보로 제공하여서는 아니 된다(동조 제4항).

#### 4) 우선지급의무

##### ① 지급사유, 방법 및 절차

자본시장법은 제74조의 입법취지에 따라 투자자예탁금의 우선 지급사유와 그 방법 및 절차를 정하고 있다(제74조 제5항). 그리하여 예치기관은 예치금융투자업자가 ① 인가가 취소된 경우(제1호), ② 해산의 결의를 한 경우(제2호), ③ 파산선고를 받은 경우(제3호), ④ 투자매매업 및 투자중개업(제6조 제1항 제1호 · 제2호)의 금융투자업 전부 양도 또는 전부폐지가 승인되거나 전부의 정지명령을 받은 경우(제4호 · 제5호 · 제6호), ⑤ 그 밖에 제1호 내지 제6호까지의 사유에 준하는 사유가 발생한 경우(제7호) 중 어느 하나에 해당하는 때에는 투자자의 청구에 따라 예치 또는 신탁된 투자자예탁금을 그 투자자에게 우선하여 지급하여야 한다.

한편 투자자예탁금의 우선지급에 관한 방법과 절차는 대통령령으로 정한다(제74조 제5항 · 시행령 제73조).

② 우선지급보류

예치기관은 투자자예탁금(제74조 제5항)을 지급할 때 투자자가 예금자보호법상의 부실관련자(동법 제21조의 2 제1항)에 해당하거나 부실관련자와 대통령령으로 정하는 특수관계에 있는 경우에는 그 투자자예탁금에 대하여 대통령령으로 정하는 바에 따라 제74조 제7항에 따른 투자자예탁금의 지급시기 등의 공고일부터 6개월의 범위에서 그 지급을 보류할 수 있다(동법 제74조 제8항).

#### 5) 투자예탁금의 운용방법

자본시장법은 투자예탁금의 운용방법에 관하여 명시하고 있다. 그리하여 예치기관은 ① 국채증권 또는 지방채증권의 매수(가호), ② 정부 · 지방자치단체 또는 대통령령으로 정하는 금융기관이 지급을 보증한 채무증권의 매수(나호), ③ 그 밖에 투자자예탁금의 안정적 운용을 해할 우려가 없는 것으로서 대통령령으로 정하는 방법 중 어느 하나에 해당하는 방법으로 투자자예탁금을 운용하여야 한다(제74조 제12항).

## 10. 투자자 예탁증권의 예탁

### (1) 관련규정 및 취지

자본시장법은 투자자 예탁증권의 예탁에 관한 규정을 두고 있다. 그리하여 투자매매업자 또는 투자중개업자는 금융투자상품의 매매, 그 밖의 거래에 따라 보관하게 되는 투자자 소유의 증권(대통령령으로 정하는 것을 포함)을 예탁결제원에 지체 없이 예탁하여야 한다(제75조 제1항 본문). 이 경우 투자매매업자 또는 투자중개업자가 제1항 본문에 따라 외화증권을 예탁결제원에 예탁하는 경우에는 대통령령으로 정하는 방법에 따라 예탁하여야 한다(제75조 제2항).

투자자 예탁증권을 예탁하도록 하는 것은 투자자의 증권을 분별 관리함으로써 그 재산을 안정적으로 보관하게 하고 증권의 유통가능성을 제고하기 위함이다.

### (2) 예외

자본시장법은 투자자 예탁증권의 예탁에 관한 입법취지에 따라 예외를 허용하고 있다. 그리하여 해당증권의 유통 가능성, 다른 법령에 따른 유통방법이 있는지 여부, 예탁의 실행 가능성 등을 고려하여 대통령령으로 정하는 경우에는 예탁결제원에 예탁하지 아니할 수 있다(제75조 제1항 단서 · 시행령 제76조 제2항).

## 11. 집합투자증권 판매 등에 관한 특례

### (1) 의의

자본시장법상 집합투자증권이란 집합투자기구(CIS)에 대한 출자지분이 표시된 것을 말한다. 투자신탁의 경우에는 수익권을 말하며(제9조 제21항), 이를 수익증권이라고 칭하기도 한다(제189조 제1항). 집합투자증권을 판매하는 때에는 일반 주식이나 채권과 같이 그에 관한 가격이나 보수가 책정되어 있다. 그러나 그 투자비용은 판매보수, 운용수수료 및 자산보관비용 등 다층구조로 되어 있어 투자자의 이익이나 수익률에 많은 영향을 미친다. 그리하여 자본시장법은 일반 증권과는 달리 별도의 규제를 하고 있다(제76조).

### (2) 적용대상

집합투자증권 판매 등에 관한 특례규정인 제76조 제1항을 제외하고, 동조 제2항 내지 제6항은 2인 이상의 투자자들로부터 모은 금전 등을 운용하는 집합투자기구(제6조 제5항)가 발행한 증권에 대하여만 적용된다. 따라서 일반 사모집합투자기구, 즉 기관전용 사모집합투자기구를 제외한 사모집합투자기구(제9조 제19항 제2호)가 발행하는 증권에 대하여는 적용되지 아니한다(제249조의 8 제1항). 이 경우 일반 사모집합투자기구의 투자자의 수는 49인 이하이어야 한다(제9조 제7항 · 제8항).

### (3) 집합투자증권의 판매기준가격 및 판매보수에 관한 특례

#### 1) 집합투자증권의 판매기준가격 및 판매보수의 특징

##### ① 일반론

집합투자증권은 일반 증권과는 달리 고유한 특성을 가지고 있다. 예를 들면, 주식의 경우에는 불특정다수의 투자자가 단일 종목(예: 삼성전자주식)에 대하여 매매를 하므로 그 판매가격은 증권시장에서의 매매수급의 원리에 의하여 시시각각으로 간단히 산정된다. 이에 비하여 집합투자증권은 다수의 종목이 하나의 집합투자기구에 편입되고, 편입된 모든 증권별 자산가격을 합산하여 영업일단위로 판매가격을 산정하게 된다. 이를 일반적으로 '판매기준가격'이라고 한다.

그 결과 그 산정방식은 집합투자기구에 편입된 일반 주식이나 채권의 가격과는 달리 다소 복잡하다. 또한 집합투자기구의 운용과 판매구조로 인하여 비용산정방식도 다면구조이어서 일반 증권과 다르다. 이 때문에 일반투자자들은 그 구조와 내용을 이해하기가 쉽지 않고, 집합투자업자가 자신의 이익을 우선시하는 방식으로 판매가격이나 비용을 책정하더라도 그 부당함을 다투기가 어렵다. 그리하여 자본시장법은 투자자들로 하여금 투자를 하고자 하는 집합투자증권의 가격체계 및 비용체계를 인식하면서 투자를 할 수 있도록 특례규정을 두고 있다(제76조).

##### ② 집합투자증권의 판매기준가격 및 과표기준가격의 산정방식

집합투자증권의 판매기준가격은 엄밀히는 1000좌를 기준으로 하는 가격을 의미한다. '좌'는 집합투자기구가 발행한 집합투자증권을 취득한 경우 그 취득 '수'의 단위를 의미한다. 주식의 경우 취득 '주'와 유사한 개념이다. 일반적으로 1000좌의 가격은 1000원으로 시작한다. 가령 집합투자증권의 기준가격이 1000원이라면 1좌의 가격은 1원이다. 예를 들면, 甲이라는 투자자가 A라는 집합투자기구(펀드)에 100만원을 투자하여 2023년 8월 3일 현재 판매기준가격 1000원에서 1000좌를 가지고 있었는데, 2024년 8월 2일 기준가격이 2000원이 되었다면, 1000좌는 변함이 없지만, 투자금액은 2배로 늘어났음을 의미한다. 즉 투자한 집합투자기구의 수익률이 2배가 되었고, 투자금액은 200만원으로 증가하게 된다. 반대로 2024년 8월 2일 새로운 투자자 乙이 100만원을 투자하여 A라는 집합투자기구의 집합투자증권을 취득하는 때에는 판매기준가격이 2000원이 되었으므로 500좌만을 취득하게 된다. 이를 산식으로 나타내면 다음과 같다.

가. 기준가격 = 집합투자기구의 순자산총액(Net asset value. NAV)(자산총액－부채총액)/잔존좌수(총좌수) × 1000

한편 집합투자기구의 투자자들에게 중요한 또 다른 투자지표 중의 하나로서는 과표기준가격이 있다. 환매시 투자자의 수익률에 영향을 미치기 때문이다. 과표기준가격은 판매기준가격과는 다른 개념으로써 집합투자기구의 투자손익 중 과세하는 소득을 구분하여 계산한 가격을 말한다. 다만, 가격결정의 기준을 1000좌로 한다는 점은 판매기준각격의 산정방식과 같다. 이는 금융투자상품에 대한 직접 투자자와의 조세형평을 추구하고 이중과세를 방지하며, 집합투자기구가 보유 중인 상장증권의 손익이 비과세될 수 있도록 1992년에 도입되었다. 현재는 소득세법 제17조 제1항 제5호 및 시행령 제26조의 2에서 규율하고 있다.

나. 과표기준가격 = 집합투자재산과세순자산총액(자산총액－부채총액－비과세소득)/잔존좌수(총좌수) × 1000

여기서 집합투자기구가 지급하는 이익, 즉 과표기준가격상승분은 소득의 원천과 무관하게 배당소득으로 통산 과세된다. 소득의 원천이라 함은 이자소득, 배당소득 및 양도소득 등을 말한다.

### 2) 판매기준가격의 특례 및 미래가격

#### ① 미래가격의 의의 및 산정방식

투자매매업자 또는 투자중개업자는 집합투자증권을 판매하는 경우 투자자가 집합투자증권의 취득을 위하여 금전 등을 납입한 후 최초로 산정되는 기준가격, 즉 제238조 제6항에 따른 기준가격으로 판매하여야 한다(제76조 제1항 본문). 이와 같이 자본시장법은 집합투자증권을 판매하는 경우 그 판매기준가격을 미래가격(forward pricing)으로 하도록 정하고 있다. 미래가격이라 함은 판매기준가격의 공고·게시일 전날(예: 2024년 4월 11일)의 A집합투자기구(A펀드)에 편입된 모든 증권 등의 자산총액에서 부채를 뺀 금액을 판매기준가격의 공고·게시일 전날(예: 2024년 4월 11일)의 집합투자증권(예: 투자신탁의 수익증권) 총수로 나누어 계산하는 방법을 말한다(제76조

제1항 · 제238조 제6항 · 시행령 제262조 제1항).

이를 간단히 설명하면 다음과 같다. 즉 2024년 4월 11일(목요일) 영업시간에 판매하는 수익증권을 구입하는 기준가격은 2024년 4월 11일(목요일) 영업종료시의 편입증권 등의 자산총액에서 부채총액을 뺀 금액, 즉 순자산을 같은 날 수익증권의 총좌수로 나누어서 계산된 미래의 출자지분을 구입하는 것이다. 예를 들면, 2024년 4월 11일 영업종료시 A집합투자기구에 甲이 금전을 납입한 후 산정된 편입증권 등의 순자산이 5,000억원이고, 수익증권의 총좌수가 1억좌이면, 같은 날 판매기준가격은 5,000원이 된다. 따라서 투자자 甲이 같은 날 A집합투자기구에 3,000만원을 투자하였다고 하면, 영업종료와 함께 수익증권 6,000좌수를 취득하게 된다. 즉 6,000좌수가 甲이 A집합투자기구에 관하여 4월 11일 영업종료시에 소유하게 되는 지분이 되는 것이다. 그리고 그에 관한 내용은 다음 영업일에 공고 · 게시된다. 이러한 방식과 구조로 산정되는 것이 미래가격이다.

② 취지

집합투자증권의 판매가격을 미래가격으로 하는 것은 판매신청 당일의 기준가격, 즉 과거가격을 적용할 경우 자금 납입일과 판매신청 당일의 주식 · 채권의 가격 변동을 이용한 펀드거래가 가능하여 투자자간의 형평성 등에 문제가 발생하기 때문이다. 즉 2024년 4월 10일(수요일)의 판매가격을 판매당일에 공고 · 게시된 기준가격으로 하는 경우에는 시장사정이 밝은 투자자가 펀드기준가격을 예상한 차익거래(arbitrage trading)를 함으로써 마치 주식의 시세조종과 같은 부당한 효과를 누릴 수 있기 때문이다.

③ 예외

위와 같이 자본시장법은 집합투자증권의 판매시 미래기준가격을 적용하도록 하고 있지만, 일정한 예외를 두고 있다. 그리하여 ① 투자매매업자 · 투자중개업자가 사전약정 등에 따라 단기금융집합투자기구(MMF)[212]의 집합투자증권을 판매하는

212) MMF는 1971년 미국의 메릴린치(Merrill Lynch) 증권사가 개발한 금융상품이다. MMF는 주로 단기정부채, 기업어음, 양도성예금증서 기타 단기금융상품에 투자하여 비교적 높은 수익을 제공함으로써 자산규모가 보통 전체 펀드자산의 25% 전후를 차지할 정도로 비약적으로 증가하였다. 우리나라에서는 1996년 9월에 동 상품을 도입하였다. 투자대상자산은 미국의 경우와 유사하다(오성근, "간접투자자산운용업법의 보완과제", 상장협 제51호

경우, ② 미래기준가격을 적용할 경우 해당집합투자기구의 투자자 이익 등을 침해할 우려가 있다고 집합투자재산평가위원회(제261조)가 인정하는 경우, ③ 투자자가 집합투자기구를 변경하지 아니하고 그 집합투자기구의 집합투자증권을 판매한 투자매매업자·투자중개업자를 변경할 목적으로 집합투자증권을 환매한 후 다른 투자매매업자·투자중개업자를 통하여 해당집합투자증권을 매수하는 경우 등에는 대통령령으로 정하는 기준가격으로 판매하여야 한다(제76조 제1항 단서·시행령 제77조 제1항·제2항).

자본시장법이 이러한 예외를 허용하는 것은 집합투자기구의 유형이나 그에 따른 운용방식 및 편입자산 등에 비추어 판매기준가격을 미래가격으로 하는 것이 때로는 집합투자기구의 운용과 판매시 불편함을 초래할 수 있기 때문이다. 그로 인하여 오히려 투자자의 이익을 해할 우려가 있다.

### (4) 판매의 제한

#### 1) 집합투자업자의 환매연기 통지시 판매제한

투자매매업자·투자중개업자는 집합투자업자로부터 환매연기의 통지(제92조 제1항)[213]를 받은 경우에는 원칙적으로 해당집합투자증권을 판매하여서는 아니 된다(제76조 제2항). 그러므로 ① 투자신탁이나 투자익명조합의 집합투자업자 또는 투자회사 등은 집합투자재산인 자산의 처분이 불가능하여 환매를 연기하는 경우(제237조 제1항), ② 투자신탁이나 투자익명조합의 집합투자업자 또는 투자회사 등은 집합투자재산에 대하여 회계감사인의 회계감사를 받아야 하는데(제240조 제3항), 감사의견이 적정의견이 아닌 경우, 또는 ③ 그 밖에 투자자에게 미치는 영향이 중대한 사유로서 대통령령으로 정하는 경우에는 해당집합투자증권을 판매한 투자매매업자 또는 투자중개업자에게 즉시 통지하여야 한다(제92조 제1항, 제186조 제2항). 그리고 해당통지를 받은 투자매매업자 등은 그 집합투자증권을 판매할 수 없다(제76조 제2항 본문).

---

(2005. 3), 111면). 2023년 현재 MMF의 판매규모는 공모집합투자기구와 사무집합투자기구의 전체 판매규모 약 777조원 중 173조를 기록하여 22.2%를 차지하고 있다. 다만, 공모집합투자기구만을 기준으로 한다면 공모집합투자기구의 전체 판매규모 약 214조원 중 MMF는 116조원을 기록하여 54.1%라는 매우 높은 비중을 차지하고 있다.

213) 제186조 제2항에서 준용하는 경우를 포함한다.

그러나 위와 같은 환매연기나 감사의견의 부적정 사유 등이 해소된 경우에 집합투자업자는 해당집합투자증권을 판매한 투자매매업자 또는 투자중개업자에게 이를 즉시 통지하여야 하는데(제92조 제2항, 제186조 제2항), 이 통지를 받은 금융투자업자는 판매를 다시 시작할 수 있다(제76조 제2항 단서).

#### 2) 집합투자기구의 등록 전 판매 및 판매광고의 금지

투자매매업자 또는 투자중개업자는 집합투자기구가 금융위원회에 등록하기 전에는 해당집합투자증권을 판매하거나 판매를 위한 광고를 하여서는 아니 된다(제76조 제3항). 이는 집합투자기구의 사전등록제(제182조)의 취지가 훼손되어 투자자의 이익을 해칠 우려가 있기 때문이다.[214] 다만, 투자자의 이익을 해할 우려가 없는 경우로서 대통령령으로 정하는 경우에는 판매를 위한 광고를 할 수 있다(제76조 제3항 단서). '대통령령으로 정하는 경우'란 관련 법령의 개정에 따라 새로운 형태의 집합투자증권의 판매가 예정되어 있어, 그 집합투자기구의 개괄적인 내용을 광고하여도 투자자의 이익을 해칠 염려가 없는 경우를 말한다. 이 경우 관련 법령의 개정이 확정되지 아니한 경우에는 광고의 내용에 관련 법령의 개정이 확정됨에 따라 그 내용이 달라질 수 있음을 표시하여야 한다(시행령 제77조 제3항).

### (5) 집합투자증권의 판매수수료 및 판매보수의 규제

#### 1) 의의

판매수수료는 집합투자증권을 판매하는 행위에 대한 대가로 투자자로부터 직접 받는 금전을 말한다. 따라서 판매수수료는 일회성의 대가이다. 이에 비하여 판매보수라 함은 집합투자증권을 판매한 투자매매업자, 투자중개업자가 투자자에게 지속적으로 제공하는 용역의 대가로 집합투자기구로부터 받는 금전을 말한다. 따라서 판매보수는 지속성을 갖는다. 자본시장법은 판매수수료와 판매보수에 대하여 일정한 제한을 가하고 있다(제76조 제4항).

#### 2) 관련규정 및 금지의 취지

투자매매업자 또는 투자중개업자는 집합투자증권의 판매와 관련하여 판매수수료

---

214) 同旨 김홍기(2021), 172면.

및 판매보수를 받는 경우 집합투자기구의 운용실적에 연동하여 판매수수료 또는 판매보수를 받아서는 아니 된다(제76조 제4항). 판매수수료와 판매보수를 투자매매업자 등이 임의적으로 받을 수 있다고 하면, 투자자에게 귀속되어야 할 투자성과가 판매업자가 수취하게 되기 때문이다. 그리고 판매수수료와 판매보수를 운용실적과 연동시키게 되면, 판매업자의 이익을 우선시하여 시세조종 등의 불공정한 매매행위에 가담할 개연성이 있다는 점도 중요한 금지의 취지라고 해석한다.

#### 3) 수취 가능한 판매수수료 및 판매보수

투자매매업자 등이 정상적인 판매수수료와 판매보수를 받는 경우에도 일정한 한도를 준수하여야 한다. 즉 ① 판매수수료: 납입금액 또는 환매금액의 100분의 3 이하로서 대통령령으로 정하는 한도(제1호). ② 판매보수: 집합투자재산의 연평균가액의 1천분의 15 이하로서 대통령령으로 정하는 한도(제2호)를 초과하여서는 아니 된다(제76조 제5항). 현재 제1호에 따른 한도는 100분의 2이며, 제2호에 따른 한도는 100분의 2이다(시행령 제77조).

한편 판매수수료 및 판매보수의 한도의 구체적인 설정방법, 부과방법, 그 밖에 판매수수료 및 판매보수에 관하여 필요한 사항은 대통령령으로 정한다(제76조 제6항·제5항).

## 12. 투자성 있는 예금·보험에 대한 특례

### (1) 개념

전통적인 개념에 따르면 예금은 '원본 및 약정이율에 따른 이자의 지급이 보장되는 금전의 소비임치계약'이다.[215] 따라서 '투자성 있는 예금'을 정의하기가 쉽지 않다. 그러나 전통적인 개념만을 유지하여 향후 은행이 원본손실의 우려가 있는 예금상품을 취급하는 때에도 규제의 공백이 발생하게 하는 것은 투자자 보호를 결할 수 있다. 따라서 이러한 상황을 방지하기 위하여 '투자성 있는 예금'이라는 명문의 규정을 두고 있는 것으로 풀이된다. '투자성 있는 보험'에는 일반적으로 변액보험(variable insurance) 등을 들 수 있다.

---

215) 대법원 2007. 11. 29. 선고 2005다64552 판결.

### (2) 취지

은행 또는 보험회사가 투자성 있는 예금이나 보험을 판매하거나 중개할 때에는 투자매매업자나 투자중개업자로서 규제를 받아야 한다. 그러나 은행 및 보험업은 금융투자업과는 다른 성격을 갖고 있음을 부인할 수 없다. 이러한 점을 고려하여 자본시장법은 은행법이나 보험업법과의 중복규제를 피하고자 일부 규정의 적용을 배제하고 있다. 그리하여 인가 등 진입규제나 건전성규제는 은행법 및 보험법을 우선 적용하고, 지배구조는 금융회사지배구조법을 적용한다.

### (3) 금융투자업인가의 간주

#### 1) 은행에 대한 특례

자본시장법은 은행이 투자성 있는 예금계약, 그 밖에 이에 준하는 것으로서 대통령령으로 정하는 계약을 체결하는 경우에는 금융투자업의 인가규정(제12조)에 따라 투자매매업에 관한 금융투자업인가를 받은 것으로 본다(제77조 제1항 본문). '대통령령으로 정하는 계약'은 금적립계좌 등의 발행을 위한 계약을 말한다(시행령 제77조의 2). 여기서 특징적인 것은 '외화표시 양도성예금증서'인데, 이 증서는 환율의 변동에 따라 수익률이 변동되고 예금자 보호법에 의한 보호를 받지 못하는 예금이다.[216] 그러므로 이 증서를 발행하는 것은 투자매매업에 해당한다. 그러므로 이 업무를 취급하는 은행은 투자매매업자로서의 인가를 받아야 하지만, 제77조 제1항에 의거 투자매매업 인가를 받은 자로 보기 때문에 별도의 절차를 밟을 필요는 없다.

#### 2) 보험회사에 대한 특례

보험회사[217]가 투자성 있는 보험계약을 체결하거나 그 중개 또는 대리를 하는 경우에는 금융투자업의 인가규정(제12조)에 따라 투자매매업 또는 투자중개업에 관한 금융투자업인가를 받은 것으로 본다(제77조 제2항). 예를 들면, 변액보험은 투자성 및 원본손실의 가능성이 있는 금융투자상품이므로 이를 취급하는 보험회사는 투자매매업자 등으로 인가를 받아야 하지만, 제77조 제2항에 의거 투자매매업 등의 인가를 받은 자로 본다.

---

216) 하나은행「외화 양도성예금증서(통장식) 특약」제11조(2021.03.23. 개정).
217)「보험업법」제2조 제8호 내지 제10호까지의 자를 포함한다.

### (4) 적용배제규정

#### 1) 공통규정

금융투자업자로서 인가를 받은 자로 간주되는 은행이나 보험회사의 업무에 대하여는 ① 인가요건의 유지(제15조), ② 명의대여의 금지규정(제39조)부터 금융투자업자의 다른 금융업무 영위(제40조), 금융투자업자의 부수업무 영위(제41조) · 금융투자업자의 업무위탁(제42조) · 검사 및 처분(제43조) · 이해상충의 관리(제44조) · 정보교류의 차단규정(제45조)까지, ③ 약관(제56조), 수수료(제58조), 소유증권의 예탁에 관한 규정(제61조)부터 금융투자업 폐지 공고 등(제62조) · 임직원의 금융투자상품 매매(제63조) · 고객응대직원에 대한 보호 조치 의무(제63조의 2) · 손해배상책임(제64조) · 외국 금융투자업자의 특례규정(제65조)까지, ④ 금융투자업자의 지배구조(제2편 제2장) · 건전경영 유지(제2편 제3장) · 투자매매업자 및 투자중개업자의 영업행위 규칙(제4장 제2절 제1관) 그리고 제3편 제1장(증권신고서)을 공통적으로 적용하지 아니한다(제77조 제1항 · 제2항).

#### 2) 보험회사에 특유한 규정

위의 공통규정 이외에도 보험회사의 경우에는 투자권유대행인의 등록 등(제51조), 투자권유대행인의 금지행위 등(제52조) 및 투자권유대행인에 관한 검사 · 조치(제53조)에 관한 규정도 적용하지 아니한다(제77조 제2항). 이는 보험업법에서 보험상품을 모집할 수 있는 자를 한정열거하고 있는 점(동법 제83조)을 고려한 규정이다.

#### 3) 증권신고서에 관한 특례의 차이

위의 공통규정에도 불구하고 자본시장법은 제3편 제1장의 증권신고서의 적용범위를 구분하고 있다. 그리하여 은행이 투자성 있는 외화예금계약을 체결하는 경우에는 제3편 제1장을 적용하지 않는다. 이에 비하여 보험회사가 투자성 있는 모든 보험계약을 체결하거나 그 중개 또는 대리를 하는 경우에 적용하지 않고 있다(제77조). 즉 보험회사에 대하여 보다 폭 넓게 적용을 배제하고 있다. 이는 보험회사가 은행보다 다양한 투자성 있는 보험상품을 취급하는 점을 고려한 규정으로 해석된다.

## 13. 종합금융투자사업자의 지정과 특례

### (1) 의의

자본시장법상 종합금융투자사업자란 투자매매업자 또는 투자중개업자 중 금융위원회가 해당사업자로 지정한 자를 말한다(제8조 제8항 · 제77조의 2). 종합금융투자사업자를 도입한 취지는 골드만삭스(Goldman Sachs)나 제이피모건(J. P. Morgan)과 같은 세계적인 경쟁력을 갖춘 대형 금융투자업자를 제도적으로 육성하는 데 있다. 그리하여 자본시장법은 일반 투자매매업자나 투자중개업자에게는 허용되지 아니하는 업무에 관한 특례규정을 두고 있다(제77조의 3).

### (2) 지정, 신청 또는 취소 등

금융위원회는 투자매매업자 또는 투자중개업자로서 일정한 기준을 모두 충족하는 자를 종합금융투자사업자로 지정할 수 있다(제77조의 2 제1항). 그리하여 종합금융투자사업자가 되고자 하는 자는 ① 상법에 따른 주식회사일 것(제1호), ② 증권에 관한 인수업을 영위할 것(제2호), ③ 3조원 이상으로서 대통령령으로 정하는 금액(업무유형별로 최저 3조원 · 4조원 · 8조원) 이상의 자기자본을 갖출 것(제3호), ④ 그 밖에 해당 투자매매업자 또는 투자중개업자의 신용공여 업무수행에 따른 위험관리 능력 등을 고려하여 대통령령으로 정하는 기준(제4호) 등의 요건을 모두 갖추어야 한다.

투자매매업자 또는 투자중개업자로서 종합금융투자사업자로 지정받고자 하는 자는 금융위원회에 신청하여야 한다(제77조의 2 제2항). 그리고 금융위원회는 종합금융투자사업자의 지정을 위하여 필요한 경우에는 자료의 제출을 요청할 수 있다(동조 제3항).

그러나 종합금융투자사업자가 ① 거짓, 그 밖의 부정한 방법으로 지정받은 경우(제1호), ② 지정기준을 충족하지 못하는 경우(제2호) 중 어느 하나에 해당하는 경우에는 금융위원회가 그 지정을 취소할 수 있다(동조 제4항).

한편 종합금융투자사업자의 지정 및 지정취소 절차(동조 제1항 · 제4항) 등에 관한 세부적인 사항은 대통령령으로 정한다(동조 제5항). 그리고 동조 제1항 제3호에 따른 3조원 이상의 자기자본의 구체적인 세부기준은 금융위원회가 정하여 고시한다(동조 제6항 · 금융투자업규정 제4－102조의 2).

## (3) 종합금융투자사업자에 관한 특례

### 1) 전담중개업무의 허용

#### ① 의의

자본시장법상 전담중개업무라 함은 일반 사모집합투자기구(제9조 제19항 제2호), 그 밖에 대통령령으로 정하는 투자자, 이른바 '일반 사모집합투자기구 등'[218]에 대하여 ① 증권의 대여 또는 그 중개·주선이나 대리업무(제1호), ② 금전의 융자, 그 밖의 신용공여(제2호), ③ '일반 사모집합투자기구 등'의 재산의 보관 및 관리(제3호), ④ 그 밖에 '일반 사모집합투자기구 등'의 효율적인 업무 수행을 지원하기 위하여 필요한 업무로서 대통령령으로 정하는 업무(제4호) 중 어느 하나에 해당하는 업무를 효율적인 신용공여와 담보관리 등을 위하여 대통령령으로 정하는 방법에 따라 연계하여 제공하는 업무를 말한다(제6조 제10항·시행령 제6조의 3 제3항). 그리고 이러한 전담중개업무는 종합금융투자사업자가 아니고는 영위할 수 없다(제77조의 3 제1항).

#### ② 전담중개계약

종합금융투자사업자는 '일반 사모집합투자기구 등' 중 투자대상, 차입 여부 등을 감안하여 대통령령으로 정하는 자에 대하여 전담중개업무를 제공하는 경우에는 미리 해당일반 사모집합투자기구 등, 그 밖에 대통령령으로 정하는 자와 법령에서 정하는 사항을 포함하는 내용에 관한 계약을 체결하여야 한다(제77조의 3 제2항). 그 사항에는 ① 전담중개업무와 관련된 종합금융투자사업자와 일반 사모집합투자기구 등의 역할 및 책임에 관한 사항(제1호), ② 종합금융투자사업자가 일반 사모집합투자기구 등의 재산을 제3자에 대한 담보, 대여, 그 밖에 대통령령으로 정하는 방법으로 이용하는 경우 그 이용에 관한 사항(제2호), ③ 종합금융투자사업자가 제2호에 따라 이용한 일반 사모집합투자기구 등의 재산 현황 등에 관한 정보를 일반 사모집합투자기구등에게 제공하는 절차 및 방법(제3호), ④ 그 밖에 대통령령으로 정하는 사항(제4호) 등이 포함된다.

---

218) 제6조(금융투자업) 및 제77조의 3(종합금융투자사업자에 관한 특례)에서 '일반 사모집합투자기구 등'이라 한다.

### 2) 기업신용공여업무

#### ① 위험관리 등

자본시장법상 종합금융투자사업자는 동법 또는 다른 금융관련 법령에도 불구하고 기업에 대한 신용공여 업무를 영위할 수 있다(제77조의 3 제3항 제1호). 그리고 종합금융투자사업자가 전담중개업무를 영위하는 경우에는 신용공여에 관한 규정(제72조)에도 불구하고 증권 외의 금전 등에 대한 투자와 관련하여 '일반 사모집합투자기구 등'에 신용공여를 할 수 있다. 이 경우 종합금융투자사업자는 '일반 사모집합투자기구 등'의 신용공여와 관련한 위험수준에 대하여 평가하고 적정한 수준으로 관리하여야 한다(제77조의 3 제4항).

#### ② 신용공여총액한도

종합금융투자사업자가 신용공여를 하는 경우(제77조의 3 제3항 제1호 · 제4항 또는 제72조 제1항 본문)에는 신용공여의 총 합계액이 자기자본의 100분의 200을 초과하여서는 아니 된다. 다만, 종합금융투자사업자 업무의 특성, 해당신용공여가 종합금융투자사업자의 건전성에 미치는 영향 등을 고려하여 대통령령으로 정하는 경우에는 그러하지 아니하다(제77조의 3 제5항). 그리고 종합금융투자사업자가 신용공여를 하는 경우(제77조의 3 제3항 제1호 · 제4항, 제72조 제1항 본문)에는 ① 조사분석자료 작성을 담당하는 자에 대하여 대통령령으로 정하는 기업금융업무(제71조 제3호) 관련 신용공여(제1호) 및 ② 「중소기업기본법」 제2조 제1항[219]에 따른 중소기업에 대한 신용공

219) 중소기업을 육성하기 위한 시책(이하 중소기업시책의 대상이 되는 중소기업자는 다음 각 호의 어느 하나에 해당하는 기업 또는 조합 등(이하 '중소기업')을 영위하는 자로 한다. 다만, 공정거래법 제31조 제1항에 따른 공시대상기업집단에 속하는 회사 또는 동법 제33조에 따라 공시대상기업집단의 소속회사로 편입 · 통지된 것으로 보는 회사는 제외한다.
제1호: 다음 각 목의 요건을 모두 갖추고 영리를 목적으로 사업을 하는 기업
가. 업종별로 매출액 또는 자산총액 등이 대통령령으로 정하는 기준에 맞을 것
나. 지분 소유나 출자 관계 등 소유와 경영의 실질적인 독립성이 대통령령으로 정하는 기준에 맞을 것
제2호: 「사회적기업 육성법」 제2조제1호에 따른 사회적기업 중에서 대통령령으로 정하는 사회적 기업
제3호: 「협동조합 기본법」 제2조에 따른 협동조합, 협동조합연합회, 사회적협동조합, 사회적협동조합연합회, 이종협동조합연합회(동법 제2조 제1항 각 호에 따른 중소기업을 회원으로 하는 경우로 한정) 중 대통령령으로 정하는 자
제4호: 「소비자생활협동조합법」 제2조에 따른 조합, 연합회, 전국연합회 중 대통령령으로

여(제2호)의 신용공여를 제외한 신용공여의 합계액이 자기자본의 100분의 100을 초과하여서는 아니 된다(제77조의 3 제6항).

이 밖에도 자본시장법은 기업에 대한 신용업무와 관련된 신용공여총액한도에 관한 각종의 규제장치를 두고 있다(제77조의 3 제7항 내지 제9항). 그리고 기업에 대한 신용공여(제77조의 3 제3항 제1호)의 구체적 범위 등에 관하여 필요한 사항은 대통령령으로 정한다(동조 제11항).

### 3) 장외매매 또는 그 중개·주선이나 대리업무, 단기금융업무 등

자본시장법은 위의 전담중개업무 및 기업신용업무 이외에도 종합금융투자사업자의 건전성, 해당업무의 효율적 수행에 이바지할 가능성 등을 고려하여 대통령령으로 정하는 업무를 수행할 수 있다(제73조의 3 제3항 제2호). 이에 따라 종합금융투자사업자는 ① 증권시장에 상장된 주권, 증권시장에 상장되지 아니한 주권, 그 밖에 금융위원회가 정하여 고시하는 금융투자상품에 관하여 동시에 다수의 자를 거래상대방 또는 각 당사자로 하는 장외매매 또는 그 중개·주선이나 대리업무로서 법령에서 정하는 기준에 적합한 업무(제1호), ② 제360조에 따른 단기금융업무(제2호), ③ 종합투자계좌[220] 업무(제3호)를 영위할 수 있다(시행령 제77조의 6 제1항).

### 4) 은행법 등의 적용배제

종합금융투자사업자에 대하여는 「한국은행법」과 「은행법」을 적용하지 아니한다(제77조의 3 제10항). 그 취지는 종합금융투자사업자의 특례업무는 은행과 한국은행의 업무영역과 중첩되는 부분이 있으므로 그에 관한 적용법규를 명확히 하기 위함이다.

---

정하는 자

제5호: 「중소기업협동조합법」 제3조에 따른 협동조합, 사업협동조합, 협동조합연합회 중 대통령령으로 정하는 자

220) 고객으로부터 예탁받은 자금을 통합하여 기업신용공여 등 금융위원회가 정하여 고시하는 기업금융 관련 자산(이하 이 조에서 '기업금융관련자산') 등에 운용하고, 그 결과 발생한 수익을 고객에게 지급하는 것을 목적으로 종합금융투자사업자가 개설한 계좌를 말한다.

## 14. 다자간매매체결회사에 관한 특례

### (1) 의의

자본시장법상 다자간매매체결회사(Alternative Trading System, ATS)란 정보통신망이나 전자정보처리장치를 이용하여 동시에 다수의 자를 거래상대방 또는 각 당사자로 하여, 경쟁매매 등의 방법에 따른 매매가격의 결정방법으로 증권시장에 상장된 주권, 그 밖에 대통령령으로 정하는 증권(이하 '매매체결대상상품')의 매매 또는 그 중개·주선이나 대리 업무(이하 '다자간매매체결업무')를 하는 투자매매업자 또는 투자중개업자를 말한다(제8조의 2 제5항). 따라서 다자간매매체결업무를 영위하고자 하는 회사는 투자매매업자 또는 투자중개업자로서의 인가를 얻어야 한다. 그리고 매매체결대상상품에는 증권만이 포함되므로 장내파생상품은 제외된다(시행령 제7조의 3 제1항).

이와 같은 다자간매매체결회사의 특성을 감안하여 자본시장법은 몇 가지 특례규정을 두고 있다(제78조).

### (2) 매매가격의 결정방법

자본시장법과 그 시행령에서 정하는 매매가격의 결정방법에는 ① 경쟁매매의 방법[221](제1호), ② 매매체결대상상품이 상장증권인 경우 해당거래소가 개설하는 증권시장에서 형성된 매매가격을 이용하는 방법(제2호), ③ 그 밖에 공정한 매매가격 형성과 매매체결의 안정성 및 효율성 등을 확보할 수 있는 방법으로서 대통령령으로 정하는 방법(제3호) 등이 있다. 여기서 '대통령령으로 정하는 방법'이란 매매체결대상상품의 종목별로 매도자와 매수자간의 호가가 일치하는 경우 그 가격으로 체결하는 방법을 말한다(제8조의 2 제5항·시행령 제7조의 3 제3항).

### (3) 업무기준의 준수

다자간매매체결회사는 다자간매매체결업무를 함에 있어서 '법률이 정하는 사항'에 대하여 대통령령으로 정하는 업무기준을 준수하여야 한다(제78조 제1항). 여기서 '법률이 정하는 사항'이라 함은 ① 매매체결대상상품 및 다자간매매체결회사에서의 거

221) 매매체결대상상품의 거래량이 대통령령으로 정하는 기준을 넘지 아니하는 경우로 한정한다.

래에 참가하는 자(이하 78조, 제402조 및 제404조에서 '거래참가자')에 관한 사항(제1호), ② 매매체결대상상품의 매매정지 및 그 해제에 관한 사항(제2호), ③ 매매확인 등 매매계약의 체결에 관한 사항과 채무인수·차감 및 결제방법·결제책임 등 청산·결제에 관한 사항(제3호), ④ 증거금 등 거래참가자의 매매수탁에 관한 사항(제4호), ⑤ 매매체결대상상품의 발행인 등의 신고·공시에 관한 사항(제5호), ⑥ 매매결과의 공표 및 보고에 관한 사항(제6호), ⑦ 다자간매매체결업무의 개폐·정지 및 중단에 관한 사항(제7호), ⑧ 그 밖에 다자간매매체결업무의 수행과 관련하여 필요한 사항(제8호) 등을 말한다(동조 제1항). 따라서 이러한 사항에 대하여 대통령령으로 정하는 업무기준을 준수하여야 하는 것이다(시행령 제78조).

### (4) 지정거래소의 자료제출요청 및 감리

금융위원회가 지정하는 지정거래소는 거래참가자에게 자료의 제출을 요청하거나 감리를 할 권한을 갖는다. 그리하여 지정거래소는 ① 증권 또는 장내파생상품 매매품목의 가격이나 거래량이 비정상적으로 변동하는 거래 등 대통령령으로 정하는 이상거래(제377조 제1항 제8호)의 혐의가 있다고 인정되는 매매체결대상상품의 종목 또는 매매 품목의 거래상황을 파악하기 위한 경우(제1호), ② 거래참가자가 다자간매매체결회사의 업무기준(제78조 제1항)을 준수하는지를 확인하기 위한 경우에는 거래참가자에게 그 사유를 밝힌 서면으로 관련 자료의 제출을 요청하거나, 거래참가자에 대하여 그와 관련된 업무·재산상황·장부·서류, 그 밖의 물건을 감리할 수 있다. 이 경우 시장감시위원회에 관한 제404조 제2항 및 제3항을 준용한다(제78조 제4항).

### (5) 기타

위에서 기술한 사항 이외에도 자본시장법은 다자간매매체결회사에 대한 적용이 배제되거나(제78조 제2항) 준용되는 규정을 두고 있고(동조 제6항), 소유규제에 대한 규정도 두고 있다(동조 제5항). 그리고 금융위원회가 지정하는 지정거래소의 다자간매매체결회사의 호가의 상황 등에 대한 감시권한에 관한 규정도 두고 있다(동조 제3항).

# 제6장 자산운용업자의 영업행위규제

# 제6장 자산운용업자의 영업행위규제

여기에서 말하는 자산운용업자는 집합투자업자, 투자일임업자, 투자자문업자 및 신탁업자를 포함하는 개념이다. 투자자문업자를 포함시키는 것은 투자자의 자산운용에 직·간접적인 영향을 미치기 때문이다. 그리고 신탁업자는 그 업무의 성격이 자산운용업과 흡사하고, 집합투자업자의 자산을 보관·관리하는 등 자산운용업과 밀접한 연관성이 있기 때문에 포함시켰다(제81조·제84조·제88조·제93조·제184조 등).

## 제1절 | 집합투자(펀드)업자의 영업행위규제(자산운용행위규제 등)

### Ⅰ. 의의

집합투자업자의 영업행위는 주로 2인 이상의 투자자로부터 모은 금전 등을 투자자로부터 일상적인 운용지시를 받지 아니하면서 재산적 가치가 있는 투자대상자산을 취득·처분, 그 밖의 방법으로 운용하고 그 결과를 투자자에게 배분하여 귀속시키는 데에 있다(제6조 제5항). 이에 따라 관련규정은 2007년 8월 자본시장법이 제정된 이후 실무계의 요청과 정부 및 감독기관의 규제·감독방향에 따라 2021년 5월까지 수차례 개정되었다. 이 밖에 최근에는 증권발행회사의 경영투명성 등을 제고하기 위하여 집합투자재산을 기초로 한 의결권의 행사 등도 중요한 영업행위로 부각되고 있다(제87조).

## Ⅱ. 집합투자기구의 자산운용행위규제 법리 및 관련규정의 변천

### 1. 기초법리

#### (1) 관련규정

자본시장법은 금융투자업자로 하여금 신의성실의 원칙에 따라 공정하게 금융투자업을 영위하도록 하여, 이른바 신의성실공정의무를 부담시키고 있다(제37조 제1항). 이에 따라 집합투자업자(위탁자)도 신의성실의 원칙과 공정의무에 반하지 않도록 집합투자업을 영위하여야 한다. 그리고 집합투자업자는 신의성실공정의무와는 별도로 선량한 관리자의 주의로써 집합투자재산을 운용하여야 하며, 투자자의 이익을 보호하기 위하여 해당업무를 충실하게 수행하여야 한다(제79조 제1항·제2항). 즉 선관주의의무와 충실의무를 부담하는 것이다. 이와 같이 집합투자업자는 사법관계의 기초법리인 민법 제2조의 신의성실의 원칙에 따른 법리 이외에 공정의무를 준수하여야 하며, 선관주의의무와 충실의무도 부담한다.

따라서 자본시장법상 투자자 보호에 관한 기초법리는 신의성실공정의무, 선관주의의무 및 충실의무라고 할 수 있다.

#### (2) 신의성실공정의무와 선관주의의무의 관계

집합투자업자는 투자자와의 관계에서 수임인의 지위에 서게 되므로 집합투자업을 영위함에 있어서 위임의 본지에 따라 민법상 선량한 관리자로서의 주의의무를 부담한다(민법 제680조·제681조 참조). 이러한 점에서 집합투자업자에게 민법 제2조의 신의성실의무를 부담하게 하는 것은 적어도 집합투자업자의 자산운용행위에는 적절하지 않고, 선관주의의무를 부담하게 하는 것으로 족하다고 볼 수 있다. 그러므로 자본시장법이 사법관계에 적용되는 신의성실의무를 규정한 것은 동 의무의 적용범위가 선관주의의무보다 넓다는 것을 주의적으로 규정한데 불과하다. 다만, 자본시장법이 제37조 제1항에서 신의성실의무 이외에 공정의무를 추가한 것은 적지 않은 의의를 가지고 있다. 첫째, 시장의 건전성 확보라는 측면에서 동 규정의 의의가 있다. 자본시장법 제1조는 법의 목적사항으로 시장의 건전성 확보를 예시하고 있지는 않지만, 동법은 시장의 존재를 예정하고 있다. 그리고 집합투자업자는 시장과 투자자를 연결하는 접점으로서 기능한다. 따라서 자본시장법은 집합투자업자가 신의성실공정의무에 따라 거래의 공정성을 확보함으로써 시장의 건전성을 추구하여야 함을 강제하고 있다고 볼 수 있다.

둘째, 자본시장법상 미공개중요정보 이용행위 금지(제174조)에 관한 조항은 자산운용행위시 집합투자업자에 대한 공정의무준수에 관한 구체적 규정이라고 할 수 있다. 집합투자업자는 투자신탁 등의 집합투자기구를 통하여 주권상장법인의 주요주주[1]에 해당하는 정도의 주식을 보유할 수가 있다. 이 경우 집합투자업자의 임직원 및 대리인(제174조 제1항 제5호)은 미공개정보를 이용하여 주식매매를 하고 이득을 취할 수 있다. 그러한 거래는 궁극적으로 집합투자기구 투자자의 이익을 해할 뿐만 아니라 시장의 공정성에 대한 투자자의 신뢰를 손상시킨다. 법리적으로 보면, 자산운용행위와 관련하여 집합투자업자의 임직원 등은 원칙적으로 투자자와 직접적인 법률관계를 가지지 않기 때문에 투자자에 대한 책임을 질 이유는 없다. 그러나 공정의무가 추가됨으로써 이에 반한 자산운용행위로 인하여 고객에게 손해를 입힌 때에는 집합투자업자의 임직원 등도 투자자에 대하여 직접 책임을 부담하는 법리적 근거가 마련되었다고 볼 수 있다. 그리고 자본시장법은 집합투자업자의 임직원으로 하여금 제3자에 대한 손해배상책임을 지도록 하고 있는데(제175조), 이는 집합투자업자의 임직원 등이 미공개중요정보 등을 이용하는 행위가 공정의무에 반한다고 보고 있기 때문이다.

셋째, 자본시장법상 시세조종행위 등의 금지 조항(제176조)도 자산운용행위시 집합투자업자에 대한 공정의무준수에 관한 구체적 규정이라고 할 수 있다. 자본시장법은 누구든지 시세조종행위를 하여서는 아니 된다고 규정하여 시세조종행위주체를 한정시키지 않고 있다. 집합투자업자 및 해당임직원 등도 동 규정의 적용을 받게 된다. 집합투자업자 및 운용전문인력(fund manager)의 경쟁력의 척도는 회사전체 또는 자기가 운용하는 집합투자기구의 운용성과에 있다. 그러므로 언제든지 특정 상장증권 또는 장내파생상품에 대하여 부당하게 거래량을 증가시키거나 매매가 성황을 이루고 있는 듯이 잘못 알게 하거나 그 시세를 인위적으로 변동시키는 행위 등을 통하여 운용성과를 향상시키고자 하는 유혹에 빠질 수 있다. 그러나 그러한 행위는 사기

1) 주요주주라 함은 가. 누구의 명의로 하든지 자기의 계산으로 법인의 의결권 있는 발행주식 총수의 100분의 10 이상의 주식(그 주식과 관련된 증권예탁증권 포함)을 소유한 자, 나. 임원의 임면(任免) 등의 방법으로 법인의 중요한 경영사항에 대하여 사실상의 영향력을 행사하는 주주로서 대통령령으로 정하는 자를 말한다(시행령 제2조 제5호·금융회사지배구조법 제2조 제6호 나목).

적 또는 불공정행위에 해당하고, 공정의무에도 반한다. 자본시장법 제177조는 제3자에 대한 시세조종의 배상책임을 규정하고 있는데, 동 규정은 집합투자업자는 물론 공정의무를 위반한 해당회사의 임직원에게도 적용될 수 있다고 본다.

넷째, 선행매매(front running)행위를 금지시키고 있는 제85조 제1호의 규정도 공정의무준수의 일환으로 볼 수 있다. 집합투자업자는 투자신탁 등의 집합투자기구의 재산을 운용함으로써 많은 금융투자상품을 보유하고 있다. 따라서 집합투자업자는 ① 집합투자기구의 재산을 운용함에 있어서 금융투자상품, 그 밖의 투자대상자산의 가격에 중대한 영향을 미칠 수 있는 매수 또는 매도 의사를 결정한 후 이를 실행하기 전에 그 금융투자상품, 그 밖의 투자대상자산을 집합투자업자 자신의 계산으로 매수 또는 매도하거나, ② 제3자에게 매수 또는 매도를 권유하는 행위 역시 집합투자기구의 투자자의 이익을 해할 뿐만 아니라 시장의 공정성에 대한 투자자의 신뢰를 손상시킨다.

### (3) 선관주의의무와 충실의무의 관계

자본시장법 제79조는 집합투자업자의 선관주의의무(제1항) 및 충실의무(제2항)를 규정하고 있다. 이렇게 별도로 규정한 입법의도가 명확히 밝혀진 바는 아직 없다. 다만, 선관주의의무 또는 충실의무관련 규정에서 특이한 사항은 선관주의의무 또는 충실의무를 부담하는 원인이 '운용의 지시'가 아닌 '운용업'과 '해당업무'라는 데에 있다. 따라서 집합투자업자는 항상 투자자의 이익이 되는지, 그리고 투자자가 납득할 수 있는 지의 여부를 숙고하면서 업무를 수행할 의무를 부담한다고 할 수 있다.

자본시장법 제79조 제2항의 충실의무가 영미법상 충실의무를 의도하여 도입하였는지의 여부는 회사법상 이미 도입된 충실의무와 선관주의의무의 관계에 대한 해석과 관련된다. 따라서 자본시장법상 충실의무에 관한 규정이 선관주의의무와 전혀 다른 의무를 규정한 것으로 보기 어렵다(다수설·판례).[2] 다만, 입법자는 선관주의의무와 충실의무의 적용 요건을 서로 달리 정함으로써 그 위법성요건에 관한 입법 의도를 어느 정도 밝히고 있다. 즉 선관주의의무는 '집합투자재산의 운용'을, 충실의무는 '해당업무수행'을 그 적용요건으로 하고 있다. 이를 문리적으로 해석하면 선관주의의무는 다음과 같은 국면에서 적용될 수 있을 것이다. 첫째, 집합투자재산 운용행위를

---

2) 정찬형(2022), 1048면; 이철송(2024), 785면; 장덕조(2023), 360면; 오성근(2023), 682－683면 참조; 대법원 2017. 9. 12. 선고 2015다70044 판결 등.

함에 있어서도 자기의 과실로 투자자 또는 제3자에게 손해를 입힌 경우에는 투자자 등에 대하여 손해배상을 하여야 하고, 손해를 배상하지 아니한 때에는 선관주의의무에 위반할 수 있음을 의미한다. 이는 손해배상의 원인이 집합투자업자가 업무를 위탁한 자에게서 기인하더라도 집합투자업자가 부담하여야 함을 뜻한다. 그리고 집합투자업가 그 임무를 해태하여 운용지시를 한 결과 투자자에게 손해를 발생시킨 경우에도 당해 투자자에게 손해를 배상하여야 함을 의미한다.

둘째, 집합투자업자는 집합투자재산을 운용하는 경우 투자자에게 위험을 초래하거나 불이익을 줄 수 있는 운용지시를 하여서는 아니 된다. 이러한 금지행위에 위반한 운용지시는 선관주의의무 위반에 해당한다. 이러한 금지행위에 위반하지 않는 운용지시일지라도 선량한 관리자의 주의를 결하는 때, 투자자는 집합투자업자에게 손해배상책임을 물을 수 있다.

셋째, 집합투자업자는 동일한 증권이나 파생상품을 복수의 투자매매업자 등을 이용하여 거래를 하는 경우, 비용과 수수료 등 모든 면에서 집합투자기구에서의 지출을 최소화하여, 운용성과제고에 유리한 투자매매업자 등에게 주문하도록 운용지시를 하여야 한다. 그리고 동일한 증권이 복수의 시장에서 거래되어 복수의 시장가격이 형성되어 있는 때에도 집합투자기구의 운용성과제고에 가장 유리한 시장에서 거래하도록 운용지시를 하여야 한다.

한편 제79조 제2항을 문리적으로 해석하면 충실의무는 다음과 같은 국면에서 적용될 수 있을 것이다. 즉 집합투자업자는 투자자의 이익을 보호하기 위하여 해당업무를 충실하게 수행하여야 하므로 자기 또는 제3자의 이익을 위하여 업무를 수행하여서는 아니 된다. 집합투자업자는 복수의 집합투자기구의 위탁자의 지위에서 업무를 수행하는 때에는 각각의 집합투자기구의 투자자를 위하여 업무를 충실하게 수행할 의무를 부담한다. 그러므로 특정 집합투자기구 투자자의 이익을 위하여 다른 집합투자재산을 이용하는 행위는 제3자의 이익을 위한 행위가 되어 충실의무에 반한다.

## 2. 자산운용행위규제의 변천

### (1) 舊증권투자신탁업법 및 舊자산운용업법

1969년 제정증권투자신탁업법상의 집합투자업자는 주로 투자신탁회사(위탁자), 즉 자산운용회사를 의미하였다. 그리하여 舊증권투자신탁업법은 집합투자업자, 즉 투자신탁회사로 하여금 신탁재산을 주로 증권시장에 상장된 유가증권에 투자하여 운용하도록 하고 있었다(동법 제8조 제1항). 다만, 투자신탁회사는 신탁재산 중 일시 여유자금이 있을 때에는 이를 금융기관 예치 또는 단기대출(call loan)의 방법으로 운용할 수 있었다(동법 제8조 제2항). 여기서 말하는 유가증권이라 함은 1968년 개정된 증권거래법[3] 제2조 제1항에서 정의하고 있는 유가증권을 말한다. 당시 증권거래법 제2조는 유가증권을 ① 국채증권(제1호), ② 지방채증권(제2호), ③ 특별한 법률에 의하여 정부 또는 법인이 발행한 채권(제3호), ④ 사채권(제4호), ⑤ 특별한 법률에 의하여 설립된 법인이 발행한 출자증권(제5호), ⑥ 주권 또는 신주인수권을 표시하는 증서(제6호), ⑦ 외국 또는 외국법인이 발행한 증권 또는 증서로서 전 각호의 증권 또는 증서의 성질을 구비한 것 중 재무부장관이 지정한 것(제7호), ⑧ 기타 대통령령으로 정하는 증권 또는 증서(제8호)로 정의하고 있었다. 그리고 舊증권거래법 제2조 제1항 제8호에 의한 유가증권으로는 신탁업법의 규정에 의하여 신탁회사가 발행하는 수익증권이 있었다(1968년 증권거래법 시행령 제1조의 2).

이와 같은 유가증권의 정의 중에서 집합투자업자, 즉 투자신탁회사는 주로 상장유가증권에 투자·운용할 수 있었을 뿐이므로 그 대상이 매우 제한적이었다. 제정증권투자신탁업법이 집합투자업자로 하여금 주로 상장유가증권에 투자·운용하게 한 것은 당시 증권거래소에 상장된 유가증권에 대한 일반적인 인식에서 기인한다. 당시 증권거래소에서 매매를 할 수 있었던 유가증권은 국민경제에 기여할 수 있고, 투자자 보호에 문제가 없는 증권으로 한정되어 있었으며, 증권거래소 시장에 상장된 유가증권은 매매거래상의 제반 시설과 기술을 이용하였기 때문이다. 그리하여 시장성이 확보되어 ① 유가증권발행자는 시장을 통하여 거액의 자금을 쉽게 조달할 수 있고, ② 투자자는 유가증권의 수급에 따라 공정하게 형성된 가격으로 자유롭게 자금을 투자하고 회수할 수 있다는 신뢰가 있었다. 제정증권투자신탁업법이 신탁재산의 투자운용대상을 상장된 유가증권으로 제한한 것은 이러한 인식을 바탕으로 한다.

이후 집합투자업자가 투자·운용할 수 있는 대상은 舊증권투자신탁업법의 개정 및 舊증권거래법상 유가증권의 개념정의의 변화에 따라 수차례 변화하여 왔다. 최근의 가장 획기적인 변화는 2003년 舊자산운용업법의 제정에 있었다. 그 배경에는 1990년대 후반부터 자본시장의 글로벌화가 진전되어 국내 집합투자업자도 외국의 유수한 자산운용회사와 경쟁을 벌여야 하였고, 이를 위하여는 다양한 자산운용상품

3) 법률 제2066호.

이 개발·공급되어야 한다는 요청이 있었다. 동법에서는 투자신탁회사의 개념을 자산운용회사로 확대하였다. 그리하여 舊자산운용업법 제2조 제1호는 자산운용대상을 ① 투자증권(가목),[4] ② 장내파생상품[5] 또는 장외파생상품(나목),[6] ③ 부동산(다목), ④ 실물자산(라목),[7] ⑤ 그 밖에 대통령령이 정하는 것(마목)으로 크게 확대하였다. 동법 제2조 제1호 마목에 따라 시행령 제3조는 ① 간접투자증권 및 「신탁업법」에 따라 발행된 수익증권(제1호), ② 사모투자전문회사의 지분(제1호의 2), ③ 보험금지급청구권(제2호),[8] ④ 「기업구조조정 촉진법」상 금전채권(제3호),[9] ⑤ 어음(제4호),[10] ⑥ 유가증권, 부동산, 실물자산, 금전채권 등 신탁에 의한 수익권(제5호), ⑦ 특정사업으로부터 발생하는 수익을 분배받을 수 있는 계약상의 출자지분 또는 권리(제6호), ⑧ 익명조합·합자회사 또는 유한회사에 대한 출자지분을 나타내는 증권 또는 증서(제6호의2), ⑨ 자산을 운용하고 그 수익을 분배할 것을 내용으로 하는 조합계약에 의한 조합[11]의 지분(제7호), ⑩ 지상권·전세권·임차권 등 부동산의 사용에 관한 권리(제8호), ⑪ 어업권(제9호), ⑫ 광업권(제10호) 등을 자산운용대상으로 정하고 있

---

4) 舊자산운용업법 제2조 제7호에 의거 투자증권이라 함은 ① 증권거래법상 유가증권(유가증권옵션 등 대통령령이 정하는 것을 제외한다)(가목), ② 금융기관이 발행·매출 또는 중개하는 어음 및 채무증서(나목), ③ 「외국환거래법」에 의한 외화증권 중 대통령령이 정하는 것(다목), ④ 그 밖에 재산적 가치가 있는 권리가 표시된 증서 중 대통령령이 정하는 것(라목)을 말한다.

5) 舊자산운용업법 제2조 제8호에 의거 장내파생상품이라 함은 「증권거래법」 제2조 제12항의 규정에 의한 유가증권시장, 동법 제2조 제14항의 규정에 의한 코스닥시장, 「선물거래법」 제3조 제3호의 규정에 의한 선물시장 또는 이와 유사한 시장으로서 대통령령이 정하는 외국에 있는 시장(이하 이 조에서 '유가증권시장 등')에서 통화·투자증권·금리·간접투자증권·부동산·실물자산 또는 통화·투자증권·금리·간접투자증권·부동산·실물자산의 가격이나 이를 기초로 하는 지수를 대상으로 하는 거래로서 대통령령이 정하는 거래를 말한다.

6) 舊자산운용업법 제2조 제9호에 의거 장외파생상품이라 함은 유가증권시장 등의 밖에서 통화·투자증권·금리·간접투자증권·부동산·실물자산 또는 통화·투자증권·금리·간접투자증권·부동산·실물자산의 가격이나 이를 기초로 하는 지수를 대상으로 하는 거래로서 대통령령이 정하는 거래를 말한다.

7) 舊자산운용업법 제2조 제10호에 따르면, 실물자산이라 함은 농산물·축산물·수산물·임산물·광산물·에너지에 속하는 물품 및 이 물품을 원료로 하여 제조하거나 가공한 물품 그 밖에 이와 유사한 것으로서 대통령령이 정하는 것을 말한다.

8) 제3자에게 양도할 수 있는 경우에 한한다.

9) 유가증권 또는 어음에 의하여 표창되는 것을 제외한다.

10) 舊자산운용업법 제2조 제7호 나목의 어음, 즉 대통령령이 정하는 금융기관이 발행·매출 또는 중개하는 어음을 제외한다.

11) 舊자산운용업법 제2조 제2항 제5호 내지 제8호의 조합에 한한다.

었다.

### (2) 자본시장법

자본시장법은 집합투자업자의 자산운용대상으로서 단순히 '재산적 가치가 있는 투자대상자산을 취득·처분의 방법으로 운용'이라는 포괄적인 규정만을 두고 있다(제6조 제5항). 그리고 재산적 가치에 대한 정의규정을 별도로 두지 않고 있다. 따라서 경제적·각종 법제상으로 자산의 가격을 공정하게 평가할 수 있고 공정가격에 따라 거래할 수 있는 자산이라면 '재산적 가치'가 있는 자산으로 볼 수 있고,[12] 집합투자업자의 자산운용대상이 된다. 즉 재산적 가치가 있는 투자대상자산이란 가격을 공정하게 평가할 수 있는 거의 모든 자산을 포괄하는 개념이며, '취득·처분, 그 밖의 운용방법'으로 운용 가능한 자산이다.

이러한 입법태도는 자본시장법에서 금융투자상품을 포괄적으로 정의하고 있는데[13] 따르는 변화이다. 즉 종래의 증권투자신탁업법 및 자산운용업법은 증권거래법 및 선물거래법 등이 유가증권 또는 파생상품에 대한 정의를 열거주의를 채택함에 따른 산물로서, 투자신탁의 자산운용대상을 주로 증권거래법이나 선물거래법에서 열거하고 있는 유가증권 및 파생상품으로 한정하여 왔다. 이에 비하여 현행법은 금융투자상품을 목적, 투자성, 금전의 이전 및 계약상의 권리 등을 4가지 개념 요소로 하여 개별 법제에 산재하여 있는 한정적 열거주의에 의한 금융상품 정의의 한계를 극복하고자 하고 있다(제3조). 그리하여 집합투자업자의 자산운용대상도 '재산적 가치'라는 표현을 사용하여 포괄주의 입법방식과 조화를 추구하고 있다.

따라서 자본시장법상 집합투자업자의 집합투자재산 운용대상에는 원칙적으로 모든 금융투자상품이 포함된다. 그 결과 동법 제4조의 증권에 포함되는 채무증권,[14] 지분증권,[15] 수익증권,[16] 투자계약증권,[17] 파생결합증권[18] 및 증권예탁증권[19]은 물

---

12) 조상욱·이진국, "자본시장과 금융투자업에 관한 법률(안)상 집합투자규제의 주요 내용 및 문제점", BFL 제22호(2007. 3), 29면 참조.

13) 이에 관한 상세한 내용은 신광원, "금융투자상품 투자권유규제에 관한 연구", 동국대학교 박사학위논문(2020), 15－25면; 김병연, "자본시장법상 금융투자상품 규제체계", 인권과 정의, 제389호, 대한변호사협회(2009), 21면 이하.

14) 채무증권이란 국채증권, 지방채증권, 특수채증권, 사채권, 기업어음증권, 그 밖에 이와 유사한 것으로서 지급청구권이 표시된 것을 말한다(제4조 제3항).

15) 지분증권이란 주권, 신주인수권이 표시된 것, 법률에 의하여 직접 설립된 법인이 발행한 출자증권, 상법에 따른 합자회사·유한회사·익명조합의 출자지분, 민법에 따른 조합의 출자

론, 장내파생상품[20]과 장외파생상품[21]도 자산운용대상이 된다.

## Ⅲ. 공모집합투자기구의 자산운용행위규제

### 1. 의의

집합투자업(collective investment business)은 투자자로부터 자금 등을 집합하고 투자신탁이나 투자회사와 같은 집합투자기구(Collective Investment Scheme, CIS)를 이용하여 유가증권 등의 자산에 투자하여 그 실적을 투자자에게 배분하는 것을 목적으로 하는 사업을 말한다. 그 어원과 개념은 영국의 2000년 금융서비스·시장법(Financial Services and Markets Act 2000, FSMA 2000) 제235조에서 유래한다. 이를 반영하여 자본시장법도 집합투자업을 주로 2인 이상의 투자자로부터 모은 금전 등을 투자자로부터 일상적인 운용지시를 받지 아니하면서 재산적 가치가 있는 투자대상자산을 취득·처분, 그 밖의 방법으로 운용하고 그 결과를 투자자에게 배분하여 귀속시키는 행위라고 정의하고 있다(제6조 제5항).[22]

투자자의 입장에서 보면 집합투자기구에 대한 투자는 자기의 자금이 다른 투자자의 자금과 집합되어(pooling) 제3자에 의해 운용되는 것이다. 그러므로 다수의 투자자가 존재한다는 공동성 및 수동성이라는 성격을 갖는다. 특히 투자자가 투자대상자산을 직접 지배·관리하지 않는다는 성격(수동성)으로 인하여 그 금융상품의 내

---

지분, 그 밖에 이와 유사한 것으로서 출자지분이 표시된 것을 말한다(제4조 제4항).

16) 수익증권이란 신탁업자(제110조)의 수익증권, 투자신탁(제189조)의 수익증권, 그 밖에 이와 유사한 것으로서 신탁의 수익권이 표시된 것을 말한다(제4조 제5항).

17) 투자계약증권이란 특정 투자자가 그 투자자와 타인간의 공동사업에 금전 등을 투자하고 주로 타인이 수행한 공동사업의 결과에 따른 손익을 귀속받는 계약상의 권리가 표시된 것을 말한다(제4조 제6항).

18) 파생결합증권이란 기초자산의 가격·이자율·지표·단위 또는 이를 기초로 하는 지수 등의 변동과 연계하여 미리 정하여진 방법에 따라 지급금액 또는 회수금액이 결정되는 권리가 표시된 것을 말한다(제4조 제7항).

19) 증권예탁증권이란 제2항 제1호 내지 제5호까지의 증권을 예탁받은 자가 그 증권이 발행된 국가 외의 국가에서 발행한 것으로서 그 예탁받은 증권에 관련된 권리가 표시된 것을 말한다(제4조 제8항).

20) 장내파생상품이란 파생상품으로서 파생상품시장에서 거래되는 것 또는 해외 파생상품시장에서 거래되는 것을 말한다(제5조 제2항).

21) 장외파생상품이란 파생상품으로서 장내파생상품이 아닌 것을 말한다(제5조 제3항).

22) 김인권 외 4인(2023), 2−3면.

용을 이해하여 적절한 투자판단을 행하기가 쉽지 않다. 그러나 투자자가 투자전문가인 집합투자업자를 이용하면 집합투자기구를 통한 투자시 나타나는 수동성의 한계를 극복할 수 있다. 집합투자기구에서는 투자자가 투자전문가인 운용자(fund manager)의 재량에 의존하기 때문에 정보의 비대칭성이라고 하는 대리인 문제가 발생한다. 그러므로 집합투자기구에서는 대리인 문제를 해결하기 위한 여러 규제가 필요하고, 자본시장법과 그 관련 법제는 이러한 문제해결에 필요한 규정을 중심으로 구성된다.[23]

자본시장법은 이러한 집합투자기구를 ① 투자신탁, ② 투자회사, ③ 투자유한회사, ④ 투자합자회사, ⑤ 투자유한책임회사, ⑥ 투자합자조합, ⑦ 투자익명조합 등 모두 7가지의 유형으로 구분하고 있다.[24] 이러한 유형의 집합투자기구는 당초 자본시장법을 제정할 당시에는 주로 '공모집합투자기구'를 염두에 두고 마련된 것이라고 할 수 있다. 그러나 최근 집합투자기구의 자금흐름을 보면 공모집합투자기구가 아닌 사모집합투자기구에 대한 선호현상이 뚜렷한 것으로 파악되고 있다. 그리하여 2023년 8월 2일 현재 공모집합투자기구의 순자산총액은 351조 1,350억원, 사모집합투자기구의 순자산총액은 596조 438억원을 나타내고 있다.[25] 그 결과 전체 순자산총액 947조 1,789억원의 집합투자기구 시장에서 사모가 차지하는 비중이 약 63.0%를 나타내어 공모의 비중인 37.0%를 훨씬 상회하고 있다.

그러나 집합투자기구의 연혁적 개념과 그 본질은 공모집합투자기구이다. 왜냐하면, 집합투자업이 시작된 영국의 경우를 보면 집합투자기구의 생성이 촉진된 ① 객관적 경제적 기반은 자본축적의 증대와 그 대중화 및 국내외 이자율에 있었고, ② 주관적 동기는 중소형 자산가층이 대외투자를 함에 있어서 위험의 공동방지라는 점에 있었기 때문이다.[26] 그리하여 그 조직과 기구의 기반이 된 것이 신탁제도이다. 이와 같이 집합투자기구의 본질이 투자와 관련하여 중소형 투자자들의 상부상조적이고 공동방위적인 조직이었다[27]는 점을 감안하면 사모집합투자기구로의 집중적인

23) 오성근, "간접투자자산운용업법에 대한 고찰", 증권법연구 제5권 제2호(2004. 12), 4면.
24) 이들의 법적 구조에 관하여는 신명희 · 권한용, "집합투자기구의 법적 구조에 대한 고찰", 국제법무 제14권 제2호(2022. 11), 180-186면; 김건식, "증권투자신탁의 구조: 계약형 투신과 회사형 투신을 중심으로", 인권과 정의 제278호(1999. 10), 18면; 이중기, "투자신탁제도의 신탁적 요소와 조직계약적 요소", 한림법학포럼 제9권(2000), 69면.
25) http://freesis.kofia.or.kr/
26) Theodore J. Grayson(1928), p.12.
27) Kam Fan Sin(1997), pp.7-46; Robert Cole(1997), pp.9-21; Timothy C. Cornick ·

자금이동은 그리 바람직하지만은 아니한 것으로 보인다. 이러한 현상은 금리상승기 또는 글로벌 금융위기시에는 우리나라 금융산업 전체에 불안정성을 유발할 수 있다. 또한 일반 제조기업의 경영에 대한 불안정을 초래할 우려도 있다.

따라서 집합투자업의 본질이라고 할 수 있는 공모집합투자기구에 대한 투자자와 시장의 신뢰의 회복은 국가적으로도 중요하다. 그 과정에서는 집합투자기구의 집합투자재산이 투명하게 운용되어야 하고 집합투자업 내부에서는 능력 있는 운용자(fund manager) 등 인적·물적 인프라를 구축할 필요성이 있다.

## 2. 공모집합투자기구 관련 규정 및 해석론

### (1) 공모의 개념

자본시장법은 사모집합투자기구(제9조 제19항)와는 달리 공모집합투자기구의 개념을 별도로 정의하지 않고 있다. 따라서 공모집합투자기구의 개념에 관하여는 우선 '공모'에 대한 해석에 의존하여야 한다. 자본시장법상 공모라 함은 청약의 권유를 하는 날 이전 6개월 이내에 해당증권과 같은 종류의 증권에 대하여 모집이나 매출에 의하지 아니하고 청약의 권유를 받은 자를 합산하는 방법에 따라 산출한 50인 이상의 투자자에게 새로 발행되는 증권의 취득의 청약을 권유하는 것을 말한다(제9조 제7항·시행령 제11조 제1항). 다만, 자본시장법은 50인을 산출함에 있어서 제외하여야 할 대상자를 명시하고 있는데, 그 내용을 살펴보면 다음과 같다(시행령 제11조 제1항). 첫째, ① 전문투자자(제1호 가목), ② 공인회계사법에 따른 회계법인(제1호 다목), ③ 신용정보의 이용 및 보호에 관한 법률에 따른 신용평가업자(제1호 라목), ④ 증권발행인에게 회계, 자문 등의 용역을 제공하고 있는 공인회계사·감정인·변호사·변리사·세무사 등 공인된 자격증을 가지고 있는 자(제1호 마목), ⑤ 그 밖에 발행인의 재무상황이나 사업내용 등을 잘 알 수 있는 전문가로서 금융위원회가 정하여 고시하는 자[28] 등도 제외된다(제1호 바목).

---

Bridget C. Barker·Nigel L. Doran 외 2인(2002), pp.201－206.

28) 시행령 제11조 제1항 제1호 바목에서 금융위원회가 정하여 고시하는 자란 1. 중소기업창업투자회사, 2. 그 밖에 제1호 및 시행령 제11조 제1항 제1호 각 목의 전문가와 유사한 자로서 발행인의 재무내용이나 사업성을 잘 알 수 있는 특별한 전문가라고 금융감독원장(이하 '감독원장')이 정하는 자를 말한다.

둘째, ① 발행인의 최대주주[29]와 발행주식총수의 100분의 5 이상을 소유한 주주(제2호 가목), ② 발행인의 임원[30] 및 우리사주조합원(제2호 나목), ③ 발행인의 계열회사와 그 임원(제2호 다목), ④ 발행인이 주권비상장법인[31]인 경우에는 그 주주(제2호 라목), ⑤ 외국 법령에 따라 설립된 외국 기업인 발행인이 종업원의 복지증진을 위한 주식매수제도 등에 따라 국내 계열회사의 임직원에게 해당외국 기업의 주식을 매각하는 경우에는 그 국내 계열회사의 임직원(제2호 마목), ⑥ 발행인이 설립 중인 회사인 경우에는 그 발기인(제2호 바목), ⑦ 그 밖에 발행인의 재무상황이나 사업내용 등을 잘 알 수 있는 연고자로서 금융위원회가 정하여 고시하는 자[32] 등도 50인 이상 인수 산출에서 제외된다(제2호 사목).

### (2) 공모집합투자기구에 대한 해석론

공모집합투자기구에 대한 해석을 함에 있어서는 자본시장법상 위의 공모의 개념과 더불어 사모집합투자기구의 정의규정을 살펴볼 필요성이 있다. 그 이유는 사모집합투자기구에 관하여 정의를 내리고 있는 규정과의 관계를 명확히 하여야 하기 때문이다. 자본시장법상 사모집합투자기구 관련 규정은 실무계의 요청과 정부의 규제정

---

29) 금융회사지배구조법 제2조 제6호 가목에 따른 최대주주를 말한다.
30) 상법 제401조의 2 제1항 각 호의 자를 포함한다.
31) 주권을 모집하거나 매출한 실적이 있는 법인은 제외한다.
32) 시행령 제11조 제1항 제2호 사목에서 금융위원회가 정하여 고시하는 자란 1. 발행인(설립중인 회사 제외)의 제품을 원재료로 직접 사용하거나 발행인(설립중인 회사 제외)에게 자사제품을 원재료로 직접 공급하는 회사 및 그 임원, 2. 발행인(설립중인 회사 제외)과 대리점계약 등에 의하여 발행인의 제품 판매를 전업으로 하는 자 및 그 임원, 3. 발행인이 협회등 단체의 구성원이 언론, 학술 및 연구 등 공공성 또는 공익성이 있는 사업을 영위하기 위하여 공동으로 출자한 회사(설립중인 회사 포함)인 경우 해당단체의 구성원, 4. 발행인이 지역상공회의소, 지역상인단체, 지역농어민단체 등 특정지역 단체의 구성원이 그 지역의 산업폐기물 처리, 금융·보험서비스 제공, 농수축산물의 생산·가공·판매 등의 공동사업을 영위하기 위하여 공동으로 출자한 회사(설립중인 회사 포함)인 경우 해당단체의 구성원, 5. 발행인이 동창회, 종친회 등의 단체 구성원이 총의에 의하여 공동의 사업을 영위하기 위하여 공동으로 출자한 회사(설립중인 회사 포함)인 경우 해당단체의 구성원, 6. 법 제159조 제1항에 따른 사업보고서 제출대상법인이 아닌 법인(이하 이 조에서 '사업보고서 미제출법인')의 주주가 그 사업보고서 미제출법인의 합병, 주식의 포괄적 교환·이전, 분할 및 분할합병의 대가로 다른 사업보고서 미제출법인이 발행한 증권을 받는 경우 그 주주, 7. 기타 제1호 내지 제6호까지 및 시행령 제11조 제1항 제2호 각 목의 연고자와 유사한 자로서 발행인의 재무내용이나 사업성을 잘 알 수 있는 특별한 연고자라고 감독원장이 정하는 자 등을 말한다(증권의 발행 및 공시 등에 관한 규정 제2－1조 제2항).

책을 반영하는 과정에서 수차례의 개정을 거쳤다. 그리하여 현행과 같은 사모집합투자기구에 대한 개념체계는 2021년 3월 시행령의 개정시 확립되었다. 그 결과 사모집합투자기구의 개념에 대하여는 기본적으로 제9조 제7항, 제6조 제5항 제1호, 시행령 제6조 제2항·제3항 및 제9조 제19항 등 5개 이상의 조문을 기초로 도출하여야 한다. 이 점 주의를 요한다.

관련규정을 근거로 사모집합투자기구의 개념을 정의하면 일반투자자를 대상으로 하는 사모집합투자기구는 증권을 사모(제9조 제8항·제7항)로만 발행하는 집합투자기구로서 대통령령으로 정하는 '취득청약의 권유자 수'와 '투자자'[33]의 총수가 100인 이하인 집합투자기구를 말한다(제9조 제19항·시행령 제6조 제2항·제3항). 다만, 동일한 사모집합투자기구 투자자의 총수를 산출함에 있어서 일반투자자는 49인을 초과할 수 없고, 이른바 기관투자가와 기관투자가가 아닌 전문투자자[34]를 포함하는 경우에는 100인 이하까지 인정된다(제19조 제19항, 제6조 제5항 제1호·시행령 제6조 제2항). 즉 종래와 같이 일반투자자만을 대상으로 하는 사모집합투자기구는 2021년 4월 자본시장법의 개정 전과 마찬가지로 투자자의 총수는 49인 이하로 제한된다(시행령 제6조 제3항).

이러한 사모집합투자기구에 대한 상세한 정의규정과는 달리 공모집합투자기구를 정의할 수 있는 직접적인 규정은 거의 없다. 이로 인하여 공모집합투자기구에 대하여는 사모집합투자기구에 관한 관련 규정들을 반대로 해석하여 정의할 수밖에 있다. 그 이유는 자본시장법을 전체적으로 살펴볼 때 대칭되는 개념을 활용한 입법방식을 취하고 있기 때문이다. 즉 자본시장법은 ① 금융투자상품을 증권과 파생상품으로 정의하면서 각 상품의 정의에 관한 규정을 별도로 두고 있는 점(제3조 제2항, 제4조·제5조), ② 공모와 사모에 대한 개념을 명시하고 있는 점(제9조 제7항·제8항), ③ 전문투자자와 일반투자자에 대한 개념을 별도로 두고 있는 점(제9조 제5항·제6항) 등에서 그러하다.

위에서 알 수 있는 바와 같이 직접적인 규정이 없는 한 공모집합투자기구는 공모

---

33) 대통령령으로 정하는 투자자란 1. 시행령 제10조 제1항 각 호의 어느 하나에 해당하는 자, 2. 제10조 제3항 제12호·제13호에 해당하는 자 중 금융위원회가 정하여 고시하는 자를 말한다.

34) 기관투자가가 아닌 전문투자자는 취득청약의 권유 대상자 산정에서 제외되고 투자자 총수 산정에만 포함된다. 따라서 실질적으로 기존의 '49인 이하' 제한에서 '100인 이하' 제한으로 규제가 완화되는 효과가 있다.

에 관한 제9조 제7항에 의거 설정된 집합투자기구로 보아야 하고, 사모집합투자기구에 관한 규정은 일반 사모제도를 탈법적으로 이용하여 설립되는 투자신탁에 대하여 다른 규제를 가하고자 하는 정책적 의지가 반영된 결과로 보아야 한다.

따라서 자본시장법상 공모집합투자기구란 법령에서 정하는 자를 제외하고 투자자의 총수 100인을 초과하는 투자자에게 새로 발행되는 증권의 취득의 청약을 권유하는 집합투자기구로서 집합투자업자(위탁자)가 신탁업자에게 신탁한 재산을 신탁업자로 하여금 위탁자의 지시에 따라 투자·운용하게 하는 집합투자기구라고 해석한다(제9조 제7항·제18항). 다만, 일반투자자만을 청약의 대상으로 하는 경우에는 투자자의 총수가 50인 이상이면 족하고, 전문투자자를 포함하는 경우는 100인을 초과하여야 한다고 본다.

### 3. 운용방법에 대한 제한 폐지 및 한계

자본시장법상 집합투자업자의 영업행위와 관련한 중요한 변화 중의 하나는 자산운용방법에 있다. 종래의 자산운용업법은 자산운용회사가 간접투자재산을 운용함에 있어 취득 또는 매각의 방법을 원칙으로 하고, 투자증권 및 상장지수투자신탁(Exchange Traded Fund, ETF)[35]의 수익증권은 대여 또는 차입, 부동산은 관리·개량·개발 또는 임대, 그리고 선박은 관리·개량 또는 대선(貸船)의 방법으로 운용할 수 있도록 정하였다(舊자산운용업법 제87조 제2항·동법시행령 제69조). 다만, 자산운용회사는 예외적으로 간접투자재산을 운용함에 있어서 간접투자증권의 환매를 원활하게 하고 투자대기자금을 효율적으로 운용할 수 있도록 투자신탁재산 중 그 일부를 ① 단기대출, ② 금융기관 예치, ③ 그 밖에 대통령령이 정하는 방법으로 운용할 수 있었다(舊자산운용업법 제87조 제3항).

이에 비하여 자본시장법은 재산적 가치가 있는 '투자대상자산을 취득·처분, 그 밖의 방법으로 운용'하도록 명시하고 있어 종래의 자산운용업법과는 달리 구체적

35) 이는 우리나라의 Kospi 200지수, 일본의 Nikkei 225 지수 또는 미국의 Standard & Poor's 500지수(S&P 500지수) 등 정해진 주가지수의 수익률과 유사한 수익을 실현할 수 있도록 포트폴리오(portfolio)를 구성하고 운용되는 투자신탁(펀드)이다. 즉 이 투자신탁들이 추구하는 지수(benchmark index) 수준의 수익률을 추구하는 금융투자상품이다. 오성근, “기업의 ESG 경영에서의 인덱스 펀드의 역할 및 입법적 개선방안”, 한양법학 제35권 제2집(2024. 5), 155－156면.

자산운용방법에 제한을 가하지 않고 있다. 따라서 종래의 자산운용업법에서 인정하고 있던 운용방법에 더하여 '재산적 가치가 있는 투자대상자산'에 운용하여 이익을 추구하고자 하는 모든 형태의 행위는 운용방법에 해당한다고 볼 수 있다. 여기서 '취득 · 처분'은 운용방법의 하나를 예시한 것으로 볼 수 있기 때문에 신탁재산으로 부동산의 분양권도 취득할 수 있게 되었다.

운용의 개념은 투자대상자산에 대한 취득 · 처분에 필요한 사후조치를 포함하고,[36] 적극적 운용과 소극적 운용, 이른바 원금이 보장되는 예금에 가입하는 것도 운용에 해당한다고 본다. 시행령 제80조 제3항에 따르면 집합투자업자의 투자 · 운용대상에는 금융투자상품 이외에도 ① 원화로 표시된 양도성 예금증서(제1호), ② 기업어음증권 외의 어음(제2호), ③ 제1호 및 제2호 외에 대출채권, 예금, 그 밖의 금융위원회가 정하여 고시하는 채권(제3호) 등도 포함하고 있기 때문이다.

위에서 살펴본 바와 같이 자본시장법은 운용방법을 포괄적으로 규정하고 있다. 이와 더불어 집합투자업자로 하여금 집합투자규약이나 투자설명서에서 정하는 바에 따라 자산운용을 하도록 명시하고 있다(시행령 제87조 제4항 제1호). 이에 따라 집합투자업자는 집합투자규약이나 투자설명서에 정하기만 하면 아무런 제한 없이 자산운용을 할 수 있는 것처럼 보이지만, 법령상 최저한의 제한규정을 두고 있다. 즉 자본시장법 제4장 제1절은 집합투자업자 등 금융투자업자에 대한 공통영업행위 규칙을 정하고, 제4장 제2절 제2관은 별도로 집합투자업자의 영업행위규칙을 정하고 있다. 이 밖에 자산운용의 제한(제81조 제1항 제4호) 및 불건전영업행위(제85조 제8호) 등에 관하여는 시행령으로 별도의 기준을 정할 수 있도록 하여 입법의 유연성을 추구하고 있다.[37]

결국 집합투자업자는 취득 · 처분 등의 포괄적인 운용방법을 채택할 수 있으나, 그 방법은 법령, 감독규정, 집합투자규약 및 투자설명서에서 정하는 사항을 준수하여야 한다.

---

36) 한국투자신탁(1989), 82면.
37) 조상욱 · 이진국, 앞의 논문, 30면.

## 4. 자산운용지시 · 실행 및 자산배분에 관한 규제

### (1) 자산운용지시 · 실행

#### 1) 원칙

집합투자업자의 자산운용지시는 자산운용업무의 핵심이다. 그러므로 그와 관련된 업무를 수행함에 있어서는 정확하고 공정하여야 한다. 이를 구체적으로 보면, 투자신탁의 집합투자업자는 투자신탁재산의 운용시 전산시스템에 의하여 객관적이고 정확하게 관리할 수 있는 방법에 따라 투자신탁재산을 보관 · 관리하는 신탁업자에게 '투자신탁재산별'로 투자대상자산의 취득 · 처분 등에 관하여 필요한 지시를 하여야 한다. 신탁업자는 집합투자업자의 지시에 따라 투자대상자산의 취득 · 처분 등을 하여야 한다(제80조 제1항 · 시행령 제79조 제1항). 투자신탁을 제외한 집합투자기구의 집합투자업자는 집합투자기구의 명의[38]로 그리고 '집합투자재산별'로 전산시스템에 의거 직접 투자대상자산의 취득 · 처분 등을 할 수 있다. 이 경우 신탁업자는 그 집합투자기구의 지시에 따라 집합투자기구가 취득 · 처분 등을 한 자산의 보관 · 관리업무를 행하게 된다(제80조 제5항 · 시행령 제79조 제1항). 이 점에서 투자신탁의 경우와 차이가 있다. 투자신탁 이외의 집합투자기구가 자기명의로 투자대상자산을 취득 · 처분할 수 있도록 한 근거에 대하여 그 입법취지가 명확하게 밝혀진 바는 없지만, 투자신탁 이외의 다른 집합투자기구의 재산운용의 기초법리는 신탁이 아닌 상법의 법리가 적용되기 때문인 것으로 풀이할 수밖에 없다.

이와 같이 투자신탁재산운용에 대한 결정은 집합투자업자의 고유권한이자 의무이지만, 결정에 따른 실행은 집합투자업자가 아닌 신탁업자가 하여야 한다. 집합투자업자는 그 실행을 지시할 권한이 있을 뿐이다. 이는 자산운용권과 자산취득 · 처분권의 분리라고 하는 투자신탁의 법리에 따른 것이다. 그리고 투자신탁 이외에 그 밖의 집합투자재산의 보관 · 관리업무를 수행하는 자도 신탁업자임을 명시한 것은 투자신탁의 재산보관의 법리, 분별관리의 법리를 다른 유형의 집합투자기구의 집합투자업자에게 확대 · 적용함으로써 집합투자업자에 의한 고유재산과 신탁재산간의 이해상충행위를 방지하고자 하는 데 그 목적이 있다. 때문에 이에 반하는 집합투자업자의 행위는 집합투자재산의 운용에 대하여 선관주의의무를 다하여야 한다는 규정(제79조

38) 다만, 투자익명조합의 경우에는 그 집합투자업자의 명의를 말한다.

제1항)에 위반하게 된다.

한편 집합투자업자는 '투자신탁재산별' 또는 '집합투자재산별'로 운용지시 및 운용을 하여야 하기 때문에, 신탁업자에게 자기가 운용하는 투자신탁재산이나 집합투자재산에 관하여 포괄적으로 자산취득·처분권을 위임할 수 없다.

### 2) 예외

위에서 기술한 바와 같이 투자신탁의 집합투자업자가 운용하는 투자신탁재산은 관련 자산을 보관·관리하는 신탁업자에게 귀속되므로 신탁업자의 명의로 취득·처분할 수 있고, 자산운용회사가 직접 투자대상자산을 취득·처분할 수는 없다(제80조 제1항 전단). 다만, 투자신탁재산의 효율적 운용을 위하여 불가피한 경우로서 대통령령으로 정하는 경우에는 투자신탁의 집합투자업자의 명의로 직접 투자대상자산을 취득·처분할 수 있다(제1항 후단). 이에 따라 시행령 제79조 제2항은 ① 증권시장이나 해외 증권시장에 상장된 지분증권, 지분증권과 관련된 증권예탁증권, 수익증권 및 파생결합증권 등의 매매(제1호), 국채증권·지방채증권·특수채증권·사채권[39]·시행령 제183조 제1항 각 호의 기준을 충족하는 기업어음증권 또는 단기사채(제1호의 2),[40] ② 장내파생상품의 매매(제2호), ③ 제83조 제4항[41]에 따른 단기대출(제3호), ④ 제251조 제4항[42]에 따른 대출(제4호), ⑤ 은행(제5호 가목), 한국산업은행(제5호 나목), 중소기업은행(제5호 다목), 한국수출입은행(제5호 라목), 투자매매업자 또는 투자중개업자(제5호 마목), 증권금융회사(제5호 바목), 종합금융회사(제5호 사목), 상호저축은행(제5호 아목) 등의 각 목의 어느 하나에 해당하는 금융기관이 발행·할인·매매·중개·인수 또는 보증하는 어음의 매매, ⑥ 양도성 예금증서의 매매(제6호), ⑦ 외국환거래법에 따른 대외지급수단의 매매거래(제7호), ⑧ 투자위험을 회피하기 위한 장외파생상품의 매매 또는 금융위원회가 정하여 고시하는 기준[43]에 따른 제5

39) 다만, 신용평가회사로부터 신용평가를 받은 것으로 한정한다. 이 경우 신용평가 등에 필요한 사항은 금융위원회가 정하여 고시한다.

40) 다만, 「주식·사채 등의 전자등록에 관한 법률」 제59조에 따른 단기사채 등 중에서 동법 제2조 제1호 나목에 해당하는 것에 한정한다.

41) 대통령령으로 정하는 금융기관에 대한 30일 이내의 단기대출을 말한다.

42) 이 규정에 따르면 집합투자업겸영보험회사는 제83조 제4항에 불구하고 투자신탁재산에 속하는 자산을 보험업법에서 정하는 방법에 따라 그 보험에 가입한 자에게 대출하는 방법으로 운용할 수 있다.

43) 이 기준에 따르면 투자신탁의 집합투자업자는 금리 또는 채권가격을 기초자산으로 하는 스

조 제1항 제3호에 따른 파생상품계약[44]의 체결(제8호), 환매조건부매매(제8호의 2), ⑨ 그 밖에 투자신탁재산을 효율적으로 운용하기 위하여 불가피한 경우로서 금융위원회가 정하여 고시하는 경우(제9호)에는 투자신탁의 집합투자업자가 자신의 명의로 직접 투자대상자산을 취득·처분할 수 있도록 정하고 있다.

한편 투자신탁을 제외한 집합투자기구의 집합투자업자는 투자대상자산의 취득·처분 등을 하고, 그 집합투자기구의 신탁업자에게 취득·처분 등을 한 자산의 보관·관리에 필요한 지시를 하면, 그 신탁업자는 집합투자업자의 지시에 따라야 한다. 이 경우 집합투자업자가 투자대상자산의 취득·처분 등을 함에 있어서는 집합투자업자가 그 집합투자기구를 대표한다는 사실을 표시하여야 한다(제80조 제5항).

### (2) 집합투자업자의 이행책임 원칙과 예외

투자신탁의 집합투자업자 또는 신탁업자는 자본시장법 제80조 제1항의 규정에 따라 투자대상자산을 취득·처분 등을 한 경우 해당투자신탁재산으로 그 이행책임을 부담한다(제80조 제2항). 본래 투자신탁의 경우 신탁재산에 대하여 실질적인 이해관계를 갖는 것은 투자자이지 집합투자업자나 신탁업자가 아니다. 그럼에도 불구하고 파생상품거래에서 손실이 발생한 때 거래상대방이 선물환계약의 명의가 위탁회사로 되어 있음을 근거로 자산운용회사를 상대로 소송을 제기하는 사례가 몇 건 있었다.[45] 동 규정은 이러한 사례를 경험으로 자산운용회사나 신탁업자가 직접 거래상대방의 지위에서 행한 거래일지라도 그 이행책임은 투자신탁재산으로 한정된다는 점을 밝힌 것이다. 다만, 해당집합투자업자가 법령·약관·집합투자규약·투자설명서에 위반하는 행위를 하거나 그 업무를 소홀히 하여 투자자에게 손해를 야기하여 손해배상책임을 부담하여야 하는 경우에는 그러하지 않다(제80조 제2항). 해당집합투자업자의 이러한 행위는 자산운용권 내지는 취득·처분권과는 별개의 행위로서 제79조 제1항의 선관주의의무에 반하므로 집합투자업자가 회사재산으로 책임을 부담하여야 하

---

왑거래를 함에 있어서 거래상대방과 기본계약을 체결하고 그에 따라 계속적으로 계약을 체결하는 경우에는 자신의 명의로 직접 거래할 수 있다(금융투자업규정 제4-49조).

44) 장래의 일정 기간 동안 미리 정한 가격으로 기초자산이나 기초자산의 가격·이자율·지표·단위 또는 이를 기초로 하는 지수 등에 의하여 산출된 금전 등을 교환할 것을 약정하는 계약을 말한다.

45) 대법원 2003. 4. 8. 선고 2001다38593 판결에서는 일반원칙으로 수탁회사인 신탁회사가 자산운용계약의 당사자이지만, 선물환계약의 명의가 위탁회사로 되어 있는 점을 근거로 자산운용회사를 계약당사자로 인정하였다.

는 것이다.

### (3) 자산배분

투자신탁의 집합투자업자는 자본시장법 제80조 제1항의 단서에 따라 스스로 투자대상자산의 취득·처분 등의 업무를 수행하는 경우에는 투자신탁재산별로 미리 정하여진 자산배분명세에 따라 취득·처분 등의 결과를 공정하게 배분하여야 한다(제80조 제3항). 그리고 집합투자업지가 취득·처분 등의 결과를 투자신탁재산별로 배분하는 때에는 ① 취득·처분을 한 투자대상자산을 균등한 가격으로 배분하여야 하고, ② 취득·처분을 한 투자대상자산의 수량이 취득·처분 등의 주문 수량에 미달하는 경우에는 미리 정한 자산배분명세에 따라 배분하여야 한다(시행규칙 제10조 제1항). 이와 같이 자산운용시 자산배분에 관하여 상세한 규정을 두고 있는 것은, 투자신탁의 집합투자업자는 보통 수십 혹은 수백 개의 투자신탁을 운용하고 있으므로 특정 투자신탁의 기준가격을 높일 수 있는 자산을 우선적으로 배분할 가능성이 있기 때문이다. 그 반대의 경우도 예상 가능하다.

투자신탁의 집합투자업자의 자산배분명세에 관한 기준은 집합투자재산평가위원회(제238조 제2항)의 의결을 거쳐 정하여야 한다(시행규칙 제10조 제2항). 의결을 함에 있어서는 ① 특정 수익자 또는 특정 투자신탁재산에 유리하거나 불리하지 아니할 것(제1호), ② 투자신탁재산별 취득·처분 등의 주문서와 자산배분명세가 전산으로 기록·유지될 것(제2호) 등의 기준을 충족시켜야 한다. 그리고 그 집합투자업자는 자산배분명세에 관한 사항을 인터넷 홈페이지 등을 이용하여 공시하여야 한다(시행규칙 제10조 제3항).

한편 집합투자업자는 투자대상자산의 취득·처분 등의 업무를 수행하는 때에 투자신탁재산의 운용을 담당하는 직원과 투자대상자산의 취득·처분 등의 실행업무를 담당하는 직원을 구분하여야 한다(시행규칙 제10조 제4항 본문). 이는 회사 내부의 동일인에게 자산운용권과 취득·처분권이 일원화되었을 경우 자전거래[46] 및 자산배분의 불공정 등 예상되는 폐해를 방지하기 위한 규정이다. 다만, ① 증권에 관하여 그 종류에 따라 다수 종목의 가격수준을 종합적으로 표시하는 지수의 변화에 연동하여

---

46) 자전거래라 함은 집합투자업자가 운용하는 투자신탁 등 집합투자기구 상호간에 같은 수량으로 같은 시기에 일방이 매도하고 다른 일방이 매수하는 거래를 말한다(금융투자업규정 제4－59조 제1항).

운용하는 것을 목표로 하는 투자신탁재산을 취득·처분 등을 하는 경우(제1호), ② 제1호에서 규정한 사항 외에 금융위원회가 정하여 고시하는 경우(제2호) 중 어느 하나에 해당하는 경우는 예외이다(시행규칙 제10조 제4항 단서).

## 5. 운용행위와 관련된 일반적 행위규제

### (1) 자산운용대상에 대한 규제

#### 1) 증권 · 파생상품에 대한 자산운용제한

① 원칙

자본시장법 제81조 제1항 제1호에 따르면 집합투자업자는 집합투자재산을 증권 또는 파생상품에 투자·운용을 하는 때에는 우선, 각 집합투자기구별 자산총액의 100분의 10을 초과하여 동일종목의 증권에 투자할 수 없다(예: 투자신탁단위·동일종목단위 10% Rule). 이 경우 동일법인 등이 발행한 증권 중 지분증권[47]과 지분증권[48]을 제외한 증권은 각각 동일종목으로 본다(가목; 시행령 제80조 제4항). 예를 들면, A집합투자기구의 자산총액이 100억원이라고 가정하면, 10억원을 초과하여 甲전자회사가 발행한 주식에 투자할 수 없는 것이다.

둘째, 각 집합투자업자가 운용하는 전체 집합투자기구 자산총액으로 동일법인 등이 발행한 지분증권총수의 100분의 20을 초과하여 투자할 수 없다(나목)(예: 자산운용회사단위·동일법인단위 20% Rule). 예를 들면, B자산운용회사가 운용하는 전체 집합투자기구의 자산총액이 1조원이라고 가정하면, B자산운용회사는 甲전자회사가 발행한 주식 및 신주인수권증서 등의 총수에 2,000억원을 초과하여 투자할 수 없는 것이다.

셋째, 각 집합투자기구별 자산총액으로 동일법인 등이 발행한 지분증권 총수의 100분의 10을 초과하여 투자하는 행위도 금지된다(다목)(예: 투자신탁단위·동일법인단위 10% Rule). 예를 들면, C집합투자기구의 자산총액이 1,000억원이라고 가정하면,

---

47) 여기에는 그 법인 등이 발행한 지분증권과 관련된 증권예탁증권을 포함한다. 이하 이 관에서 같다.

48) 지분증권이란 주권, 신주인수권이 표시된 것, 법률에 의하여 직접 설립된 법인이 발행한 출자증권, 상법에 따른 합자회사·유한회사·익명조합의 출자지분, 민법에 따른 조합의 출자지분, 그 밖에 이와 유사한 것으로서 출자지분이 표시된 것을 말한다(제4조 제4항).

100억원을 초과하여 甲전자회사가 발행한 주식 및 신주인수권증서 등에 투자할 수 없는 것이다.[49]

넷째, 대통령령으로 정하는 적격 요건을 갖추지 못한 자와의 장외파생상품을 매매할 수 없다(라목).[50]

다섯째, 파생상품의 매매에 따른 위험평가액이 각 집합투자기구의 자산총액에서 부채총액을 뺀 가액, 즉 순자산총액의 100분의 100을 초과하여 투자할 수 없다(마목; 시행령 제80조 제6항).

여섯째, 파생상품의 매매와 관련하여 기초자산 중 동일법인 등이 발행한 증권[51]의 가격변동으로 인한 위험평가액이 각 집합투자기구 자산총액의 100분의 10을 초과하여 투자할 수 없다(바목).

일곱째, 동일 거래상대방과의 장외파생상품매매에 따른 거래상대방 위험평가액이 각 집합투자기구 자산총액의 100분의 10을 초과하여 투자할 수 없다(사목).

이와 같이 집합투자업자가 증권과 파생상품에 투자하는 경우 그 투자한도를 설정하고 있는 것은 ① 특정자산에 집중투자함으로써 발생할 수 있는 위험을 회피하고자 채택하여 온 전통적인 분산투자원리(portfolio theory)가 오늘날에도 여전히 중시되고 있다는 점과, ② 각 집합투자기구가 특정증권에 집중적으로 투자하여 기업을 지배하는 것은 집합투자기구의 고유의 기능이 아님을 밝히고 있는 것이다.[52] 그리고 파생상품에 대한 운용한도를 설정하고 있는 것은 집합투자기구에서 동일법인이 발행한 파생상품 또는 동일 거래상대방과 파생상품을 과다하게 투자함으로써 생길 수 있는 투자위험을 최소화하는 데 그 목적이 있다. 즉 법은 원칙적으로 파생상품에 대한 투자·운용이 주로 헤지(hedge) 목적에서 행하여질 것을 의도하고 있다고 볼 수 있다.

---

49) 이 밖에 김홍기(2024), 183면 참조.

50) 대통령령으로 정하는 적격 요건이란 ① 시행령 제10조 제1항(전문투자자의 범위) 각 호의 어느 하나에 해당하는 자이면서, ② 신용평가업자(외국 법령에 따라 외국에서 신용평가업무에 상당하는 업무를 수행하는 자를 포함한다)에 의하여 투자적격 등급 이상으로 평가받은 경우, ③ 신용평가회사에 의하여 투자적격 등급 이상으로 평가받은 보증인을 둔 경우, 또는 ④ 담보물을 제공한 경우 등의 어느 하나의 요건을 충족하는 것을 말한다(시행령 제80조 제5항).

51) 여기에는 그 법인 등이 발행한 지분증권과 관련된 증권예탁증권을 포함한다.

52) 田村 威(2008), 278面.

② 예외

자본시장법은 집합투자업자가 증권과 파생상품에 투자하는 경우의 투자한도를 원칙적으로 설정하는 한편, 일정한 경우에는 그 예외를 인정하고 있다. 그 주요 내용을 살펴보면 다음과 같다.

가. 이른바 10% Rule의 예외: 각 집합투자기구(예: 투자신탁)단위 · 동일종목단위 100% Rule의 적용

자본시장법은 이른바 각 집합투자기구(예: 투자신탁)단위 · 동일종목단위 100% Rule이 적용되는 경우를 명시하고 있다.[53] 시행령 제80조 제1항 제1호에 따르면 집합투자업자는 증권 등에 투자 · 운용하는 경우 이른바 각 집합투자기구단위 · 동일종목단위 10% Rule(제81조 제1항 제1호 가목 · 시행령 제80조 제4항)에도 불구하고 ① 국채증권(가목), ② 한국은행통화안정증권(나목), ③ 국가나 지방자치단체가 원리금 지급을 보증한 채권(다목), ④ 특정한 부동산을 개발하기 위하여 존속기간을 정하여 설립된 회사(이하 '부동산개발회사')가 발행한 증권(라목), ⑤ 부동산, 그 밖에 금융위원회가 정하여 고시하는 부동산 관련 자산을 기초로 하여 발행된 유동화증권으로서 그 기초자산의 합계액이 「자산유동화에 관한 법률」 제2조 제3호에 따른 유동화자산가액의 100분의 70 이상인 유동화증권(마목), ⑥ 주택저당채권담보부채권 또는 주택금융공사나 은행 · 한국산업은행 · 중소기업은행 · 한국수출입은행 · 투자매매업자 또는 투자중개업자 · 증권금융회사 · 종합금융회사 · 상호저축은행(시행령 제79조 제2항 제5호 가목 내지 사목) 등의 금융기관이 지급을 보증한 주택저당증권(바목), ⑦ ㉠ 부동산 또는 다른 부동산투자목적회사의 증권이나 그 밖에 금융위원회가 정하여 고시하는 투자대상자산에 투자하는 것을 목적으로 설립되거나, 또는 ㉡ 부동산투자목적회사와 그 종속회사[54]가 소유하고 있는 자산을 합한 금액 중 부동산을 합한 금액이 100분의 90 이상일 것 등의 요건을 갖춘 부동산투자목적회사가 발행한 지분증권(사목), ⑧ 사회기반시설사업의 시행을 목적으로 하는 법인이 발행한 주식 및 채권(아목), ⑨ 사회기반시설사업의 시행을 목적으로 하는 법인에 대한 대출채권(자목), ⑩ 하나의 사회기반시설사업의 시행을 목적으로 하는 법인이 발행한 주식 및

53) 다만, 아래에서 기술하는 라목 내지 사목까지의 경우에는 제229조 제2호에 따른 부동산집합투자기구, 아목 내지 타목까지의 경우에는 동조 제3호에 따른 특별자산집합투자기구로서 그 집합투자규약에 해당내용을 정한 경우만 해당한다.

54) 외부감사법시행령 제3조 제1항에 따른 종속회사를 말한다. 이하 이 호에서 같다.

채권을 취득하거나 그 법인에 대한 대출채권을 취득하는 방식으로 투자하는 것을 목적으로 하는 법인(사회기반시설에 대한 민간투자법에 따른 사회기반시설투융자회사는 제외한다)의 지분증권(차목), ⑪ 사업수익권(카목), ⑫ ㉠ 특별자산(제229조 제3호)이나 다른 특별자산투자목적회사의 증권, 그 밖에 금융위원회가 정하여 고시하는 투자대상자산에 투자하는 것을 목적으로 설립되거나, 또는 ㉡ 특별자산투자목적회사와 그 종속회사가 소유하고 있는 자산을 합한 금액 중 특별자산 관련금액이 100분의 90 이상일 것 등의 요건을 갖춘 특별자산투자목적회사가 발행한 지분증권(타목) 등의 자산에 대하여는 각 투자신탁별 자산총액의 100분의 100까지 동일종목에 대한 투자를 할 수 있다.

위에서 기술한 10% Rule에 대한 예외는 외화[55]로 표시된 단기금융상품에만 투자하는 단기금융집합투자기구(Money Market Fund, MMF)의 경우에도 적용된다. 그리하여 MMF는 ① 외국 정부가 자국의 통화로 표시하여 발행한 국채증권(가목), ② 외국 정부가 원리금의 지급을 보증한 채무증권 중 자국의 통화로 표시하여 발행된 채무증권(나목), ③ 외국 중앙은행이 자국의 통화로 표시하여 발행한 채무증권(다목)의 증권에 집합투자기구 자산총액의 100분의 100까지 투자할 수 있다(시행령 제80조 제1항 제1호의 2).

이와 같이 예외적으로 개별 집합투자기구별 자산총액의 100분의 100까지 투자를 할 수 있도록 허용하는 것은 위에서 열거한 자산들의 경우 부도 위험이 거의 없기 때문이다. 즉 분산투자원리에 반하여 집중투자를 하더라도 환매 불가능의 상황에 직면할 가능성이 적고, 안정적인 수익을 창출할 가능성이 높기 때문이다. 그리고 실물경기나 금융시장의 환경이 지속적으로 악화되는 때에는 분산투자원리만을 강제하기보다는 대체 투자·운용수단을 제공하여 주는 것이 투자위험을 회피하고, 투자자를 보호하는 데 합리적일 수 있다.

### 나. 이른바 10% Rule의 예외: 각 집합투자기구(예: 투자신탁)단위·동일종목단위 30% 또는 50%Rule의 적용

자본시장법은 이른바 각 집합투자기구(예: 투자신탁)단위·동일종목단위 30% Rule을 적용하는 경우가 있다. 시행령 제80조 제1항 제2호에 따르면 집합투자업자는 증권 등에 투자·운용하는 경우 이른바 투자신탁단위·동일종목단위 10% Rule(제81조

55) 제301조 제1항 제2호 가목에 따른 국가(홍콩 포함)의 통화로 한정한다.

제1항 제1호 가목·시행령 제80조 제4항)에도 불구하고 ① 지방채증권(가목), ② 특수채증권[56] 및 직접 법률에 따라 설립된 법인이 발행한 어음(나목),[57] ③ 파생결합증권(다목), ④ 은행·한국산업은행·중소기업은행·한국수출입은행·투자매매업자 또는 투자중개업자·증권금융회사·종합금융회사·상호저축은행(시행령 제79조 제2항 제5호 가목 내지 사목) 등의 금융기관이 발행한 어음 또는 양도성 예금증서와 은행, 투자매매업자 또는 투자중개업자·증권금융회사·종합금융회사 등의 금융기관이 발행한 채권(라목), ⑤ 은행·한국산업은행·중소기업은행·한국수출입은행·투자매매업자 또는 투자중개업자·증권금융회사·종합금융회사(시행령 제79조 제2항 제5호 가목 내지 사목) 등의 금융기관이 지급 보증한 채권[58] 또는 어음(마목), ⑥ 경제협력개발기구에 가입되어 있는 국가가 발행한 채권(바목), ⑦ 「자산유동화에 관한 법률」 제31조에 따른 사채 중 후순위 사채권 또는 동법 제32조에 따른 수익증권 중 후순위 수익증권(사목),[59] ⑧ 주택저당채권담보부채권 또는 주택금융공사나 은행·한국산업은행·중소기업은행·한국수출입은행·투자매매업자 또는 투자중개업자·증권금융회사·종합금융회사(시행령 제79조 제2항 제5호 가목 내지 사목) 등의 금융기관이 지급을 보증한 주택저당증권(아목), ⑨ 은행·한국산업은행·중소기업은행·한국수출입은행·투자매매업자 또는 투자중개업자·증권금융회사·종합금융회사·상호저축은행에 금전을 대여하거나 예치·예탁하여 취득한 채권(자목) 등의 자산에 대하여는 각 투자신탁별 자산총액의 100분의 30까지 동일종목에 대한 투자를 할 수 있다.

이 밖에 부동산·특별자산투자재간접집합투자기구가 동일한 부동산투자회사[60]가 발행한 지분증권에 대하여는 부동산·특별자산투자재간접집합투자기구 자산총액의 100분의 50까지 투자할 수 있다.

위와 같은 자산은 부도 위험이 전혀 없는 것은 아니다. 다만, 각 집합기구단위·동일종목단위 10% Rule의 적용을 받는 증권보다 안전성이 돋보인다는 점에서 각 집합투자기구별 자산총액의 30% 또는 50%까지 투자·운용할 수 있도록 하고

56) 시행령 제80조 제1항 제1호의 한국은행통화안정증권(나목), 국가나 지방자치단체가 원리금의 지급을 보증한 채권(다목)은 제외한다.
57) 제4조 제3항에 따른 기업어음증권 및 시행령 제79조 제2항 제5호 각 목의 금융기관이 할인·매매·중개 또는 인수한 어음만 해당한다.
58) 모집의 방법으로 발행한 채권만 해당한다.
59) 집합투자규약에서 후순위 사채권 또는 후순위 수익증권에 금융위원회가 정하여 고시하는 비율 이상 투자하는 것을 정한 집합투자기구만 해당한다.
60) 「부동산투자회사법」 제14조의8 제3항에 따른 부동산투자회사를 말한다.

있다.

### 다. 이른바 10% Rule의 예외: 시가총액비중까지 투자허용

자본시장법은 이른바 투자신탁단위·동일종목단위 10% Rule(제81조 제1항 제1호 가목)이 적용됨에도 불구하고 동일법인 등이 발행한 지분증권[61]의 시가총액비중이 100분의 10을 초과하는 경우에는 그 시가총액비중까지 투자할 수 있도록 허용하고 있다(시행령 제80조 제1항 제3호). 그리하여 甲자동차회사가 발행한 주식의 시가총액비중이 13%라고 가정하면, 각 투자신탁별 자산총액으로 13%까지 甲자동차회사 주식을 매입할 수 있다. 이때 지분증권의 시가총액비중은 거래소가 개설하는 증권시장별로 또는 해외 증권시장별로 매일의 그 지분증권의 최종시가총액을 그 시장에서 거래되는 모든 종목의 최종시가의 총액을 합한 금액으로 나눈 비율을 1개월간 평균한 비율로 계산한다(시행령 제80조 제1항 제3호·금융투자업규정 제4−51조 제1항). 그리고 지분증권의 시가총액은 매월 말일을 기준으로 산정하여 그 다음 1개월간 적용한다(금융투자업규정 제4−51조 제2항). 이 규정을 두게 된 것은 ① KOSPI지수가 2000년 말 504.62p에서 2007년 말 1,897.13p까지 상승함에 따라 특정한 지분증권, 대표적으로 삼성전자주식의 시가총액이 10%를 초과하는 현상이 발생하였고, ② KOSPI200지수에 투자하는 집합투자기구, 인덱스형 집합투자기구(index fund 또는 index collective scheme) 또는 액티브형 집합투자기구(active collective scheme) 등은 특정 지분증권에 대하여 시가총액 수준까지 투자하는 것이 운용성과 제고를 위하여 불가피하기 때문이다.

### 라. 이른바 10% Rule 및 20% Rule의 예외: 부동산집합투자의 경우 100% Rule의 적용

자본시장법은 원칙적으로 이른바 각 집합투자업자(예: 자산운용회사)단위·동일법인단위 20% Rule과 각 집합투자기구(예: 투자신탁)단위·동일법인단위 10% Rule(제81조 제1항 나목·다목)이 적용하고 있음에도 불구하고, 시행령 제80조 제1항 제4호는 각 집합투자업자가 운용하는 전체 부동산집합투자기구의 자산총액 또는 각 부동산집합투자기구의 자산총액으로 ① 부동산개발회사가 발행한 지분증권(가목), ② 부동산투자목적회사가 발행한 지분증권(나목) 중 어느 하나에 해당하는 지분증권에 그

61) 그 법인 등이 발행한 지분증권과 관련된 증권예탁증권을 포함한다. 이하 이 항에서 같다.

지분증권 총수의 100분의 100까지 투자할 수 있도록 허용하고 있다. 그리고 시행령 제80조 제1항 제5호는 각 집합투자업자가 운용하는 전체 특별자산집합투자기구의 자산총액 또는 각 특별자산집합투자기구의 자산총액으로 ① 사회기반시설사업의 시행을 목적으로 하는 법인이 발행한 주식(가목), ② 하나의 사회기반시설사업의 시행을 목적으로 하는 법인이 발행한 주식 또는 채권을 취득하거나 그 법인에 대한 대출채권을 취득하는 방식으로 투자하는 것을 목적으로 하는 법인[62]의 지분증권(나목), ③ 사회기반시설사업 또는 선박, 항공기, 그 밖에 이와 유사한 자산으로서 금융위원회가 정하여 고시하는 특별자산에 투자하는 특별자산투자목적회사가 발행한 지분증권(다목) 중 어느 하나에 해당하는 지분증권에 그 지분증권 총수의 100분의 100까지 투자할 수 있는 예외를 인정하고 있다.

이러한 예외는 국가의 경제운영정책과 그에 부합하는 집합투자기구의 자산취득과 운영을 통하여 운용성과를 제고할 수 있도록 뒷받침하기 위하여 인정되는 것으로 풀이된다.

### 2) 부동산에 대한 자산운용제한의 원칙과 예외

집합투자재산으로 부동산에 투자·운용함에 있어서는 부동산을 취득한 후 5년을 초과하지 않는 범위 내에서 집합투자규약으로 정하는 기간 내에 이를 처분하지 못한다(제81조 제1항 제2호 가목 본문·시행령 제80조 제7항). 그리하여 ① 국내에 있는 부동산 중 「주택법」 제2조 제1호의 주택은 1년. 다만, 집합투자기구가 미분양주택[63]을 취득하는 경우에는 집합투자규약에서 정하는 기간, ② 국내에 있는 부동산 중 「주택법」 제2조 제1호의 주택에 해당하지 아니하는 부동산은 1년, ③ 국외에 있는 부동산의 경우는 집합투자규약으로 정하는 기간 내에 처분할 수 없다. 이와 같이 기간제한을 두는 것은 부동산의 경우는 증권에 비하여 유동성이 떨어지는 것이 일반적이므로 집합투자기구의 만기구조를 장기화하여 환금성과 수익성을 확보할 필요가 있기 때문이다. 다만, 부동산개발사업[64]에 따라 조성하거나 설치한 토지·건축물 등을 분양하

---

62) 사회기반시설에 대한 민간투자법에 따른 사회기반시설투융자회사는 제외한다.

63) 「주택법」 제54조에 따른 사업주체가 동조에 따라 공급하는 주택으로서 입주자모집공고에 따른 입주자의 계약일이 지난 주택단지에서 분양계약이 체결되지 아니하여 선착순의 방법으로 공급하는 주택을 말한다.

64) 토지를 택지·공장용지 등으로 개발하거나 그 토지 위에 건축물, 그 밖의 공작물을 신축 또는 재축하는 사업을 말한다. 이하 같다.

는 때, 그 밖에 투자자 보호를 위하여 필요한 경우로서 투자신탁이 합병·해지 또는 해산되는 때에는 예외로 한다(제81조 제1항 제2호 가목 단서·시행령 제80조 제8항).

부동산의 투자·운용시 건축물, 그 밖의 공작물이 없는 토지로서 그 토지에 대하여 부동산개발사업을 시행하기 전에는 이를 처분하지 못한다(제81조 제1항 제2호 나목 전단). 다만, 투자신탁의 합병·해지 또는 해산, 그 밖에 투자자 보호를 위하여 필요한 경우로서 대통령령으로 정하는 때에는 예외이다(제81조 제1항 나목 후단). 따라서 부동산개발사업을 하기 위하여 토지를 취득한 후 관련법령의 제정·개정 또는 폐지 등으로 인하여 사업성이 뚜렷하게 떨어져서 부동산개발사업을 수행하는 것이 곤란하다고 객관적으로 증명되어 그 토지의 처분이 불가피한 경우에는 처분할 수 있다(시행령 제80조 제9항).

### 3) 집합투자증권[65]에 대한 자산운용제한의 원칙과 예외

집합투자재산을 집합투자증권에 운용한다고 함은 어느 집합투자기구(예: 투자신탁)가 그 재산으로 다른 집합투자기구가 발행한 집합투자증권을 취득·처분하는 행위를 말한다. 종래의 자산운용업법은 이를 재간접투자기구(Fund of Funds, 이하 'FoFs'[66])라고 하였다(시행령 제73조). 이에 비하여 자본시장법은 이를 재간접집합투자기구로 표현하고 있다. 이러한 집합투자기구는 제233조에서 정의하고 있는 모자형집합투자기구와 유사해 보이지만, 모자형집합투자기구는 기본적으로 자집합투자기구가 모집합투자기구가 발행한 집합투자증권을 취득하는 구조라는 점에서 차이가 있다.

자본시장법 제81조 제1항 제3호에 따르면 집합투자업자(예: 자산운용회사)가 집합투자재산을 집합투자증권[67]에 투자·운용할 때에는 다음과 같은 행위를 하여서는 아니 된다. 첫째, 각 집합투자기구별 자산총액의 100분의 50을 초과하여 특정 집합투자업자[68]가 운용하는 집합투자기구[69]의 집합투자증권에 투자할 수 없다(가목). 이와 같은 제한을 두는 것은 FoFs의 재산을 특정 집합투자업자가 운용하는 집합투자

65) 집합투자증권이란 집합투자기구에 대한 출자지분이 표시된 것을 말한다. 투자신탁의 경우에는 수익권을 말한다(제9조 제21항).
66) Thomas Lee Hazen(2005), p.740 참조.
67) 제279조 제1항의 외국 집합투자증권을 포함한다. 이하 이 호에서 같다.
68) 제279조 제1항의 외국 집합투자업자를 포함한다.
69) 제279조 제1항의 외국 집합투자기구를 포함한다.

증권에 대부분 투자할 수 있게 하면, 어느 집합투자기구의 운용성과가 사실상 특정 집합투자업자의 운용성과에 좌우되어 운용의 독립성이 결여되었다고 볼 수 있기 때문이다.

둘째, 각 집합투자기구별 자산총액의 100분의 20을 초과하여 특정 집합투자기구의 집합투자증권에 투자할 수 없다(나목). 이와 같은 규정을 두는 것은 재간접집합투자기구(FoFs)의 재산을 특정 집합투자기구에 집중투자하는 것은 분산투자원리에 부적합하기 때문이다. 그런데 제81조 제1항 제3호의 가목과 나목을 적용함에 있어서는 그 예외가 인정된다. 즉 (i) 시행령 제80조 제1항 제6호에 따르면 ① 집합투자업자가 운용하는 집합투자기구의 집합투자재산을 외화자산으로 100분의 70 이상 운용하는 경우에 그 집합투자기구의 집합투자증권(가목), ② 금융위원회가 정하여 고시하는 상장지수집합투자기구(Exchange Traded Fund, ETF)[70]의 집합투자증권(나목), ③ 특정 집합투자업자가 운용하는 집합투자기구의 집합투자재산을 복수의 다른 집합투자업자에게 위탁하여 운용하는 경우에 그 집합투자기구의 집합투자증권. 즉 특정 집합투자업자가 운용하는 집합투자기구의 자산총액의 100분의 90 이상을 외화자산에 운용하는 집합투자증권(다목) 중 어느 하나에 해당하는 집합투자증권에 대하여는 각 집합투자기구[71] 자산총액의 100분의 100까지 투자할 수 있다. (ii) 시행령 제80조 제1항 제8호는 특정 집합투자기구에 자본시장법상 보험회사가 설정한 각 투자신탁(변액보험) 자산총액의 100분의 100까지 투자하는 행위를 허용하고 있다. 다만, 이 경우에도 보험회사가 설정한 전체 투자신탁 자산총액의 100분의 50을 초과하여 그의 계열회사가 운용하는 집합투자기구에 투자하여서는 아니 된다.

나아가 (i) 제81조 제1항 제3호 가목을 적용할 때에는 특정 집합투자업자가 운용하는 집합투자기구의 집합투자재산을 둘 이상의 다른 집합투자업자에게 위탁하여 운용하는 경우에 그 집합투자기구의 집합투자증권(특정 집합투자업자가 운용하는 집합투자기구의 자산총액의 100분의 90 이상을 외화자산에 운용하는 경우만 해당한다)에 각 집합투자기구 자산총액의 100분의 100까지 투자할 수 있다(시행령 제80조 제1항 제6호의2).

---

70) 기술한 바와 같이 이는 지수의 변화에 연동하여 운용할 것을 목표로 하는 집합투자기구를 말한다. 자본시장법 제234조 제1항, 시행령 제80조 제1항 제6호 나목, 금융투자업규정 제4-52조 참조; 이에 관한 사례로는 조현석, 앞의 논문, 98면 이하; 한서희·백설화, "해외 비트코인 상장지수집합투자기구(ETF) 사례 및 국내 비트코인 상장지수집합투자기구(ETF) 도입을 위한 논의", 증권법연구 제23권 제1호(2022. 4), 186-188면.

71) 자산총액의 100분의 40을 초과하여 투자할 수 있는 투자신탁만 해당한다.

(ii) 제81조 제1항 제3호 나목을 적용할 때에는 '상장지수집합투자기구(ETF)[72]의 집합투자증권'이나 '특정 집합투자업자가 운용하는 집합투자기구의 집합투자재산을 둘 이상의 다른 집합투자업자에게 위탁하여 운용하는 경우'에 그 집합투자기구의 집합투자증권[73]에 각 집합투자기구 자산총액의 100분의 30까지 투자하는 행위도 예외적으로 인정된다(시행령 제80조 제1항 제7호). 쉽게 풀이하면 제81조 제1항 제3호 나목을 적용할 때에는 상장지수집합투자기구의 집합투자증권에 각 집합투자기구(예: 투자신탁) 자산총액의 100분의 30까지 투자하는 행위도 예외적으로 인정되는 것이다.

셋째, 집합투자증권에 자산총액의 100분의 40을 초과하여 투자할 수 있는 집합투자기구(제279조 제1항의 외국 집합투자기구를 포함한다)의 집합투자증권에 투자할 수 없다(다목).

넷째, 각 집합투자기구 자산총액의 100분의 5 이내에서 대통령령으로 정하는 비율[74]을 초과하여 사모집합투자기구[75]의 집합투자증권에 투자할 수 없다(라목).

다섯째, 각 집합투자기구의 집합투자재산으로 집합투자기구의 집합투자증권 총수의 100분의 20을 초과하여 투자할 수 없다. 이때 그 비율의 계산은 투자하는 날을 기준으로 한다(제81조 제1항 제3호 마목). 이와 같은 규정을 두는 것은 FoFs의 재산으로 특정 집합투자기구의 집합투자증권에 대한 취득제한을 하지 아니할 경우 특정 집합투자기구의 대량 환매사태(fund run)가 발생하면, FoFs가 투자자금을 회수하지 못하거나 또는 FoFs 자체가 투자자의 환매에 응하지 못하는 상황에 직면할 수 있기 때문이다. 다만, 자본시장법은 예외적으로 보험회사가 설정한 투자신탁(변액보험)재산으로 특정 투자신탁 수익증권총수의 100분의 100까지 투자하는 행위는 허용하고 있다(시행령 제80조 제1항 제9호). 이 규정을 두게 된 것은 변액보험은 자본시장법상 금융투자상품이기는 하지만, 그 본질은 상법 제638조와 제727조에 따른 보험이라는 점에 이론의 여지가 없고, 정액보험이 발전된 형태라고 할 수 있어 집합투자기구에서 나타날 수 있는 대량 환매 사태는 거의 없을 것으로 판단하였기 때문인 것으로 풀이된다.

---

72) 이 경우 투자자 보호 등을 고려하여 금융위원회가 정하여 고시하는 상장지수집합투자기구에 한정한다(금융투자업규정 제4-52조).

73) 특정 집합투자업자가 운용하는 집합투자기구의 자산총액의 100분의 90 이상을 외화자산에 운용하는 경우만 해당한다.

74) 100분의 5를 말한다(시행령 제80조 제10항).

75) 사모집합투자기구에 상당하는 외국 사모집합투자기구를 포함한다.

여섯째, 집합투자기구의 집합투자증권(예: 투자신탁의 수익증권)을 판매하는 투자매매업자 또는 투자중개업자가 받는 판매수수료 및 판매보수와 당해 집합투자기구가 투자하는 다른 집합투자기구의 집합투자증권을 판매하는 투자매매업자 또는 투자중개업자가 받는 판매수수료 및 판매보수의 합계가 대통령령으로 정하는 기준을 초과하여 집합투자증권에 투자하는 행위 등이 제한된다(바목). 바목에 의거 시행령 제80조 제11항 · 제77조 제4항은 (i) 판매수수료에 대하여는 납입금액 또는 환매금액의 100분의 2, (ii) 판매보수에 대하여는 집합투자재산의 연평균가액의 100분의 1을 한도로 정하고 있다. 다만, 이 경우 투자자의 투자기간에 따라 판매보수율이 감소하는 경우로서 금융위원회가 정하여 고시하는 기간(2년. 금융투자업규정 제4-48조)을 넘는 시점에 적용되는 판매보수율이 100분의 1 미만인 경우 그 시점까지는 100분의 1에서부터 1천분의 15까지의 범위에서 정할 수 있다. 이와 같은 규정을 두는 취지는 FoFs는 그 구조상 이중의 판매보수 및 판매수수료를 취득할 수 있기 때문에 과다한 판매보수 등을 취득하는 것을 방지하여, 투자자의 이익에 기여하고자 하는 데에 있다.

이 밖에도 투자자의 보호 및 집합투자재산의 안정적 운용을 해칠 염려가 없는 행위로서 금융위원회가 정하여 고시하는 행위는 예외적으로 투자제한규정의 적용을 받지 아니한다(시행령 제80조 제1항 제12호).

#### 4) 기타 증권의 대여 및 차입 등의 제한 및 그 취지

자본시장법은 투자자 보호 또는 집합투자재산의 안정적 운용 등을 해할 우려가 있는 행위로서 대통령령이 정하는 행위를 금지하고 있다(제81조 제1항 제4호). 그리하여 집합투자업자는 ① 각 집합투자기구에 속하는 증권 총액의 범위에서 100분의 50을 초과하여 환매조건부매도[76]를 하는 행위, ② 각 집합투자기구에 속하는 증권의 범위에서 100분의 50을 초과하여 증권을 대여하는 행위, ③ 각 집합투자기구의 자산총액의 범위에서 100분의 20을 초과하여 증권을 차입하는 행위를 하여서는 아니된다(시행령 제81조 제1항 · 금융투자업규정 제4-53조).

이 규정들의 취지를 보면, ①의 환매조건부매도행위는 채권 등 다른 증권의 매도행위와 유사하지만, 재매입의무가 있다는 점에서 일반 증권의 매도행위와 다르다. 집합투자기구의 입장에서는 환매조건부매도를 하면, 현금이 유입되므로 다른 자산에

76) 일정기간 경과 후 증권을 환매수할 것을 조건으로 매도하는 경우를 말한다. 이하 같다.

대한 투자여력이 증가한다는 이점이 있다. 따라서 환매조건부매도행위를 원칙적으로 인정하되, 집합투자기구는 투자자의 환매청구에 언제든지 응하여야 한다는 점을 감안하여 집합투자기구의 증권 총액의 50% 이하로 환매조건부매도를 제한하고 있다. ②의 증권대여행위는 집합투자기구의 수수료수입을 증가시키므로 운용성과를 향상시키는 효과가 있다. 따라서 증권대여행위를 원칙적으로 인정하되, 집합투자기구의 대량 환매 사태가 발생한 경우에는 적절한 대응이 요구된다는 점에서 집합투자기구의 증권의 범위에서 50% 이하로 증권대여를 제한하고 있다. ③의 증권차입행위는 집합투자기구가 실제 증권을 보유하지 아니한 상태에서의 공매도(naked short sale)를 인정하는 것은 아니다. 즉 차입을 한 상태에서의 증권공매도를 의미한다. 이 규정은 집합투자기구에서의 결제 불이행의 위험을 회피하고자 하는 데 그 목적이 있다. 그리고 증권차입비율을 높게 책정하게 되면, 투기를 유발할 가능성이 있기 때문에 자산총액의 20% 이하로 증권차입을 제한하고 있는 것이다.

#### 5) 투자한도 유예기간의 설정

자본시장법은 집합투자재산을 운용함에 있어서 제81조 제1항의 투자한도규정 등에 위반하는 행위를 한 자에 대하여는 5년 이하의 징역 또는 2억원 이하의 벌금에 처하고 있다(제444조 제9호). 그런데 집합투자기구의 자산총액과 투자대상자산의 가격은 수시로 변동하는 것이어서 항상 투자한도에 적합하게 할 수는 없다. 이러한 점에서 집합투자업자 및 그 임직원의 고의 또는 과실이 없음에도 불구하고 투자한도의 위반을 이유로 처벌을 하는 것은 불합리하다. 이러한 점을 고려하여 자본시장법은 투자한도규정에 대한 유예기간을 설정하고 있다(제81조 제3항). 이러한 유예규정이 적용되기 위하여는 투자한도를 초과하게 된 사유가 ① 집합투자재산에 속하는 투자대상자산의 가격변동, ② 투자신탁의 일부해지 또는 투자회사·투자유한회사·투자합자회사·투자유한책임회사·투자합자조합 및 투자익명조합의 집합투자증권의 일부 소각, ③ 담보권의 실행 등 권리 행사, ④ 집합투자재산에 속하는 증권을 발행한 법인의 합병 또는 분할합병, ⑤ 그 밖에 투자대상자산의 추가 취득 없이 투자한도를 초과하게 된 경우[77] 중 어느 하나에 해당하여야 한다(시행령 제81조 제2항). 이와 같

---

77) 이러한 예로는 집합투자기구에서 보유하고 있는 동일한 회사가 발행한 주식의 시가총액비중이 감소되어 제81조 제1항 가목, 시행령 제80조 제1항 제3호의 규정에 따른 투자한도를 초과하게 되는 경우를 들 수 있다(舊자산운용업법 제73조 제5항 제6호 참조).

은 불가피한 사유로 집합투자재산의 투자한도를 초과하게 된 경우에는 원칙적으로 초과일로부터 3개월까지 그 투자한도에 적합한 것으로 본다(시행령 제81조 제3항). 다만, ⓐ 집합투자업자의 운용책임이 강화된 집합투자기구로서 금융위원회가 정하여 고시하는 집합투자기구의 집합투자재산의 경우에는 6개월(동조 제3항 제1호), ⓑ 부도 등으로 처분이 불가능하거나 집합투자재산에 현저한 손실을 초래하지 않으면 처분이 불가능한 투자대상자산의 경우에는 그 처분이 가능한 시기까지(동조 제3항 제2호), ⓒ 앞의 제1호와 제2호에도 불구하고 제1호에 따른 집합투자기구의 집합투자재산에 속하는 투자대상자산이 제2호에 따른 투자대상자산에 해당하는 경우에는 그 처분이 가능한 시기까지. 이 경우 처분이 가능한 시기가 6개월 미만인 경우에는 6개월까지 유예규정이 적용된다(동조 제3항 제3호 괄호).

나아가 투자한도제한(제81조 제1항 제1호 가목, 마목 내지 사목까지와 제3호 가목 · 나목) 및 집합투자기구의 종류(제229조)[78]에 따른 투자비율은 투자신탁의 최초 설정일 또는 다른 집합투자기구의 경우는 설립일부터 6개월, 부동산집합투자기구인 경우에는 1년 이내의 범위에서 대통령령으로 정하는 기간까지는 적용하지 아니한다. 그 결과 ① 부동산집합투자기구에 대하여는 1년, ② 특별자산집합투자기구에 대하여는 6개월, ③ 그 밖의 집합투자기구에 대하여는 1개월까지 투자한도 유예규정이 적용된다(제81조 제4항 · 시행령 제81조 제4항).

이러한 기간별 유예기간을 두는 이유는 투자신탁을 최초로 설정하거나 그 밖의 집합투자기구를 설립하는 때에는 정관, 법령, 약관 및 투자설명서에서 정하고 있는 다양한 자산을 편입하여야 하기 때문에 각 자산별 투자비율 등을 정확히 준수하는데 어려움이 있어 일시적으로 법규 등을 위반하는 현상이 발생할 수 있기 때문이다. 그리하여 자본시장법은 실무적 애로사항을 반영하여 집합투자기구를 최초로 설정하거나 설립하는 때에는 투자비율에 대한 유예기간을 두어 합리적인 자산운용을 할 수 있도록 배려하고 있는 것이다.

### (2) 자기집합투자증권의 취득제한

#### 1) 제한의 의의 및 근거법리

자기집합투자증권의 취득제한이란 투자신탁이나 투자익명조합의 집합투자업자가

---

78) 그 종류에는 증권집합투자기구, 부동산집합투자기구, 특별자산집합투자기구, 혼합자산집합투자기구, 단기금융집합투자기구(MMF) 등이 있다.

집합투자기구의 계산으로 그 집합투자기구의 집합투자증권을 취득하거나 질권의 목적으로 받지 못하는 것을 말한다(제82조). 이는 상법상 자기주식취득의 제한이나 질취 제한의 법리와 유사하다.[79] 즉 자기집합투자증권을 취득하면 ① 집합투자기구가 스스로 자기의 구성원이 된다는 이론적 모순을 범하고, ② 사실상 특정 투자자에게 투자자금을 환급하여 주는 결과가 되며, ③ 집합투자기구가 수익자총회나 익명조합원총회(제9조 제23항, 제190조, 제229조)에서 의결권을 행사하게 되는 경우, 집합투자자총회의 도입취지를 무색하게 할 우려가 있다. 다만, 상법상 주식회사와는 달리 집합투자기구는 채권을 발행할 수 없고 자본이라는 개념이 없기 때문에 채권자의 이익을 해하거나 자본금유지 및 자본불변의 원칙에 반하는 상황은 발생하지 아니한다.

#### 2) 예외

위에서 본 바와 같이 자기집합투자증권의 취득은 원칙적으로 금지된다. 다만, 자본시장법은 담보권의 실행 등 권리행사에 필요한 때(제1호) 또는 반대수익자의 수익증권매수청구권(제191조)의 행사로 수익증권을 매수하는 때(제2호)에는 투자신탁의 계산으로 그 투자신탁의 수익증권을 취득할 수 있다(제82조 단서). 이때 취득한 자기집합투자증권은 1개월 이내에 ① 소각하거나, ② 투자매매업자 또는 투자중개업자를 통한 매도 등 어느 하나에 해당하는 방법으로 처분하여야 한다(시행령 제82조). 여기서의 처분에는 자기주식의 처분과 같이 ① 매매, 교환 또는 대물변제와 같은 유상의 권리이전, ② 질권설정 또는 신탁과 같은 권리설정, ③ 자기주식을 공익단체에 기부하는 바와 같은 무상의 처분을 포함한다고 본다.[80]

### (3) 금전차입제한의 원칙과 예외

#### 1) 제한의 원칙 및 취지

자본시장법은 집합투자업자가 집합투자재산을 운용함에 있어서 집합투자기구의 계산으로 차입하는 행위를 제한하고 있다(제83조 제1항) 이러한 제한을 두는 것은 집합투자기구에게 차입을 허용하는 경우 ① 레버리지 효과로 인하여 집합투자기구의 자산운용위험을 확대시킬 가능성이 있고, ② 향후 원리금의 상환부담이 있어 현금을

79) 오성근(2023), 376－378면 참조.
80) 이철송(2024), 434면 참조; 오성근(2023), 387면 참조.

필요 이상으로 확보하여야 하기 때문에 자산운용에 제약요인이 될 수 있으며, ③ 차입시 담보로 제공한 자산이 부실화되면 집합투자업자의 고유재산으로 상환하게 되는 상황도 전혀 배제할 수 없기 때문이다. ③의 사례는 궁극적으로 집합투자업자의 경영상태를 악화시키는 결과를 초래한다.

### 2) 예외

자본시장법은 예외적으로 집합투자기구의 계산으로 금전을 차입할 수 있는 경우를 열거하고 있다. 그리하여 제83조 제1항 단서에 따라 집합투자업자는 ① 집합투자증권에 대한 환매청구가 대량으로 발생하여 일시적으로 환매대금의 지급이 곤란한 때(제1호), ② 투자신탁 또는 투자회사의 반대수익자(혹은 반대주주)의 수익증권(혹은 주식) 매수청구권 행사(제191조·제201조 제4항)에 따른 매수청구가 대량으로 발생하여 일시적으로 매수대금의 지급이 곤란한 때(제2호), ③ 그 밖에 집합투자기구의 운용 및 결제 과정에서 일시적으로 금전의 차입이 필요하고 투자자 보호 및 건전한 거래질서를 해할 우려가 없는 때로서 대통령령으로 정하는 때에는 집합투자기구의 계산으로 금전을 차입할 수 있다(제3호). 이에 따라 시행령 제83조 제2항은 ⓐ 증권시장이나 해외 증권시장의 폐쇄·휴장 또는 거래정지, 그 밖에 이에 준하는 사유로 집합투자재산을 처분할 수 없는 경우(제1호), ⓑ 거래상대방의 결제 지연 등이 발생한 경우(제2호), ⓒ 환율의 급격한 변동이 발생한 경우 중 어느 하나에 해당하여 환매대금의 지급이 일시적으로 곤란한 때에는 집합투자기구의 계산으로 차입을 할 수 있는 예외를 명시하고 있다. 이러한 예외상황은 주로 투자신탁이나 투자회사와 같은 집합투자기구에서 발생하는 것이 현실이다.

집합투자기구가 차입을 하는 때 차입 가능한 금융기관은 은행·한국산업은행·중소기업은행·한국수출입은행·투자매매업자 또는 투자중개업자·증권금융회사·종합금융회사· 상호저축은행, 보험회사 및 이에 준하는 외국 금융기관으로 제한된다(제83조 제1항 단서·시행령 제83조 제1항). 그리고 그 차입금의 총액은 차입 당시 집합투자기구의 자산총액에서 부채총액을 뺀 가액의 100분의 10을 초과할 수 없다(제83조 제2항).

집합투자업자가 집합투자기구의 계산으로 금전을 차입한 경우에는 그 차입금 전액을 상환하기 전에는 투자대상자산을 추가로 매수할 수 없다(시행령 제83조 제3항). 그 이유는 종래의 금전채무에 대한 상환이 완료되지 아니한 상태에서 자산을 추가로 매수하게 되면, 현금성자산이 부족하여 채무불이행의 위험이 있기 때문이다. 다만, 파생상품의 전매와 환매는 제외한다. 파생상품의 경우는 약정된 결제일이 있기 때문에 이러한 예외를 인정하는 것으로 풀이된다.[81]

### (4) 금전대여, 보증·담보의 제한 및 근거 법리

자본시장법은 집합투자업자가 집합투자재산을 운용함에 있어서 그 재산으로 금전을 대여할 수 없도록 제한하고 있다(제83조 제4항). 이러한 제한을 하는 것은 ① 금전의 대여행위는 은행 등 다른 금융기관의 고유 업무이고, ② 자산운용회사는 자산운용의 전문가이며 금전대출의 전문가가 아니기 때문에 부실대출로 인하여 신탁재산에 예측할 수 없는 손해를 입힐 가능성이 있으며, ③ 금전대여행위를 인정하게 되면 자산운용회사 또는 제3자의 이익을 위하여 악용될 가능성이 있기 때문이다. 즉 자본시장법에서 집합투자업자에게 부담시키고 있는 선관주의의무와 충실의무(제79조)에 반할 수 있기 때문이다. 다만, 시행령 제345조 제1항에서 열거하는 은행 등의 금융기관에 대하여는 예외적으로 30일 이내의 단기대출을 할 수 있다(제83조 제4항·시행령 제83조 제4항). 이러한 예외는 (i) 차용인이 신용도가 높고, (ii) 단기대출은 자금회수가 용이하고 수익성이 높기 때문에 여유자금의 단기운용수단으로 적합하기 때문에 인정되는 것이다.

한편 집합투자업자는 집합투자재산을 운용함에 있어서 그 재산으로 해당집합투자기구 이외의 자를 위하여 채무보증 또는 담보제공을 하여서는 아니 된다(제83조 제5항). 이러한 제한은 주채무자가 채무를 변제하지 못하게 되면 집합투자재산으로 변제를 하여야만 하기 때문에 집합투자재산의 부실을 초래할 수 있다는 우려에서 기인한다.

### (5) 이해관계인과의 거래제한의 원칙과 예외

#### 1) 원칙, 근거 법리 및 취지

집합투자업자는 집합투자재산을 운용함에 있어서 원칙적으로 이해관계인[82]과의

---

81) 결제계약의 미이행시에는 채무불이행이 된다.

82) 여기서의 이해관계인이란 1. 집합투자업자의 임직원과 그 배우자, 2. 집합투자업자의 대주주와 그 배우자, 3. 집합투자업자의 계열회사, 계열회사의 임직원과 그 배우자, 4. 집합투자업자가 운용하는 전체 집합투자기구의 집합투자증권(「국가재정법」 제81조에 따라

거래행위를 하여서는 아니 된다(제84조 제1항 본문). 이러한 금지규정을 둔 이유는 집합투자업자가 집합투자재산으로 이해관계인과의 거래를 하게 되면, 투자자의 이익보다는 이해관계인의 이익을 우선적으로 추구할 가능성에서 나온다. 이 규정은 제79조 제1항 선관주의의무의 구체적 표현의 하나이다.

구체적으로 보면, 집합투자업자는 집합투자재산을 운용함에 있어서 대통령령으로 정하는 한도를 초과하여 그 집합투자업자의 계열회사가 발행한 증권(제189조의 수익증권, 그 밖에 대통령령으로 정하는 증권[83])을 제외하며, 계열회사가 발행한 지분증권과 관련한 증권예탁증권 및 대통령령으로 정하는 투자대상자산[84])을 포함)을 취득하여서는 아니 된다(제84조 제4항). 이와 같은 제한을 두는 취지는 집합투자업자가 집합투자재산으로 자기의 계열회사의 증권에 과도하게 투자하게 되면, 결국 계열회사의 사금고화 또는 경영권유지 수단으로 전락할 수 있는 것을 방지하는 데에 있다.

### 2) 계열회사가 발행한 증권의 취득제한

앞에서 기술한 자본시장법 제84조 제4항 본문에서 말하는 대통령령으로 정하는 취득한도는 시행령 제86조 제1항에서 명시되고 있다. 이에 따르면 첫째, 집합투자업자가 운용하는 전체 집합투자기구의 집합투자재산으로 계열회사가 발행한 지분증권[85])을 취득하는 경우 계열회사가 발행한 전체 지분증권에 대한 취득금액은 집합투

---

여유자금을 통합하여 운용하는 집합투자기구가 취득하는 집합투자증권은 제외)을 100분의 30 이상 판매·위탁판매한 투자매매업자 또는 투자중개업자(이하 이 관에서 "관계 투자매매업자·투자중개업자"), 5. 집합투자업자가 운용하는 전체 집합투자기구의 집합투자재산의 100분의 30 이상을 보관·관리하고 있는 신탁업자. 여기서 집합투자재산의 비율을 계산할 때 ①「국가재정법」 제81조에 따라 여유자금을 통합하여 운용하는 집합투자기구, ②「주택도시기금법」 제3조 및 제10조에 따라 기금을 위탁받아 운용하는 집합투자기구, ③「산업재해보상보험법」 제95조 및 제97조에 따라 기금을 위탁받아 운용하는 집합투자기구 중 어느 하나에 해당하는 집합투자기구의 집합투자재산은 제외한다. 6. 집합투자업자가 법인이사인 투자회사의 감독이사 중 어느 하나에 해당하는 자를 말한다(시행령 제84조).

83) 여기서의 증권이란 ① 집합투자증권(투자신탁의 수익증권은 제외) 및 자본시장법 제279조 제1항에 따른 외국 집합투자증권(제1호), ② 파생결합증권(제2호), ③ 신탁업자(제110조)가 발행한 수익증권(제3호) 중 어느 하나에 해당하는 증권을 말한다(시행령 제86조 제2항).

84) 여기서의 투자대상자산이란 ① 원화로 표시된 양도성 예금증서(제1호), ② 기업어음증권 외의 어음(제2호), ③ 제1호 및 제2호 외에 대출채권, 예금, 그 밖에 금융위원회가 정하여 고시하는 채권(제3호) 중 어느 하나에 해당하는 투자대상자산을 말한다(시행령 제86조 제3항).

자업자가 운용하는 전체 집합투자기구 자산총액 중 지분증권에 투자 가능한 금액의 100분의 5를, 각 집합투자기구 자산총액의 100분의 25를 투자한도로 한다.

둘째, 각 집합투자업자(예: 삼성자산운용회사)가 운용하는 전체 집합투자기구의 집합투자재산으로 계열회사[86]가 발행한 증권[87]에 투자하는 경우에는 계열회사 전체(예: 삼성전자, 삼성물산 등)가 그 집합투자업자에 대하여 출자한 비율에 해당하는 금액을 한도로 하여야 한다. 이때 계열회사 전체가 그 집합투자업자에 대하여 출자한 비율에 해당하는 금액은 계열회사 전체가 소유하는 그 집합투자업자의 의결권 있는 주식수를 그 집합투자업자의 의결권 있는 발행주식총수로 나눈 비율에 그 집합투자업자의 자기자본[88]을 곱한 금액으로 한다(제2호).

이러한 투자한도의 설정의 근거법리와 취지는 위의 '① 원칙, 근거 법리 및 취지'에서 본 바와 같다.

### 3) 예외

자본시장법은 제84조 제1항 본문의 집합투자업자의 이해관계인과의 거래제한에도 불구하고 집합투자기구와 이해가 상충될 우려가 없는 경우에는 그 예외를 인정하고 있다. 즉 ① 이해관계인이 되기 6개월 이전에 체결한 계약에 따른 거래, ② 증권시장 등 불특정 다수인이 참여하는 공개시장을 통한 거래, ③ 일반적인 거래조건에 비추어 집합투자기구에 유리한 거래, ④ 그 밖에 시행령 제85조[89]에서로 정하는 거래

---

85) 그 지분증권과 관련된 증권예탁증권을 포함한다. 이하 이 조에서 같다.

86) 법률에 따라 직접 설립된 법인(예: 한국전력공사)은 제외한다. 이하 이 호에서 같다.

87) 제84조 제4항에 따른 증권 중 지분증권을 제외한 증권을 말한다.

88) 자기자본이 자본금 이하인 경우에는 자본금을 말한다.

89) 이는 다음 각 호의 어느 하나에 해당하는 거래를 말한다. 즉 제1호: 이해관계인의 중개·주선 또는 대리를 통하여 금융위원회가 정하여 고시하는 방법에 따라 이해관계인이 아닌 자와 행하는 투자대상자산의 매매.

제2호: 이해관계인의 매매중개(금융위원회가 정하여 고시하는 매매형식의 중개를 말한다)를 통하여 그 이해관계인과 행하는 ① 채무증권, ② 원화로 표시된 양도성 예금증서, ③ 어음(기업어음증권은 제외) 중 어느 하나에 해당하는 투자대상자산의 매매.

제3호: 각 집합투자기구 자산총액의 100분의 10 이내에서 이해관계인(집합투자업자의 대주주나 계열회사는 제외)과 집합투자재산을 ① 제83조 제4항에 따른 단기대출, ② 환매조건부매수(증권을 일정기간 후에 환매도할 것을 조건으로 매수하는 경우를 말한다. 이하 같다) 중 다음 각 목의 어느 하나에 해당하는 방법으로 운용하는 거래.

제4호: 이해관계인인 금융기관(시행령 제83조 제1항 제1호에 따른 금융기관과 이에 준하는

중 어느 하나에 해당하는 거래가 그 예외에 해당한다(제84조 제1항 단서). 그리고 집합투자업자는 예외적으로 이해관계인과의 거래를 하는 경우 또는 이해관계인의 변경이 있는 경우에는 그 내용을 해당집합투자재산을 보관·관리하는 신탁업자에게 즉시 통보하여야 한다(제84조 제2항).

위에서 ①의 경우는 이해관계인이 아닌 상태가 6개월 이상 지속되면 이해상충이 발생할 우려가 적기 때문에, ②의 경우는 공개시장은 불특정 다수인이 거래상대방으로 참가하여 사전에 거래상대방이 이해관계인에 해당하는지의 여부를 알 수 없기 때문에, ③의 경우는 자산매입가격이나 수수료 등의 면에서 집합투자기구에 유리하여 운용성과를 향상시킬 수 있기 때문에 예외적으로 인정하고 있는 것이다. 다만, ②의 경우 채권 또는 콜론(call loan)과 같이 거래상대방이 사전에 지정되어 있을 가능성이 다분한 거래는 증권시장을 통한 거래라고 하더라도 예외를 인정할 수 없다고 본다.

한편 기술한 바와 같이 자본시장법 제84조 제4항 본문 및 그에 따른 시행령 제86조 제1항 본문은 집합투자업자(예: 삼성자산운용회사)의 계열회사(예: 삼성전자, 삼성물산 등)가 발행한 지분증권에 대한 투자한도를 설정하고 있다. 다만, 시행령 제86조 제1항 제1호 단서는 이에 대한 예외를 인정하고 있다. 이에 따르면 ① 계열회사가 발행한 전체 지분증권의 시가총액비중[90]의 합이 집합투자업자가 운용하는 전체 집

---

외국 금융기관만 해당한다. 이하 이 호에서 같다)에의 예치. 이 경우 집합투자업자가 운용하는 전체 집합투자재산 중 이해관계인인 금융기관에 예치한 금액은 전체 금융기관에 예치한 금액의 100분의 10을 초과하여서는 아니 된다.

제5호: 이해관계인인 신탁업자와의 거래로서 ① 「외국환거래법」에 따른 외국통화의 매매(환위험을 회피하기 위한 선물환거래를 포함), ② 환위험을 회피하기 위한 장외파생상품의 매매로서 법 제5조 제1항 제3호에 따른 계약의 체결(그 기초자산이 외국통화인 경우로 한정), ③ 법 제83조 제1항 단서에 따른 금전차입의 거래(이 경우 신탁업자의 고유재산과의 거래로 한정) 중 어느 하나에 해당하는 거래.

제5호의2: 이해관계인(전담중개업무를 제공하는 제84조 제4호 및 제5호에 따른 이해관계인인 경우만 해당)과 전담중개업무로서 하는 거래.

제5의3: 환매기간을 금융위원회가 정하여 고시하는 기간으로 하여 이해관계인(제7조 제4항 제3호 각 목의 어느 하나에 해당하는 자를 거래상대방 또는 각 당사자로 하는 환매조건부매매의 수요·공급을 조성하는 자로 한정한다. 이하 이 호에서 같다)과 환매조건부매매를 하거나 그 이해관계인이 환매조건부매매를 중개·주선 또는 대리하는 거래.

제6호: 그 밖에 거래의 형태, 조건, 방법 등을 고려하여 집합투자기구와 이해가 상충될 염려가 없다고 금융위원회의 확인을 받은 거래.

합투자기구 자산총액 중 지분증권에 투자 가능한 금액의 100분의 5를 초과하는 경우로서 그 계열회사가 발행한 전체 지분증권을 그 시가총액비중까지 취득하는 경우(가목), ② 계열회사가 발행한 전체 지분증권의 시가총액비중의 합이 100분의 25를 초과하는 경우로서 집합투자업자가 운용하는 각 집합투자기구에서 그 계열회사가 발행한 전체 지분증권을 그 시가총액비중까지 취득하는 경우(나목), ③ 다수 종목의 가격수준을 종합적으로 표시하는 지수 중 금융위원회가 정하여 고시하는 지수[91]의 변화에 연동하여 운용하는 것을 목표로 하는 집합투자기구의 집합투자재산으로 그 계열회사가 발행한 전체 지분증권을 해당지수에서 차지하는 비중까지 취득하는 경우(다목) 중 어느 하나에 해당하는 경우는 예외이다(제1호).

## 6. 자산운용상 금지행위(불건전 영업행위의 금지)

### (1) 금지원칙 및 취지

집합투자업자는 자산운용권을 보유하고 있기 때문에 투자자들의 이해관계 및 금융투자상품의 거래질서에 중대한 영향을 미친다. 그리하여 자본시장법은 집합투자업자에게 자산운용상의 금지행위를 명시함으로써 불건전한 영업행위를 광범위하게 금지하고 있다(제85조). 그 내용을 살펴보면 다음과 같다. 첫째, 집합투자재산을 운용함에 있어서 금융투자상품, 그 밖의 투자대상자산의 가격에 중대한 영향을 미칠 수 있는 매수 또는 매도 의사를 결정한 후 이를 실행하기 전에 그 금융투자상품, 그 밖의 투자대상자산을 집합투자업자가 자기의 계산으로 매수 또는 매도하거나 제3자에

---

90) 시행령 제80조 제1항 제3호 후단에 따라 산정한 시가총액비중을 말한다. 이하 이 호에서 같다.

91) 금융위원회가 정하여 고시하는 지수란 ① 지수의 구성종목수가 10종목 이상일 것, ② 지수를 구성하는 하나의 종목이 그 지수에서 차지하는 비중(그 종목의 직전 3개월의 평균시가총액을 그 지수를 구성하는 종목의 직전 3개월의 평균시가총액의 합으로 나눈 값을 말한다)이 100분의 30을 초과하지 아니할 것. 다만, 거래소에서 거래되는 다수 종목의 가격수준을 종합적으로 표시하는 지수로서 금융감독원장이 정하는 지수의 경우에는 그 지수를 구성하는 하나의 종목이 그 지수에서 차지하는 비중이 100분의 30을 초과할 수 있다. ③ 지수를 구성하는 종목 중 시가총액 순으로 100분의 85에 해당하는 종목은 시가총액(직전 3개월간 시가총액의 평균을 말한다)이 150억원 이상이고, 거래대금(직전 3개월간 거래대금평균을 말한다)이 1억원 이상일 것 등의 요건을 모두 충족시키는 지수를 말한다(금융투자업규정 제4-57조).

게 매수 또는 매도를 권유하는 행위를 하여서는 아니 된다(동조 제1호). 자기 또는 제3자의 계산에 의한 선행매매(front running)는 공정의무(제37조 제1항)에 반하는 행위이기 때문에 금지하는 것이다.

둘째, 자기 또는 대통령령으로 정하는 관계인수인[92]이 인수한 증권을 집합투자재산으로 매수하는 행위를 하여서는 아니 된다(동조 제2호). 이 규정은 집합투자기구와 집합투자기구 또는 관계인수인 등과의 불공정한 거래로 인하여 집합투자기구의 운용성과가 낮아지게 될 위험성을 사전에 차단하는데 그 취지가 있다.

셋째, 자기 또는 관계인수인이 대통령령으로 정하는 인수업무[93]를 담당한 법인의 특정증권 등[94]에 대하여 인위적인 시세[95]를 형성하기 위하여 집합투자재산으로 그 특정증권 등을 매매하는 행위를 하여서는 아니 된다(동조 제3호). 이 규정은 관계증권사가 인수업무를 원활하게 수행할 수 있도록 투자신탁이 우회적으로 지원하는 등 인수업무와 관련한 시세조종행위를 금지하는 것이다. 그 취지는 시세조종행위(제176조)의 경우와 유사하다.

넷째, 특정 집합투자기구의 이익을 해하면서 자기 또는 제3자의 이익을 도모하는 행위를 하여서는 아니 된다(동조 제4호). 이 규정의 취지는 통상의 거래조건과 현저하게 불공정한 조건으로 거래하여 집합투자기구의 부를 자기 또는 제3자에게 이전시킬 위험성을 사전에 차단하는데 있다. 예를 들면, 특정 자산을 통상의 시장가격보다 현저하게 염가로 매각하여 거래상대방은 이익을 얻고, 집합투자기구는 현저한 손해를 보는 행위를 금지하는데 그 취지가 있는 것이다.

다섯째, 특정 집합투자재산을 ① 집합투자업자의 고유재산 또는, ② 그 집합투자회사가 운용하는 다른 집합투자재산, 투자일임재산 또는 신탁재산과 거래하는 행위를 하여서는 아니 된다(동조 제5호). 이 규정의 취지는 집합투자업자가 운용하는 재

---

92) 시행령 제87조 제2항에 따르면 관계인수인이란 ① 집합투자업자와 같은 기업집단(공정거래법 제2조 제11호에 따른 기업집단을 말한다. 이하 같다)에 속하는 인수인(제1호), ② 집합투자업자가 운용하는 전체 집합투자기구의 집합투자증권(「국가재정법」 제81조에 따라 여유자금을 통합하여 운용하는 집합투자기구가 취득하는 집합투자증권은 제외)을 100분의 30(금융투자업규정 제4-60조 제2항) 이상 판매한 인수인(제2호)의 어느 하나에 해당하는 인수인을 말한다.

93) 대통령령으로 정하는 인수업무란 발행인 또는 매출인으로부터 직접 증권의 인수를 의뢰받아 인수조건 등을 정하는 업무를 말한다(시행령 제87조 제3항).

94) 제172조 제1항의 특정증권 등을 말한다. 이하 이 호에서 같다.

95) 제176조 제2항 제1호의 시세를 말한다.

산 상호간의 거래는 투자자의 이익에 반할 가능성이 높기 때문에 이를 금지하는데 있다. 즉 동일 집합투자업자가 운용하는 객체는 여러 개가 존재하므로, 운용객체들 간의 편출입, 교차거래, 자전거래 또는 이체거래[96] 등에 따르는 이해상충행위를 방지하기 위하여 금지하는 것이다. 예를 들면, ① 동일 운용기관에서 동일 증권의 거래에 대하여 운용재산간 교차거래(cross exchange)를 성립시키는 것은 동일증권에 대한 투자재량으로 상반된 투자판단을 내리는 것으로써 합리적이지 않고, ② 특정 집합투자기구(예: 투자신탁) 투자자의 이익을 희생시켜 다른 집합투자기구, 집합투자업자 또는 투자일임계약자의 이익을 취하게 할 우려가 있으므로 금지시키고 있는 것이다.

여섯째, 제3자와의 계약 또는 담합 등에 의하여 집합투자재산으로 특정 자산에 교차하여 투자하는 행위를 하여서는 아니 된다(동조 제6호). 이 규정은 집합투자업자가 법령에서 정하는 금지규정을 우회적으로 회피하는 행위를 차단하는데 그 취지가 있다. 예를 들면, 특정 계열회사에 속하는 둘 이상의 집합투자업자가 당해 계열회사가 발행한 증권에 대한 투자한도제한을 우회적으로 회피하기 위하여 상호 교차투자하는 행위를 금지하는 것이다.

일곱째, 투자운용인력(fund manager)이 아닌 자에게 집합투자재산을 운용하게 하는 행위를 하여서는 아니 된다(동조 제7호). 집합투자업은 고도의 전문성이 요구되므로 전문성이 없는 자에게 운용업무를 수행하게 하는 것은 제도의 취지에 반하기 때문에 금지하는 것이다.

여덟째, 그 밖에 투자자 보호 또는 건전한 거래질서를 해할 우려가 있는 행위로서 대통령령으로 정하는 행위[97]를 하여서는 아니 된다(동조 제8호).

---

96) 이에 관한 상세한 내용은 오성근, 앞의 증권법연구 제5권 제2호(2004. 12), 16면.

97) 시행령 제87조 제4항에 따르면 대통령령으로 정하는 행위란 ① 집합투자규약이나 투자설명서 또는 핵심상품설명서(제249조의 4 제2항 전단)를 위반하여 집합투자재산을 운용하는 행위(1호), ② 집합투자기구의 운용방침이나 운용전략 등을 고려하지 아니하고 집합투자재산으로 금융투자상품을 지나치게 자주 매매하는 행위(2호), ③ 집합투자업자가 운용하는 집합투자기구의 집합투자증권을 판매하는 투자매매업자 또는 투자중개업자(그 임직원과 투자권유대행인을 포함)에게 업무와 관련하여 금융위원회가 정하여 고시하는 기준을 위반하여 직접 또는 간접으로 재산상의 이익을 제공하는 행위(제3호), ④ 투자매매업자 또는 투자중개업자(그 임직원을 포함) 등으로부터 업무와 관련하여 금융위원회가 정하여 고시하는 기준을 위반하여 직접 또는 간접으로 재산상의 이익을 제공받는 행위(제4호), ⑤ 투자자와의 이면계약 등에 따라 그 투자자로부터 일상적으로 명령·지시·요청 등을 받아 집합투자재산을 운용하는 행위(제5호), ⑥ 집합투자업자가 운용하는 집합투자기구의 집합투자증권을 판매

---

하는 투자매매업자 또는 투자중개업자와의 이면계약 등에 따라 그 투자매매업자 또는 투자중개업자로부터 명령 · 지시 · 요청 등을 받아 집합투자재산을 운용하는 행위(제6호), ⑦ 제55조, 제81조, 제84조 및 제85조에 따른 금지 또는 제한을 회피할 목적으로 하는 행위로서 장외파생상품거래, 신탁계약, 연계거래 등을 이용하는 행위(제7호), ⑧ 채권자로서 그 권리를 담보하기 위하여 백지수표나 백지어음을 받는 행위(제8호), ⑨ 단기금융집합투자기구의 집합투자재산을 시행령 제241조 제1항 각 호 외의 자산에 투자하거나 동조 제2항에서 정하는 방법 외의 방법으로 운용하는 행위(제8호의 2), ⑩ 집합투자업자 자신이 운용하는 둘 이상의 집합투자기구(교차하거나 순환하여 투자하기 위해 다른 집합투자업자가 운용하는 집합투자기구를 이용하는 경우에는 그 집합투자기구를 포함)가 교차하거나 순환하여 투자하는 행위(제8호의 3), ⑪ 집합투자기구를 운용하는 과정에서 증권을 취득하거나 금전을 대여할 때 그 증권을 발행하거나 금전을 대여받은 자에게 취득 또는 대여의 대가로 자신이 운용하는 집합투자기구에서 발행하거나 발행할 예정인 집합투자증권의 취득을 강요하거나 권유하는 행위(제8호의 4), ⑫ 제192조 제2항 제5호 · 제202조 제1항 제7호(제211조 제2항, 제216조 제3항 및 제217조의 6 제2항에서 준용하는 경우를 포함) 또는 제221조 제1항 제4호(제227조 제3항에서 준용하는 경우 포함)에 따른 해지나 해산을 회피할 목적으로 자신이 운용하는 다른 집합투자기구 또는 다른 집합투자업자가 운용하는 집합투자기구를 이용하는 행위(제8호의 5), ⑬ 집합투자재산을 금전대여로 운용하는 경우 그 금전대여의 대가로 금전이나 이에 준하는 재산적 가치를 지급받는 행위(제8호의 6), ⑭ 그 밖에 투자자의 보호와 건전한 거래질서를 해칠 염려가 있는 행위로서 금융위원회가 정하여 고시하는 행위(제9호) 등을 말한다.

시행령 제87조 제4항 제9호에 따라 금융위원회의 금융투자업규정 제4-63조 제1호 내지 제15호는 불건전한 영업행위유형을 나열하고, 이를 금지시키고 있다. 그 주요 내용은 다음과 같다. 즉 ① 자신 또는 관계인수인, 관계 투자중개업자의 매매수수료를 증가시킬 목적으로 증권을 단기매매하게 하는 행위(제1호), ② 집합투자재산을 일정기간동안 월 또는 일단위로 계속하여 매수하는 조건이나 위약금 지급 조건 등의 별도약정이 있는 증권에 운용하는 행위(제2호), ③ 합리적인 기준 없이 집합투자재산에 대한 매매주문을 처리할 투자중개업자를 선정하거나 정당한 근거 없이 투자중개업자간 수수료를 차별하는 행위(제3호), ④ 집합투자재산을 금융투자상품에 운용하는 경우에 매 사업연도별로 총 거래대금 중 계열회사인 투자중개업자의 중개를 통하여 거래한 금액의 비중이 100분의 50을 초과하도록 계열회사인 투자중개업자와 거래하는 행위(제3호의 2), ⑤ 집합투자업자가 공모집합투자기구의 집합투자재산으로 국내에서 발행된 무보증사채를 편입함에 있어 2 이상(동규정 제8-19조의 14 제2항에 따라 금융감독원장이 선정하여 통보한 신용평가회사로부터 평가를 받은 경우 또는 신용평가회사의 업무정지 등 부득이한 사유가 있는 경우에는 1 이상)의 신용평가회사로부터 신용평가를 받지 아니한 무보증사채를 편입하는 행위(제4호 본문). 다만, ⓐ 발행일부터 소급하여 3개월 이내에 신용평가를 받은 사실이 있는 무보증사채를 집합투자재산으로 편입하는 경우(가목), ⓑ 「증권의 발행 및 공시 등에 관한 규정」 제2-2조 제2항 제4호에 해당하는 무보증사채를 「조세특례제한법」 제16조 제1항 제2호에 따른 벤처기업투자신탁의 집합투자재산으로 편입하는 경우(나목) 중 각 목의 어느 하나에 해당하는 경우에는 예외이다(제4호 단서). ⑥ 제3자로부터 집합투자재산의 운용과 관련하여 자문을 받은 집합

### (2) 예외

#### 1) 관련규정

자본시장법은 자산운용회사의 불건전 영업행위에는 해당하지만, 투자자 보호 및 건전한 거래질서를 해할 우려가 없는 경우에는 다음과 같은 행위를 예외적으로 허용하고 있다(제85조·시행령 제87조 제1항).

#### 2) 선행매매(Front Running)에 대한 예외

자본시장법은 선행매매[98]금지규정(법 제85조 제1호)의 적용 예외규정을 두고 있다. 즉 시행령 제87조 제1항 제1호는 ① 집합투자재산의 운용과 관련한 정보를 이용하지 아니하였음을 증명하는 경우(가호), ② 증권시장[99]과 파생상품시장간의 가격 차이를 이용한 차익거래, 그 밖에 이에 준하는 거래로서 집합투자재산의 운용과 관련한 정보를 의도적으로 이용하지 아니하였다는 사실이 객관적으로 명백한 경우(나목) 중 어느 하나에 해당하는 경우에는 예외적으로 선행매매를 허용하

---

투자업자가 자본시장법 제79조의 선관의무 및 충실의무에 위반하여 내부적인 투자판단 과정없이 집합투자재산을 운용하는 행위(제5호), ⑦ 집합투자재산을 집합투자업자의 계열회사가 발행한 고위험 채무증권 등에 운용하는 행위(제6호), ⑧ 자본시장법법상 집합투자업겸영보험회사가 투자신탁재산을 시행령 제273조 제1항 제1호·제2호에 해당하는 방법으로 운용하는 경우에 전체 투자신탁재산의 100분의 50을 초과하여 계열회사에 위탁 또는 투자일임하는 행위(제7호), ⑨ 집합투자업자가 시행령 제373조 제4항 제1호에 따른 인가취소의 처분을 회피할 목적으로 그 집합투자업자의 고유재산, 특수관계인(시행령 제2조 제4호의 특수관계인을 말한다. 이하 제4-77조 제17호에서 같다) 또는 이해관계인(시행령 제84조의 이해관계인을 말한다. 이하 제4-77조 제17호에서 같다)의 재산만으로 집합투자재산을 운용하거나 또는 허위·이면계약 등을 체결하는 행위(제8호), ⑩ 집합투자증권을 판매하는 투자매매업자 또는 투자중개업자가 제4-20조 제1항 제10호 바목에 따른 행위를 하였다는 사실을 알면서도 해당집합투자기구를 계속하여 운용하는 행위(제9호), ⑪ 집합투자재산의 원본을 초과하는 손실이 발생하는 경우에 투자자가 해당집합투자기구의 집합투자증권을 추가로 매입하도록 사전에 약정하는 행위(제10호), ⑫ 집합투자업자가 시행령 제209조 제1호 가목의 계획을 이행하지 않는 행위(제12호), ⑬ 집합투자업자가 자신이 운용하는 집합투자기구와 특수집합투자기구(교차하거나 순환하여 투자하기 위해 제3자가 운용하는 집합투자기구 또는 특수집합투자기구를 이용하는 경우에는 그 집합투자기구 또는 특수집합투자기구를 포함한다) 간 교차하거나 순환하여 투자하는 행위(제14호) 등이 그에 해당한다.

98) 선행매매는 증권·선물업자의 전형적인 불건전한 거래행위이다(김정수(2014), 305면).

99) 다자간매매체결회사에서의 거래를 포함한다.

고 있다.

### 3) 인수행위금지규정에 대한 예외

자본시장법은 인수행위금지규정(제85조 제2호)의 적용 예외규정을 두고 있다. 이에 따르면, 집합투자업자는 관계인수인의 인수일부터 3개월이 지난 후 매수하는 경우에는 집합투자재산으로 관계인수인이 인수한 증권을 인수할 수 있다(시행령 제87조 제1항 제2호). 이는 3개월이 지난 후에는 집합투자업자와 관계인수인간의 결탁행위가 발생할 우려가 적다고 보아 인정하고 있는 것으로 풀이된다.

### 4) 자전거래 등의 금지규정에 대한 예외

자본시장법은 불건전 영업행위의 대표적인 유형이라고 할 수 있는 자전거래 등의 금지규정( 제85조 제5호)의 적용 예외규정을 두고 있다. 즉 시행령 제87조 제1항은 ① 동법 제85조 제5호를 적용할 때 특정 집합투자재산을 그 집합투자업자의 고유재산과 시행령 제85조 제2호에 따른 매매중개를 통하여 ㉠ 채무증권, ㉡ 원화로 표시된 양도성 예금증서, ㉢ 어음 등의 투자대상자산을 매매하는 경우(제4호)와, ② 집합투자업자가 운용하는 집합투자기구 상호간에 자산[100]을 동시에 한쪽이 매도하고 다른 한쪽이 매수하는 거래로서 (i) 자본시장법, 시행령 및 집합투자가구의 집합투자규약상의 투자한도를 준수하기 위하여 불가피한 경우(가목), (ii) 집합투자증권의 환매에 응하기 위하여 불가피한 경우(나목), (iii) 집합투자기구의 해지 또는 해산에 따른 해지금액 등을 지급하기 위하여 불가피한 경우(다목), (iv) 그 밖에 금융위원회가 투자자의 이익을 해칠 염려가 없다고 인정한 경우(라목) 중 어느 하나에 해당하는 경우에는 예외적으로 자전거래 등이 인정된다(제3호 전단). 그리고 집합투자기구 상호간의 자전거래가 예외적으로 이루어지는 경우, 집합투자업자는 매매가격, 매매거래절차 및 방법, 그 밖에 투자자 보호를 위하여 금융위원회가 정하여 고시하는 기준을 준수하여야 한다(제3호 후단).

시행령 제87조 제1항 제3호 후단의 규정에 의거 금융투자업규정 제4-59조는 실행가능한 자전거래의 요건, 매매가격 및 매매절차 등에 관한 상세한 규정을 두고 있다. 동조 제1항에 따르면 자전거래는 ① 금융투자업규정 제7-35조 제2항에 따른 부도채권 등 부실화된 자산이 아닐 것(제2호), ② 당해 집합투자기구의 투자자의 이

100) 시행령 제224조 제4항에 따른 미지급금 채무를 포함한다.

이와 관련하여 외환거래시장의 종료 이후에 특정 집합투자기구 포트폴리오의 전체 가치에 영향을 주는 이벤트, 즉 차익거래이벤트(arbitrage event)가 발생하면, 해당집합투자기구 포트폴리오의 시장가격은 손쉽게 구할 수 없게 된다. 이 경우 해당집합투자기구는 반드시 집합투자재산평가위원의 신의성실공정의무에 입각하여 결정된 공정가치를 근거로 집합투지기구의 집합투자증권의 가격을 산정하여야 한다(제238조). 해당집합투자기구가 자신의 공정가치를 제대로 산정하지 못하고, 그 대신 외환시장에서 시간이 경과된 종가(stale closing prices)를 사용하여 오후 5시를 기준으로 하여 집합투자기구의 순자산가치(net value asset, NAV)를 산정한다면, 그 가격은 정확한 가격이 아니며, 동시에 자본시장법을 위반하게 된다.

그런데 위와 같은 상황에서 특정 집합투자기구의 포트폴리오의 가치에 긍정적 영향을 줄 수 있는 차익거래이벤트가 발생하는 경우에는 해당집합투자의 집합투자증권의 가격은 실제 가치보다 낮게 책정되고, 매수자들은 그 집합투자기구의 집합투자증권을 할인된 가격에서 매수할 수 있게 된다.[107] 그리고 매수자들이 집합투자기구의 집합투자증권을 다음 영업일에 매도할 경우에는 할인된 만큼의 이익을 얻게 된다.

④ 장 마감 후 거래와 가격산정차익거래의 효과

장 마감 후 거래자와 가격산정차익거래자의 이익은 집합투자기구의 다른 투자자의 이익을 희생시킴으로써 얻을 수 있는 것이다. 집합투자기구의 차익거래의 형태는 복수의 증권 풀(pool) 지분을 매수하는 효과를 발생시키는데, 이 행위는 할인된 가격만큼 다른 투자자들의 지분을 희석시키는 결과를 가져온다. 예를 들면, 순자산가치(NAV)가 20,000원인 특정 집합투자기구가 유통 중인 집합투자증권(예: 수익증권) 1좌를 어느 투자자가 보유하고 있는 상태에서, 그 집합투자기구가 포트폴리오 가치산정에 오류를 범하여 두 번째 집합투자증권 1좌를 10,000원에 판매하는 경우, 첫 번째 투자자의 지분이 희석되게 된다. 그 거래 이후에 해당집합투자기구의 전체 순자산가치는 30,000원이 될 것이고 유통집합투자증권의 수는 2좌이므로 한 좌의 가치

107) Frank Partnoy, "The Real Mutual Fund Problem", San Diego Union－Trib(2003. 12. 5), pp.6－7; Mercer Bullard, "The Mutual Fund as a Firm: Frequent Trading, Fund Arbitrage and the SEC's Response to the Mutual Fund Scandal", 42 Houston L. Rev (2006), n.88



익에 반하지 않는 거래일 것(제3호), ③ 당해 집합투자기구의 집합투자규약 및 투자설명서의 투자목적과 방침에 부합하는 거래일 것(제4호), ④ 시행령 제260조 제1항에서 정한 방법으로 평가할 수 없는 자산 또는 신뢰할 만한 시가가 없는 자산[101]을 자전거래하는 경우에는 자전거래일로부터 직전 3개월 이내에 시행령 제260조 제2항 제3호 각 목의 어느 하나의 자로부터 그 자산의 공정가액의 평가를 받은 사실이 있을 것. 다만, 해당자전거래에 관하여 그 자산을 매도하는 집합투자기구와 매수하는 집합투자기구 각각의 수익자 전원의 동의를 얻은 경우 및 투자자 피해가 없는 경우로서 금융감독원장이 정하는 경우에는 그러하지 않다(제5호). ⑤ 월별 자전거래 규모가 직전 3개월 평균 집합투자기구 자산총액[102]의 100분의 20 이하일 것. 다만, 해당자전거래에 관하여 그 자산을 매도하는 집합투자기구와 매수하는 집합투자기구 각각의 수익자 전원의 동의를 얻은 경우에는 그러하지 않다(제6호) 등의 요건을 모두 충족시켜야 한다.

그러나 금융투자업규정 제4－59조 제1항 제2호에 불구하고 집합투자규약으로 부도채권 등 부실화된 자산에 주로 투자하는 것을 정한 집합투자기구에 대하여는 부도채권 등 부실화된 자산을 자전거래를 통하여 매도할 수 있다(동규정 동조 제2항). 집합투자자는 자전거래와 관련하여 제4－59조 제1항에서 정한 요건의 충족 여부를 확인할 수 있는 자료를 보관·유지하여야 한다. 그 기간은 5년간이다(동규정 동조 제6항). 자전거래의 매매가격은 집합투자재산의 평가방법에 관한 규정(시행령 제260조)에 따라 평가한 가액으로 한다. 다만, 준법감시인이 시장상황의 변동 등으로 인하여 시행령 제260조에 따라 평가한 가액으로 자전거래를 하는 것이 투자자의 이익에 반한다고 판단하면, 집합투자재산평가위원회(제261조)가 평가한 가액으로 자전거래를 하여야 한다(동규정 동조 제3항).

집합투자업자는 자기가 운용하는 사모집합투자기구 및 공모집합투자기구간에 자전거래를 할 수 없다. 이는 통상 거액투자자로 구성되는 사모집합투자기구 투자자의 이익을 위하여 공모집합투자기구 투자자의 이익을 희생시키는 것을 방지하기 위하여 도입된 규정이다. 다만, 투자자의 이익을 해할 우려가 없다고 집합투자업자의 준법감시인 및 신탁업자의 확인을 받은 경우에는 예외이다(금융투자업규정 제4－59조 제

101) 「채무자 회생 및 파산에 관한 법률」에 따라 회생절차(간이회생절차를 포함한다)가 진행 중인 법인이 발행한 증권 및 관리종목으로 지정되었거나 매매거래 정지 상태인 증권을 포함한다.
102) 환매금지형집합투자기구의 경우 최초 모집기간 중 모집된 금액을 말한다.

4항). 집합투자업자는 신탁업자의 확인을 받아 자전거래와 관련하여 필요한 절차·방법 등 세부기준을 마련하여야 한다(동규정 동조 제5항).

### (3) 특수한 형태의 불건전 자산운용행위

#### 1) 장 마감 후 거래(Late Trading) 및 가격산정차익거래(Pricing Arbitrage)

##### ① 의의

종래부터 미국의 SEC가 제기한 뮤추얼펀드(Mutual Funds)의 내부자거래(Insider Trading) 관련 소송의 유형에는 투자자들이 펀드가 발행한 주식을 과거가격에서 매수하거나 펀드가격이 잘못 산정된 사례들을 포함하고 있다. 이러한 가격산정오류와 과거가격은 두 가지 형태의 펀드차익거래, 즉 장 마감 후 거래(late trading)와 가격산정차익거래(pricing arbitrage)를 가능하게 한다. 이하에서는 이러한 거래를 간략히 살펴본다.

##### ② 장 마감 후 거래

장 마감 후 거래란 집합투자증권의 매수·환매와 관련하여 펀드의 기준가를 계산하는 시점을 경과하여 매매주문을 하였음에도 그 이전에 주문한 것으로 처리하는 것을 말한다. 즉 기준가격이 결정된 이후에 집합투자증권을 매매하는 것을 말한다. 미국의 경우 과거부터 장 마감 후 거래가 빈번하였다. 미국의 경우 장 마감 후 거래는 뮤추얼펀드가 SEC규칙 22c－1(a)를 위반하여 과거가격산정방식을 사용할 때에 발생한다.[103] 이는 과거 우리나라의 상황과도 유사하다. 즉 뮤추얼펀드(mutual fund)가 투자자로 하여금 해당펀드의 주식가격(집합투자기구의 기준가격)이 결정되고 난 이후에 그 주식(집합투자증권)을 매수할 수 있도록 허용하는 때에 발생한다. 장 마감 후 거래를 허용하게 되면, 차익거래자는 해당펀드의 가격결정이 이루어진 시점 이후에 발생한 시장의 이벤트들을 토대로 주식(집합투자증권)의 매수 또는 매도 결정을 내릴 수 있는 동인을 갖게 된다.[104] 뮤추얼펀드가 투자하는 기업들은 종종 뉴욕증권거래소(NYSE)의 폐장 시점인 오후 4시 이후에도 실적 발표와 같이 시장을 움직일 만한

103) 투자신탁협회, "'장 마감 후 거래(late trading)'와 '시차이용 단기매매(market timing)' 관련 미국 규정 변화 및 시사점"(2004. 2), 2면.

104) Steven B. Markovitz, Exchange Act Release No.48,588, Investment Company Act Release No.26,201, 81 SEC Docket 450, 2003 WL 22258425(2003. 10. 2), p.2.



정보를 공시하기도 한다. 만약 오후 4시 이후에 공시된 정보가 긍정적이라면 해당기업의 주식가치와 함께 그 기업에 투자한 펀드의 전체 포트폴리오 가치도 상승하게 된다.[105] 이 경우 장 마감 후 거래자(late trader)가 해당펀드의 주식(집합투자증권)들을 오후 4시가 경과한 시점에서 오후 4시 가격에서 매수한다면 이는 사실상 해당기업의 주식을 할인된 가격으로 매수하는 것과 다름이 없게 된다. 그리고 장 마감 후 거래자가 자신이 매수한 주식을 그 다음 영업일에 매도하는 때에는 그 할인된 만큼의 수익을 얻게 된다.

이러한 거래형태는 특정 투자자가 특정 시장정보를 기초로 집합투자증권(예: 수익증권)의 매입 또는 환매를 함으로써 다른 투자자의 이익을 해칠 우려가 있다. 이로 인하여 자본시장법과 금융투자업규정에서는 장 마감 후 거래에 대하여 규제를 하고 있다. 그리하여 ① 집합투자규약상 허용되는 주식편입비율이 50% 이상인 집합투자기구의 경우는 매입 또는 환매청구일의 증권시장 종료시점(예: 15시 30분) 이전으로서 집합투자규약에서 정한 시점, ② 그 밖의 집합투자기구의 경우는 매입 또는 환매 청구일의 17시 이전으로서 집합투자규약에서 정한 시점을 매수청구일 또는 환매청구일을 구분하기 위한 기준시점으로 삼고 있다(제76조·금융투자업규정 제4－48조 제2항). 즉 모든 가격을 과거가 아닌 미래가격을 기준으로 산정하도록 하고 있는 것이다.

이와 같이 자본시장법은 집합투자기구가 미래가격산정방식에 의하여 집합투자증권을 판매하거나 환매하도록 하고 있기 때문에 과거와는 달리 해당집합투자기구의 포트폴리오 내용에 관한 내부정보는 투자자들이 그 펀드주식들의 거래에 있어서 더 이상 유용하지 않게 된다.[106]

##### ③ 가격산정차익거래

가격산정차익거래는 특정 집합투자기구가 가격산정에 관한 규정을 위반하여 가격을 산정하였을 때, 거래자가 그 집합투자기구의 집합투자증권을 매수하는 행위 등을 의미한다. 예를 들면, 어떤 집합투자기구가 집합투자기구의 가격을 결정하는 오후 5시 이전에 종료되는 외환거래시장에서 거래되는 증권에 투자할 때 발생될 수 있다.

105) Thomas Lee Hazen(2005), pp.752－753.

106) 오성근, "집합투자기구의 내부자거래: 미국의 뮤추얼펀드(Mutual Funds)를 중심으로", 사법 제32호, 사법발전재단(2015. 6), 85면.

는 15,000원이 될 것이다. 그러므로 단 10,000원을 지불한 두 번째 매수자이자 차익거래자의 지분가치는 15,000원으로 늘어나게 된다. 반면 20,000원을 지불한 첫 번째 매수자의 지분가치는 15,000원으로 줄어들게 된다. 그리하여 첫 번째 매수자의 손실분 5,000원은 차익거래자의 이익분인 5,000원과 일치하게 된다.

### 2) 시차이용 단기매매(Market Timing Trading)

이는 주식시장의 상승과 하락을 예측하여 높은 수익률을 얻으려는 투자행위를 말한다. 특히 상승과 하락이 빈번한 증권종목을 대상으로 이익을 얻을 목적으로 자주 거래하는 행위를 말한다. 자본시장법은 집합투자기구의 비용을 상승시킬 수 있고, 집합투자기구의 운용방침이나 운용전략 등을 고려하지 아니한 채 집합투자재산으로 금융투자상품을 지나치게 자주 매매하는 행위를 제한하거나 금지하고 있다(제85조 제8호·시행령 제87조 제4항 제2호). 특히 집합투자업자는 집합투자기구 수익자의 환매에 응하기 위하여는 일정한 현금성자산을 집합투자기구 내에 유보하여야 하는데, 시차이용 단기매매는 집합투자기구의 현금성자산 확보에 문제를 야기할 수 있다. 자본시장법이 이를 금지하는 취지도 이와 같다고 해석할 수 있다.

### 3) 편출입, 자전거래 및 이체거래 등

집합투자기구, 특히 투자신탁이나 투자회사의 편출입이나 자전거래는 집합투자업자의 이익이나 집합투자기구의 수익률을 개선하기 위하여 활용되는 거래기법이다. 편출입은 주로 회사재산과 집합투자기구의 재산간에 이루어진다. 집합투자기구 간 자전거래란 집합투자업자가 자기가 운용하는 집합투자기구 상호간에 동일자산을 동일한 수량으로 동일한 시기에 일방이 매도하고 다른 일방이 매수하는 거래행위를 말한다. 자전거래와 비슷한 거래방식으로서 '통정거래'가 있다. 두 방식 모두 보유 중인 주식을 판 뒤 곧바로 동일한 가격으로 같은 수량의 주식을 사들이기 때문이다.

그러나 통정거래는 불법적인 거래형태이다. 그리고 통정거래는 주식시장의 거래시간(예: 오전 9시~오후 3시)에 이뤄지는 반면, 자전거래는 시장에 미칠 영향을 최소화하기 위하여 주식시장의 오전·오후 동시호가(예: 오전 8~9시·오후 2시 50분~3시) 시간대에 이루어진다. 즉 자전거래는 증권시장에서 이루어지는 거래와 별개로 진행된다. 주로 대기업 내부에서 장부가격을 현실화할 목적으로 그룹 계열사끼리 보유 중인 주식을 주고받을 때 이용되기도 한다.

이와 같이 통정거래와는 달리 자전거래는 원래 주식투자의 한 방식으로 합법적인 거래방식이다. 그럼에도 불구하고 집합투자재산 운용시의 자전거래는 원칙적으로 금지된다(제85조 제5호; 금융투자업규정 제4－59조 제1항). 그 이유는 집합투자기구는 소액투자자와는 달리 특정 기업의 주식을 포트폴리오(portfolio)에 대량으로 편입시키는 것이 일반적이므로 이를 이용하여, 특정 집합투자기구의 수익률을 향상시키는 데 다른 집합투자기구의 자산이 이용될 수 있기 때문이다. 이는 결국 이용된 다른 집합투자기구의 수익자의 이익을 해치는 행위이다. 예를 들면, 甲회사가 발행한 주식 200,000주를 편입시키고 있는 A집합투자기구의 주식을 B집합투자기구가 고가로 사들이는 경우와 같다. 이 밖에도 다양한 형태의 자전거래가 이루어질 수 있다. 이러한 거래형태는 충실의무에 위반하는 행위이다. 다만, 기술한 바와 같이 자본시장법에서는 수익자의 이익을 해하지 않는 범위에 한하여 예외적으로 자전거래를 허용하고 있다(제85조 제5호 · 시행령 제87조 제1항 제3호 · 제4호).

집합투자기구간 이체라 함은 집합투자업자가 자기가 운용하는 집합투자기구가 보유하는 자산을 다른 집합투자기구로 옮기는 행위를 말한다. 이체거래도 자전거래와 동일한 취지에서 원칙적으로 금지된다. 다만, 자전거래와 같이 엄격한 요건 하에서 예외가 인정된다(제85조 제5호 · 시행령 제87조 제1항). 자전거래와 이체거래는 모두 자산의 매매라는 점에서 공통점이 있다. 그러나 자전거래는 통상 보유자산의 일부를 대상으로 하나 이체거래는 보유자산 전체를 대상으로 한다는 점에서 차이점이 있다.[108)]

한편 편출입, 자전거래 및 이체거래에 대하여는 자본시장법에서 상세한 규정을 두고 규율하고 있지만, 포괄적인 규정을 근거로 규율을 할 수도 있다고 본다. 왜냐하면 이러한 행위는 자본시장법 제37조 제2항, 즉 금융투자업자는 금융투자업을 영위함에 있어서 정당한 사유 없이 투자자의 이익을 해하면서 자기 또는 제3자가 이익을 얻도록 하여서는 아니 된다는 규정에 위반되는 유형이라고 할 수 있다. 같은 논리에서 집합투자업자가 집합투자기구의 운용정보를 이용하여 자기의 계산으로 집합투자기구의 투자대상에 동일한 자산에 투자하여서는 아니 된다.

---

108) 오성근, 앞의 증권법연구 제5권 제2호(2004. 12), 16면.

## 7. 운용특례

### (1) 파생상품의 운용특례 및 취지

자본시장법상 집합투자업자는 파생상품 매매에 따른 위험평가액[109]이 집합투자기구의 자산총액의 100분의 10(시행령 제96조 제1항)을 초과하여 투자할 수 있는 집합투자기구의 집합투자재산을 파생상품에 운용하는 때에는 계약금액, 그 밖에 대통령령으로 정하는 위험에 관한 지표를 인터넷 홈페이지 등을 이용하여 공시하여야 한다. 이때 그 집합투자기구의 투자설명서에는 해당위험에 관한 지표의 개요 및 위험에 관한 지표가 공시된다는 사실을 기재하여야 한다(제93조 제1항). 이에 따라 시행령 제96조 제2항은 위험에 관한 지표로서 ① 파생상품 매매에 따른 만기시점의 손익구조(제1호), ② 시장상황의 변동에 따른 집합투자재산의 손익구조의 변동 또는 일정한 보유기간에 일정한 신뢰구간 범위에서 시장가격이 집합투자기구에 대하여 불리하게 변동될 경우에 파생상품 거래에서 발생할 수 있는 최대손실예상금액(제2호), ③ 그 밖에 투자자의 투자판단에 중요한 기준이 되는 지표로서 금융위원회가 정하여 고시하는 위험에 관한 지표(제3호) 등을 열거하고 있다. 그리고 시행령 제96조 제2항에 따른 위험에 관한 지표의 구체적인 산정방식, 그 밖에 필요한 사항은 금융위원회가 정하여 고시한다(동조 제3항).

이 밖에 집합투자업자는 장외파생상품 매매에 따른 위험평가액이 집합투자기구 자산총액의 100분의 10(시행령 제96조 제4항)을 초과하여 투자할 수 있는 집합투자기구의 집합투자재산을 장외파생상품에 운용하는 경우에는 장외파생상품 운용에 따른 위험관리방법을 작성하여 그 집합투자재산을 보관·관리하는 신탁업자의 확인을 받아 금융위원회에 신고하여야 한다(제93조 제2항).

이와 같이 집합투자기구에서 파생상품 또는 장외파생상품의 매매에 따른 100분의 10을 초과하는 경우 위험을 관리하고 공시하거나 신고를 하도록 하는 것은 사전적으로는 운용특례를 두는 한편, 사후적으로는 합리적인 규율체계를 둠으로써, 레버리지 효과로 인하여 원본이 전액 또는 원본을 초과하는 손실을 입지 않도록 관리하는데 그 취지가 있다.

---

109) 제81조 제1항 제1호 마목의 위험평가액을 말한다. 이하 이 조에서 같다.

### (2) 부동산의 운용특례

#### 1) 금전의 차입 및 취지

자본시장법 제83조 제1항 각 호 외의 부분 본문에도 불구하고, 집합투자업자는 집합투자재산으로 부동산을 취득하는 경우110)에는 대통령령으로 정하는 바에 따라 집합투자기구의 계산으로 금전을 차입할 수 있다(제94조 제1항). 이에 따라 집합투자업자는 ① 은행, 한국산업은행, 중소기업은행, 한국수출입은행, 투자매매업자·투자중개업자, 증권금융회사, 종합금융회사 또는 상호저축은행(시행령 제79조 제2항 제5호) 등의 금융기관(제1호), ② 보험회사(제2호), ③ 국가재정법에 따른 기금(제3호), ④ 다른 부동산집합투자기구(제4호), ⑤ 제1호 내지 제4호까지의 규정에 준하는 외국 금융기관 등 어느 하나에 해당하는 금융기관 등에게 부동산을 담보로 제공하거나 금융위원회가 정하여 고시하는 방법으로 금전을 차입할 수 있다(시행령 제97조 제1항 본문). 다만, 집합투자자총회에서 달리 의결한 경우에는 그에 따라 금전을 차입할 수 있다(동항 단서).

이와 같이 부동산을 취득하는 집합투자기구에 대한 금전의 차입을 허용하는 것은 레버리지 효과를 유발하여 위험을 확대시킬 수도 있으나, 부동산에 투자·운용시 모집자금만으로는 현실적인 어려움이 있기 때문에 타인자금의 활용이 필요하다는 정책적 판단에 따른 것이다. 그리고 집합투자기구에서의 담보제공은 원칙적으로 금지되지만, 부동산집합투자기구에서 자금차입이 원활하게 이루어지기 위하여는 통상 담보 제공을 요구받기 때문에 특례 규정을 두고 있는 것이다.

이러한 취지에 따라 시행령은 금전을 차입함에 있어서의 한도액을 설정하고 있다(시행령 제97조 제7항). 이에 따르면 첫째, 부동산집합투자기구의 계산으로 차입하는 때에는 당해 부동산집합투자기구의 순자산총액(자산총액－부채총액)의 2배를 초과할 수 없다. 다만, 집합투자자총회에서 달리 의결한 경우에는 그러하지 않다(제1호). 따라서 집합투자자총회에서 차입한도를 달리 정하는 경우에는 순자산총액의 2배를 초과할 수 있고, 시행령 제97조 제1항의 단서에 의하여 차입처도 자유롭게 결정할 수 있다.

둘째, 부동산집합투자기구가 아닌 집합투자기구의 계산으로 차입하는 때에는 당

110) 부동산집합투자기구(제229조 제2호)를 운용하는 경우를 포함한다.

해 집합투자기구에 속하는 부동산 가액의 100분의 70을 한도로 자금을 차입할 수 있다(제2호 본문 · 금융투자업규정 제4－72조 제2항). 이때 부동산 가액의 평가는 집합투자재산평가위원회가 집합투자재산평가기준(제238조 제2항 · 제3항)에 따라 정한 가액으로 한다(제2호 후단).

한편 차입한 금전은 부동산 운용 이외의 방법으로 운용하여서는 아니 된다(시행령 제97조 제8항). 다만, 집합투자기구의 종류 등을 고려하여 차입한 금전으로 부동산에 투자할 수 없는 불가피한 사유가 발생하여 일시적으로 현금성 자산에 투자하는 경우에는 예외이다(시행령 제97조 제8항 · 금융투자업규정 제4－72조 제3항).

### 2) 금전의 대여 및 취지

자본시장법 제83조 제4항에도 불구하고, 집합투자업자는 집합투자재산으로 부동산개발사업을 영위하는 법인, 즉 부동산신탁업자나 그 밖에 부동산투자회사 또는 다른 집합투자기구 등에 대하여 대통령령으로 정하는 방법에 따라 금전을 대여할 수 있다(제94조 제2항 및 제2항 괄호 · 시행령 제97조 제2항). 시행령 제97조 제3항은 그 방법을 정하고 있다. 그에 따르면 집합투자규약은 금전의 대여에 관한 사항을 정하여야 하며(제1호), 집합투자업자는 부동산에 대하여 담보권을 설정하거나 시공사 등으로부터 지급보증을 받는 등 대여금을 회수하기 위한 적절한 수단을 확보하여야 한다(제2호). 그리고 집합투자업자가 금전을 대여하는 경우에는 해당집합투자기구의 순자산총액(자산총액－부채총액)의 100분의 100을 한도액으로 한다(시행령 제97조 제4항).

집합투자업자가 은행과는 달리 여 · 수신을 전문영업으로 하는 상인(상법 제46조 제8호)이 아님에도 불구하고 이러한 특례규정을 두고 있는 것은 부동산개발사업이 통상적으로 장기사업임을 감안하여 펀드 내의 유휴자금을 효과적으로 활용하여 집합투자기구의 수익률을 제고하는 데 도움을 주기 위함이다. 그 대신에 집합투자업자에게 금전대여를 받은 자의 부동산에 대하여 담보권을 설정하거나 시공사 등으로부터 지급보증을 받는 등 대여금을 회수하기 위한 적절한 수단을 확보하도록 하여 금전대여를 받은 자의 부실화가 집합투자기구로 전이 되는 것을 방지하고 있다. 그리고 금전의 대여한도를 집합투자기구의 순자산총액(자산총액－부채총액)의 100분의 100으로 정한 이유는 집합투자기구의 순자산자산총액을 초과하는 금전의 대여를 하게 되면 ① 집합투자업의 사업의 성격에도 맞지 아니하고, ② 자본시장의 환경변화에 따른 대량 환매에 적절히 대응하지 못하여 집합투자기구의 운용상의 어려움은 물론 자본시장에 불필요한 불안심리를 조성시킬 수 있기 때문이다. 그리하여 효율적인 자산운용과 환매에 안정적으로 대응하기 위하여는 집합투자기구에 합리적인 범위, 즉 언제나 순자산총액의 범위 내에서 현금성자산을 확보하여야 함을 상기시키고 있는 것이다.

#### 3) 실사보고서 및 사업계획성 등의 공시

집합투자업자가 집합투자재산으로 부동산을 취득하거나 처분하는 경우에는 ① 부동산의 현황, ② 거래가격, ③ 부동산의 거래비용, ④ 부동산과 관련된 재무자료, ⑤ 부동산의 수익에 영향을 미치는 요소, ⑥ 그 밖에 부동산의 거래 여부를 결정함에 있어 필요한 사항으로서 담보권 설정 등 부동산과 관련된 권리·의무에 관한 사항, ⑦ 실사자에 관한 사항 등이 기재된 실사보고서를 작성·비치하여야 한다(제94조 제3항·시행령 제97조 제5항·금융투자업규정 제4-72조 제1항).

집합투자업자가 집합투자재산으로 부동산개발사업에 투자하고자 하는 때에는 추진일정·추진방법, 그 밖에 ① 건축계획 등이 포함된 사업계획에 관한 사항, ② 자금의 조달·투자 및 회수에 관한 사항, ③ 추정손익에 관한 사항, ④ 사업의 위험에 관한 사항, ⑤ 공사시공 등 외부용역에 관한 사항, ⑥ 투자자 보호를 위하여 금융위원회가 정하여 고시하는 사항 등을 기재한 사업설명서를 작성하여 「감정평가 및 감정평가사에 관한 법률」에 따른 감정평가업자로부터 그 사업계획서가 적정한지의 여부에 대하여 확인을 받아야 하며, 이를 인터넷 홈페이지 등에 공시하여야 한다(제94조 제4항·시행령 제97조 제6항).

## 8. 자기집행의무

### (1) 의의

집합투자업자는 집합투자재산 운용시 원칙적으로 자기집행의무를 부담한다. 자기집행의무는 자본시장법상 집합투자업자의 선관주의의무를 정하고 있는 제79조 제1항의 전형적인 예이다. 집합투자업자가 자기집행의무를 부담하지 않게 되면, 제3자가 집합투자재산 운용업무의 실질적인 업무주체가 될 수 있고, 회사의 경영성과와 운용성과가 타인의 능력에 따라 좌우된다. 이러한 현상은 특정 집합투자업자를 신뢰하고 투자한 자들의 이익에 반하는 것으로서 허용될 수 없다. 이에 따라 자본시장법은 자기집행의무에 관한 명시적인 규정을 두어 집합투자업에 대한 본질적 업무에 대하여는 자기집행의무를 부담시키고 있다. 다만, 부수업무 등이나 전문성이 고도로 요구되는 집합투자재산 운용분야에 대하여는 자기집행의무의 예외로서 금융투자업의 업무위탁을 인정하고 있다(제42조).

### (2) 자기집행의무의 이행이 요구되는 사항

#### 1) 집합투자기구의 설정 · 설립 · 해지업무 등

집합투자기구 중 투자신탁의 설정업무는 집합투자업자와 신탁회사간 신탁계약을 체결함으로써 개시된다(제103조 제2항). 신탁계약이 체결되면 집합투자업자는 투자신탁의 계약당사자 지위를 갖게 된다. 투자신탁의 해지업무는 집합투자업자의 계약당사자 지위를 종료시키는 것이므로 타인에게 위임할 성질의 것이 아니다. 따라서 이와 같은 업무들은 제3자에게 위탁할 수가 없고, 집합투자업자가 집행하여야 한다.[111] 그리고 투자유한회사, 투자합자회사, 투자유한책임회사, 투자합자조합 또는 투자익명조합의 설립업무도 집합투자업자의 업무에 속한다(제42조 제4항 전단 · 시행령 제47조 제1항 제3호 가목).

#### 2) 집합투자재산의 운용 및 운용지시업무

집합투자재산의 운용 및 운용지시업무는 집합투자업자의 핵심 업무이다. 따라서 집합투자업자가 해당업무들에 대하여 자기집행의무를 부담한다는 데에는 이론의 여지가 없다. 이에 따라 자본시장법도 집합투자재산의 운용 및 운용지시업무[112]에 대하여는 집합투자업자의 핵심 업무로서 외부위탁을 금지하고 있다(제42조 제4항, 제47조 제1항 제3호 나목). 그리고 자본시장법이 '운용업무'가 아닌 운용 및 운용지시업무라는 두 개의 업무를 분리하고 있는 취지는 운용결정권과 운용지시권이 각각 다른 법률행위임을 밝히고자 하는 데 있다. 그리고 운용지시업무에는 집합투자재산에 속하는 지분증권[113]의 의결권행사를 포함한다(시행령 제47조 제1항 제3호 나목).

---

111) 飯田秀総(2023), 370－371面.
112) 집합투자재산에 속하는 지분증권(지분증권과 관련된 증권예탁증권을 포함한다)의 의결권행사를 포함한다. 이하 이 목에서 같다(시행령 제47조 제1항 제3호 나목 괄호).
113) 지분증권과 관련된 증권예탁증권을 포함한다.

### 3) 내부통제업무

집합투자를 포함한 금융투자업자는 대통령령으로 정하는 내부통제업무를 제3자에게 위탁하여서는 아니 된다. 다만, 내부통제업무 중 위탁이 금지되는 것은 해당업무에 관한 의사결정권한까지 위탁하는 경우만 해당한다(제42조 제1항 단서). 이에 따라 집합투자업자는 ① 금융회사지배구조법 제25조 제1항에 따른 준법감시인의 업무(제1호), ② 금융회사지배구조법 제28조 제1항에 따른 위험관리책임자의 업무(제2호), ③ 내부감사업무(제3호)에 관한 의사결정권한을 제3자에게 위탁하여서는 아니 된다(시행령 제45조).

집합투자업자의 자산운용행위규제와 관련하여 내부통제업무까지 업무위탁이 불가능한 것으로 명시한 것은 다소 의외라고 할 수도 있다. 그러나 이러한 입법태도는 우리나라 집합투자업의 오랜 경험의 산출이다. 즉 집합투자기구의 설정 · 설립 · 해지, 집합투자재산의 운용행위 및 운용지시행위는 물론 재산운용과 관련된 사전 · 사후적인 감시 및 법적 위험관리가 무엇보다도 중요하다는 경험을 하여 왔기 때문에, 내부통제업무의 의사결정권한에 대하여는 외부위탁이 불가능한 업무로 입법하였다고 평가할 수 있다.

## (3) 자기집행의무의 적용예외

집합투자업자는 위에서 언급한 ① 집합투자기구의 설정 · 설립 · 해지업무, ② 집합투자재산의 운용 및 운용지시업무 또는, ③ 내부통제업무 중 의사결정권까지를 위탁하는 경우를 제외하고는 자유롭게 제3자에게 업무위탁을 할 수 있다. 나아가 시행령 제45조 제1호의 준법감시인의 업무 중 법규준수와 관련한 교육은 의사결정권한까지 위탁을 할 수 있다(시행령 제45조 제1항 · 금융투자업규정 제4－3조).

이와 같이 자본시장법은 집합투자업 중 위탁 가능한 업무와 위탁 불가능한 업무를 구분하는 기준을 종래의 포지티브 방식(positive method)에서 네거티브 방식(negative method)으로 전환하였다. 이는 2020년 5월 자본시장법 제42조 제1항 및 시행령 제45조의 개정에 따른 결과이다. 따라서 개정 전 舊法시행령 제45조 제2호 다목에서 허용하였던 '외화자산의 운용 · 운용지시업무, 원화자산으로 구성된 집합투자재산의 100분의 20의 범위 내에서의 운용 · 운용지시업무'는 외부위탁이 불가능하게 되었다. 다만, 집합투자재산의 운용과 관련된 조사분석업무나 평가업무에 대하여는 현행법 하에서도 외부위탁을 할 수 있다.

자본시장법이 집합투자업 중 위탁 가능한 업무를 네거티브방식으로 전환한 것은 합리적이라고 평가된다. 왜냐하면 집합투자기구의 투자대상의 글로벌화·복잡화 및 그에 수반하는 업무에 대하여 전문적인 능력을 가진 자에게 위탁할 필요가 있기 때문이다.

## 9. 투자신탁종류별 운용대상자산 제한의 폐지

### (1) 舊자산운용업법상 구분 및 자산운용규제

종래의 자산운용업법은 주로 투자하는 자산에 따라 간접투자기구의 종류를 증권간접투자기구, 파생상품간접투자기구, 부동산간접투자기구, 실물간접투자기구, 단기금융간접투자기구(Money Market Fund, MMF), 재간접투자기구(FOFs) 및 특별자산투자신탁 등 7종류로 나누도록 강제하였다(동법 제27조). 그리고 ① 증권투자신탁은 그 재산의 100분의 40을 초과하여 대통령령이 정하는 비율 이상을 투자증권에 투자하여야 하고, ② 파생상품투자신탁은 그 재산의 10%를 초과하여 위험회피 외의 목적으로 장내파생상품 또는 장외파생상품에 투자하여야 하고, ③ 부동산투자신탁은 그 재산을 부동산에 투자하는 투자신탁이며, ④ 실물투자신탁은 그 재산을 실물자산, 즉 금·곡물·석유 등 물품(commodity) 및 이를 가공한 물품에 투자하여야 하고, ⑤ MMF는 그 재산을 단기금융상품에 투자하여야 하며, ⑥ 재간접투자기구(FOFs)는 그 재산의 50% 이상을 다른 투자신탁에 투자하여야 하고, ⑦ 특별자산투자신탁은 그 재산을 특별자산, 즉 사모펀드(Private Equity Fund, PEF) 지분, 보험금지급청구권, 채권금융기관의 금전채권, 특정사업의 수익권, 어음, 신탁수익권, 조합지분, 어업권, 광업권 등의 자산에 투자하도록 강제하였었다(동법 제87조 제2항·동법시행령 제70조 제1항).

이와 같이 舊자산운용업법은 투자신탁의 종류별로 운용대상자산을 제한하였기 때문에 다양한 자산을 활용한 투자신탁상품을 개발·공급하는 데 제약이 있었다.[114]

---

114) 자본시장통합법연구회(2007), 254면.

### (2) 자본시장법상 구분 및 자산운용규제

#### 1) 규제의 폐지 및 투자신탁 재분류의 내용

자본시장법은 종래의 자산운용업법상 7종류의 간접투자기구를 기본적으로 5종류의 집합투자기구로 재분류하고, 집합투자기구종류별 운용대상자산에 관한 제한을 폐지하였다. 이에 따라 단기금융집합투자기구인 MMF 이외의 집합투자기구는 운용대상을 자유롭게 선택할 수 있게 되었다. 이를 구체적으로 보면, 자본시장법은 집합투자재산의 40% 이상으로서 대통령령으로 정하는 비율(50%)을 초과하여 투자하는 것을 기준으로 증권집합투자기구·부동산집합투자기구·특별자산집합투자기구로 구분하는 이외에 이러한 제한을 받지 아니하는 혼합자산집합투자기구 및 MMF로 구분하고 있다(제229조·시행령 제240조). 5종류의 집합투자기구들은 종래와는 달리 유형을 불문하고 증권, 파생상품, 부동산, 실물자산 및 특별자산에 투자·운용할 수 있다.

각 집합투자기구의 종류를 구분함에 있어서는 주요 투자대상자산, 즉 집합투자재산의 50%를 초과하는 투자대상자산에 해당기초자산 관련 파생상품을 포함시킴으로써 과거와 달리 파생상품집합투자기구를 별도로 구분하지 않고 있다. 그리고 종래의 실물간접투자기구를 특별자산집합투자기구로, 재간접투자기구(FOFs)는 운용대상자산의 유형상 증권집합투자기구와 유사하므로 이를 별도로 분류하지 않고 증권집합투자기구로 포섭하였다.

한편 자본시장법상 집합투자기구의 종류를 재분류함에 있어서는 주요 투자대상자산을 특정하지 않고 항상 어떤 자산에나 제약 없이 운용할 수 있는 혼합자산집합투자기구제도를 신설하였다는 점도 특징적이다(제229조 제4호).

#### 2) 재분류의 내용

자본시장법은 재분류된 집합투자기구의 자산운용과 관련하여 그 대상에는 제한을 두지 않고 있다. 다만, 최저한의 투자비율 등에 관하여는 제한을 하고 있다. 그 내용을 구체적으로 살펴보면 다음과 같다. 첫째, 증권집합투자기구는 집합투자재산의 100분의 50 이상을 초과하여 대통령령으로 정하는 증권[115]에 투자하는 집합투자기구로서 부동산집합투자기구 및 특별자산집합투자기구에 해당하지 아니하는 집합투

115) 대통령령으로 정하는 증권을 제외하며, 대통령령으로 정하는 증권 외의 증권을 기초자산으로 한 파생상품을 포함한다. 이하 이 조에서 같다.

자기구를 말한다(제229조 제1호·시행령 제240조 제2항).

둘째, 부동산집합투자기구는 집합투자재산의 100분의 50을 초과하여 부동산[116]에 투자하는 투자신탁을 말한다(제229조 제2호).

셋째, 특별자산집합투자기구는 집합투자재산의 100분의 50을 초과하여 특별자산[117]에 투자하는 집합투자기구를 말한다(제229조 제3호).

넷째, 혼합자산집합투자기구는 집합투자재산을 운용함에 있어서 앞의 제1호 내지 제3호까지의 규정의 제한을 받지 아니하는 집합투자기구를 말한다(제229조 제4호).

다섯째, MMF는 집합투자재산 전부를 대통령령으로 정하는 단기금융상품[118]에 투자하는 집합투자기구로서 시행령 제241조 제2항에서 정하는 방법으로 운용되는 집합투자기구를 말한다(제229조 제5호).

## Ⅳ. 사모집합투자기구의 자산운용행위규제

### 1. 사모집합투자기구의 개념 및 유형

사모집합투자기구는 공모집합투자기구에 대응하는 개념으로 미국의 1940년 투자회사법(Investment Company Act of 1940) 제3조(c)(1)에서 유래한다. 동 규정은 자본

116) 부동산을 기초자산으로 한 파생상품, 부동산 개발과 관련된 법인에 대한 대출, 그 밖에 대통령령으로 정하는 방법(시행령 제240조 제4항)으로 부동산 및 대통령령으로 정하는 부동산과 관련된 증권(시행령 제240조 제5항)에 투자하는 경우를 포함한다. 이하 이 조에서 같다.

117) 증권 및 부동산을 제외한 투자대상자산을 말한다.

118) 시행령 제241조 제1항에 열거된 상품을 말한다. 즉 ① 원화로 표시된 금융상품, 즉 ㉠ 남은 만기가 6개월 이내인 양도성 예금증서(가목), ㉡ 남은 만기가 5년 이내인 국채증권, 남은 만기가 1년 이내인 지방채증권·특수채증권·사채권(주권 관련 사채권 및 사모의 방법으로 발행된 사채권은 제외한다)·기업어음증권. 다만, 환매조건부매수의 경우에는 남은 만기의 제한을 받지 않는다(나목). ㉢ 남은 만기가 1년 이내인 시행령 제79조 제2항 제5호에 따른 어음(기업어음증권은 제외)(다목), ㉣ 제83조 제4항에 따른 단기대출(라목), ㉤ 만기가 6개월 이내인 시행령 제79조 제2항 제5호 각 목의 금융기관 또는 「우체국예금·보험에 관한 법률」에 따른 체신관서에의 예치(마목), ㉥ 다른 MMF의 집합투자증권(바목), ㉦ 단기사채 등(사목) 중 어느 하나에 해당하는 것을 말한다(제1호). ② 외화(홍콩화폐 포함)로 표시된 금융상품, 즉 ㉠ 위의 제1호 가목 내지 사목까지의 금융상품(가목), ㉡ 위의 제1호 가목 내지 사목까지의 금융상품에 준하는 것으로서 금융위원회가 정하여 고시하는 금융상품(나목) 중 어느 하나에 해당하는 것을 말한다(제2호).

시장법상 투자회사형태의 집합투자기구의 투자자가 100인 미만이고 공모를 하지 않거나 또는 공모를 의도하지 않는 투자회사에 대하여는 동법을 적용하지 않는다고 명시하고 있다.[119] 종래의 자산운용업법상 사모투자신탁에 대한 정의는 미국의 1940년 투자회사법을 참조하였다. 그리고 자본시장법상 사모집합투자기구 관련규정은 실무계의 요청과 정부의 규제정책을 반영하는 과정에서 수차례의 개정을 거쳤다. 그 결과 사모집합투자기구의 개념에 대하여는 기본적으로 제9조 제7항, 제6조 제5항 제1호 · 시행령 제6조 제2항 · 제3항 및 제9조 제19항 등 5개 이상의 조문을 기초로 도출하여야 한다. 이 점 주의를 요한다.

관련규정을 근거로 사모집합투자기구의 개념을 정의하면 일반투자가를 대상으로 하는 사모집합투자기구는 증권을 사모(제9조 제8항 · 제7항)로만 발행하는 집합투자기구로서 대통령령으로 정하는 '취득청약의 권유자의 수' 및 '투자자'[120]의 총수가 100인 이하인 집합투자기구를 말한다(제9조 제19항 · 시행령 제6조 제2항 · 제3항). 다만, 동일한 사모집합투자기구 투자자의 총수를 산출함에 있어서 일반투자자는 49인을 초과할 수 없고, 이른바 기관투자가와 기관투자가가 아닌 전문투자자를 포함하는 경우에는 100인 이하까지 인정된다(제19조 제19항, 제6조 제5항 제1호 · 시행령 제6조 제2항).[121] 즉 종래와 같이 일반투자자만을 대상으로 하는 사모집합투자기구는 2021년 4월 자본시장법의 개정 전과 마찬가지로 투자자의 총수는 49인 이하로 제한된다(시행령 제6조 제3항). 이를 소수자 사모집합투자기구라고 칭할 수 있다.

이에 비하여 사모집합투자기구이지만 전문투자자만을 대상으로 하는 집합투자기구도 설정하거나 설립할 수 있다. 자본시장법은 이러한 양자를 통칭하여 일반 사모집합투자기구라고 명시하고 있다(제9조 제19항 제2호). 그리고 사모집합투자기구이지만, 기관투자가만을 대상으로 한 집합투자기구도 활용할 수 있는데, 자본시장법은

---

119) 이에 관한 상세한 내용은 M. F. Holzapfel, "An Analysts of The Section 3(a)(10) Exemption under The Securities Act of 1933 in The Context of The Public Offering Component of Section 3(c)(1) of The Investment Company Act of 1940", Fordham J. Corp & Fin. L. 427(2003). p.431.

120) 대통령령으로 정하는 투자자란 1. 시행령 제10조 제1항 각 호의 어느 하나에 해당하는 자, 2. 제10조 제3항 제12호 · 제13호에 해당하는 자 중 금융위원회가 정하여 고시하는 자를 말한다.

121) 기관투자가가 아닌 전문투자자는 취득청약의 권유 대상자 산정에서 제외되고 투자자 총수 산정에만 포함된다. 따라서 실질적으로 기존의 '49인 이하' 제한에서 '100인 이하' 제한으로 규제가 완화되는 효과가 있다.

투자합자회사인 사모집합투자기구인 경우 기관전용 사모집합투자기구의 설립을 인정하고 있다(동조 동항 제1호 · 제249조의 11 제6항).

## 2. 자산운용행위제한

사모집합투자기구는 공모집합투자기구에 비하여 사적 자치가 충실하게 반영되고, 투자에 능한 자를 대상으로 투자를 권유하는 집합투자기구이다. 그리하여 자본시장법의 여러 규제가 대폭 완화되어 있다. 자산운용의 경우에도 예외가 아니다. 즉 일반 사모집합투자기구는 공모집합투자기구의 자산운용행위제한 중 제81조 제1항 제1호 증권 및 파생상품에 대한 운용제한행위, 제3호 집합투자증권에 대한 운용행위제한, 제4호 환매조건부매도에 대한 운용행위제한(시행령 제81조 제1항 제1호), 증권대여행위(시행령 제81조 제1항 제2호), 증권차입행위(시행령 제81조 제1항 제3호), 제93조 파생상품운용 특례 규정의 적용을 받지 아니한다. 이 밖에도 자산운용과 관련된 많은 규정의 적용을 받지 아니한다(제249조의 8 제1항 참조).

한편 자본시장법은 주로 전문투자자나 1억원 이상의 개인 · 법인 · 그 밖의 단체를 투자권유대상으로 하는 일반 사모집합투자기구의 설정이나 설립을 인정하고 있다(제9조 제19항 · 시행령 제14조 제1항 · 제249조의 2). 이를 적격투자자 사모집합투자기구라고 칭할 수 있다(제249조의 2). 적격투자자는 투자에 정통한 자이므로 운용관련 규제도 공모집합투자기구는 물론 일반투자자를 대상으로 하는 소수자 사모집합투자기구에 비하여 더욱 완화된다. 그리하여 적격투자자를 대상으로 하는 사모집합투자기구는 공모집합투자기구의 자산운용행위 제한에 관한 제81조의 규정을 적용받지 아니한다. 이 밖에도 적격투자자 사모집합투자기구는 자기집합투자증권의 취득 제한(제82조), 금전차입 등의 제한(제83조), 파생상품운용 특례(제93조), 부동산운용 특례(제94조) 등의 규정을 적용받지 아니한다(제249조의 8 제1항 참조). 이러한 내용은 일반 사모집합투자기구에는 공통으로 적용되지 아니하는 사항이다.

한편 기관전용 사모집합투자기구의 집합투자재산 운용에 관하여는 일반 사모집합투자기구의 집합투자재산 운용방법 등에 관한 제249조의 7을 준용한다. 다만, 이 경우 금융위원회에 대한 보고의무 및 집합투자재산인 주식의 의결권행사에 관한 제249조의 7 제3항 및 제6항은 적용되지 아니한다(제249조의 12 제1항).

## V. 성과보수의 제한

### 1. 의의 및 제한의 취지

자본시장법은 집합투자업자가 집합투자기구의 운용실적에 연동하여 미리 정하여진 산정방식에 따른 보수(이하 '성과보수')를 받는 것을 금지하고 있다(제86조 제1항 본문). 집합투자업자의 성과보수를 인정하는 경우에는 자산운용행위제한 규정(제81조)에 위반함은 물론 불특정다수를 상대로 불건전 영업행위(제85조)를 할 수 있는 위험에 노출될 수 있다. 그리고 편출입 또는 자전거래 등 기술한 바와 같은 특수한 형태의 불건전한 자산운용행위를 하고자 하는 유혹에도 빠질 수 있다. 이와 같이 집합투자업자의 성과보수제도는 투자자나 다른 집합투자기구의 이익을 해할 수 있으므로 엄격히 금지되고 있다.

### 2. 예외

자본시장법은 집합투자업자가 성과보수를 받는 것을 원칙적으로 금지하면서도 그 예외를 인정하고 있다(제86조 제1항 단서). 그리하여 ① 집합투자기구가 사모집합투자기구인 경우(제1호), ② 사모집합투자기구 외의 집합투자기구 중 운용보수의 산정방식, 투자자의 구성 등을 고려하여 투자자 보호 및 건전한 거래질서를 해할 우려가 없는 경우로서 대통령령으로 정하는 경우(제2호)인 경우에는 성과보수를 받을 수 있다. 앞의 ①의 사모집합투자기구의 경우는 소수의 투자자를 상대로 사적자치의 법리가 존중되므로 집합투자기구의 운용실적에 연동하는 성과보수를 받는 것을 금지할 당위성이 떨어지기 때문에 허용되는 것이다.

이에 비하여 ②의 경우는 그 취지에 따라 ㉠ 집합투자업자가 임의로 변경할 수 없는 객관적 지표 또는 수치(이하 이 조에서 '기준지표 등')를 기준으로 성과보수를 산정할 것(제1호), ㉡ 집합투자기구의 운용성과가 기준지표등의 성과보다 낮은 경우에는 성과보수를 적용하지 아니하는 경우보다 적은 운용보수를 받게 되는 보수체계를 갖출 것(제2호), ㉢ 환매금지형집합투자기구인 경우 존속기한을 1년 이상으로 설정·설립하고, 환매금지형집합투자기구가 아닌 집합투자기구로서 설정·설립 이후에 집합투자증권을 추가로 발행할 수 없는 집합투자기구이어야 할 것(제5호 가목), 그리고 앞의 가목에 해당하지 아니하는 집합투자기구인 경우에는 존속기한 없이 설정·설립할 것(제5호 나목), ㉣ 성과보수의 상한을 정할 것(제6호) 등의 요건을 모두 충족하여야만 성과보수를 받을 수 있다(시행령 제88조 제1항 전단). 이 경우 성과보수의 산정방식, 지급시기 등에 대하여 필요한 사항은 금융위원회가 정하여 고시한다(동항 후단).

### 3. 성과보수 산정방식 등의 공개

집합투자업자는 성과보수를 받고자 하는 경우(제86조 제1항 단서)에는 그 성과보수의 산정방식, 그 밖에 대통령령으로 정하는 사항을 해당투자설명서[122] 및 집합투자규약에 기재하여야 한다. 그 기재사항에는 ① 성과보수가 지급된다는 뜻과 그 한도(제1호), ② 성과보수를 지급하지 아니하는 집합투자기구보다 높은 투자위험에 노출될 수 있다는 사실(제2호), ③ 성과보수를 포함한 보수 전체에 관한 사항(제3호), ④ 기준지표 등 및 성과보수의 상한(제86조 제1항 제2호의 경우로 한정)(제4호), ⑤ 성과보수의 지급시기(제5호), ⑥ 성과보수가 지급되지 아니하는 경우에 관한 사항(제6호), ⑦ 그 밖에 투자자를 보호하기 위하여 필요한 사항으로서 금융위원회가 정하여 고시하는 사항(제7호) 등이 포함된다(시행령 제88조 제2항).

## Ⅵ. 의결권의 행사

### 1. 의결권 행사의 주체 및 범위

집합투자업자는 의결권 등 집합투자재산에 관한 모든 권리를 행사할 수 있다. 그러므로 집합투자업자는 상법 또는 자본시장법에서 정하고 있는 주주제안권, 회계장부열람청구권 및 임시주주총회 소집권 등 주주로서의 모든 권리를 행사할 수 있다. 이 가운데 집합투자재산 운용과 관련하여 특히 중요성을 띠고 있는 것이 의결권의 행사이다. 그리하여 자본시장법은 집합투자업자의 의결권행사에 관하여 규율하고 있는데, 그 대상은 원칙적으로 투자신탁이나 투자익명조합의 집합투자업자로 제한하고 있다(제87조 제1항).

122) 제123조 제1항에 따른 투자설명서를 말한다.

## 2. 행사의 원칙: 충실의무 및 그림자투표(shadow voting)

자본시장법상 집합투자업자는 투자자의 이익을 보호하기 위하여 집합투자재산에 속하는 주식의 의결권을 충실하게 행사하여야 한다(제87조 제1항). 동 조항은 제79조 제2항 "집합투자업자는 투자자의 이익을 보호하기 위하여 해당업무를 충실하게 수행하여야 한다."고 하는 규정의 구체적 실행규정이라고 할 수 있다. 즉 의결권을 충실하게 행사하는 것이 해당업무를 충실하게 수행하는 것이라고 할 수 있다.

나아가 집합투자업자는 후술하는 어느 하나에 해당하는 경우에는 집합투자재산에 속하는 주식을 발행한 법인의 주주총회에 참석한 주주가 소유하는 주식수에서 집합투자재산에 속하는 주식수를 뺀 주식수의 결의내용에 영향을 미치지 아니하도록 의결권을 행사하여야 한다(제87조 제2항). 즉 집합투자업자는 집합투자재산으로 보유하는 주식을 뺀 나머지 주식의 세력분포(예: 55% vs. 45%)에 따라 안분비례(예: 55% vs. 45%)하여 의결권을 행사하여야 한다. 이 때문에 집합투자재산으로 보유 중인 주식에 대하여는 非비례적인 의결권만을 행사할 수 있다. 따라서 주주총회의 결의내용에 대하여 영향을 미칠 수 없고, 정족수 요건만을 충족시키는 역할만을 하게 된다. 이른바 그림자투표(shadow voting)가 집합투자재산운용의 기본원리라고 할 수 있다.[123]

집합투자업은 그 본질이 집합투자재산을 운용하여 운용성과를 거두는 데에 있고, 기업의 경영상황에 직접 개입하는 것은 예외적인 경우라고 할 수 있다. 그리하여 투자대상기업이 경영성과가 부진한 때에는 보유주식 등을 매각하여 떠나는 행동패턴을 유지하는 것이 관행이다. 이른바 월 스트리트 룰(Wall Street Rule)이 집합투자기구의 자산운용의 기본원리이며 투자대상기업의 경영에 직접 관여하는 것은 예외적인 행위로 보고 있는 것이다.

그럼에도 불구하고 제87조의 구조를 보면 의결권을 '충실하게 행사'하는 것이 기본원칙임을 밝히고 있다(동조 제1항). 그리고 그림자투표를 요하는 경우를 열거하고 있어 그림자투표가 동조 제1항의 예외적인 행위로 읽히기도 한다(동조 제3항). 그러나 동조 제3항에서는 그림자투표가 아닌 '충실하게 행사'하여야 하는 사항을 명시하고 있다. 이러한 조문구성으로 인하여 제87조는 원칙과 예외가 다소 얽혀있다고 할 수 있다. 따라서 조문의 구조를 종합적으로 보면 의결권을 '충실하게 행사'하는 것은

---

123) 이철송, "투자신탁 보유주식의 권리행사 법리", 증권투자신탁 제100호(1997. 3), 3-20면 참조.

집합투자재산으로 보유 중인 주식 수에 따른 의결권의 비례적 행사라고 해석할 수 있다.

### 3. 그림자투표 사항 및 취지

자본시장법은 집합투자업자가 그림자투표를 하여야 하는 사례를 명시하고 있다. 그 내용을 살펴보면 다음과 같다(제87조 제2항). 첫째, ① 그 집합투자업자 및 그와 대통령령으로 정하는 이해관계가 있는 자(가목), 또는 ② 그 집합투자업자에 대하여 사실상의 지배력을 행사하는 자로서 대통령령으로 정하는 자(나목) 중 어느 하나에 해당하는 자가 그 집합투자재산에 속하는 주식을 발행한 법인을 계열회사로 편입하기 위한 경우(제1호).

둘째, 그 집합투자재산에 속하는 주식을 발행한 법인이 그 집합투자업자와 ① 계열회사의 관계가 있는 경우(가목), ② 그 집합투자업자에 대하여 사실상의 지배력을 행사하는 관계로서 대통령령으로 정하는 관계가 있는 경우(나목) 중 어느 하나에 해당하는 관계가 있는 때(제2호).

셋째, 그 밖에 투자자 보호 또는 집합투자재산의 적정한 운용을 해할 우려가 있는 경우로서 대통령령으로 정하는 경우(제3호) 등이 그에 해당한다.

위와 같은 경우 그림자투표를 강제하고 있는 것은 집합투자업자가 자기가 속한 계열회사나 이해관계자 등의 이익을 위하여 집합투자기구의 집합투자재산으로 보유하는 주식을 이용한다든지 또는 다른 회사를 지배하거나 계열회사에 편입시키는 수단으로 전락하는 것을 방지하기 위함이다. 이 규정은 1998년 9월 개정된 舊증권투자신탁업법 제25조의 2에서 유래한다. 그리고 舊증권신탁업법 제25조의 2의 규정은 1995년에 동부그룹이 한농주식회사의 경영권장악을 시도할 때 어느 은행이 자신의 신탁재산으로 보유하고 있는 한농주식을 동부그룹 측에 유리하게 행사해 준 것이 신탁재산의 운용권을 남용한 사례로 지적되어 도입의 계기가 되었다.[124]

---

124) 이철송, 앞의 논문, 10면.

## 4. 그림자투표의 예외적 사항 및 취지

### (1) 기업지배구조 관련사항

자본시장법은 위와 같은 그림자투표를 하여야 하는 사항의 예외를 인정하고 있다. 그리하여 집합투자업자는 법인의 합병, 영업의 양도·양수, 임원의 임면, 정관변경, 그 밖에 이에 준하는 사항으로서 투자자의 이익에 명백한 영향을 미치는 사항(이하 이 조에서 '주요의결사항')에 대하여 그림자투표의 방법에 따라 의결권을 행사하는 경우 집합투자재산에 손실을 초래할 것이 명백하게 예상되는 때에는 투자자의 이익을 위하여 충실하게 의결권을 행사할 수 있다(제87조 제3항 본문). 즉 이러한 사항에 해당하는 경우, 집합투자업자는 집합투자재산으로 보유한 주식 수에 비례하여 찬반의 의사표시를 할 수 있다.

이러한 사항에 대하여 보유주식 수에 비례하는 의결권행사를 인정하는 것은 우리나라의 집합투자기구의 기관투자가로서의 역할과 기능이 변화하고 있기 때문이다. 즉 전통적으로 기관투자가의 역할은 유가증권 발행시장의 활성화 기능 및 유가증권 유통시장의 안정화 역할에 치중하여 왔지만, 2000년 이후에는 점진적으로 기업지배구조에 개입하는 형태를 보이고 있다. 기관투자가로서 월 스트리스 룰(Wall Street Rule)의 원리에 입각한 자산운용이 기본이지만, 주주행동주의(shareholders' activism)의 영향을 받고 있다고 해석할 수 있다.

이와 같이 전통적인 기관투자가로서의 역할과 기능이 변화하고 있는 이유에 대하여는 다음과 같이 풀이할 수 있다. 즉 집합투자기구는 우수한 운용성과를 거두어야 하는 압력을 받게 되는데, 이를 위하여 집합투자기구는 투자대상기업의 증권가격의 변동에 따라 보유수량을 조절함으로써 포트폴리오 가치를 높이고자 한다. 그러나 자본시장에서 집합투자기구의 주식보유 비중이 높아질수록 매도수량의 조절을 통하여 운용성과를 거두는 투자방식은 주식시장전반의 약세를 초래할 수 있다. 이는 결국 집합투자기구 운용성과의 저하로 이어진다. 이러한 문제점이 집합투자기구가 포트폴리오에 편입되어 있는 주식발행회사의 기업지배구조에 일정한 정도 개입하여 해당 기업의 가치를 증가시키고, 집합투자기구의 운용성과를 높이고자 하는 동인으로 작용하고 있는 것이다.[125] 다만, 적어도 공모집합투자기구가 기업지배구조에 어느 정

125) 오성근, 앞의 상장협 제51호(2005. 3), 102면.

도 개입하는 것이 바람직한 지에 대하여는 국가마다 입장이 다르다.

### (2) 집합투자업자가 상호출자기업집단에 속하는 경우 의결권 행사비율의 제한 등

자본시장법은 기술한 주요의결사항에 해당하더라도 상호출자기업집단(공정거래법 제31조 제1항)에 속하는 집합투자업자가 집합투자재산으로 계열회사의 관계에 있는 주권상장법인이 발행한 주식을 소유하고 있는 경우에는 다음과 같은 요건을 모두 충족하는 방법으로만 의결권을 행사할 수 있다(제87조 제3항 단서). 즉 ① 그 주권상장법인의 특수관계인[126]이 의결권을 행사할 수 있는 주식의 수를 합하여 그 법인의 발행주식총수의 100분의 15를 초과하지 아니하도록 의결권을 행사할 것(제1호), ② 집합투자업자가 투자한도(제81조 제1항 제1호 가목)를 초과하여 취득한 주식은 그 주식을 발행한 법인의 주주총회에 참석한 주주가 소유한 주식수에서 집합투자재산인 주식수를 뺀 주식수의 결의내용에 영향을 미치지 아니하도록 의결권을 행사할 것(제2호) 등의 요건을 모두 충족하는 방법으로만 의결권을 행사할 수 있다.

이와 관련하여 위의 ①의 사항의 경우, 상호출자기업집단에 속하는 집합투자업자의 의결권행사를 제한적으로 인정하고 있는 것은 재벌들이 집합투자재산을 이용하여 투자자의 이익을 우선 고려하지 않고 타 회사를 지배하는 수단으로 전락시키는 것을 차단하는 한편, 동일 계열회사에 투자하고 있는 주식에 대해서는 어느 정도 자기 계열회사의 이해를 보호하여 주고자 하는 데 그 취지가 있는 것으로 풀이한다. ②의 경우는 각 집합투자기구의 자산총액의 100분의 10을 초과하여 특정 계열회사의 주식보유 분에 대하여 그림자투표를 하도록 한 것은, 계열회사로부터 자기가 발행한 주식을 투자한도를 초과하여 집합투자기구가 취득하여 줄 것을 암묵적으로 요구하는 행위의 효용성을 떨어뜨리는 한편, 정족수로 미달로 인한 주주총회 운영의 어려움을 방지하고자 하는 데 그 취지가 있는 것으로 풀이한다.

### (3) 투자한도 초과주식에 대한 의결권행사 제한

집합투자업자는 투자한도규정(제81조 제1항 · 제84조 제4항)을 위반하여 초과 취득한 주식에 대하여는 의결권을 행사할 수 없다(제87조 제4항). 따라서 집합투자업자는 집합투자재산을 증권 또는 파생상품에 투자 · 운용을 하는 때에 ① 각 집합투자기구별 자산총액의 100분의 10을 초과하여 동일종목의 증권에 투자한 주식. 예를

---

126) 공정거래법 제9조 제1항 제5호 가목에 따른 특수관계인을 말한다.

들면, 투자신탁단위·동일종목단위 10% Rule을 위반하여 초과 투자한 주식, ② 각 집합투자업자가 운용하는 전체 집합투자기구 자산총액으로 동일법인 등이 발행한 지분증권총수의 100분의 20을 초과하여 투자한 주식. 예를 들면, 자산운용회사단위·동일법인단위 20% Rule을 위반하여 초과 투자한 주식 또는, ③ 각 집합투자기구별 자산총액으로 동일법인 등이 발행한 지분증권 총수의 100분의 10을 초과하여 투자한 주식, 예를 들면 투자신탁단위·동일법인단위 10% Rule을 위반하여 초과 투자한 주식 등에 대하여는 의결권을 행사할 수 없다(제81조 제1항 제1호 참조). 나아가 집합투자업자는 집합투자재산을 운용함에 있어서 대통령령으로 정하는 한도를 초과하여 그 집합투자업자의 계열회사가 발행한 증권[127]을 취득하더라도 그 초과하여 취득한 주식에 대하여는 의결권을 행사할 수 없다(제87조 제4항·시행령 제86조 제1항 참조).

자본시장법이 이러한 제한을 두는 이유는 앞에서 기술한 집합투자업자의 자산운용행위규제에 관한 입법취지를 훼손하기 때문이다. 즉 집합투자기구가 위법 또는 편법적으로 다른 회사를 지배하거나 계열회사를 지원하는 수단으로 전락할 위험성을 차단하기 위한 점 등이 제한의 주된 이유이다. 다만, 제81조 제1항 및 제84조 제4항의 예외에 해당하여 초과 취득한 주식에 대하여는 그에 비례하여 찬반의 의사표시를 할 수 있다.

한편 이와 같은 형태의 의결권행사의 제한은 이른바 자사주의 집합투자기구에서 취득한 주식에 대하여도 동일하게 적용되어야 한다. 또한 집합투자업자가 제3자와의 계약에 의하여 의결권을 교차행사하는 등의 방법으로 의결권행사 규제규정(제87조 제2항 내지 제4항)을 면탈하기 위한 행위를 하여서도 아니 된다(제87조 제5항).

### (4) 금융위원회의 처분명령

금융위원회는 집합투자업자가 위에서 기술한 제87조 제2항 내지 제5항까지의 규정을 위반하여 집합투자재산에 속하는 주식의 의결권을 행사한 경우에는 6개월 이내의 기간을 정하여 그 주식의 처분을 명할 수 있다(제87조 제6항).

---

127) 제189조의 수익증권, 그 밖에 대통령령으로 정하는 증권을 제외하며, 계열회사가 발행한 지분증권과 관련한 증권예탁증권 및 대통령령으로 정하는 투자대상자산을 포함한다. 이하 이 조에서 같다.

### 5. 의결권행사 기록 · 유지 및 공시

집합투자업자는 각 집합투자재산에서 대통령령으로 정하는 비율 또는 금액 이상을 소유하는 주식을 발행한 법인(이하 이 조에서 '의결권공시대상법인')에 대한 의결권 행사 여부 및 그 내용 또는 의결권을 행사하지 아니한 경우에는 그 사유를 대통령령으로 정하는 방법에 따라 기록 · 유지하여야 한다(제87조 제7항). 이는 사후 분쟁에 대비한 규정이라고 할 수 있다.

나아가 집합투자업자는 집합투자재산에 속하는 주식 중 대통령령으로 정하는 주식[128]의 의결권 행사 내용 등을 법령이 정하는 바에 따라 공시하여야 한다(제87조 제8항). 집합투자업자는 의결권 행사 여부에 관한 사항 등을 공시하는 경우에는 투자자가 그 의결권 행사 여부의 적정성 등을 파악하는 데에 필요한 자료로서 대통령령으로 정하는 자료를 함께 공시하여야 한다(동조 제9항). 이는 집합투자업자가 의결권 행사시 충실의무를 준수하고 있는지를 투자자나 일반 공중에게 알리기 위함이다.

## 제2절 | 투자자문업자 및 투자일임업자의 영업행위규제

### Ⅰ. 투자자문업과 투자일임업의 구분

자본시장법은 투자자문업과 투자일임업에 관한 개념을 정의하고 있다(제6조 제7항, 제8항). 이에 따르면 투자자문업과 투자일임업의 차이점은 금융투자업자가 투자판단을 하는지 아니면 투자판단의 자문, 투자판단의 제공에 불과한 영업을 하는지의 여부에 있다. 투자자가 투자자문에 따라 투자판단을 하더라도 그 행위만으로는 투자자문업자가 실질적으로 투자판단을 하는 자로 인정할 수 없다. 그리고 투자판단의 전부 또는 일부의 일임을 받더라도 투자권한, 즉 금융투자상품 등을 취득 · 처분, 그 밖의 방법으로 운용할 권한을 위임받지 못하면, 투자일임업이라고 할 수 없다.

이와 관련하여 대법원은 투자자문업과 유사자문업을 구분하는 분쟁에서 "투자판단 제공이 그 상대방을 '특정인'으로 하여 이루어지면 투자자문업에 해당하고, 여기

128) 제9조 제15항 제3호 나목에 따른 주권상장법인의 경우에는 주식과 관련된 증권예탁증권을 포함한다.

서 '특정'이란 투자판단을 제공받는 상대방의 범위가 한정되어 있다는 의미가 아니라, 투자판단을 제공받는 과정에서 면담·질문 등을 통해 투자판단을 제공받는 상대방의 개별성, 특히 투자목적이나 재산상황, 투자경험 등이 반영된다는 것을 말한다." 고 하여 보다 구체적인 기준을 제시하고 있다.[129)]

그러나 자본시장법의 규정에 의거한 이러한 구분법이 항상 명확하지는 않다. 예를 들면, 부동산증권화기구(Real Estate Backed Securitization Scheme)의 경우 부동산신탁수익권에 투자하는 특수목적회사(Special Purpose Company, SPC), 즉 유동화중개회사를 상대방으로 하는 자산관리자(Asset Manager, AM)의 업무가 어느 업무에 해당하는지 명확하지 않을 수 있다. 때문에 이러한 사례에 대하여는 SPC가 AM에게 투자판단의 전부 또는 일부를 위임하였는지의 여부를 단순히 계약상의 문언과 증권화기구(Scheme) 등의 형식적인 면만이 아니라 개별사례별로 실태를 고려하여 판단되어야 한다. 그리고 무등록 투자자문업자(제18조 참조) 또는 무인가 투자중개업자(제12조 참조)가 고객에게 자동매매시스템을 이용하도록 하는 행위는 무등록 투자일임업으로 보아야 한다. 대법원도 '프로그램 사용자가 투자판단을 도출해 내는 데 필수적인 설정값 등을 입력하면 이를 기초로 기계적인 연산작용을 통해 입력한 설정값 등에 들어맞는 주식 종목을 가려냄으로써 투자판단을 도출해 내는 방식으로 작동하는 주식 자동매매 프로그램을 판매·대여한 자가 그 프로그램 작동에 필수적인 입력 설정값 등도 제공하였다면, 이러한 행위는 프로그램 사용자들에게 투자판단을 제공한 것으로 볼 수 있다.'고 판단하고 있다.[130)] 이와는 다른 사례이지만, 외국에서는 주식 등의 자동매매시스템을 이용한 선물거래에 대하여 투자자문서비스를 제공하는 계약은 투자일임계약에 해당하지 아니한다는 판례가 있다.[131)]

## Ⅱ. 선관주의의무

### 1. 일반론

투자자문업자는 투자자에 대하여 선량한 관리자의 주의로써 투자자문에 응하여야 하며, 투자일임업자는 투자자에 대하여 선량한 관리자의 주의로써 투자일임재산을

---

129) 대법원 2022. 10. 27. 선고 2018도4413 판결.
130) 대법원 2022. 10. 27. 선고 2018도4413 판결.
131) 大阪地法 平成31年 1月 30日, 金融·商事判例 第1569号 46面.

운용하여야 한다(제96조 제1항). 이러한 선관주의의무는 로마법의 '선량한 가부장의 주의'의 법리에서 유래하는 것으로서 채무자가 속한 계층·지위·직업 등을 기준으로 하여 일반적으로 요구되는 주의를 의미한다.[132] 상법은 선관주의의무를 위임계약 등의 수임자 등에게 부과되는 의무로 정의하고, 주식회사의 이사에게 적용하고 있다(상법 제382조 제2항·민법 제681조). 이밖에도 임치를 받은 상인의 책임, 조합계약의 업무집행사원 및 준법지원인(상법 제62조, 제86조의 5 제2항, 제542조의 13 제7항) 등에 대하여도 유사한 원리에서 동 의무를 부과하고 있다.

자본시장법상 투자자문업자와 투자일임업자에게 부과되는 선관주의의무는 주식회사의 이사에게 부과되는 의무와 같이 전문적 능력을 인정받은 자에게 기대되는 고도의 의무이다. 따라서 투자자문업자 등은 스스로 직무를 수행함에 있어서 법령을 준수하여야 할 의무와 투자자문계약이나 투자일임계약에 따른 사항(제97조)을 준수할 의무를 부담한다. 그리고 이에 관한 구체적인 기준은 판례와 학설을 통하여 정립되고 있다.

한편 2024년 2월 개정에 따라 고객을 상대로 개별성 없는 투자조언을 하는 유사투자자문업자(제101조 제1항)에게는 설명의무와 적합성원칙이 적용되지 아니하므로[133] 선관주의의무도 적용될 여지가 없다.

## 2. 판례

대법원은 투자자문업자 등이 추천하는 증권을 해당업자들이 선행매수하여 보유하고 있음에도 추천 후에 이를 매도할 수도 있다는 사실 등 그 증권에 관한 업자들의 이해관계를 표시하지 않은 채 그 증권의 매수를 추천하는 행위는 자본시장법 제178조 제1항 제1호에서 말하는 '부정한 수단, 계획, 기교를 사용하는 행위' 및 동조 제2항에서 정한 '위계의 사용'에 해당한다고 보았다.[134] 이에 비하여 甲 등이 乙 투자연구소의 회원으로 가입하여 문자메시지로 구체적인 주식의 매수·매도 지시를 받는 형태로 주식투자에 관한 자문서비스를 제공받아 주식거래를 하였으나 손해가 발생하자 乙 투자연구소가 주식거래를 일임받은 자로서 선관주의의무를 위반하였음을

132) 我妻 榮·有泉 亨외 2인(2005), 667面.
133) 대법원 2022. 10. 27. 선고 2018도4413 판결.
134) 대법원 2022. 5. 26. 선고 2018도13864 판결.

이유로 하여 손해배상을 구한 사안에서, '乙 투자연구소가 선관주의의무를 다하지 못하였다거나 보호의무를 소홀히 하였다고 인정하기는 어렵다.'고 본 사례도 있다.[135] 다만, 법원은 乙 투자연구소가 甲 등과의 사이에 투자자문에 관한 약정을 체결하면서 금융위원회에 등록을 하지 아니한 사실에 관하여 고지하지 아니한 사안에서, '甲 등에게 마치 문자메시지로 구체적인 주식의 매수·매도 지시를 하는 형태의 행위도 투자자문으로서 허용되는 것처럼 오인하도록 한 것은 회원가입 및 乙 투자연구소의 투자자문에 따른 주식거래에 수반되는 위험성에 관한 올바른 인식 형성을 방해하는 행위로서 모두 甲 등에 대한 관계에서 불법행위가 된다.'고 하였다. 그리하여 乙 투자연구소의 책임을 손해액의 70%로 산정하였다.[136]

나아가 대법원은 '투자일임업자는 고객에게 부담하는 선관주의의무의 내용으로서 우선 고객의 투자목적·투자경험·위험선호의 정도 및 투자예정기간 등을 미리 파악하여 그에 적합한 투자방식을 선택하여 투자하여야 하고, 조사된 투자목적에 비추어 볼 때 과도한 위험을 초래하는 거래행위를 감행한 때에는 그로 인한 손해를 배상할 책임이 있으나, 고객의 투자목적 등은 지극히 다양하므로, 어느 특정한 상품에 투자하거나 어떠한 투자전략을 채택한 데에 단지 높은 위험이 수반된다는 사정만으로 일률적으로 선관주의의무를 위반한 것이라고 단정할 수는 없다.'고 하였다. 그리하여 '주가지수 옵션상품 투자에 구사한 스트랭글(strangle) 또는 레이쇼 스프레드(ratio spread) 매도 전략은 주가지수가 예상과 달리 큰 폭으로 변동하는 경우에는 큰 폭의 손실을 볼 수 있으나, 이는 확률과 그에 입각한 투자판단의 문제로서....투자일임 담당자들이 일부 거래에서 주가지수 변동에 대한 예측을 잘못함으로써 고객에게 상당한 규모의 손실을 입혔더라도 그것이 본질적으로 상품가격의 불가예측성과 변동성에 기인하는 것인 이상 선관주의의무를 위반하였다고 볼 수 없다.'고 하였다.[137]

## Ⅲ. 충실의무

투자자문업자 및 투자일임업자는 투자자의 이익을 보호하기 위하여 해당업무를

135) 서울남부지방법원 2010. 7. 23. 선고 2009가합13300 판결.
136) 서울남부지방법원 2010. 7. 23. 선고 2009가합13300 판결.
137) 대법원 2008. 9. 11. 선고 2006다53856 판결.

충실하게 수행하여야 한다(제96조 제2항). 기술한 바와 같이 충실의무와 선관주의의무와의 관계에 대하여는 이질설과 동질설이 대립하고 있으나, 우리나라의 다수설과 판례는 충실의무에 관한 규정이 선관주의의무와 전혀 다른 의무를 규정한 것은 아니라고 판단하고 있다. 따라서 동 규정도 그에 따라 해석되어야 한다. 다만, 충실의무는 수탁자의 의무를 적용하여 그 책임을 용이하게 물을 수 있다는 점에서 유용하다. 그리하여 수탁자는 타인, 즉 고객을 위하여 업무를 수행하는 자이므로 자기 자신, 즉 금융투자업자의 이익이나 고객 이외의 제3자의 이익을 위하여 업무를 수행하여서는 아니 된다. 그리고 금융투자업자의 이익이나 제3자의 이익과 고객의 이익이 충돌하는 때에는 고객의 이익을 우선하여야 한다.

자본시장법상 투자자문업자나 투자일임업자는 투자자문계약이나 투자일임계약을 체결하고(제97조), 금융투자상품에 대한 투자판단을 제공하거나 투자운용을 업으로 하는 자들이다(제6조 제7항·제8항). 투자자문업자 등은 그에 다른 대가로서 고객으로부터 보수를 수취한다(제98조의 2 참조). 그러므로 투자자문업자 등은 고객을 위하여 업무를 수행하여야 하며, 자기 자신 또는 고객 이외의 제3자의 이익을 위하여 투자자문을 하거나 투자운용을 하여서는 아니 된다.

자본시장법은 이에 관한 구체적인 규정을 두고 있다. 즉 '투자자문 또는 투자일임재산을 운용하는 경우 금융투자상품 등의 가격에 중대한 영향을 미칠 수 있는 투자판단에 관한 자문 또는 매매 의사를 결정한 후 이를 실행하기 전에 그 금융투자상품 등을 자기의 계산으로 매매하거나 제3자에게 매매를 권유하는 행위는 규정이 이에 해당한다(제98조 제1항 제5호). 이 밖에도 투자일임업자의 불건전 영업행위의 유형으로 명시하고 있는 제98조 제2항의 제2호 내지 제7호의 규정도 이에 해당한다고 본다(후술).

그러나 이러한 규정들이 충실의무의 구체적인 규정이라고 해석하더라도 충실의무가 선관주의의무와 동질의 의무인 이상, 이를 분리하여 해석할 실익은 없다.

## Ⅳ. 계약의 체결

### 1. 계약체결 전 사전서면자료의 교부

#### (1) 서면기재사항

자본시장법상 투자자문업자 또는 투자일임업자가 일반투자자와 투자자문계약 또는 투자일임계약을 체결하고자 하는 경우에는 소정의 사항을 기재한 서면자료를 미리 일반투자자에게 교부하여야 한다(제97조 제1항). 이에 따라 투자자문업자 등은 ① 투자자문의 범위 및 제공방법 또는 투자일임의 범위 및 투자대상 금융투자상품 등(제1호), ② 투자자문업 또는 투자일임업의 수행에 관하여 투자자문업자 혹은 투자일임업자가 정하고 있는 일반적인 기준 및 절차(제2호), ③ 투자자문업 또는 투자일임업을 실제로 수행하는 임직원의 성명 및 주요경력(제3호), ④ 투자자와의 이해상충방지를 위하여 투자자문업자 또는 투자일임업자가 정한 기준 및 절차(제4호), ⑤ 투자자문계약 또는 투자일임계약과 관련하여 투자결과가 투자자에게 귀속된다는 사실 및 투자자가 부담하는 책임에 관한 사항(제5호), ⑥ 수수료에 관한 사항(제6호), ⑦ 투자실적의 평가 및 투자결과를 투자자에게 통보하는 방법(투자일임계약의 경우에 한한다)(제7호), ⑧ 투자자는 투자일임재산의 운용방법을 변경하거나 계약의 해지를 요구할 수 있다는 사실(제7호의 2), ⑨ 그 밖에 투자자가 계약체결 여부를 결정하는 데에 중요한 판단기준이 되는 사항으로서 대통령령으로 정하는 사항(제8호)을 기재한 서면자료를 사전에 일반투자자에게 교부하여야 한다.

### (2) 입법취지

자본시장법이 투자자문업자 또는 투자일임업자로 하여금 계약체결 전 사전에 서면자료를 교부하도록 한 것은 금융소비자보호법 제19조의 설명의무(舊자본시장법 제47조)를 투자자문업자 또는 투자일임업자에게 구체적인 의무로서 부담시키기 위함이다. 즉 투자자문업자나 투자일임업자는 자문계약 등을 체결하고자 하는 때에는 사전에 고객에 대하여 고객의 투자판단에 영향을 미치는 중요사항을 기재한 서면을 계약체결 전에 교부하도록 의무화하고 있는 것이다. 이를 통하여 금융소비자보호법 제19조의 설명의무의 형해화를 방지하고, 고객의 속성에 부합하고, 고객의 이해에 필요한 방법·정도에 따른 설명을 하도록 하고 있다. 그리고 이러한 절차를 거치지 않고서는 계약체결을 할 수 없도록 하는 것도 또 다른 입법취지이다.

### (3) 교부대상

자본시장법은 계약체결 전 서면교부대상을 일반투자자로 한정하고 있다. 그 이유에 대하여는 명확히 밝혀진 바는 없지만, 기술한 입법취지에 따른 것으로 해석할 수밖에 없다. 왜냐하면, 2020년 개정 전 자본시장법 하에서도 금융투자사업자가 전문투자자를 대상으로 투자를 권유하는 때에 일반투자자에게 적용되는 적합성원칙, 설명의무, 손해배상책임에 관한 입증책임전가, 그리고 투자권유 없이 파생상품 등 대통령령이 정하는 금융투자상품을 판매하려는 경우의 적정성원칙의 적용을 제외하고 있었기 때문이다(舊자본시장법 제46조 · 제47조 · 제46조의 2). 전문투자자는 기본적으로 투자경험이 풍부하고 투자목적도 일반투자자와 다르며, 일반투자자에게 필요한 설명을 듣지 않더라도 위험감수에 필요한 정보를 스스로 취득하고 투자판단을 할 수 있다. 그리하여 종래의 자본시장법은 금융투자업자와 투자자간 정보격차를 시정할 필요가 없어서 그와 같은 규정을 두고 있었다. 이러한 입법태도는 적합성원칙과 설명의무 등에 관한 규정이 2020년 금융소비자보호법의 제정시 동법으로 이관되었더라도 동일하다고 볼 수밖에 없다.

따라서 투자자문업자 등이 계약체결 전 사전서면자료의 교부의무를 부담하지만, 그 대상이 일반투자자로 제한된다는 규정은 이러한 해석과 입법과정을 거친 결과물이다.

## 2. 계약서류 기재사항 및 금융소비자보호법과의 관계

### (1) 계약서류 기재사항

자본시장법은 투자자문업자 또는 투자일임업자가 일반투자자와 투자자문계약 또는 투자일임계약을 체결하는 경우 금융소비자보호법 제23조 제1항에 따라 일반투자자에게 교부하는 계약서류에 소정의 사항을 기재하도록 하고 있다(제97조 제2항). 이에 따라 투자자문업자 등은 ① 기술한 제97조 제1항 각 호의 서면기재사항(제1호), ② 계약당사자에 관한 사항(제2호), ③ 계약기간 및 계약일자(제3호), ④ 계약변경 및 계약해지에 관한 사항(제4호), ⑤ 투자일임재산이 예탁된 투자매매업자 · 투자중개업자, 그 밖의 금융기관의 명칭 및 영업소명(제5호) 등을 일반투자자에게 교부하는 계약서에 기재하여야 한다. 그리고 이러한 계약서류에 기재된 내용은 사전에 교부한 서면자료에 기재된 내용(제97조 제1항)과 달라서는 아니 된다(제97조 제2항 후단).

### (2) 입법취지 및 교부대상

계약서류의 교부규정(제97조 제2항)의 입법취지는 앞에서 기술한 계약체결 전 사전서면자료의 교부규정(제97조 제1항)의 경우와 같이 금융소비자보호법상의 설명의무를 자본시장법상 투자자문업자 등에게 구체적인 의무로 부담시키는 데 있다. 그러므로 계약서류의 교부대상도 일반투자자로 한정하고 있다.

## V. 불건전 영업행위의 금지

### 1. 투자자문업자 또는 투자일임업자에 대한 금지행위

#### (1) 원칙

자본시장법은 투자자문업자 또는 투자일임업자의 불건전 영업행위를 금지하기 위하여 다음과 같은 규정을 두고 있다(제98조 제1항). 첫째, 투자자로부터 금전·증권, 그 밖의 재산의 보관·예탁을 받는 행위(제1호). 이 규정의 취지는 ① 악의적인 투자자문업자 등이 고객을 대신하여 임의대로 증권매매를 한다는 전제로서, 투자자문업자 등이 고객의 금전 등을 보관·예탁 받는 사례, 또는 ② 더욱 악의적인 사례에서는 증권거래를 행하는 것과 같은 외관을 형성하지만, 실질적으로는 어떠한 행위도 하지 않은 채 고객의 금전을 편취하는 사례를 방지하는 데 있다고 풀이한다.

둘째, 투자자에게 금전·증권, 그 밖의 재산을 대여하거나 투자자에 대한 제3자의 금전·증권, 그 밖의 재산의 대여를 중개·주선 또는 대리하는 행위(제2호). 이 규정의 취지는 투자자들이 투자자문업자 등으로부터 입는 피해의 요인 중의 하나가 투자자문업자 등이 고객의 자산을 담보로 하여 금전 등을 대여해주고 그 담보물을 편취하거나 또는 고객이 대여 받은 금전을 투자한 결과 손실이 더욱 커지는 사례 등에 있음을 고려하여 그러한 행위를 방지하는 데 있다.

셋째, 투자권유자문인력 또는 투자운용인력이 아닌 자에게 투자자문업 또는 투자일임업을 수행하게 하는 행위(제3호). 자본시장법은 투자자문업 또는 투자일임업의 등록요건으로서 대통령령으로 정하는 수 이상의 투자자문인력 또는 투자운용인력을 갖추도록 하고 있는데(제18조 제2항 제3호), 이 규정의 취지는 해당사업자의 전문성을 갖출 것을 강제하여, 투자자들이 해당사업자의 비전문성(amateurism)으로 인하여 손해를 입는 사례를 방지하는 데 있다. 제3호 규정의 취지도 이러한 취지와 맥이 닿아 있다.

넷째, 계약으로 정한 수수료 외의 대가를 추가로 받는 행위(제4호). 이는 투자자문업자 등이 계약체결 전 일반투자자에게 교부하여야 할 서면의 기재사항 중에는 수수료에 관한 내용도 포함되어 있는데(제97조 제1항 제6호·제2항 제1호), 이에 대한 주의적 규정이다. 따라서 투자자문업자 등은 해당업무를 수행하는 과정에서 예상하지 못한 비용이 발생하더라도 이를 추가로 청구할 수 없다.

다섯째, 투자자문에 응하거나 투자일임재산을 운용하는 경우 금융투자상품 등의 가격에 중대한 영향을 미칠 수 있는 투자판단에 관한 자문 또는 매매 의사를 결정한 후 이를 실행하기 전에 그 금융투자상품 등을 자기의 계산으로 매매하거나 제3자에게 매매를 권유하는 행위(제5호). 이 규정의 취지는 투자자문업자 등이 선행매매(front running) 행위를 함으로써 자기 또는 제3자의 이익을 취하는 행위를 금지하는 데에 있다.

### (2) 예외

투자자문업자 또는 투자일임업자는 투자자 보호 및 건전한 거래질서를 해할 우려가 없는 경우로서 대통령령으로 정하는 경우에는 기술한 불건전 영업행위 금지규정의 적용을 받지 아니한다(제98조 제1항 단서). 그 내용은 다음과 같다. 첫째, 제98조 제1항 제1호 및 제2호를 적용할 때 투자자문업자 또는 투자일임업자가 다른 금융투자업, 그 밖의 금융업을 겸영하는 경우로서 그 겸영과 관련된 해당법령에서 제98조 제1항 제1호 및 제2호에 따른 행위를 금지하지 아니하는 경우(시행령 제99조 제1항 제1호).

둘째, 제98조 제1항 제3호를 적용할 때 전자적 투자조언장치를 활용하여 일반투자자를 대상으로 투자자문업 또는 투자일임업을 수행하는 경우(시행령 제99조 제1항 제1호의 2).

셋째, 제98조 제1항 제5호를 적용할 때 ① 투자자문 또는 투자일임재산의 운용과 관련한 정보를 이용하지 아니하였음을 증명하는 경우, 또는 ② 차익거래 등 투자자문 또는 투자일임재산의 운용과 관련한 정보를 의도적으로 이용하지 아니하였다는 사실이 객관적으로 명백한 경우(시행령 제99조 제1항 제2호) 등이 그에 해당한다.

## 2. 투자일임업자에 대한 추가적인 금지행위

### (1) 의의

자본시장법 제98조 제1항은 투자자문업자와 투자일임업자에게 공통으로 적용되는 불건전 영업행위 금지규정이다. 이에 더하여 동조 제2항은 투자일임업자만을 대상으로 하는 불건전 영업행위 금지사항을 명시하고 있다. 이는 투자일임업자가 투자자로부터 투자판단의 전부 또는 일부를 일임받아 금융투자상품 등의 취득·처분, 그 밖의 방법으로 운용하는 것을 영업으로 하는 전문가이기 때문이다(제6조 제8항). 이 규정은 투자일임업자가 부담하는 선관주의의무·충실의무(제96조)를 유형화한다는 점에서 투자일임업에 관한 특칙으로서의 의미가 있다.

### (2) 원칙

#### 1) 제98조 제2항에 의거한 금지행위 및 취지

자본시장법이 투자일임업자만을 대상으로 하는 불건전 영업행위로써 금지하는 사항은 다음과 같다(제98조 제2항). 첫 번째, 정당한 사유 없이 투자자의 운용방법의 변경 또는 계약의 해지 요구에 응하지 아니하는 행위(제1호). 이는 투자일임업자가 계약체결 전 일반투자자에게 교부하여야 할 서면의 기재사항 중에는 투자자가 투자일임재산의 운용방법을 변경하거나 계약의 해지를 요구할 수 있다는 사실에 관한 내용도 포함되어 있는데(제97조 제7의 2·제2항 제1호), 이에 대한 주의적 규정이다.

두 번째, 자기 또는 관계인수인이 인수한 증권을 투자일임재산으로 매수하는 행위(제2호). 이 규정의 취지는 자기 또는 관계인수인이 인수한 증권에서 발생하는 손실이나 위험을 투자자에게 전가시키거나 해당증권의 적정가치를 왜곡시키는 행위를 금지하는 데에 있다.

세 번째, 자기 또는 관계인수인이 대통령령으로 정하는 인수업무를 담당한 법인의 특정증권 등[138]에 대하여 인위적인 시세(제176조 제2항 제1호의 시세)를 형성하기 위하여 투자일임재산으로 그 특정증권 등을 매매하는 행위(제3호). 이 규정의 특징은 제176조 제1항 내지 제3항의 시세조종행위 성립요건과는 달리 일정한 목적이나 행위유형을 구체화하지 않고 인위적인 시세를 형성하기 위하여 투자일임재산으로 그 특정증권 등을 매매하는 행위 그 자체를 금지하는 데에 있다.

네 번째, 특정 투자자의 이익을 해하면서 자기 또는 제3자의 이익을 도모하는 행위(제4호). 이 규정은 불이익을 입은 투자자에 대한 투자일임업자의 충실의무(제96조 제2항) 위반의 전형으로서 구체화된 것이다. 따라서 특정 투자자는 물론 자기 또는

---

138) 제172조 제1항의 특정증권 등을 말한다. 이하 이 호에서 같다.

제3자가 모두에게 이익이 되는 행위는 제4호에 위반하지 않는다고 해석한다.

다섯 번째, 투자일임재산으로 자기가 운용하는 다른 투자일임재산, 집합투자재산 또는 신탁재산과 거래하는 행위(제5호). 이 규정은 복수의 운용재산을 운용하는 경우 불건전한 편출입, 자전거래, 자산배분의 불공정 또는 통정거래 등의 방법으로 일방의 운용재산에 불리한 조건으로 다른 운용재산에 이익을 얻게 할 가능성이 높은 행위를 방지하는 데 그 취지가 있다. 그리고 투자일임업자의 충실의무(제96조 제2항)의 구체화된 유형으로 볼 수 있다.

여섯 번째, 투자일임재산으로 투자일임업자 또는 그 이해관계인의 고유재산과 거래하는 행위(제6호). 이 규정의 취지는 위의 제4호와 유사하다. 다만, 제4호와는 달리 특정 투자자의 이익을 해할 것을 요건으로 하지 않기 때문에 투자자, 투자일임업자 및 그 이해관계인 모두에게 이익이 되는 거래를 하더라도 제6호에 위반된다고 본다. 여기서 '이해관계인'의 대표적인 예로는 투자일임업자의 계열회사를 들 수 있다.

일곱 번째, 투자자의 동의 없이 투자일임재산으로 투자일임업자 또는 그 이해관계인이 발행한 증권에 투자하는 행위(제7호). 여기에서의 증권은 제4조에 의거한 금융투자상품을 뜻한다. 이 규정의 취지는 투자일임업자 또는 그 계열회사 등의 자금조달이나 이익을 위하여 투자자의 의사에 반하는 증권투자행위를 금지하는 데에 있다. 따라서 투자자의 동의를 얻은 경우에는 제7호에 위반하지 않는다고 해석한다.

따라서 투자일임업자 또는 그 이해관계인이 회사재산으로 발행하는 파생결합증권인 DLS(Derivative Linked Securities)나 주가연계증권인 ELS(Equity Linked Securities)에 투자하는 행위도 투자자의 동이를 얻은 경우에는 허용된다. 다만, 투자자의 동의를 얻는 과정에서도 투자일임업자는 해당투자행위의 내용 및 이유를 설명하여야 할 의무를 부담한다. 제7호는 제6호의 규정과 다소 충돌하는 문제점이 발생할 수 있는데, 제7호는 제6호의 특별규정이라고 해석할 수박에 없다.

여덟 번째, 투자일임재산을 각각의 투자자별로 운용하지 아니하고 여러 투자자의 자산을 집합하여 운용하는 행위(제8호). 이 규정의 취지는 투자일임업자가 집합투자업을 사실상 영위하는 것을 방지하는 데에 있다. 그리하여 투자일임업자가 영위할 수 있는 운용행위는 개인별 자산종합관리계좌인 랩 어카운트(wrap account)로 한정된다. 이러한 점에서 제8호는 투자일임업자와 집합투자업을 실무적으로 구분하는 기능을 한다.

아홉 번째, 투자자로부터 ① 투자일임재산을 예탁하는 투자매매업자·투자중개업자, 그 밖의 금융기관을 지정하거나 변경하는 행위(가목), ② 투자일임재산을 예탁하거나 인출하는 행위(나목), ③ 투자일임재산에 속하는 증권의 의결권, 그 밖의 권리를 행사하는 행위(다목) 등의 행위를 위임받는 행위(제9호). 여기서 가목은 상법 제306조가 주식인수납입금의 보관자 또는 납입장소를 변경할 때에는 법원의 허가를 얻도록 하고 있는 규정과 등가적인 취지를 규정하고 있다. 즉 투자일임업자가 유착관계가 있는 자의 이익 또는 부정행위를 도모하는 것을 방지하기 위한 규정이다. 나목은 횡령사고가 발생하는 것을 방지하기 위한 규정이다. 다목은 투자일임재산의 소유권은 신탁재산이나 집합투자재산과는 달리 주주명부상 투자자에게 귀속되므로 투자자로 하여금 의결권 등의 권리를 행사하도록 하는 원칙을 밝힌 규정이다. 그리고 투자일임업자가 투자자의 재산을 가지고 기업분쟁에 직접 가담하거나 경영권에 관여하는 것을 방지하고자 하는 데 또 다른 취지가 있다.

따라서 투자일임업자는 투자자의 재산에 속하는 증권을 가지고 상법상 인정되는 주주제안권(상법 제363조의 2), 대표소송(상법 제403조) 또는 이사 · 감사해임청구권(상법 제385조 · 제415조) 등의 소수주주권을 행사하거나, 자본시장법이 인정하는 의결권의 대리행사를 권유할 수 없다(제152조 내지 제157조 참조).

열 번째, 그 밖에 투자자 보호 또는 건전한 거래질서를 해할 우려가 있는 행위로서 대통령령으로 정하는 행위(제10호).

### 2) 시행령 제99조 제4항에 의거한 금지행위

시행령 제99조 제4항에서 정하는 금지행위라 함은 자본시장법 제98조 제2항 제10호에서 "대통령령으로 정하는 행위"에 해당하는 행위를 말한다. 여기에 해당하는 내용으로는 첫 번째, 제9조 제5항 단서에 따라 일반투자자와 같은 대우를 받겠다는 전문투자자의 요구에 정당한 사유 없이 동의하지 아니하는 행위. 이때 시행령 제10조 제1항 각 호에서 정하는 전문투자자는 제외한다(시행령 제99조 제4항 제1호).

두 번째, 시행령 제68조 제5항 제2호의 2 각 목 외의 부분에 따른 일반투자자와 투자일임계약[139]을 체결하는 경우 ㉠ 계약 체결과정을 녹취하지 않거나 투자자의 요청에도 불구하고 녹취된 파일을 제공하지 않는 행위(가목), ㉡ 투자권유를 받은 투자자와의 계약 체결과정에서 투자일임계약을 해지할 수 있는 기간(이하 이 호에서 '숙

139) 투자자 보호 및 건전한 거래질서를 해칠 우려가 없는 것으로서 금융위원회가 정하여 고시하는 투자일임계약은 제외한다.

려기간')에 대해 안내하지 않는 행위(나목), ㉢ 투자권유를 받고 계약을 체결한 투자자에게 2영업일 이상의 숙려기간을 부여하지 않는 행위(다목), ㉣ 숙려기간 동안 투자자에게 투자에 따르는 위험, 투자원금의 손실가능성, 최대 원금손실 가능금액 및 그 밖에 금융위원회가 정하여 고시하는 사항을 고지하지 않거나 투자일임재산을 운용하는 행위(라목), ㉤ 숙려기간이 지난 후 서명, 기명날인, 녹취 또는 그 밖에 금융위원회가 정하여 고시하는 방법으로 그 계약 체결 의사가 확정적임을 확인하지 않고 투자일임재산을 운용하는 행위(마목), ㉥ 투자일임재산을 운용할 목적으로 투자자에게 그 계약 체결의사가 확정적임을 표시하여 줄 것을 권유하거나 강요하는 행위(바목) 중 어느 하나에 해당하는 행위(시행령 제99조 제4항 제1호의 2).

세 번째, 고난도투자일임계약을 체결하는 경우 ㉠ 개인인 일반투자자를 대상으로 한 위의 제1호의 2 각 목의 어느 하나에 해당하는 행위(가목), ㉡ 개인인 투자자에게 고난도투자일임계약의 내용, 투자에 따르는 위험 및 그 밖에 금융위원회가 정하여 고시하는 사항을 해당투자자가 쉽게 이해할 수 있도록 요약한 설명서를 내어 주지 않는 행위[140](나목) 중 어느 하나에 해당하는 행위(시행령 제99조 제4항 제1호의 3).

네 번째, 투자일임계약을 위반하여 투자일임재산을 운용하는 행위(시행령 제99조 제4항 제2호).

다섯 번째, 자산구성형 개인종합자산관리계약(시행령 제98조 제2항)을 체결한 투자일임업자의 경우 동항 각 호의 요건에 따르지 아니하는 행위(시행령 제99조 제4항 제2호의 2).

여섯 번째, 투자일임의 범위, 투자목적 등을 고려하지 아니하고 투자일임재산으로 금융투자상품을 지나치게 자주 매매하는 행위(시행령 제99조 제2항 제3호). 이는 이른바 과당매매(Churning)를 금지하는 것이다.

일곱 번째, 투자자(투자자가 법인, 그 밖의 단체인 경우에는 그 임직원 포함) 또는 거래상대방(거래상대방이 법인, 그 밖의 단체인 경우에는 그 임직원 포함) 등에게 업무와 관련하여 금융위원회가 정하여 고시하는 기준을 위반하여 직접 또는 간접으로 재산상의 이익을 제공하거나 이들로부터 제공받는 행위(시행령 제99조 제4항 제4호).

여덟 번째, 제55조(손실보전 등의 금지) 및 제98조(불건전 영업행위의 금지) 규정에 따른 금지 또는 제한을 회피할 목적으로 하는 행위로서 장외파생상품거래, 신탁계약

---

140) 다만, 투자자가 해당설명서를 받지 않겠다는 의사를 서면, 전신, 전화, 팩스, 전자우편 또는 그 밖에 금융위원회가 정하여 고시하는 방법으로 표시한 경우는 제외한다.

또는 연계거래 등을 이용하는 행위(시행령 제99조 제4항 제5호).

아홉 번째, 채권자로서 그 권리를 담보하기 위하여 백지수표나 백지어음을 받은 행위(시행령 제99조 제4항 제6호).

열 번째, 그 밖에 투자자 보호 또는 건전한 거래질서를 해칠 염려가 있는 행위로서 금융위원회가 정하여 고시하는 행위(시행령 제99조 제4항 제7호).

### (3) 제98조 제2항 단서(시행령 제99조 제2항)에 의거한 예외

자본시장법은 투자자 보호 및 건전한 거래질서를 해할 우려가 없는 경우로서 대통령령으로 정하는 경우에는 기술한 투자일임업자의 불건전 영업행위 금지규정의 적용을 받지 않는 것으로 정하고 있다(제98조 제2항 단서). 그 내용은 다음과 같다(시행령 제99조 제2항). 첫 번째, 제98조 제2항 제2호를 적용할 때 인수일부터 3개월이 지난 후 매수하는 경우(시행령 제99조 제2항 제2호).

두 번째, 제98조 제2항 제2호를 적용할 때 인수한 증권이 국채증권, 지방채증권, 한국은행의 통화안정증권(한국은행법 제69조), 특수채증권 또는 사채권(제4조 제3항)[141] 중 어느 하나에 해당하는 경우. 다만, 사채권의 경우에는 투자자 보호 및 건전한 거래질서를 위하여 금융위원회가 정하여 고시하는 발행조건, 거래절차 등의 기준을 충족하는 채권으로 한정한다(시행령 제99조 제2항 제2호의 2).

세 번째, 제98조 제2항 제2호를 적용할 때 인수한 증권이 증권시장에 상장된 주권인 경우로서 그 주권을 증권시장에서 매수하는 경우(시행령 제99조 제2항 제2호의 3).

네 번째, 제98조 제2항 제2호를 적용할 때 일반적인 거래조건에 비추어 투자일임재산에 유리한 거래인 경우(시행령 제99조 제2항 제2호의 5).

다섯 번째, 제98조 제2항 제5호를 적용할 때 투자자의 요구에 따라 동일한 투자자의 투자일임재산 간에 거래하는 경우(시행령 제99조 제2항 제2호의 4).

여섯 번째, 제98조 제2항 제6호를 적용할 때 ㉠ 이해관계인이 되기 6개월 이전에 체결한 계약에 따른 거래인 경우(가목), ㉡ 증권시장 등 불특정 다수인이 참여하는 공개시장을 통한 거래인 경우(나목), ㉢ 일반적인 거래조건에 비추어 투자일임재산에 유리한 거래인 경우(다목), ㉣ 환매조건부매매(라목), ㉤ 투자일임업자 또는 이해관계인의 중개·주선 또는 대리를 통하여 금융위원회가 정하여 고시하는 방법에 따라 투자일임업자 또는 이해관계인이 아닌 자와 행하는 투자일임재산의 매매(마목),

141) 주권 관련 사채권 및 제176조의 13 제1항에 따른 상각형 조건부자본증권은 제외한다. 이하 이 호에서 같다.

ⓑ 이해관계인이 매매중개[142]를 통하여 채무증권, 원화로 표시된 양도성 예금증서 또는 어음(기업어음증권은 제외한다)을 그 이해관계인과 매매하는 경우(바목), ⓢ 투자에 따르는 위험을 회피하기 위하여 투자일임재산으로 상장지수집합투자기구의 집합투자증권을 차입하여 매도하는 거래인 경우(사목), ⓞ 그 밖에 금융위원회가 투자자의 이익을 해칠 염려가 없다고 인정하는 경우(아목) 각 목의 어느 하나에 해당하는 경우(시행령 제99조 제2항 제3호).

일곱 번째, 제98조 제2항 제6호 및 동항 제9호 나목을 적용할 때 증권에 관한 투자매매업자 또는 투자중개업자인 투자일임업자가 증권의 대차거래(시행령 제182조 제2항) 혹은 그 중개·주선이나 대리 업무를 하기 위하여 투자자로부터 동의를 받아 투자일임재산[143]으로 해당 투자일임업자의 고유재산과 거래하거나 투자자로부터 투자일임재산의 인출을 위임받는 경우(시행령 제99조 제2항 제3호의 2). 다만, 이 경우에도 투자일임업자는 개별거래별로 권리자(투자자)에게 해당거래의 내용 및 그 이유를 설명하여야 할 의무가 면제되는 것은 아니다. 이는 설명을 한 후 권리자로부터 동의를 얻게 되면, 오히려 권리자의 자기책임원칙이 보다 강하게 적용됨을 의미한다. 그리고 투자일임업자는 해당업무를 하기 전에 ㉠ 해당투자일임재산이 시행령 제182조 제2항에 따른 대차거래의 중개의 목적으로만 활용되는지 여부(가목), ㉡ 그 대차거래의 중개로 해당 투자일임재산과 고유재산이 혼화(混和)됨에 따라 투자자 보호와 건전한 거래질서를 저해할 우려가 없는지 여부(나목), ㉢ 그 밖에 금융위원회가 정하여 고시하는 사항(다목) 등의 각 목의 사항에 관하여 준법감시인의 확인을 받아야 한다(시행령 제99조 제2항 제3호의 2 후단).

여덟 번째, 제98조 제2항 제8호를 적용할 때 개별 투자일임재산을 효율적으로 운용하기 위하여 투자대상자산의 매매주문을 집합하여 처리하고, 그 처리 결과를 투자일임재산별로 미리 정하여진 자산배분명세에 따라 공정하게 배분하는 경우(시행령 제99조 제2항 제4호). 이는 기술한 개인종합자산관리계좌인 랩 어카운트(Wrap account) 형태의 자산운용행위는 허용됨을 의미한다.

아홉 번째, 제98조 제2항 제9호 다목(의결권 등의 권리행사)을 적용할 때 다음 각 목의 어느 하나에 해당하는 경우, 즉 ㉠ 주식매수청구권의 행사(가목), ㉡ 공개매수에 대한 응모(나목), ㉢ 유상증자의 청약(다목), ㉣ 전환사채권의 전환권의 행사(라

---

142) 금융위원회가 정하여 고시하는 매매형식의 중개를 말한다.
143) 증권인 투자일임재산으로 한정한다. 이하 이 호에서 같다.

목), ⓜ 신주인수권부사채권의 신주인수권의 행사(마목), ⓑ 교환사채권의 교환청구(바목), ⓢ 파생결합증권의 권리의 행사(사목), ⓞ 자본시장법 제5조 제1항 제2호에 따른 권리의 행사(아목), ⓩ 투자자의 이익을 보호하기 위하여 금융위원회가 정하여 고시하는 요건을 갖춘 투자일임업자가 시행령 제10조 제3항 제12호에 따른 기금(이에 준하는 외국인 포함), 동항 제13호에 따른 법인(이에 준하는 외국인 포함) 또는 「우정사업 운영에 관한 특례법」 제2조 제2호에 따른 우정사업총괄기관으로부터 위임받은 의결권의 행사(자목). 이 경우 의결권 행사의 제한에 관하여는 자본시장법 제112조 제2항 내지 제4항까지의 규정을 준용하며, "신탁업자"는 "투자일임업자"로, "신탁재산"은 "투자일임재산"으로, "신탁계약"은 "투자일임계약"으로 본다(시행령 제99조 제2항 제5호).

## Ⅵ. 성과보수의 제한

### 1. 원칙 및 취지

투자자문업자 또는 투자일임업자는 투자자문과 관련한 투자결과 또는 투자일임재산의 운용실적과 연동된 성과보수를 받아서는 아니 된다(제98조의 2 제1항 본문). 이는 투자자문업자 등이 고객의 투자금액 대비 높은 수익을 거두고 많은 성과보수를 받기 위하여 무리한 영업을 하는 행위를 금지하는 데 그 취지가 있다. 예를 들면, 일부의 종목에 집중투자, 과당매매(Churning) 또는 불공정거래를 직접 실행하거나 유인하는 행위를 할 가능성이 있기 때문에 규제를 하는 것이다.

### 2. 예외

자본시장법은 위와 같은 금지원칙을 명시하고 있지만, 투자자 보호 및 건전한 거래질서를 해할 우려가 없는 경우로서 대통령령으로 정하는 경우에는 성과보수를 받을 수 있는 길을 열어두고 있다(제98조의 2 제1항 단서). 그 내용은 다음과 같다(시행령 제99조의 2 제1항). 첫 번째, 투자자가 전문투자자인 경우(제1호).

두 번째, 투자자가 일반투자자인 경우에는 ⓐ 성과보수가 금융위원회가 정하여 고시하는 요건을 갖춘 기준지표 또는 투자자와 합의에 의하여 정한 기준수익률(이하 이 조에서 '기준지표 등')에 연동하여 산정될 것(가목), ⓑ 운용성과(투자자문과 관련한 투자결과 또는 투자일임재산의 운용실적을 말한다. 이하 이 항에서 같다)가 기준지표등의 성과보다 낮은 경우에는 성과보수를 적용하지 아니하는 경우보다 적은 운용보수를 받게 되는 보수체계를 갖출 것(나목), ⓒ 운용성과가 기준지표등의 성과를 초과하더라도 그 운용성과가 부(負)의 수익률을 나타내거나 또는 금융위원회가 정하여 고시하는 기준에 미달하는 경우에는 성과보수를 받지 아니하도록 할 것(다목), ⓓ 그 밖에 성과보수의 산정방식, 지급시기 등에 관하여 금융위원회가 정하여 고시하는 요건을 충족할 것(라목) 등의 요건을 모두 충족하는 경우(제2호).

한편 투자자문업자 또는 투자일임업자가 이러한 예외규정에 따라 성과보수를 받고자 하는 경우에는 그 성과보수의 산정방식, 그 밖에 대통령령령으로 정하는 사항을 해당 투자자문 또는 투자일임의 계약서류에 기재하여야 한다(제98조의 2 제2항).

## Ⅶ. 역외투자자문업자 또는 역외투자일임업자에 대한 특례

### 1. 의의 및 취지

역외투자자문업자 또는 역외투자일임업자라 함은 외국 법령에 따라 외국에서 투자자문업 또는 투자일임업을 영위하는 자로서 외국에서 국내 거주자를 상대로 직접 영업을 하거나 통신수단을 이용하여 투자자문업 또는 투자일임업을 영위하는 자를 말한다(제100조 · 제18조 제2항 제1호 단서). 자본시장법은 이러한 자들에게 국내투자자문업자 등에게 적용하는 모든 규정을 준수하도록 하는 것은 국가간의 입법충돌을 야기할 수 있으므로 몇 가지 특례규정을 두고 있다. 또 한편으로는 국내에 본점이 없는 점에 따른 부작용을 방지하기 위하여 약간의 추가적인 규제를 하고 있다.

### 2. 적용배제 특례규정

위와 같은 입법취지에 따라 자본시장법은 역외투자자문업자 등에게 다음과 같은 규정의 적용을 배제하고 있다(제100조 제1항). 첫째, 제2장 금융투자업자의 지배구조 중 파생상품업무책임자(제28조의 2)에 관한 규정.

둘째, 제3장 제1절 경영건전성감독에 관한 모든 규정인 재무건전성 유지(제30조), 경영건전성기준(제31조), 회계처리(제32조), 업무보고서 및 공시 등(제33조), 제2절 대주주와의 거래제한 등에 관한 모든 규정인 대주주와의 거래 등의 제한(제34조), 대주주의 부당한 영향력 행사의 금지(제35조), 금융위원회의 자료 제출명령(제36조)에 관한 규정.

셋째, 제4장 영업행위규칙 제1절 공통영업행위규칙 중 제1관 신의성실의무 등에서 상호(제38조), 금융투자업자의 다른 금융업무 영위(제40조), 금융투자업자의 부수적인업무(제41조), 이해상충의 관리(제44조), 정보교류의 차단(제45조), 제2관 투자권유 중 투자권유준칙(제50조), 투자권유대행인의 등록(제51조), 투자권유대행인의 금지행위 등(제52조), 제3관 직무관련 정보의 이용 금지 등 약관(제56조) 및 소유증권의 예탁(제61조), 금융투자업 폐지 공고(제62조), 임직원의 금융투자상품매매(제63조)에 관한 규정 등이 그에 해당한다.

### 3. 추가적인 규제

자본시장법은 역외투자자문업자 등이 국내에 본점이 없는 점을 고려하여 다음과 같은 추가적인 규제를 하고 있다. 첫째, **국내의 연락책임자**: 역외투자자문업자 등은 투자자를 보호하기 위하여 총리령으로 정하는 요건에 해당하는 연락책임자를 국내에 두어야 한다(제100조 제2항). 연락책임자는 역외 투자자문업자 등의 대리인으로서 업무를 수행한다(시행규칙 제11조).

둘째, **소송관할의 합의**: 역외투자자문업자 등은 국내 거주자와 체결하는 투자자문계약 또는 투자일임계약 내용에 그 계약에 대하여 국내법이 적용되고 그 계약에 관한 소송은 국내법원이 관할한다는 내용을 포함하여야 한다(제100조 제3항).

셋째, **불건전 영업행위의 금지규정의 준수 및 정기점검**: 역외투자자문업자 또는 역외투자일임업자는 제98조에서 정한 사항의 준수 여부 점검 등을 위하여 임직원이 그 직무를 수행함에 있어서 따라야 할 적절한 기준 및 절차를 마련하고, 그 운영실태를 정기적으로 점검하여야 한다(제100조 제4항).

넷째, **업무보고서의 작성 및 금융위원회에 제출**: 역외투자자문업자 등은 대통령령으로 정하는 방법에 따라 업무보고서를 작성하여 금융위원회에 제출하여야 한다(제100조 제5항).

다섯째, **역외투자일임업자의 영업대상제한**: 역외투자일임업자는 전문투자자 중 대통령령으로 정하는 자 외의 자를 대상으로 투자일임업을 영위하여서는 아니 된다(제100조 제6항).

여섯째, 역외투자일임업자의 외화증권보관방식: 역외투자일임업자는 투자일임재산으로 취득한 외화증권을 대통령령으로 정하는 외국 보관기관에 보관하여야 한다(제100조 제7항).

일곱째, 기타: 그 밖에 역외투자자문업자 또는 역외투자일임업자의 업무방법 및 절차 등에 관하여 필요한 사항은 대통령령으로 정한다(제100조 제8항).

### 4. 위반시의 제재

금융위원회는 역외금융투자업자 등이 제100조 제2항 내지 제8항까지의 규정을 위반한 경우 해당임직원에 대하여 제재를 가할 수 있으며, 해당사업자의 지점, 그 밖의 영업소에 관한 인가나 등록을 취소할 수 있다(제420조 · 제421조 · 제422조, [별표1]).

## Ⅷ. 유사투자자문업의 신고

### 1. 의의

유사투자자문업자라 함은 투자자문업자 외의 자로서 고객으로부터 일정한 대가를 받고 간행물 · 출판물 · 통신물 또는 방송을 통하여 행하는 금융투자상품에 대한 투자판단 또는 금융투자상품의 가치에 관한 개별성 없는 조언을 하는 것을 업으로 영위하는 자를 말한다(제101조 제1항). 이 규정은 2024년 2월에 개정되어 8월 14일부터 시행되고 있지만, 실질적인 내용은 개정 전과 거의 차이가 없다(개정전 시행령 제102조 제2항 참조). 단지, 개정 전의 '불특정 다수인'이라는 표현을 '개별성 없는 조언'으로 바꾸었을 뿐이다. 이는 대법원의 판례가 투자자문업자와 유사투자자문업자를 구분하는 기준을 반영한 것이기도 하다.

### 2. 규제의 취지

본래 유사투자자문업자는 금융위원회의 인가를 받거나 금융위원회에 등록하여야 하는 자가 아니다(제8조). 특히 자본시장법상 등록을 요하는 투자자문업자도 아니다(제18조). 그러므로 자본시장법을 적용할 수 없고, 사적 법률행위의 범주에서 규율하여야 하는 것이 원칙이다. 그러나 사법적 원리만을 강조하게 되면, 그 영업행위가 자본시장법상 투자자문업과 유사하고 궁극적으로는 자본시장을 통하여 이루어짐에도 불구하고 법의 사각지대(예: 적합성원칙 · 적정성원칙 · 설명의무 등의 미적용)[144]를 이용한 사기적 행위나 불공정계약행위가 자행될 수밖에 없다. 이 때문에 이러한 불합리를 방지하기 위하여 일정부분 자본시장법의 영역에서 규제를 하고 있다.

## 3. 유사투자자문업자의 영업방식 및 유형

유사투자자문업자에 대한 자본시장법의 정의에 따라 실무계에서 활용되고 있는 영업방식은 유료회원을 대상으로 하는 카톡 등의 문자, 웹페이지, 유튜브 채널(youtube channel) 및 주식리딩방 등을 들 수 있다. 이에 비하여 동영상 공유 플랫폼에서의 광고수익만을 발생시키거나 간헐적으로 시청자의 후원을 받는 영업방식은 이에 해당하지 아니한다.[145] 그리고 유사투자자문업자는 '투자조언'을 영업으로 하므로 자동매매 프로그램과 연동하여 고객계좌에서 자동으로 매매가 이루어지도록 하는 방식도 금지된다.[146] 이러한 행위는 자본시장법상 등록을 요하는 투자자문업에 해당한다(제18조).[147]

## 4. 규제의 내용

### (1) 신고의무 · 불건전 영업행위의 금지 및 보고의무

유사투자자문업을 영위하고자 하는 자는 금융위원회가 정하여 고시하는 서식에 따라 금융위원회에 신고하여야 한다(제101조 제1항). 그리고 유사투자자문업자에 대하여는 금융투자업자의 손실보전 등을 금지하고 있는 제55조 및 투자자문업자 또는 투자일임업자의 불건전 영업행위를 금지하고 있는 제98조 제1항(제3호 제외)이 준용된다(제101조의 2 제1항). 그리고 유사투자자문업을 영위하는 자는 ① 유사투자자문업을 폐지한 때(제1호), ② 명칭 또는 소재지를 변경한 때(제2호), 또는 ③ 대표자 또

---

144) 대법원 2022. 10. 27. 선고 2018도4413 판결.

145) 금융위원회 질의회신, "유튜브 등 온라인 주식방송의 유사투자자문업 신고필요 여부", (2021.6).

146) 금융위원회 질의회신, "유사투자자문업자의 개별적 투자조언, 자동매매 프로그램 연동 여부", (2021.6).

147) 대법원 2022. 10. 27. 선고 2018도4413 판결.

는 임원을 변경한 때(제3호)에는 2주 이내에 이를 금융위원회에 보고하여야 한다(제101조 제2항).

### (2) 신고수리거부

유사투자자문업을 영위하고자 하는 자가 신고를 하는 경우, 금융위원회는 ① 자본시장법, 「유사수신행위의 규제에 관한 법률」 또는 「방문판매 등에 관한 법률」 등 대통령령으로 정하는 금융 또는 소비자보호 관련법령을 위반하여 벌금 이상의 형을 선고받고 그 집행이 끝나거나[148] 면제된 날부터 5년이 지나지 아니한 자(제1호),[149] ② 유사투자자문업의 폐지를 보고하고(제101조 제2항 제1호) 1년이 지나지 아니한 자(제2호), ③ 유사투자자문업의 영위에 필요한 교육(제101조 제7항)을 받지 아니한 자(제3호), ④ 유사투자자문업자가 신고한 사항에 대하여 직권으로 말소(제101조 제9항)된 후 5년이 지나지 아니한 자(제4호),[150] ⑤ 그 밖에 제1호 내지 제4호까지에 준하는 경우로서 투자자 보호의 필요성 등을 고려하여 대통령령으로 정하는 자(제5호) 중 어느 하나에 해당하는 자에 대하여 유사투자자문업 신고를 수리하지 아니할 수 있다(제101조 제5항).

### (3) 자료의 제출

금융위원회는 유사투자자문업의 질서유지 및 고객보호 등을 위하여 필요하다고 인정되는 경우에는 유사투자자문업을 영위하는 자에 대하여 영업내용 및 업무방법 등에 관한 자료의 제출을 요구할 수 있다. 이 경우 유사투자자문업자는 정당한 사유가 없으면 그 요구에 따라야 한다(제101조 제3항).

## 5. 개별성 없는 조언의 범주 및 투자조언 대상

유사투자자문업자는 고객을 상대로 '개별성 없는 조언'을 하는 것을 영업으로 하여야 한다. 개별성 없는 조언은 '특정 고객'과 '불특정 다수'를 구분하는 기준이 된다. 그러므로 개별적인 고객을 상대로 하는 투자조언은 금지된다. 이러한 행위를 하고자

---

148) 집행이 끝난 것으로 보는 경우를 포함한다.
149) 법인인 경우 임원을 포함한다.
150) 법인일 경우 책임 있는 임원을 포함한다.

하는 때에는 자본시장법상 투자자문업자로 등록을 하여야 한다(제18조). 다만, '특정'과 '불특정'은 단순히 고객수를 기준으로 삼아서 판단하여서는 아니 된다. 즉 여기서의 '특정'이란 투자판단을 제공받는 상대방의 범위가 한정되어 있다는 의미가 아니라, 투자판단을 제공받는 과정에서 면담 · 질문 등을 통해 투자판단을 제공받는 상대방의 개별성, 특히 투자목적이나 재산상황, 투자경험 등이 반영된다는 것을 말한다.[151] 이와 같이 '특정'과 '불특정'은 투자판단을 제공받는 상대방의 특정성을 중시하는지 여부에 따라 구별되어야 한다. 따라서 특정한 시점 내지 특정한 상황에 놓인 개별 투자자를 상정하지 않은 채 불특정 다수인을 대상으로 일방적으로 이루어지는 투자에 관한 조언을 하는 행위도 유사투자자문업에 해당한다.[152]

한편 유사투자자문업자가 투자조언을 할 수 있는 대상은 '금융투자상품'에 국한된다(제101조 제1항). 이는 투자자문업자가 자문을 할 수 있는 대상이 '금융투자상품 등'이라는 점(제6조 제7항)과 다르다. 이점 주의를 요한다.

## 6. 신의성실의무 및 불법행위책임

유사투자자문업자가 금융투자상품에 대한 고객의 투자판단에 영향을 미칠 수 있는 중요한 사항에 관하여 허위의 정보나 합리적 · 객관적인 근거가 없는 정보를 제공함으로써 고객이 이를 진실한 것으로 믿고 거래하여 손해를 입은 경우, 해당고객은 유사투자자문업자에 대하여 민법상 불법행위책임을 물을 수 있다. 그리고 이 법리는 유사투자자문업자와 고용 등의 법률관계를 맺고 유사투자자문업자의 업무를 직접 수행하는 자에 대하여도 적용된다.[153]

본래 유사투자자문업자는 금융투자업자에게 적용되는 적합성원칙 · 적정성원칙 · 설명의무 등은 부담하지 않는다.[154] 그러나 그 영업행위는 일정한 대가를 받고 이루어지므로(제101조 제1항) 고객에게 허위정보를 제공하여서는 아니 되는 포괄적 의미의 신의성실의무 및 투자자이익우선의무(제37조 제2항)를 부담한다. 그리고 이에 반하게 되는 때에는 민법 제750조의 불법행위책임을 지게 된다.

151) 대법원 2022. 10. 27. 선고 2018도4413 판결.
152) 서울남부지방법원 2011. 4. 28. 선고 2010노2044 판결; 대법원 2011. 7. 28. 선고 2011도6020 판결.
153) 대법원 2015. 6. 24. 선고 2013다13849 판결.
154) 대법원 2022. 10. 27. 선고 2018도4413 판결; 대법원 2014. 5. 16. 선고 2012다46644 판결.

### 7. 금융감독원장의 검사

금융감독원장은 유사투자자문업자가 ① 위 제101조 제2항에 따른 보고를 하지 않거나 거짓으로 보고한 경우, ② 위 제101조 제3항 후단에 따른 정당한 사유 없이 자료제출을 하지 않거나 거짓으로 제출한 경우, ③ 위 제101조의 2에 따른 불건전 영업행위의 금지의무 등을 위반한 경우, 또는 ④ 제101조의 3에 따른 준수사항을 위반한 경우에는 그 업무와 재산상황에 관하여 검사를 할 수 있다. 이 경우에는 금융투자업자에 대한 검사규정인 제419조를 준용한다(제101조 제11항).

### 8. 위반시의 제재

유사투자자문업자가 제101조에 위반하는 행위를 할 때에는 행정벌과 형사벌 양측면에서 제재를 받는다. 우선, 유사투자자문업자가 동조 제1항 내지 제3항 중 어느 하나에 위반할 때 금융위원회는 유사투자자문업자 및 그 임직원에게 필요한 조치를 취할 수 있다(제420조 · 제422조, [별표1]). 그리고 제101조에 제1항에 따른 신고를 아니하고 유사투자자문업을 영위한 자에게는 1년 이하의 징역 또는 3천만원 이하의 벌금에 처한다(제446조 제17조의 2). 그리고 금융감독원장의 검사(제101조 제11항)를 방해한 자에게는 1억원 이하의 과태료를 부과한다(제449조 제20호). 그리고 정당한 사유 없이 제101조제 2항에 따른 보고를 하지 않거나 거짓으로 보고한 자 또는 제101조 제3항 후단에 따른 정당한 사유 없이 자료제출을 하지 않거나 거짓으로 제출한 자에게는 3천만원 이하의 과태료를 부과한다(제449조 제3항 제5호의 2 · 제5호의 3).

## Ⅸ. 미등록투자자문업자 · 미등록투자일임업자행위의 사법상의 효력

유사투자자문업자의 행위와 더불어 투자자 보호에 많은 문제를 야기할 수 있는 것이 미등록투자자문업자 또는 미등록투자일임업자의 행위이다. 이와 관련하여 자본시장법 제17조는 '누구든지 이 법에 따른 금융투자업등록(변경등록 포함)을 하지 아니하고는 투자자문업 또는 투자일임업을 영위하여서는 아니 된다.'고 규정하고 있다. 그리하여 이 규정의 법적 성질이 강행규정인지 단속규정인지 문제될 수 있다.

생각건대, 제17조의 규정은 단속규정으로 보아야 한다. 그 이유는 입법취지가 고객인 투자자를 보호하고 금융투자업을 건전하게 육성하고자 함에 있기 때문이다. 그리고 이를 강행규정이라고 하면, 고객인 투자자 보호 등에 많은 결함을 야기할 수 있기 때문이다. 즉 제17조를 효력규정으로 보아 이에 위반하는 행위를 일률적으로 무효라고 하면, 미등록투자자문업자 등이 계약에 따른 투자자문 등의 결과가 자신에게 불리할 때는 고객인 투자자 또는 거래상대방에게 그 계약 혹은 거래의 무효를 주장하여 법적 안정성을 크게 해칠 수 있기 때문이다. 그러므로 제17조에 위반하여 체결한 투자자문계약 등의 자체가 반사회성, 반도덕성을 지닌 것이거나 그 행위의 사법상의 효력을 부인하여야 비로소 입법 목적을 달성할 수 있을 때에 한하여 이를 무효라고 하여야 한다.155)

한편 유사투자자문업자와 마찬가지로 미등록투자자문업자 등도 적합성원칙 · 적정성원칙 · 설명의무 등을 부담하지 않는다.156)

## 제3절 | 전자적 투자조언장치를 활용한 영업행위규제

### Ⅰ. 의의

제4차 산업혁명시대가 도래함에 따라 인공지능(Artificial Intelligence, AI)을 활용한 핀테크(FinTech)가 주목을 받고 있다. 그 가운데 집합투자업, 투자자문업 또는 투자일임업에 활용되고 있는 것이 전자적 투자조언장치이다. 이를 로보어드바이저(Robo－Advisor, RA)라고도 한다. 전자적 주자조언장치에 대한 선호도가 존재하는 것은 투자자의 수 또는 투자자별 투자자산이 증가할수록 비용이 낮아지는 규모의 경제(economic of scale) 효과가 있기 때문이다. 그리고 자산의 효율적 배분에도 기여할 수 있을 것이라는 기대감도 작용하고 있다. 그리하여 자본시장법은 전자적 투자조언장치에 대한 개념을 정의한 후 이를 활용한 업무를 규율하고 있다. 비교법적으로 보면, 미국의 경우는 RA를 활용하여 자문을 하는 자에 대하여 1940년 투자자문

155) 대법원 2019. 6. 13. 선고 2018다258562 판결; 同旨 대법원 2021. 4. 29. 선고 2017다261943 판결.

156) 대법원 2014. 5. 16. 선고 2012다46644 판결; 同旨 대법원 2022. 10. 27. 선고 2018도4413 판결.

업자법(Investment Advisor Act of 1940)상의 투자자문업자로 등록하도록 하고 있다.[157] 그리고 해당사업자는 수탁자책임을 부담하는 것으로 본다.[158]

## Ⅱ. 자본시장법상의 개념

자본시장법상 전자적 투자조언장치의 개념에 대하여는 시행령에서 직접 정하고 있다. 이에 따르면 '전자적 투자조언장치'란 ① 활용하는 업무의 종류가 ㉠ 집합투자재산을 운용하는 경우에는 집합투자기구의 투자목적·투자방침과 투자전략에 맞게 운용할 것, ㉡ 투자자문업 또는 투자일임업을 수행하는 경우에는 투자자의 투자목적·재산상황·투자경험 등을 고려하여 투자자의 투자성향을 분석할 것(가목), ② 「정보통신망 이용촉진 및 정보보호 등에 관한 법률」(이하 '정보통신망법')상의 침해사고(동법 제2조 제7호) 및 재해 등을 예방하기 위한 체계 및 침해사고 또는 재해가 발생했을 때 피해 확산·재발 방지와 신속한 복구를 위한 체계를 갖출 것(나목) 및, ③ 그 밖에 투자자 보호와 건전한 거래질서 유지를 위해 금융위원회가 정하여 고시하는 요건을 갖출 것(다목·금융투자업규정 제1-2조의 2) 등의 요건을 모두 충족하는 자동화된 전산정보처리장치를 말한다(시행령 제2조 제6호). 그리고 이러한 개념 요건을 충족하는지를 확인하기 위하여, 금융위원회는 ㈜코스콤의 지원을 받아 외부전문가로 구성된 심의위원회가 수행하는 요건 심사 절차를 거쳐야 한다(금융투자업규정 제1-2조의 2 제3호).

## Ⅲ. 자본시장법상 활용근거 및 전문인력 확보의무

집합투자업, 투자자문업 및 투자일임업은 원칙적으로 전문인력이 아니면 수행할 수 없다. 불건전 영업행위로 엄격하게 금지하고 있기 때문이다(제85조 제7호, 제98조 제1항 제3호). 그럼에도 자본시장법은 투자자 보호 및 건전한 거래질서를 해할 우려가 없는 경우에는 전자적 투자조업장치를 활용하여 집합투자재산을 운용하거나 일반투자자를 대상으로 투자자문업 또는 투자일임업을 수행할 수 있도록 하고 있다(제

157) SEC, IM Guidance Update: Robo-Advisor(2017. 2), p.7.
158) John Lightboume, "Algorithms & Fiduciaries: Existing and Proposed Regulatory Approaches to Artificially Intelligent Financial Planners", 67 Duke L.J 651(2017), p.665.

85조 단서 · 시행령 제87조 제1항 제5호, 제98조 제1항 단서 · 시행령 제99조 제1항 제1호의 2). 다만, 집합투자업자 등이 전자적 투자조언장치를 활용하여 영업을 하기 위하여는 이를 유지 · 보수하는데 필요한 정보보호 또는 정보기술(IT)분야의 전문인력을 1인 이상 확보하여야 한다(금융투자업규정 제1－2조의 2 제2호 · 별표29).

## Ⅳ. 진입규제

자본시장법은 금융투자업의 진입절차를 인가제와 등록제로 이원화하고 있다. 이 가운데 집합투자업에 대하여는 인가제를, 투자자문업과 투자일임업에 대하여는 등록제를 채택하고 있다(제12조 · 제18조). 따라서 전자적 투자조언장치를 활용한 자산운용이나 자문업을 하고자 하는 경우에도 업무의 종류에 따라 금융위원회의 인가를 받거나 또는 등록을 하여야 한다.

## Ⅴ. 주의의무 및 투자권유규제

전자적 투자조언장치를 활용한 업무를 수행하는 자는 다른 금융투자업자와 마찬가지로 사업자로서 부담하는 포괄적인 의무인 신의성실공정의무(제37조), 집합투자업자 · 투자자문업자 · 투자일임업자의 선관의무 및 충실의무(제79조 · 제96조)를 부담한다. 그리고 투자권유에 관한 규제(제48조 내지 제53조)는 물론 금융소비자보호법상의 적합성원칙, 적정성원칙 및 설명의무에 관한 규정이 일반적으로 적용된다(동법 제17조 내지 제19조).

그런데 자본시장법은 투자일임계약시 대면으로 설명의무를 이행하는 것을 원칙으로 하고, 이에 반하는 행위는 불건전 영업행위로 명시하고 있다(시행령 제99조 제4항 제7호 · 금융투자업규정 제4－77조 제18호 본문). 그럼에도 전자적 투자조언장치, 특히 ㈜코스콤 홈페이지를 이용하는 경우 일정한 요건을 충족하는 때에는 예외규정을 두고 있다. 구체적으로는 '① 투자일임업자와 투자자가 최근 1년 이상 해당홈페이지에 운용성과 · 위험지표 등 주요사항을 매일 공시하고 있는 전자적 투자조언장치를 활용하는 일임계약을 체결하는 경우로서, ② 운용성과 · 위험지표 등 주요사항을 해당홈페이지에서 확인할 수 있다는 사실을 알리고, ③ 해당홈페이지로 이동할 수 있는 링크를 제공한 경우'에는 비대면으로 설명의무를 이행한 것으로 보고 있다(제98조 제2

항 제10호·시행령 제99조 제4항 제7호·금융투자업규정 제4－77조 제18호 라목).

이와 같이 자본시장법이 예외적으로 비대면설명의무의 이행을 허용하는 취지는 자산구성형 개인종합자산관리계약(시행령 제98조 제2항)의 체결, 역외투자일임업자가 투자자와 투자일임계약(제100조 제1항)의 체결 또는 영상통화를 통하여 설명하는 경우와 같다(금융투자업규정 제4－77조 제18호 가목 내지 다목). 즉 계약체결의 목적, 장소 또는 수단이 항상 대면으로 설명의무를 이행하기에 적합하지 않기 때문이다.

## Ⅵ. 불건전 영업행위의 금지

전자적 투자조언장치를 활용하여 업무를 수행하는 자는 집합투자업자, 투자자문업자 또는 투자일임업자로서 불건전 영업행위금지규정의 적용을 받는다(제85조·제98조). 따라서 전자적 투자조언장치를 활용하여 투자일임업을 수행하는 경우 투자일임재산을 실제로 운용하는 전자적 투자조언장치를 투자자의 동의를 얻지 아니하고 교체하는 행위는 불건전 영업행위로서 금지된다(제98조 제2항 제10호·시행령 제99조 제4항 제7호·금융투자업규정 제4－77조 제19호). 다만, 기존 전자적 투자조언장치와 동일성이 유지되는 범위 내에서 전자적 투자조언장치를 단순 수정, 개선하는 등의 경우는 불건전 영업행위에 해당하지 아니한다(동규정 제19호 단서).

## Ⅶ. 업무위탁의 허용

기술한 바와 같이 자본시장법은 일정한 업무에 대하여는 금융투자업자의 본질적 업무에서 제외하고 있다. 그리하여 집합투자재산의 운용·운용지시 업무와 투자일임재산의 운용업무로서 금융위원회가 요구하는 요건을 모두 갖추어 전자적 투자조언장치를 활용하는 업무는 본질적 업무에서 제외하고 있다(시행령 제47조 제1항 단서·금융투자업규정 제4－4조의 2). 이 요건에는 ⓐ 위탁자인 금융투자업자가 전자적 투자조언장치에 대한 배타적 접근권한 및 통제권을 보유하면서 직접 전자적 투자조언장치를 이용할 것(제1호), ⓑ 위탁자인 금융투자업자가 운용·운용지시 업무의 주체로서 투자자 등에 대하여 운용·운용지시와 관련하여 직접적인 책임을 부담한다는 사항을 집합투자규약 또는 투자일임계약에 명시할 것(제2호), ⓒ 위탁자인 금융투자업자가 전자적 투자조언장치에 대해 충분히 이해하고, 전자적 투자조언장치 점검, 유지·보수, 변경 등의 주체로서 역할을 할 것(제3호) 등이 해당한다(금융투자업규정 제4-4조의 2). 따라서 이러한 요건이 충족되는 업무는 본질적 업무에 해당하지 아니하므로 타인에게 위탁할 수 있다(제42조 제4항 전단·시행령 제47조 제1항 단서). 다만, 이 경우에도 투자자와 직접적인 법률관계를 맺는 것은 집합투자업자 등과 같이 업무를 위탁하는 위탁자이고 수탁자가 아니다. 그 결과 투자자에게 직접적인 책임을 지는 자도 위탁자이다. 이 점 주의를 요한다.

## Ⅷ. 투자일임교부서의 교부 특례

투자임일보고서라 함은 투자일임재산의 운용현황 및 투자일임재산 중 특정 자산을 그 투자일임업자의 고유재산과 거래한 실적이 있는 경우 그 거래시기·거래실적 및 잔액에 대한 보고서를 말한다. 투자일임업자는 3개월마다 1회 이상 투자일임계약을 체결한 일반투자자에게 이를 교부하여야 한다(제99조 제1항). 투자일임업자가 투자일임보고서를 교부하는 경우에는 작성대상 기간이 지난 후 2개월 이내에 직접 또는 우편발송 등의 방법으로 하는 것이 원칙이다. 다만, 일반투자자가 전자우편 또는 이와 비슷한 전자통신의 방법을 통하여 투자일임보고서를 받는다는 의사표시를 한 경우 혹은 전자적 투자조언장치를 활용하여 투자일임업을 수행하는 경우에는 전자우편이나 이와 비슷한 전자통신의 방법을 통하여 보낼 수 있다(시행령 제100조 제2항).

한편 투자일임업자는 투자일임재산을 실제로 운용하는 전자적 투자조언장치에 관한 사항 및 해당 전자적 투자조언 장치를 유지·보수하는 전문인력에 관한 사항도 투자일임보고서에 기재하여야 한다(제99조·시행령 제100조 제1항 제5호·금융투자업규정 제4-78조 제1항 제10호).

## Ⅸ. 자산운용·자문업무의 수행시 준수사항

전자적 투자조언장치를 활용하여 집합투자재산을 운용하는 경우에는 전자적 투자조언장치의 활용이 집합투자규약 등에 명기된 투자목적·투자방침과 투자전략 등에 부합하는지 주기적으로 점검하여야 한다. 그리고 투자자문업 또는 투자일임업을 수행하는 경우에는 ① 투자자문의 내용 또는 투자일임재산에 포함된 투자대상자산이 하나의 종류·종목에 집중되어서는 아니 되고, ② 매 분기별로 1회 이상 ㉠ 투자자문 내용 또는 투자일임재산의 안전성 및 수익성, ㉡ 투자자의 투자성향 분석(시행령 제2조 제6호 가목2)을 고려하여 투자자문의 내용 또는 투자일임재산에 포함된 투자대상자산의 종목·수량 등이 적합한지 여부에 관한 사항을 평가하여 투자자문의 내용 또는 투자일임재산의 운용방법의 변경이 필요하다고 인정되는 경우에는 그 투자자문의 내용 또는 투자일임재산의 운용방법을 변경하여야 한다(시행령 제2조 제6호 다목·금융투자업규정 제1-2조의 2 제1호).

## 제4절 | 신탁업자의 영업행위규제

### Ⅰ. 신탁업자에 관한 자본시장법과 신탁법의 관계

#### 1. 신탁, 신탁업 및 신탁업자의 정의

자본시장법상 신탁업자란 금융투자업자 중 '신탁업'을 영위하는 자를 말한다(제8조 제7항). 신탁업이란 '신탁'을 영업으로 하는 것을 말한다(제6조 제9항). 그리고 신탁이란 「신탁법」 제2조의 신탁을 말한다(제9조 제24항). 그리하여 신탁법 제2조에 따르면 '신탁'이란 신탁을 설정하는 자(이하 '위탁자')와 신탁을 인수하는 자(이하 '수탁자') 간의 신임관계에 기하여 위탁자가 수탁자에게 특정의 재산[159]을 이전하거나 담보권의 설정 또는 그 밖의 처분을 하고 수탁자로 하여금 일정한 자(이하 '수익자')의 이익 또는 특정의 목적을 위하여 그 재산의 관리, 처분, 운용, 개발, 그 밖에 신탁 목적의 달성을 위하여 필요한 행위를 하게 하는 법률관계를 말한다. 이와 같은 법적 구조와 내용에 따르면, 자본시장법상의 신탁업자는 신탁법 제2조의 신탁을 영업으로 하는 자로 정의할 수 있다. 다만, '신탁을 영업으로 하는 자'란 신탁자체를 하는 자를 말하는 것이 아니라 '신탁의 인수를 영업으로 하는 자'를 말한다. 즉 수탁자의 입장에서 신탁계약의 체결을 영업으로 하는 자를 뜻한다. 신탁자체는 사실행위에 불과하기 때문이다.

한편 금융투자상품의 정의규정인 제3조의 '신탁', 증권의 정의규정인 제4조의 '신탁', 그 밖의 용어의 정의규정인 제9조의 '신탁계약'·'신탁업자'·'신탁형태'라는 문구

159) 영업이나 저작재산권의 일부를 포함한다.

는 신탁법 제2조의 개념정의에 포함되는 신탁이다. 그리고 '투자신탁재산을 보관·관리하는 신탁업자'·'집합투자기구의 신탁업자'(제80조) 또는 '집합투자재산을 보관·관리하는 신탁업자'(제84조) 등의 표현은 신탁법 제2조에 따른 신탁업을 영위하는 자의 업무형태를 자본시장법의 목적에 맞게 구체화하고 있는 것이다. 다만, 「담보부사채신탁법」에 따른 담보부사채에 관한 신탁업, 「저작권법」에 따른 저작권신탁관리업의 경우에는 자본시장법상 신탁업자가 영위하는 신탁업으로 보지 아니한다(제7조 제5항).

## 2. 신탁업자의 영업의 특성 및 연혁

위와 같이 자본시장법상 신탁업자의 영업은 신탁법 제2조에 기초하고 있다. 그리고 신탁법 제2조는 신탁업의 당사자를 '위탁자' 및 '수탁자'로 하여 개념을 정의하고 있다. 이러한 업무의 특성상 신탁업자의 영업은 자본시장법에서 규제하고 있는 집합투자업자 중 투자신탁이나 투자회사(제9조 제18항 제1호·제2호)와 밀접한 연관성을 맺게 된다. 그 연혁은 과거의 「증권투자신탁업법」 및 「증권투자회사법」에서 구할 수 있다. 자본시장법은 신탁업의 이러한 특성과 연혁을 고려하여 신탁업자의 영업행위를 규율하고 있으며, 그 규율체계 및 내용은 투자신탁이나 투자회사의 경우와 일정 부분 유사성을 띠고 있다.

## 3. 금융투자상품에서 제외되는 신탁의 수익권

자본시장법은 금융투자상품에 해당하지 아니하는 신탁의 수익권에 대하여 열거를 하고 있다. 이에 따르면, 「신탁법」 제78조 제1항[160]에 따른 수익증권발행신탁이 아닌 신탁으로서 ① 위탁자(신탁계약에 따라 처분권한을 가지고 있는 수익자를 포함)의 지시에 따라서만 신탁재산의 처분이 이루어지는 신탁(가호), ② 신탁계약에 따라 신탁재산에 대하여 보존행위 또는 그 신탁재산의 성질을 변경하지 아니하는 범위에서 이용·개량 행위만을 하는 신탁(나호) 중 어느 하나에 해당하는 신탁[161]의 수익권이 그

---

160) 제78조(수익증권의 발행) 제1항: 신탁행위로 수익권을 표시하는 수익증권을 발행하는 뜻을 정할 수 있다. 이 경우 각 수익권의 내용이 동일하지 아니할 때에는 특정 내용의 수익권에 대하여 수익증권을 발행하지 아니한다는 뜻을 정할 수 있다.

161) 자본시장법 제103조 제1항 제1호의 재산을 신탁받는 경우는 제외하고 수탁자가 「신탁법」 제46조 내지 제48조까지의 규정에 따라 처분 권한을 행사하는 경우는 포함한다(이하 '관

에 해당한다(제3조 제1항 제2호). 따라서 이러한 신탁의 수익권은 자본시장법이 아니라 신탁법의 규율대상이 되며, 그에 따른 영업행위 역시 마찬가지이다.

## Ⅱ. 신탁재산의 종류 · 제한 및 신탁의 종류

### 1. 신탁재산의 종류 · 제한

자본시장법은 규제대상이 되는 신탁재산의 종류를 열거하고 그 이외 재산의 수탁을 제한하고 있다. 즉 신탁업자는 ① 금전, ② 증권, ③ 금전채권, ④ 동산, ⑤ 부동산 ⑥ 지상권 · 전세권 · 부동산임차권 · 부동산소유권 · 이전등기청구권, 그 밖의 부동산 관련 권리, ⑦ 무체재산권(지식재산권 포함) 등의 재산(제103조 제1항) 이외에는 수탁할 수 없다. 다만, 신탁업자는 부동산개발사업을 목적으로 하는 신탁계약을 체결한 경우에는 그 신탁계약에 의한 부동산개발사업별로 제1항 제1호의 재산(금전)을 '대통령령으로 정하는 사업비'의 100분의 15 이내에서 수탁할 수 있다. 그리고 해당 사업비는 공사비, 광고비, 분양비 등 부동산개발사업에 드는 모든 비용에서 부동산 자체의 취득가액과 등기비용, 그 밖에 부동산 취득에 관련된 부대비용을 제외한 금액을 말한다(제103조 제4항 · 시행령 제104조 제7항).

### 2. 신탁의 종류

#### (1) 금전신탁 및 금전외신탁

금전신탁은 특정금전신탁과 불특정금전신탁으로 구분된다. 그리고 이에 대하여는 자본시장법에서 금융투자상품의 일종으로 정의하고 규율하고 있다(제103조 제3항 · 제1항 제1호). 이에 따르면, 특정금전신탁은 위탁자가 신탁재산인 금전의 운용방법을 지정하는 금전신탁을 말한다. 불특정금전신탁은 위탁자가 신탁재산인 금전의 운용방법을 지정하지 아니하는 금전신탁을 말한다(시행령 제103조). 이에 대하여 금전외신탁은 제103조 제1항의 신탁재산 중 금전이 아닌 신탁을 말한다. 그 결과 증권신탁, 동산신탁, 부동산신탁, 지상권신탁 및 무체재산권신탁 등이 이에 해당한다.

한편 2023년 3분기 현재 국민은행, 하나은행, 신한은행 및 우리은행 등 4대 시중

---

리형신탁').

은행의 특정금전신탁의 잔액은 109조 4827억원을 나타내고 있다. 이는 2020년 3분기 기준 80조 1601억원 대비 36.6% 증가한 것이다. 이는 판매은행이 투자권유를 하지 않는다고 하더라도 채권, 주가연계증권(ELS), 파생결합증권(DLS) 및 상장지수펀드(ETF) 등 매우 포괄적이고 광범한 자산에 투자하는 특정금전신탁상품을 제공하고 있기 때문인 것으로 풀이된다. 따라서 이러한 경우에도 위탁자가 그 가운데 하나의 특정금전신탁상품을 지정하였다고 하여 이를 위탁자의 의사에 따른 신탁운용으로 보아 신탁업자가 면책될 수 있는지 의문이다.

#### (2) 종합재산신탁 및 그 한계

신탁업자는 종합신탁을 설정할 수 있다. 그리하여 신탁업자는 하나의 신탁계약에 의하여 위탁자로부터 위에서 기술한 제103조 제1항의 재산 중 둘 이상의 재산을 종합하여 수탁할 수 있다(동조 제2항). 그러나 복수의 위탁자로부터 모은 금전 등으로 특정금전신탁을 설정하여 합동으로 수탁·운용하는 때에는 투자신탁에 해당하므로 집합투자업의 인가를 요하고(제12조 제1항 제1호), 자본시장법상의 신탁업에는 해당하지 않는다. 이를 반영하여 자본시장법은 특정금전신탁의 합동운용을 명시적으로 금지하고 있다(제108조 제9호·시행령 제109조 제3항 제5호). 그리고 불특정금전신탁은 그 법률관계, 법적 구조 및 운용구조가 투자신탁과 흡사하므로, 2004년 5월 舊자산운용업법의 시행시 이를 하나의 간접투자기구로 간주하여 신규설정을 금지하여 왔다(동법 부칙 제14조 제2항). 이에 따라 현재는 은행에서 취급하는 개인연금신탁상품 등 舊자산운용업법이 시행되기 이전에 설정된 불특정금전신탁의 입·출금에 따른 운용만이 가능한 실정이다. 따라서 불특정금전신탁의 집합투자업으로서의 인가문제가 발생할 여지는 거의 없다.[162]

## Ⅲ. 선관주의의무·충실의무

### 1. 의의 및 취지

자본시장법은 신탁업자의 선관주의의무와 충실의무를 규정하고 있다. 그리하여 신탁업자는 수익자에 대하여 선량한 관리자의 주의로써 신탁재산을 운용하여야 한

---

162) 同旨 김건식·정순섭(2023), 127면.

다. 그리고 수익자의 이익을 보호하기 위하여 해당업무를 충실하게 수행하여야 한다(제102조). 그 취지는 집합투자업자 및 투자자문업자·투자일임업자의 선관주의의무·충실의무(제79조, 제96조)의 경우와 유사하다.

## 2. 운용대상자산의 사전확정형 금전신탁에서의 의무

기술한 바와 같이 2023년 3분기 현재 국민은행, 하나은행, 신한은행 및 우리은행 등 4대 시중은행의 특정금전신탁의 잔액은 109조 4827억원을 나타내어 크게 성장하고 있다. 이는 자본시장법 제정 당시의 일반적인 예상을 뛰어넘는 것이다. 그 이유는 판매은행이 채권, 주가연계증권(ELS), 파생결합증권(DLS) 및 상장지수펀드(ETF) 등 매우 포괄적이고 광범한 자산에 투자하는 특정금전신탁상품을 여전히 제공하고 있기 때문이다. 이러한 상품은 대체로 운용대상자산을 사전에 확정하고, 이를 투자자에게 권유하게 된다. 따라서 이러한 경우에도 위탁자가 그 가운데 하나의 특정금전신탁상품을 지정하였다고 하여 이를 위탁자의 의사에 따른 신탁운용으로 보아 신탁업자를 면책시킬 수는 없다고 본다.

따라서 특정금전신탁 또는 불특정금전신탁을 불문하고 신탁업자가 이러한 상품의 투자를 권유하거나 계약을 체결하는 때에는 일반 법리에 따라 적합성원칙, 적정성원칙, 설명의무 및 부당투자권유금지 규정의 적용을 받아야 한다(금융소비자보호법 제17조·제18조·제19조·제20조). 그리고 신탁업자가 이러한 주의의무(설명의무)를 위반하여 고객에게 손해가 발생한 때에는 불법행위로 인한 손해배상책임 또는 계약위반으로 인한 채무불이행책임을 부담하여야 한다.[163] 이 경우 신탁업자가 부담하는 설명의무의 수준과 정도는 집합투자업자나 투자자문업자 등의 경우와 유사하다.[164]

## 3. 투자권유 없는 관리·운용에서의 의무

위에서 살펴 본 운용대상자산의 사전확정형 특정금전신탁의 경우와 일반적인 특

---

163) 同旨 대법원 2018. 6. 15. 선고 2016다212272 판결; 대법원 2015. 12. 23. 선고 2015다231092 판결.

164) 同旨 대법원 2018. 6. 15. 선고 2016다212272 판결; 대법원 2015. 9. 10. 선고 2013다6872 판결.

정금전신탁업자의 책임은 다르다. 그리하여 투자권유 없이 특정금전신탁의 신탁업자가 위탁자의 지시에 따라 가능한 범위 내에서 수집된 정보를 바탕으로 신탁재산의 최상의 이익에 합치된다는 믿음을 가지고 신중하게 신탁재산을 관리·운용한 경우(예: A2 등급의 기업어음편입), 신탁업자는 제102조에 따른 선관주의의무를 다한 것으로 볼 수 있다. 특정금전신탁의 성격에 따라 투자자가 지정한 방법으로 운용하였기 때문이다.165) 다만, 특정금전신탁의 신탁계약의 체결 이후 신탁업자가 투자자의 재산을 관리·운용하는 단계에서 부담하는 선관주의의무 및 충실의무의 정도는 수익자가 일반투자자 또는 전문투자자인지의 여부에 따라 달라지지 않는다.166)

## Ⅳ. 신탁재산과 고유재산의 구분 및 귀속행위의 금지

### 1. 자본시장법과 신탁법의 원칙 및 취지

신탁업자(수탁자)는 위탁자로부터 수탁한 재산과 자기의 재산을 구분 관리하여야 한다. 그 취지는 집합투자업자, 특히 투자신탁 및 투자회사의 경우와 같다. 즉 신탁업자의 파산국면이나 재무상황이 악화되는 경우, 그 상황이 위탁자의 재산으로 전이되는 것을 방지하기 위함이다. 그리고 자기의 이익을 위하여 위탁자의 재산을 악용하는 것을 방지하고자 하는 것도 또 하나의 취지이다. 그리하여 신탁법은 수탁자가 누구의 명의로든 ① 신탁재산을 고유재산으로 하거나 신탁재산에 관한 권리를 고유재산에 귀속시키는 행위(제1호), ② 고유재산을 신탁재산으로 하거나 고유재산에 관한 권리를 신탁재산에 귀속시키는 행위(제2호)를 금지하고 있다(신탁법 제34조 제1항). 다만, 신탁법은 예외적으로 ① 신탁행위로 허용한 경우(제1호), ② 수익자에게 그 행위에 관련된 사실을 고지하고 수익자의 승인을 받은 경우(제2호), ③ 법원의 허가를 받은 경우(제3호)에는 신탁재산과 고유재산간의 귀속행위를 허용하고 있다(신탁법 제34조 제2항).

이에 대하여 자본시장법은 신탁법 제34조 제2항의 예외적 허용을 부인하고 있다. 이는 신탁법상 수탁자가 유발할 수 이해상충의 유형과 자본시장법상 신탁업자가 유발할 수 있는 이해상충의 유형이 다를 수 있음을 감안한 규정이라고 볼 수 있다. 즉 상사신탁에 대하여는 신탁법 제34조 제2항의 예외적 허용을 부인하고, 금전신탁재

---

165) 同旨 김건식·정순섭(2023), 127면; 대법원 2019. 7. 11. 선고 2016다224626 판결.
166) 대법원 2019. 7. 11. 선고 2016다224626 판결.

산의 운용상 필요 및 수익자 보호를 위하여 불가피한 경우에 한하여 신탁계약에 의거 신탁재산을 고유재산으로 취득할 수 있도록 하고 있다(제104조 제2항).

### 2. 자본시장법상 예외

자본시장법은 신탁법에 비하여 신탁재산과 고유재산간의 분별관리원칙을 엄격하게 적용하고 있지만, 다음과 같은 몇 가지 사항에 대하여는 신탁업자로 하여금 신탁계약이 정하는 바에 따라 신탁재산을 고유재산으로 취득할 수 있도록 하고 있다(제104조 제2항). 첫째, 신탁행위에 따라 수익자에 대하여 부담하는 채무를 이행하기 위하여 필요한 경우. 다만, 이 경우에는 금전신탁재산의 운용으로 취득한 자산이 거래소시장(다자간매매체결회사에서의 거래 포함) 또는 이와 유사한 시장으로서 해외에 있는 시장에서 시세(제176조 제2항 제1호의 시세[167])가 있는 경우에 한한다(제1호).

둘째, 신탁계약의 해지, 그 밖에 수익자 보호를 위하여 불가피한 경우로서 대통령령으로 정하는 경우(제103조 제3항에 따라 손실이 보전되거나 이익이 보장되는 신탁계약에 한한다)(제2호). 여기서 '대통령령으로 정하는 경우'란 ① 신탁계약기간이 종료되기까지의 남은 기간이 3개월 이내일 것(제1호), ② 신탁재산을 고유재산으로 취득하는 방법 외에 신탁재산의 처분이 곤란할 경우일 것(제2호), ③ 취득가액이 공정할 것(제3호) 등의 요건을 모두 충족하는 경우로서 금융위원회가 인정하는 경우를 말한다(시행령 제105조).

## Ⅴ. 손실보전 · 이익보장의 금지 · 예외 및 취지

자본시장법 제103조 제3항 및 그에 의거한 시행령 제104조는 손실보전 또는 이익보장행위를 원칙적으로 금지하고 있다. 본래 자본시장법은 금융투자업자의 손실보전 등의 행위를 폭넓게 금지하고 있다(제55조). 때문에 제103조 제3항의 규정은 불필요한 규정이라고 볼 수도 있다.

---

167) 증권시장 또는 파생상품시장에서 형성된 시세, 다자간매매체결회사가 상장주권의 매매를 중개함에 있어서 형성된 시세, 그 밖에 대통령령으로 정하는 시세를 말한다. 대통령령으로 정하는 시세란 상장(금융위원회가 정하여 고시하는 상장 포함)되는 증권에 대하여 증권시장에서 최초로 형성되는 시세를 말한다(시행령 제202조).

그러나 신탁상품 중에는 정부가 정책적으로 설정을 허용한 상품이 다수 있다. 이러한 상품은 위탁자인 고객은 물론 근로자 등 일반국민에게 미치는 영향이 크다. 신탁상품의 이러한 유형과 특성상 신탁업자와 그 밖의 금융투자업자의 손실보전 등의 행위를 등가의 관점에서 일률적으로 규율하는 것은 불합리한 면이 있다. 그리하여 자본시장법은 신탁 및 종합재산신탁의 수탁과 관련한 신탁의 종류, 손실의 보전 또는 이익의 보장, 그 밖의 신탁거래조건 등에 관하여 필요한 사항은 대통령령으로 정하도록 하여 손실보전금지 등에 관한 원칙을 밝힘과 동시에 예외적 허용시의 보완규정을 둠으로써 균형을 맞추고 있다(제103조 제3항).

이에 따르면, 신탁업자는 수탁한 재산에 대하여 손실의 보전이나 이익의 보장을 하여서는 아니 된다. 다만, 연금이나 퇴직금의 지급을 목적으로 하는 신탁으로서 금융위원회가 정하여 고시하는 경우에는 예외적으로 손실의 보전이나 이익의 보장을 할 수 있다(시행령 제104조 제1항). 그리고 예외적으로 손실보전이나 이익보장을 한 신탁재산의 운용실적이 신탁계약으로 정한 것에 미달하는 경우에는 특별유보금,[168] 신탁보수, 고유재산의 순으로 충당하여야 한다(동조 제2항). 또한 신탁계약기간이 끝난 경우에는 예외적으로 손실의 보전이나 이익의 보장을 한 경우를 제외하고는 신탁재산의 운용실적에 따라 반환하여야 한다(동조 제3항).

## Ⅵ. 신탁재산 등 운용의 제한

자본시장법은 신탁업자의 신탁재산 운용방법의 관하여 신탁법과는 다른 제한을 가하고 있다. 그 내용은 다음과 같다.

### 1. 금전의 운용방법의 제한

#### (1) 일반적인 제한

신탁법은 신탁재산에 속하는 금전의 관리방법에 대하여는 신탁행위로 정할 수 있도록 하고 있다. 다만, 달리 정한 바가 없으면 ① 국채, 지방채 및 특별법에 따라 설립된 법인의 사채의 응모·인수 또는 매입(제1호), ② 국채나 그 밖에 앞의 제1호의

168) 손실의 보전이나 이익의 보장 계약이 있는 신탁의 보전 또는 보장을 위하여 적립하는 금액을 말한다.

유가증권을 담보로 하는 대부(제2호), ③ 은행예금 또는 우체국예금(제3호) 등의 방법으로 하여야 한다(신탁법 제41조).

이에 비하여 자본시장법은 신탁행위가 아닌 법령으로 금전의 운용방법을 정하고 있다. 그리하여 신탁업자는 신탁재산에 속하는 금전을 ① 증권(대통령령으로 정하는 증권에 한한다)의 매수(제1호), ② 장내파생상품 또는 장외파생상품의 매수(제2호), ③ 대통령령으로 정하는 금융기관에의 예치(제3호), ④ 금전채권의 매수(제4호), ⑤ 대출(제5호), ⑥ 어음의 매수(제6호), ⑦ 실물자산의 매수(제7호), ⑧ 무체재산권의 매수(제8호), ⑨ 부동산의 매수 또는 개발(제9호), ⑩ 그 밖에 신탁재산의 안전성·수익성 등을 고려하여 대통령령으로 정하는 방법(제10호)의 방법으로 운용하여야 한다(제105조 제1항).

위와 같이 신탁법과 자본시장법이 꼭 같이 '신탁재산에 속하는 금전'이라는 표현을 사용하면서도 그 내용상의 차이를 보이는 것은 신탁법의 경우는 신탁업자의 소극적인 관리·운용, 자본시장법의 경우는 입법취지상 상대적으로 적극적인 운용행위를 제고시키고자 하고 있기 때문이다.

### (2) 특정금전신탁의 경우

#### 1) 운용방법의 제한

신탁업자가 신탁재산에 속하는 금전을 운용하는 경우에는 특정금전신탁과 불특정금전신탁에 따라 준수되어야 할 운용기준이 다르다. 그리하여 불특정금전신탁의 경우[169]에는 ① 자기주식의 취득 방법(제165조의 3 제1항 제1호·상법 제341조 제1항)으로 취득할 것(가목), ② 자기주식을 취득한 후 1개월 이내에 처분하거나 처분한 후 1개월 이내에 취득하지 아니할 것(나목), ③ 자기주식을 취득하고 남은 여유자금을 금융위원회가 정하여 고시하는 방법 외의 방법으로 운용하지 아니할 것(다목), ④ 제176조의 2 제2항(자기주식의 취득·처분기준) 제1호 내지 제5호까지의 어느 하나에 해당하는 기간 동안에 자기주식을 취득하거나 처분하지 아니할 것(라목) 등의 기준을 지켜야 한다(시행령 제106조 제5항 제1호).

169) 그 신탁재산으로 제165조의 3 제3항에 따라 주권상장법인(제9조 제15항 제3호에 따른 주권상장법인을 말한다. 이하 같다)이 발행하는 자기주식을 취득·처분하는 경우만 해당한다.

### 2) 특정금전신탁 계약의 체결 또는 운용방법 변경시의 준수사항

자본시장법은 신탁업자가 특정금전신탁 계약을 체결(갱신을 포함. 이하 이 항에서 같다)하거나 해당신탁의 금전의 운용방법을 변경할 때에 준수하여야 할 사항을 명시하고 있다(시행령 제104조 제6항). 이에 따라 신탁업자는 특정금전신탁 계약을 체결할 때에는 위탁자로 하여금 신탁재산인 금전의 운용방법으로서 운용대상의 종류·비중·위험도, 그 밖에 위탁자가 지정하는 내용을 계약서에 자필로 적도록 하여야 한다(제1호). 그리고 해당신탁에서 정한 금전의 운용방법을 변경할 때에는 ① 변경되는 운용방법에 따라 취득하는 금융투자상품에 관하여 투자자가 이해할 수 있도록 설명하는 등 금융위원회가 정하여 고시하는 사항을 준수할 것(가목), ② 위탁자로 하여금 변경내용을 계약서에 자필로 적도록 하거나 서명(「전자서명법」 제2조 제2호에 따른 전자서명 포함), 기명날인 또는 녹취를 통해 변경내용을 확인받을 것(나목) 등의 사항을 준수하여야 한다(제2호). 다만, 수익자 보호 및 건전한 거래질서를 해칠 우려가 없는 경우로서 계약의 특성 등을 고려하여 금융위원회가 정하여 고시하는 특정금전신탁의 경우는 위 준수사항의 적용을 받지 아니한다(시행령 제104조 제6항 단서).

한편 특정금전신탁은 일반적으로 신탁업자의 권유 없이 투자자(위탁자)와 신탁계약을 체결하거나 변경하는 때에는 투자자의 자기책임원칙이 관철된다. 그럼에도 불구하고 금전의 운용방법을 변경하는 때에 설명의무를 부과하고 있는 것(위 제2호 가목)은 다소 이례적이다. 다만, 변경을 하는 과정에서 투자자의 판단에 신탁업자가 관여할 개연성을 염두에 둔 규정으로 추론할 수는 있다.

### (3) 불특정금전신탁인 경우

신탁업자는 신탁재산에 속하는 금전을 불특정금전신탁으로 운용하는 경우에는 다음과 같다. 즉 신탁업자는 ① 사모사채[170]에 운용하는 경우에는 각 신탁재산의 100분의 3을 초과하지 아니할 것(가목), ② 지분증권(그 지분증권과 관련된 증권예탁증권을 포함) 및 장내파생상품에 운용하는 경우에는 각 신탁재산의 100분의 50을 초과하지 아니할 것. 이 경우 장내파생상품에 운용하는 때에는 그 매매에 따른 위험평가액[171]

---

170) 금융위원회가 정하여 고시하는 자가 원리금의 지급을 보증한 사모사채와 담보부사채는 제외한다.

171) 자본시장법 제81조 제2항에 따른 위험평가액을 말한다. 이하 이 조에서 같다.

을 기준으로 산정한다(나목). ③ 장외파생상품에 운용하는 경우에는 그 매매에 따른 위험평가액이 각 신탁재산의 100분의 10을 초과하지 아니할 것(다목), ④ 동일 법인 등이 발행한 지분증권(그 지분증권과 관련된 증권예탁증권을 포함)에 운용하는 경우에는 그 지분증권 발행총수의 100분의 15를 초과하지 아니할 것(라목), ⑤ 그 밖에 금융위원회가 정하여 고시하는 신탁재산의 운용방법에 따를 것(마목) 등의 기준을 준수하여야 한다(시행령 제106조 제5항 제2호).

#### (4) 그 밖의 신탁인 경우

신탁업자는 특정금전신탁 또는 특정금전신탁 이외의 신탁인 경우 수익자 보호 또는 건전거래질서를 유지하기 위하여 금융위원회가 정하여 고시하는 기준을 따라야 한다(시행령 제106조 제5항 제3호).

### 2. 고유재산으로부터의 금전차입의 금지 및 예외

신탁업자는 원칙적으로 자기의 고유재산으로부터 금전을 차입할 수 없다. 이는 고유재산과 신탁재산의 혼융(混融)을 방지하고 분별관리하여야 한다는 신탁업의 기본 법리에서 나오는 것이다. 신탁법(제37조·제34조 제1항)과 자본시장법(제104조 제1항)도 이를 확인하고 있다. 다만, 자본시장법은 이에 대한 몇 가지 예외를 명시하고 있다. 그리하여 신탁업자는 제103조 제1항 제5호의 부동산, 제6호의 지상권·전세권·부동산임차권·부동산소유권 이전등기청구권·그 밖의 부동산 관련 권리를 신탁재산으로 하는 신탁의 경우, 그 밖에 대통령령으로 정하는 경우에는 신탁의 계산으로 그 신탁업자의 고유재산으로부터 금전을 차입할 수 있다(제105조 제2항 반대해석). 여기서 '대통령령으로 정하는 경우'란 ① 제103조 제4항의 신탁계약에 의한 부동산개발사업별로 '사업비'의 100분의 15 이내에서 금전을 신탁받는 경우(제1호), ② ⓐ 신탁계약의 일부해지 청구가 있는 경우에 신탁재산을 분할하여 처분하는 것이 곤란할 것(가목) 및, ⓑ 차입금리가 공정할 것(나목)의 요건을 모두 충족하는 경우로서 금융위원회의 인정을 받은 경우(제2호)(시행령 제106조 제4항). 그리고 위 제1호의 '사업비'는 공사비, 광고비, 분양비 등 부동산개발사업에 드는 모든 비용에서 부동산 자체의 취득가액과 등기비용, 그 밖에 부동산 취득에 관련된 부대비용을 제외한 금액을 말한다(시행령 제104조 제7항).

### 3. 기타

자본시장법 제105조 제1항 및 제2항에 따른 신탁재산 운용의 구체적 범위·조건·한도, 그 밖의 신탁재산의 운용방법 및 제한에 관하여 필요한 사항은 대통령령으로 정한다(제105조 제3항).

## Ⅶ. 여유자금의 운용

신탁업자는 제103조 제1항 제5호의 부동산, 제6호의 지상권·전세권·부동산임차권·부동산소유권 이전등기청구권·그 밖의 부동산 관련 권리를 신탁재산으로 하는 신탁의 경우 그 신탁재산을 운용함에 따라 발생한 여유자금을 다른 방법으로 운용하여야 한다. 여기에 해당하는 운용방법으로는 ① 대통령령으로 정하는 금융기관에의 예치(제1호), ② 국채증권, 지방채증권 또는 특수채증권의 매수(제2호), ③ 정부 또는 대통령령으로 정하는 금융기관이 지급을 보증한 증권의 매수(제3호), ④ 그 밖에 부동산, 지상권·전세권·부동산임차권·부동산소유권 이전등기청구권·그 밖의 부동산 관련 권리를 신탁재산으로 하는 신탁으로서 신탁재산의 안정성·수익성 등을 저해하지 아니하는 방법으로서 대통령령으로 정하는 방법(제4호) 등이 있다(제106조). 위와 같은 운용방법들은 신탁재산의 안정성과 수익성을 추구할 수 있는 것으로써 투자자의 이익에도 부합하기 때문이다.

## Ⅷ. 불건전 영업행위의 금지

자본시장법은 투자중개업자·투자매매업자 또는 집합투자업자의 경우와 같이(제71조, 제85조) 신탁업자에 대하여도 불건전 영업행위를 금지시키고 있다(제108조). 그 내용은 다음과 같다. 첫 번째, **선행매매(front running)의 금지**: 신탁재산을 운용함에 있어서 금융투자상품, 그 밖의 투자대상자산의 가격에 중대한 영향을 미칠 수 있는 매수 또는 매도 의사를 결정한 후 이를 실행하기 전에 그 금융투자상품, 그 밖의 투자대상자산을 자기의 계산으로 매수 또는 매도하거나 제삼자에게 매수 또는 매도를 권유하는 행위(제1호).

두 번째, **인수증권매수금지**: 자기 또는 관계인수인이 인수한 증권을 신탁재산으로 매수하는 행위(제2호).

세 번째, **시세조종목적의 매매금지**: 자기 또는 관계인수인이 대통령령으로 정하는 인수업무를 담당한 법인의 특정증권 등(제172조 제1항의 특정증권 등[172]을 말한다. 이하 이 호에서 같다)에 대하여 인위적인 시세(제176조 제2항 제1호의 시세[173]를 말한다)를 형성시키기 위하여 신탁재산으로 그 특정증권 등을 매매하는 행위(제3호).

네 번째, **이해상충행위(conflict of interests)의 금지**: 특정 신탁재산의 이익을 해하면서 자기 또는 제3자의 이익을 도모하는 행위(제4호).

다섯 번째, **자전거래의 금지**: 신탁재산으로 그 신탁업자가 운용하는 다른 신탁재산, 집합투자재산 또는 투자일임재산과 거래하는 행위(제5호).

여섯 번째, **자기거래(self dealing) 등의 금지**: 신탁재산으로 신탁업자 또는 그 이해관계인의 고유재산과 거래하는 행위(제6호).

일곱 번째, **자기 등이 발행한 증권취득금지**: 수익자의 동의 없이 신탁재산으로 신탁업자 또는 그 이해관계인이 발행한 증권에 투자하는 행위(제7호).

여덟 번째, **부적격자에 의한 운용금지**: 투자운용인력(제286조 제1항 제3호 다목)이 아닌 자에게 신탁재산을 운용하게 하는 행위(제8호).

아홉 번째, **기타 금지행위**: 그 밖에 수익자 보호 또는 건전한 거래질서를 해할 우려가 있는 행위로서 대통령령으로 정하는 행위(제9호). 다만, 이러한 금지규정들은 수익자 보호 및 건전한 거래질서를 해할 우려가 없는 경우로서 대통령령으로 정하는 경우에는 적용되지 아니한다(제108조 본문 단서).

한편 위와 같은 금지규정의 취지는 기술한 투자중개업자·투자매매업자 또는 집합투자업자의 경우와 흡사하므로 별도로 언급할 내용은 없다.

---

172) 여기에는 ① 해당법인이 발행한 증권(대통령령으로 정하는 증권 제외)(제1호), ② 제1호의 증권과 관련된 증권예탁증권(제2호), ③ 그 법인 외의 자가 발행한 것으로서 제1호 또는 제2호의 증권과 교환을 청구할 수 있는 교환사채권(제3호), ④ 제1호 내지 제3호까지의 증권만을 기초자산으로 하는 금융투자상품(제4호) 등이 해당한다(제172조 제1항).

173) 증권시장 또는 파생상품시장에서 형성된 시세, 다자간매매체결회사가 상장주권의 매매를 중개함에 있어서 형성된 시세, 그 밖에 대통령령으로 정하는 시세를 말한다. 대통령령으로 정하는 시세란 상장(금융위원회가 정하여 고시하는 상장 포함)되는 증권에 대하여 증권시장에서 최초로 형성되는 시세를 말한다(시행령 제202조).

## Ⅸ. 신탁계약사항 및 계약서류의 교부

신탁업자는 위탁자와 신탁계약을 체결하는 경우 위탁자에게 계약서류를 교부하여야 한다(제109조·금융소비자보호법 제23조 제1항). 그리고 해당계약서류에는 ① 위탁자, 수익자 및 신탁업자의 성명 또는 명칭, ② 수익자의 지정 및 변경에 관한 사항, ③ 신탁재산의 종류·수량과 가격, ④ 신탁의 목적, ⑤ 계약기간, ⑥ 신탁재산의 운용에 의하여 취득할 재산을 특정한 경우에는 그 내용, ⑦ 손실의 보전 또는 이익의 보장을 하는 경우 그 보전·보장 비율 등에 관한 사항, ⑧ 신탁업자가 받을 보수에 관한 사항, ⑨ 신탁계약의 해지에 관한 사항, ⑩ 그 밖에 수익자 보호 또는 건전한 거래질서를 위하여 필요한 사항으로서 대통령령으로 정하는 사항 등을 기재하여야 한다.

## Ⅹ. 수익증권의 발행, 양도 및 매수 등

### 1. 수익증권의 발행 및 요식증권성

신탁업자는 금전신탁계약에 한하여 수익권이 표시된 수익증권을 발행할 수 있다(제110조). 이는 신탁법이 원칙적으로 신탁의 종류를 불문하고 수익증권을 발행할 수 있도록 한 점과 다르다(신탁법 제78조). 금전신탁에서 수익증권을 발행하는 것은 투자자(위탁자)로 하여금 자기의 재산에 관한 자유로운 처분권과 환가기회를 보장하기 위함이다. 신탁업자가 수익증권을 발행하고자 하는 경우에는 대통령령으로 정하는 서류를 첨부하여 금융위원회에 미리 신고하여야 한다.

수익증권은 무기명식을 원칙으로 한다. 다만, 수익자의 청구가 있는 경우에는 기명식으로 할 수 있다. 기명식 수익증권은 수익자의 청구에 의하여 무기명식으로 할 수 있다. 이는 회사가 정관이 정하는 바에 따라 액면주식을 무액면주식으로, 무액면주식을 액면주식으로 전환할 수 있는 상법상의 절차(상법 제329조 제4항)와는 다르다. 상법의 경우는 자본금충실에 입법의 초점이 있고, 자본시장법의 경우는 수익증권의 유통과 수익권관리에 초점을 맞춘 결과로 풀이된다. 그리고 무기명식 수익증권은 상법이 2014년 5월 무기명주식을 폐지한 것과도 차이가 있다.

수익증권은 유가증권이므로 요식증권성을 갖는다. 그리하여 수익증권의 권면에는 ① 신탁업자의 상호, ② 기명식의 경우에는 수익자의 성명 또는 명칭, ③ 액면액,

④ 운용방법을 정한 경우 그 내용, ⑤ 손실의 보전 또는 이익의 보장에 관한 계약(제103조 제3항)을 체결한 경우에는 그 내용, ⑥ 신탁계약기간, ⑦ 신탁의 원금의 상환과 수익분배의 기간 및 장소, ⑧ 신탁보수의 계산방법, ⑨ 그 밖에 대통령령으로 정하는 사항 등을 기재하고 신탁업자의 대표자가 이에 기명날인 또는 서명하여야 한다(제110조 제5항).

한편 수익증권은 신탁계약을 근거로 하는 요인증권이므로 그 요식성은 어음·수표와 달리 엄격하지 않고 완화된다. 따라서 법정기재사항 중 본질적 사항이 아닌 것 예를 들면, 신탁계약기간이나 신탁보수의 계산방법을 기재하지 않더라도 수익증권의 효력에는 영향이 없다. 그리고 당사자간의 합의에 따라 그 밖의 사항을 기재할 수도 있다고 풀이한다. 예를 들면, 수익증권의 유효기간이 그에 해당한다.

## 2. 수익증권의 양도 및 매수

수익증권이 발행된 경우에는 해당신탁계약에 의한 수익권의 양도 및 행사는 그 수익증권으로 하여야 한다(제110조 제6항). 이는 수익증권에 표창된 수익권의 양도는 '수익증권의 교부'로, 수익권의 권리행사는 '수익증권의 제시'로 할 수 있음을 뜻한다(신탁법 제81조·제83조·제85조, 상법 336조 참조). 다만, 기명식 수익증권의 경우에는 수익증권으로 하지 아니할 수 있다(제110조 제6항 단서). 이 단서조항은 기명식 수익증권의 특성을 염두에 둔 규정인 것으로 보인다. 즉 기명식 수익증권인 경우에는 신탁업자(수탁자)가 수익자명부를 작성하고, 이에 의하여 진정한 수익자가 확정되므로 수익권의 양도 및 권리행사도 수익자명부의 확인을 통하여 가능함을 밝힌 것이다.

## 3. 수익증권의 매수

신탁업자는 대통령령으로 정하는 방법에 따라 그 고유재산으로 수익증권을 매수할 수 있다(제111조 전단). 이에 따라 신탁업자는 '위탁자(투자자)가 신탁계약기간이 종료되기 전에 신탁재산의 운용실적에서 신탁계약에서 정하고 있는 중도해지수수료를 뺀 가격'으로 수익증권을 고유재산으로 매수할 수 있다. 다만, 금융위원회가 정하여 고시하는 사유에 해당하는 경우에는 이를 빼지 아니한다(시행령 제112조·제104조 제4항). 이와 같이 수익증권의 매수가격을 산정함에 있어서 신탁재산의 운용실적을 기준으로 삼은 것은 신탁이 집합투자업, 특히 투자신탁의 경우와 같이 실적배당원칙을 기본으로 하기 때문이다.

한편 신탁업자가 고유재산으로 수익증권을 매수하는 때에는 '신탁업자(수탁자)의 이익향수금지'에 관한 신탁법 제36조는 적용되지 아니한다(제111조 후단).

## XI. 의결권의 행사 등

### 1. 의의 및 의결권의 충실행사의무

자본시장법은 신탁업자의 의결권의 행사 등에 관한 규정을 두고 있는데, 그 전반적인 내용 및 취지는 집합투자업자, 특히 공모투자신탁의 경우와 흡사하다(제87조 등 참조). 이와 관련하여 신탁재산으로 취득한 주식에 대한 권리는 신탁업자가 행사한다. 이 경우 신탁업자는 수익자의 이익을 보호하기 위하여 신탁재산에 속하는 주식의 의결권을 충실하게 행사하여야 한다(제112조 제1항). 이 규정은 신탁업자는 수익자에 대하여 선관주의의무 및 충실의무를 부담하므로(제102조·신탁법 제32조·제33조), 이를 의결권행사의 일반원칙으로 투영한 것이다.

### 2. 의결권의 행사방법 및 제한

신탁업자가 의결권을 행사함에 있어서 준수하여야 할 행사방법 및 제한에 관하여는 다음과 같이 정리할 수 있다.

#### (1) 그림자(중립적)투표방식(shadow voting)

기술한 바와 같이 신탁업자는 신탁재산에 속하는 주식의 의결권을 행사함에 있어서 수익자의 이익을 위하여 충실하게 의결권을 행사하여야 한다. 그러나 자본시장법은 몇 가지 사항에 대하여는 예외적인 행사방식을 강제하고 있다. 그 방식은 이른바 중립적 또는 그림자투표방식을 말한다. 구체적으로는 '신탁재산에 속하는 주식을 발행한 법인의 주주총회의 참석 주식수에서 신탁재산에 속하는 주식수를 뺀 주식수의 결의내용에 영향을 미치지 아니하도록 의결권을 행사하여야 한다.'고 표현된다(제112조 제2항 본문). 이른바 주주총회에서 다른 주주들의 세력균형에 영향을 미치지 않도록, 다른 주주의 찬반의사에 비례하여 신탁재산에 속하는 주식의 의결권을 분할하여

행사하라는 것이다.

자본시장법에서 제시하는 그림자투표방식이 적용되는 사항은 다음과 같다. 첫째, ① 신탁업자 또는 그와 대통령령으로 정하는 특수관계에 있는 자, 또는 ② 신탁업자에 대하여 사실상의 지배력을 행사하는 자로서 대통령령으로 정하는 자가 그 신탁재산에 속하는 주식을 발행한 법인을 계열회사로 편입하기 위한 경우(제1호).

둘째, 신탁재산에 속하는 주식을 발행한 법인이 그 신탁업자와 ① 계열회사의 관계에 있는 경우, 또는 ② 신탁업자에 대하여 사실상의 지배력을 행사하는 관계로서 대통령령으로 정하는 관계에 있는 경우(제2호).

셋째, 그 밖에 수익자의 보호 또는 신탁재산의 적정한 운용을 해할 우려가 있는 경우로서 대통령령으로 정하는 경우(제3호) 등이 그에 해당한다.

위와 같이 자본시장법은 신탁업자의 의결권행사의 기본원칙인 충실행사원칙에 대한 예외로서 그림자투표방식이 적용되어야 할 사항을 명시하고 있다. 그 취지는 공모투자신탁의 경우와 같이 신탁업자의 계열회사나 그 특수관계인이 신탁재산의 의결권을 남용하는 것을 방지하는 데에 있다. 이는 상호출자제한기업집단에 속하는 신탁업자에게도 그림자투표방식을 강제하고 있는 규정에서도 잘 나타나 있다(제112조 제5항).

따라서 이러한 자들의 이익이 아니라 '신탁재산에 속하는 주식을 발행한 법인의 합병, 영업의 양도·양수, 임원의 선임, 그 밖에 이에 준하는 사항으로서 신탁재산에 손실을 초래할 것이 명백하게 예상되는 경우'에는 그림자투표방식이 강제되지 아니한다(제112조 제2항 단서). 이 단서의 규정은 위탁자가 원치 않는 조직개편이나 지배구조의 변화에 대하여는 신탁업자가 수익자의 이익을 보호하기 위하여 충실하게 의결권을 행사하여야 함을 뜻한다.

### (2) 15% 초과취득주식 및 파킹주식(parking stock)

자본시장법은 신탁업자가 직접 또는 실질주주의 지분의 요청에 따라 우회적으로 주식을 취득하고 지분을 확대하는 경우, 그 주식의 의결권의 행사를 금지하고 있다. 이에 따라 신탁업자는 신탁재산에 속하는 주식이 ① 동일법인이 발행한 주식 총수의 100분의 15를 초과하여 주식을 취득한 경우 그 초과하는 주식(제1호), 또는 ② 신탁재산에 속하는 주식을 발행한 법인이 자기주식을 확보하기 위하여 신탁계약에 따라 신탁업자에게 취득하게 한 그 법인의 주식(제2호)에 해당하는 경우에는 그 주식의 의결권을 행사할 수 없다(제112조 제3항). 이 가운데 제2호는 이른바 주식파킹

(stock parking)[174]에 대한 조치이다.

#### (3) 교차행사 등의 잠탈행위

신탁업자는 제3자와의 계약 등에 의하여 의결권을 교차하여 행사하는 등의 방식으로 그림자투표방식이나 15% 초과취득주식·파킹주식에 대한 금지규정의 적용을 면하기 위한 행위를 하여서는 아니 된다(제112조 제4항).

### 3. 금융위원회의 처분명령 및 공시

금융위원회는 신탁업자가 위의 규정(제112조 제2항 내지 제5항)을 위반하여 신탁재산에 속하는 주식의 의결권을 행사한 경우에는 6개월 이내의 기간을 정하여 그 주식의 처분을 명할 수 있다(제112조 제6항). 그리고 신탁업자는 합병, 영업의 양도·양수, 임원의 선임 등 경영권의 변경과 관련된 사항에 대하여 그림자투표방식이 아닌 충실행사의무에 따라 의결권을 행사하는 경우(동조 제2항 단서)에는 대통령령으로 정하는 방법에 따라 인터넷 홈페이지 등을 이용하여 공시하여야 한다(제112조 제7항·시행령 제114조).

## XII. 신탁재산에 관한 장부·서류의 열람청구 및 공시 등

수익자는 신탁업자에게 영업시간 중에 이유를 기재한 서면으로 그 수익자에 관련된 신탁재산에 관한 장부·서류의 열람이나 등본 또는 초본의 교부를 청구할 수 있다. 이 경우 그 신탁업자는 대통령령으로 정하는 정당한 사유가 없는 한 이를 거절하여서는 아니 된다(제113조 제1항). 그리고 이에 따른 열람이나 등본 또는 초본의 교부 청구의 대상이 되는 장부·서류의 범위 등에 관하여 필요한 사항은 대통령령으로 정한다(동조 제2항). 이들 규정은 상법상 회사회계장부 열람청구권에 관한 제446조와 그 입법취지가 유사하다.[175]

---

174) 이는 주로 적대적 M&A에 대비한 우호적 지분확대 또는 인수대상기업의 주식을 미리 안전하고 쉽게 확보할 목적에서 행하여진다.

175) 오성근(2023), 928−931면 참조.

# XIII. 신탁재산의 회계처리 및 회계감사인의 손해배상책임 등

## 1. 신탁재산의 회계처리 등

### (1) 신탁회계처리기준의 제정 또는 개정

신탁재산과 고유재산의 구분·분별관리규정(자본시장법 제104조 제1항·신탁법 제34조 제1항·제37조)이나 일반법리에도 불구하고 신탁재산이 고유재산과 혼융(混融)될 가능성은 상존한다. 그리고 신탁업의 공익성이나 국민경제에 미치는 영향을 고려하면, 신탁업자 자체의 감사에만 의존하는 것은 부적당하고 보다 선명한 회계처리와 공정하고 객관적인 회계감사가 요망된다. 이로 인하여 자본시장법은 신탁재산을 대상으로 하는 별도의 회계처리 규정을 두고 있다(제114조). 이에 따라 신탁업자는 신탁재산에 관하여 회계처리를 하는 경우 금융위원회가 증권선물위원회의 심의를 거쳐 정하여 고시한 회계처리기준, 즉 '신탁회계처리기준'에 따라야 한다(제1항). 다만, 금융위원회는 '신탁회계처리기준'의 제정 또는 개정을 전문성을 갖춘 민간법인 또는 단체로서 대통령령으로 정하는 자에게 위탁할 수 있다. 이때 그 민간법인 또는 단체는 회계처리기준을 제정 또는 개정한 때에는 이를 금융위원회에 지체 없이 보고하여야 한다(제2항).

### (2) 회계감사인의 회계감사권 및 의무 등

신탁업자는 신탁재산에 대하여 그 신탁업자의 매 회계연도 종료 후 2개월 이내에 외감법 제2조 제7호에 따른 감사인(이하 '회계감사인')의 회계감사를 받아야 한다. 다만, 수익자의 이익을 해할 우려가 없는 경우로서 대통령령으로 정하는 경우에는 회계감사를 받지 아니할 수 있다(제114조 제3항). 그리고 외감법 제20조는 따른 신탁재산의 회계감사에 관하여 준용한다(제114조 제8항). 회계감사인은 제114조 제9항에 따른 감사기준 및 외감법 제16조에 따른 회계감사기준에 따라 회계감사를 실시하여야 한다(제114조 제6항). 또한 신탁업자가 행하는 수익증권의 기준가격 산정업무 및 신탁재산의 회계처리 업무를 감사할 때 관련 법령을 준수하였는지 여부를 감사하고 그 결과를 신탁업자의 감사(또는 감사위원회)에게 통보하여야 한다(동조 제5항).

한편 회계감사인의 선임기준, 감사기준, 회계감사인의 권한, 회계감사보고서의 제출 및 공시 등에 관하여 필요한 사항은 대통령령으로 정한다(동조 제9항).

### (3) 회계감사인과 신탁업자의 의무

신탁업자는 신탁재산의 회계감사인을 선임하거나 교체하는 경우에는 그 선임일 또는 교체일부터 1주 이내에 금융위원회에 그 사실을 보고하여야 한다(제114조 제4항). 그리고 회계감사인은 신탁업자에게 신탁재산의 회계장부 등 관계 자료의 열람·복사를 요청하거나 회계감사에 필요한 자료의 제출을 요구할 수 있다. 이 경우 신탁업자는 지체 없이 이에 응하여야 한다(동조 제7항).

## 2. 회계감사인의 수익자(제3자)에 대한 손해배상책임

### (1) 의의 및 법적 성질

회계감사인의 직무는 기업의 건전한 경영과 국민경제의 발전에 이바지함을 목적으로 하기 때문에(외감법 제1조), 이를 게을리하면 손해배상책임을 진다. 이러한 책임은 계약상의 책임이 아닌 외감법의 목적을 달성하기 위한 법정책임이다.

### (2) 자본시장법상 책임규정의 특징

자본시장법은 회계감사인이 신탁업자에 대한 회계감사시 그에 관한 책임을 명시하고 있는데, 특히 수익자(제3자)에 대한 책임의 요건과 범위는 상법상의 이사 등의 책임에 비하여 구체적이고 무겁다. 손해배상책임을 지는 자의 범위도 이사 등의 경우에 비하여 넓다(제115조). 이에 비하여 회계감사인의 회사에 대한 손해배상책임은 상법상 이사 등의 책임(상법 제399조)과 유사하다(외감법 제31조 제1항). 그리고 이에 관하여는 외감법에서 특칙을 두고 있다(외감법 제31조). 따라서 자본시장법에서는 회계감사인의 회사에 대한 별도의 책임규정을 두지 않고 있다.

### (3) 수익자에 대한 연대책임 및 분할책임(비례책임)

회계감사인은 회계감사(제114조 제3항)의 결과 회계감사보고서 중 중요사항에 관하여 거짓의 기재 또는 표시가 있거나 중요사항이 기재 또는 표시되지 아니함으로써 이를 이용한 수익자에게 손해를 끼친 경우에는 그 수익자에 대하여 손해배상책임을 진다. 이 경우 외감법상 감사반(외감법 제2조 제7호 나목)이 회계감사인인 때에는 그 신탁재산에 대한 감사에 참여한 자가 연대하여 손해배상책임을 진다(제115조

제1항). 그리고 회계감사인이 수익자에게 손해배상책임이 있는 경우, 그 신탁업자의 이사·감사(또는 감사위원회의 감사위원)에게도 귀책사유가 있는 경우에는 그 회계감사인과 신탁업자의 이사·감사는 연대책임을 진다(제115조 제2항 본문). 다만, 손해배상책임이 있는 자가 고의가 없는 경우에 그 자는 법원이 귀책사유에 따라 정하는 책임비율에 따라 손해를 배상할 책임이 있다(제115조 제2항 단서). 즉 분할책임을 인정하고 있는 것이다.

그러나 제115조 제2항 단서의 분할책임에도 불구하고 손해배상을 청구하는 자의 소득인정액[176]이 대통령령으로 정하는 금액 이하에 해당되는 경우에는 회계감사인과 신탁업자의 이사·감사는 연대하여 손해를 배상할 책임이 있다(동조 제3항). 그리고 이러한 책임비율에 따라 분할책임을 지는 자 중 배상능력이 없는 자가 있는 경우, 다른 회계감사인 등은 법원이 정하는 각자 책임비율의 100분의 50 범위에서 대통령령으로 정하는 바에 따라 손해액을 추가로 배상할 책임을 진다(제115조 제4항·외감법 제31조 제6항). 이와 같이 회계감사인의 수익자(제3자)에 대한 손해배상책임의 요건과 범위는 구체적이고 엄격하다. 책임을 지는 자의 범위도 상법에 비하여 넓다. 그 이유는 회계감사인의 회계감사의견이 수익자들의 투자판단의 중요한 자료가 되고, 투자자들은 이를 신뢰하고 투자를 하기 때문에 그에 대한 책임을 물을 필요가 있기 때문이다.

### (4) 증명책임(면책사유)

감사인 또는 감사에 참여한 공인회계사가 회계감사업무의 수행(외감법 제31조 제1항 내지 제3항)으로 인하여 회사 또는 제3자에 대한 손해배상책임을 면하기 위하여는 그 임무를 게을리하지 아니하였음을 증명하여야 한다(제115조 제4항·외감법 제31조 제7항 본문). 즉 감사인 등의 피고에게 자기의 무과실을 증명하도록 증명책임을 전가시키고 있다. 이는 감사인 등의 임무의 중요성을 고려한 규정이다. 다만, 감사인을 선임한 회사, 은행, 수협은행, 보험회사, 상호저축은행 또는 종합금융회사가 감사인 등의 책임을 추궁함에 있어서는 원고인 은행 등이 감사인 등의 임무해태를 증명하여야 한다(외감법 제31조 제7항 단서). 외감법 제31조 제7항의 본문과 단서는 원고가 일반 제3자(투자자)인지 아니면 피감사회사·금융회사인지의 여부에 따라 증명책임을 달리하고 있는데, 이는 소송능력의 우열에 따른 구분으로써 일반적인 기

176) 「국민기초생활 보장법」 제2조 제8호에 따른 소득인정액을 말한다.

준은 아니다.

### (5) 손해배상책임의 이행보장조치 · 소멸시효 등

위에서 본 바와 같이 회계감사인 등의 책임은 그 요건이 구체적이고 엄격하다. 때문에 투자자들이 충분한 배상을 충분히 받지 못할 수도 있다. 그리하여 감사인은 손해배상책임의 이행을 보장하기 위하여 총리령으로 정하는 바에 따라 손해배상공동기금의 적립 또는 보험가입 등 필요한 조치(외감법 제32조)를 하여야 한다(제115조 제4항 · 외감법 제31조 제8항).

한편 회계감사인, 신탁업자의 이사 · 감사(또는 감사위원회의 감사위원)의 손해배상책임은 그 청구권자가 해당 사실을 안 날부터 1년 이내 또는 감사보고서를 제출한 날부터 8년 이내에 청구권을 행사하지 아니하면 소멸한다. 다만, 이 기간은 외부감사인을 선임할 때(외감법 제10조) 계약으로 연장할 수 있다(제115조 제4항 · 외감법 제31조 제9항).

## XIV. 신탁업자의 합병 및 금융위원회의 공탁 등의 명령

### 1. 신탁업자의 합병

신탁업자는 금융투자업을 영위하는 회사이므로 상법의 법리에 따라 원칙적으로 주주총회의 결의에 따라 상대방과 합병을 할 수 있고, 존속회사 또는 신설회사는 소멸회사의 권리의무를 포괄적으로 승계한다(상법 제530조 · 제235조). 이를 반영하여 자본시장법은 신탁업자가 합병하는 경우 합병 후 존속하는 신탁업자 또는 합병으로 인하여 설립된 신탁업자로 하여금 합병으로 인하여 소멸된 신탁업자의 신탁에 관한 권리의무를 포괄승계하도록 하고 있다(제116조 제1항). 다만, 자본시장법은 금융투자업자가 합병을 할 경우 금융위원회의 승인을 얻도록 하고 있다(제417조 제1항 제1호). 이 절차는 합병으로 인한 금융투자업의 재무건전성, 경영건전성 및 투자자 보호 등에 미치는 영향을 종합적으로 판단하고자 하는 데 그 취지가 있다.

따라서 신탁업자가 합병을 하는 경우에도 금융위원회의 승인을 얻어야 한다. 그리고 해당합병에 관하여 이의를 제기한 수익자가 있는 경우, 그 신탁업자의 임무 종료 및 새로운 신탁업자의 선임 등에 대하여는 수탁자의 임무 종료에 관한 신탁법 제12조, 신수탁자의 선임에 관한 신탁법 제21조 제2항 및 제3항을 준용한다(제116조 제2항).

한편 신탁업자의 합병이 금융산업구조개선법에 따라 실행되는 때에는 해당법률에 정하는 절차와 요건에 따라 인가를 받아야 한다(동법 제4조). 따라서 자본시장법상 금융위원회의 승인규정은 적용되지 아니한다. 이 점 주의를 요한다.

### 2. 금융위원회의 공탁 등의 명령

금융위원회는 신탁업자가 그 목적을 변경하여 다른 업무를 행하는 회사로서 존속하는 경우에는 그 회사가 신탁에 관한 채무 전부를 변제하기에 이르기까지 재산의 공탁을 명하거나, 그 밖에 필요한 명령을 할 수 있는 권한이 있다. 이 규정은 합병으로 인하여 신탁업자가 아닌 회사가 신탁업자의 임무 종료를 위하여 필요한 사무를 처리하는 동안에도 적용된다(제116조 제3항).

## XV. 관리형신탁에 관한 특례

### 1. 관리형신탁의 개념 및 금융투자상품성

관리형신탁이라 함은 ① 위탁자 또는 신탁계약에 따라 처분권한을 가지고 있는 수익자의 지시에 따라서만 신탁재산의 처분이 이루어지는 신탁, 또는 ② 신탁계약에 따라 신탁재산에 대하여 보존행위 또는 그 신탁재산의 성질을 변경하지 아니하는 범위에서 이용·개량 행위만을 하는 신탁을 말한다(제3조 제1항 제2호). 이와 같이 관리형신탁은 수탁자 즉, 신탁업자에게 신탁재산 처분권한이 인정되지 않는 신탁이다. 이러한 특징으로 인하여 자본시장법은 관리형신탁의 수익권을 금융투자상품의 정의에서 명시적으로 제외하고 있다(동항 동호). 따라서 관리형신탁에 대하여는 자본시장법상의 공시규제나 내부자거래·시세조종·부정거래행위 등(제172조 내지 제180조의 5)에 관한 불공정거래규제의 적용을 받을 여지가 없다. 다만, 기술한 바와 같은 신탁업자에 대한 사업규제는 다른 금융투자업자의 경우와 같이 동일하게 적용된다.

한편 자본시장법은 관리형신탁의 수익권을 금융투자상품의 정의에서 제외하고 있지만, 일정한 경우 그 특례를 인정하고 있다(제117조의 2).

## 2. 특례

### (1) 금전채권의 수탁

자본시장법은 업계의 수요에 따라 관리형신탁의 경우에도 신탁재산에 수반되는 금전채권을 수탁할 수 있는 특례를 인정하고 있다. 이에 따라 신탁업자는 동산, 부동산 또는 지상권·전세권·부동산임차권·부동산소유권 이전등기청구권·그 밖의 부동산 관련 권리(제103조 제1항 제4호 내지 제6호) 중 어느 하나에 규정된 재산만을 수탁하여 관리형신탁계약을 체결하는 경우, 그 신탁재산에 수반되는 금전채권을 수탁할 수 있다(제117조의 2 제1항).

### (2) 수탁한 금전채권의 운용방법 및 제한

자본시장법은 위의 제117조의 2 제1항에 따른 신탁재산의 운용방법 및 제한에 관하여 필요한 사항은 대통령령으로 정하도록 하고 있다(제117조의 2 제2항). 이에 따라 신탁업자가 동산, 부동산 또는 지상권·전세권·부동산임차권·부동산소유권 이전등기청구권·그 밖의 부동산 관련 권리 중 어느 하나에 규정된 재산만을 수탁하고 관리형신탁계약을 체결하여 금전채권을 수탁한 경우, 그 금전채권에서 발생한 과실인 금전에 대하여는 ① 시행령 제106조 제2항 금융기관, 즉 은행·한국산업은행·중소기업은행·농협협동조합 등에의 예치(제1호), ② 국채증권, 지방채증권 또는 특수채증권의 매수(제2호), ③ 국가 또는 시행령 제106조 제2항 각 호의 금융기관이 지급을 보증한 증권의 매수(제3호), ④ 그 밖에 신탁재산의 안정성 및 수익성 등을 고려하여 총리령으로 정하는 방법(제4호) 중 어느 하나에 해당하는 방법으로 운용하여야 한다(시행령 제118조의 3 제1항). 그리고 이에 운용방법의 세부사항, 그 밖에 신탁재산의 제한에 필요한 사항은 금융위원회가 정하여 고시하여야 한다(시행령 제118조의 3 제2항).

# 제7장 온라인소액투자중개업자에 대한 특례

# 제7장 온라인소액투자중개업자에 대한 특례

## 제1절 | 서설

### Ⅰ. 온라인소액투자중개업자의 의의

일반적으로 온라인소액투자중개업자는 이른바, 증권형(투자형) 크라우드펀딩(Crowd Funding) 중개업자를 말한다. 크라우드펀딩은 영세기업, 예술가, 후원자 등 불특정의 대중(crowd)으로부터 웹사이트 등 인터넷 등을 통한 소액의 자금모집행위를 통칭한다. 이에 따라 자본시장법은 온라인소액투자중개업자를 ① 온라인상에서 누구의 명의로 하든지 타인의 계산으로, ② 「중소기업창업지원법」 제2조 제3호에 따른 창업기업[1] 중 대통령령으로 정하는 자 또는 그 밖에 대통령령으로 정하는 요건에 부합하는 자(온라인소액증권발행인)가, 대통령령으로 정하는 방법으로 발행하는 채무증권, 지분증권, 투자계약증권의 모집 또는 사모에 관한 중개를, ③ 영업으로 하는 투자중개업자라고 정의하고 있다(제9조 제27항).

이와 같이 온라인소액투자중개업자는 주로 ① 온라인소액증권취득에 관한 청약을 하고, ② 명의를 불문하고 타인의 계산으로 온라인소액증권의 모집 또는 사모에 관한 발행주선 또는 대리행위를 하며, ③ 투자자로부터 증권취득에 관한 청약을 받아

1) 창업기업이란 중소기업을 창업하여 사업을 개시한 날부터 7년이 지나지 아니한 기업(법인과 개인사업자를 포함)을 말한다. 이 경우 사업 개시에 관한 사항 등 창업기업의 범위에 관한 세부사항은 대통령령으로 정한다(중소기업창업지원법 제2조 제3항).

온라인소액증권발행인에게 전달하는 행위, 즉 청약행위를 하는 자이다(제9조 제27항 · 제117조의 7 · 시행령 제14조의 4 제2항). 따라서 해당업자는 자신이 중개를 하는 온라인소액증권을 자기의 계산으로 취득, 증권의 발행 또는 그 청약을 주선하거나 대리할 수 없다(제117조의 7 제2항). 그리고 다른 금융투자업자와는 달리 일반적인 인수, 주선 또는 투자권유행위를 할 수 없다. 금융소비자법상의 금융상품판매행위나 권유에 해당하는 행위를 하여서도 아니 된다. 자본시장법은 이를 특례규정을 통하여 확인하고 있으나, 일부 규정은 해석상의 충돌을 야기하고 있다.

### Ⅱ. 특례의 취지

2007년 8월 자본시장법의 제정시 투자중개업자에 대한 규제는 증권회사를 전형으로 하여 설계되었고, 크라우드펀딩 형태의 투자행위는 고려의 대상이 아니었다.[2] 그러나 이후 영화, 예술 또는 지적재산권에 대한 인터넷을 통한 투자활동 등이 활성화되기 시작하였고, 그 규모는 증권회사에 비하여 매우 영세하였다. 그리하여 자본시장법이 제정시 의도한 투자중개업자에 대한 규제를 그대로 적용하는 것은 비합리적이라는 데 이론이 없었다. 이러한 배경에서 자본시장법은 2015년 7월 제5장에 '온라인소액투자중개업자 등에 대한 특례'를 신설하여 통상의 투자중개업자에 대한 규제를 대폭 완화하거나 면제하고 있다.

## 제2절 | 진입규제 및 지배구조 · 건전성규제 등

### Ⅰ. 진입규제: 등록

자본시장법은 온라인소액투자중개업자에 대한 진입규제를 정하고 있다. 그리하여 누구든지 자본시장법에 따라 온라인소액투자중개업자 등록을 하지 아니한 자는 온라인소액투자중개를 할 수 없다(제117조의 3). 등록을 하려는 자는 다음과 같은 요건을 모두 충족하여야 한다(제117조의 4 제2항). 그 요건에는 ① 상법상 주식회사

2) 성희활(2022), 40면.

또는 외국 온라인소액투자중개업자[3]로서 온라인소액투자중개에 필요한 지점·그 밖의 영업소를 설치한 자(제1호), ② 5억원 이상으로서 대통령령으로 정하는 금액(현행 5억원) 이상의 자기자본을 갖출 것(제2호·시행령 제118조의 4 제1항), ③ 사업계획이 타당하고 건전할 것(제3호), ④ 투자자의 보호가 가능하고 그 영위하고자 하는 업을 수행하기에 충분한 인력과 전산설비, 그 밖의 물적 설비를 갖출 것(제4호), ⑤ 임원이 금융회사지배구조법상 임원의 자격요건(동법 제5조)에 적합할 것(제5호), ⑥ 대주주(제12조 제2항 제6호 가목)나 외국 온라인소액투자중개업자가 충분한 출자능력, 건전한 재무상태 및 사회적 신용을 갖출 것(제6호), ⑦ 경영건전성기준 등 대통령령으로 정하는 건전한 재무상태와 법령 위반사실이 없는 등 대통령령으로 정하는 건전한 사회적 신용을 갖출 것(제7호·시행령 제118조의 4 제5항·시행령 제16조 제8항), ⑧ 온라인소액투자중개업자와 투자자간, 특정 투자자와 다른 투자자간의 이해상충을 방지하기 위한 체계로서 대통령령으로 정하는 요건을 갖출 것(제8호·시행령 제118조의 4 제6항·법 제44조·법 제45조 제1항·제2항) 등이 해당한다. 그리고 이러한 등록요건에 관하여 필요한 구체적인 기준은 금융위원회가 정하여 고시한다(시행령 제118조의 4 제7항).

한편 온라인소액투자중개업자가 되고자 하는 자가 금융위원회에 등록하는 경우에는 금융투자업 인가(제12조)를 받은 것으로 본다(제117조의 4 제1항). 그리하여 진입요건을 완화하고 있다.

## Ⅱ. 내부통제 등의 지배구조

자본시장법상 온라인소액투자중개업자에 대한 지배구조의 특징은 다음과 같이 요약할 수 있다. 첫째, 해당업자는 대주주가 변경된 경우, 이를 2주 이내에 금융위원회에 보고하여야 한다(제117조의 6 제1항). 이는 금융회사지배구조법상의 요건(동법 제31조 제1항 단서·동법시행령 제26조 제4항 제4호, 동법 제31조 제2항)보다 대폭 완화된 것이다. 온라인소액투자중개업자가 등록업임을 감안한 규정으로 풀이된다.

둘째, 온라인소액투자중개업자는 그 임직원이 직무를 수행할 때 준수하여야 할 적절한 기준 및 절차로서 대통령령으로 정하는 사항을 포함하는 내부통제기준을 정하

---

3) 외국 법령에 따라 외국에서 온라인소액투자중개에 상당하는 영업을 영위하는 자를 말한다. 이하 같다.

여야 한다(제117조의 6 제2항 · 시행령 제118조의 8 제1항). 해당업자[4]가 내부통제기준을 제정하거나 변경하는 때에는 이사회의 결의를 요한다. 또 금융위원회는 금융감독원장의 검사 결과 법령을 위반한 사실이 드러난 외국 온라인소액투자중개업자에 대하여 재발 방지를 위하여 내부통제기준의 변경을 권고할 수 있다. 이 밖에 내부통제기준에 관한 구체적인 기준은 금융위원회가 정하여 고시한다(시행령 제118조의 8 제2항 내지 제4항). 이와 관련하여서는 온라인소액투자중개업자의 내부통제에 관한 자본시장법상의 규정과 금융회사지배구조법상 내부통제에 규정(예: 제24조 등)의 적용순위가 문제될 수 있다.

생각건대, 금융회사지배구조법은 자본시장법상의 금융투자업자는 물론 일반 금융회사 대부분을 규제의 대상으로 한다(동법 제2조), 그러므로 지배구조에 관하여도 금융회사지배구조법의 규정은 일반법에 해당하고, 자본시장법의 규정은 금융회사지배구조법에 대한 특별법에 해당한다. 따라서 자본시장법의 규정이 우선 적용된다. 또 제117조의 6 이외에 온라인소액투자중개업자에 필요한 내부통제기준 역시 자본시장법상 다른 규정(예: 제45조(정보교류의 차단))도 금융회사지배구조법 보다 우선 적용된다고 해석한다.

## Ⅲ. 건전성규제 등

온라인중개업자에 대하여는 다른 금융투자업자에 적용되는 파생상품책임자규정(제28조의 2), 재무건전성 유지규정(제30조) 및 경영건전성 유지규정(제31조) 등은 적용되지 아니한다(제117조의 6 제3항). 이는 해당업자가 일반적으로 소액사업자이고 투자자에 대한 의무수준이 일반 금융투자업자보다 낮은 점을 고려한 규정으로 풀이된다.

---

4) 외국 온라인소액투자중개업자의 지점, 그 밖의 영업소는 제외한다.

# 제3절 | 영업행위의 규제 등

## Ⅰ. 온라인소액중개 업무특성에 따른 적용면제

자본시장법은 온라인소액투자중개업자가 온라인상에서 단순중개업무를 한다는 업무특성을 고려한 적용제외 규정을 명시하고 있다. 그리하여 온라인소액투자중개업자는 다름 금융투자업자에게 적용되는 영업행위규제 중에서 금융투자업자의 다른 금융업무 겸영(제40조), 매매형태명시 · 자기계약의 금지 등 주문집행관련 규제(제66조 내지 제70조), 신용공여 · 투자자예금의 별도예치 · 집합투자증권판매(제72조 내지 제77조), 종합금융투자사업자의 지정 및 특례(제77조의 2 · 제77조의 3), 다자간매매체결회사에 관한 특례(제78조) 등의 규정을 적용받지 않는다(제117조의 7 제1항).

이는 해당업자의 업무가 '온라인소액중개'로 제한되고, 그 밖의 일반중개 · 위탁매매 또는 대리업무를 수행할 수 없음을 고려한 규정이다. 온라인소액중개업자는 소유증권의 예탁에 관한 규정(제61조)의 적용도 받지 아니한다. 투자자로부터 일체의 금전, 증권 또는 그 밖의 재산을 보관 · 예탁이 금지되는 점(제117조의 8 제1항)을 고려하면, 당연한 규정이다.

## Ⅱ. 투자권유규제 등의 적용면제

자본시장법은 온라인소액투자중개업자의 업무특성을 고려한 또 다른 특례로서 투자권유 등에 관한 규정의 적용을 면제하고 있다. 그리하여 온라인소액투자중개업자에게는 금융소비자보호법상 설명의무위반(동법 제19조 제1항 또는 제3항)에 따른 손해배상책임의 추정(제48조), 투자권유준칙 · 투자권유대행인의 금지행위 등(제50조 내지 제53조)에 관한 규정의 적용을 받지 아니한다(제117조의 7 제1항). 그리고 금융소비자보호법상 적합성원칙 · 적정성원칙 · 설명의무(동법 제17조 내지 제19조), 부당권유금지(동법 제21조), 계약서류의 제공의무(동법 제23조), 금융상품판매대리 · 중개업자의 금지행위(동법 제25조 제1항), 금융상품판매대리 · 중개업자의 고지의무 등(동법 제26조), 금융상품판매업자등의 손해배상책임(동법 제44조), 금융상품직접판매업자의 손해배상책임(동법 제45조), 일반금융소비자의 금융상품 · 자문계약 청약의 철회(동법 제46조)에 관한 규정이 적용되지 않는다.

## Ⅲ. 상호의 사용 및 유사명칭 금지

자본시장법은 상법의 특별법으로서 금융투자상품의 발행과 유통을 규율한다. 이 때문에 상호에 관하여도 상법과는 다른 몇 가지 특별한 규정을 두고 있다. 그 결과 상호에 관한 상법의 법리와 규정 중 자본시장법에서 명시하고 있는 것으로는 상호진실주의, 회사상호사용제한(상법 제20조) 및 오인야기금지규정(상법 제23조) 등이 있다(제38조·시행령 제42조). 이에 덧붙여 자본시장법은 온라인소액투자중개업자의 업무가 온라인상에서 이루어진다는 특성과 범위를 고려하여 상호가 해당업자에 의하여 부정사용되거나 투자자의 오인을 초래하지 않도록 하기 위한 추가 규정을 두고 있다.

이러한 입법취지에 따라 온라인소액투자중개업자는 상호에 '금융투자' 및 이와 유사한 의미를 가지는 외국어 문자로서 대통령령으로 정하는 문자를 사용하여서는 아니 된다. 여기서 대통령령으로 정하는 문자란 financial investment(그 한글표기문자 포함)나 그와 비슷한 의미를 가지는 다른 외국어문자(그 한글표기문자 포함)를 말한다. 다만, 해당업자가 투자중개업 중 온라인소액투자중개에 해당하지 아니하는 것을 포함하여 다른 금융투자업을 영위하는 때에는 그러하지 않다(제117조의 5 제1항 반대해석·시행령 제118조의 7). 이 때에는 상호에 관한 자본시장법상의 다른 규정(예: 제38조)이 적용된다. 반면 온라인소액투자중개업자가 아닌 자는 '온라인소액투자중개' 또는 이와 유사한 명칭을 사용하여서는 아니 된다(제117조의 5 제2항). '이와 유사한 명칭'에는 비슷한 의미를 가지는 외국어문자와 그 한글표기문자를 포함한다.

위와 같이 자본시장법 제117조의 5는 온라인소액투자중개업자에 대한 상호 등에 관한 규제를 하고 있는데, 그 이외의 사항에 대하여는 ① 제38조 등, ② 상법규정 순으로 적용된다. 그리고 이를 위반하여 상호 등에 금융투자 또는 온라인소액투자중개라는 문자를 사용한 자는 1년 이하의 징역 또는 3천만원이하의 벌금에 처한다(제446조 제19호의 2).

## Ⅳ. 증권의 취득·자문 등에 따른 불공정거래 또는 이해상충행위의 금지

온라인소액투자중개업자도 금융투자업자와 같이 업무의 수행 중에 불공정거래를 하거나 이해상충행위를 할 가능성이 있다. 이 때문에 자본시장법은 이를 방지하기 위한 규정을 두고 있다. 우선, 해당업자는 자신이 온라인소액투자중개를 하는 증권을 자기의 계산으로 취득하거나, 증권의 발행 또는 그 청약을 주선 또는 대리하는 행위를 할 수 없다(제117조의 7 제2항). 이 규정은 미공개정보의 이용 등 불공정거래의 위험성을 방지하는 데 그 취지가 있다. 그리고 해당업자는 온라인소액투자중개를 통하여 증권을 발행하는 자(온라인소액증권발행인)의 신용 또는 투자 여부에 대한 투자자의 판단에 영향을 미칠 수 있는 자문이나 온라인소액증권발행인의 경영에 관한 자문에 응하는 행위를 하여서도 아니된다(제117조의 7 제3항). 이 규정은 해당업자의 이해상충행위를 방지하는 데 그 취지가 있다.

## 제4절 | 투자자 보호

### Ⅰ. 청약제도와 투자자 보호

#### 1. 증권의 청약권유행위 금지 및 예외(청약권유수단의 제한)

온라인소액투자중개업자는 원칙적으로 증권의 청약을 권유하는 일체의 행위를 할 수 없다. 다만, 예외적으로 다음의 4가지의 행위는 가능하다(제117조의 7 제10항). 첫째, 제117조의 9 제1항 본문에 따른 투자광고를 자신의 인터넷 홈페이지에 게시하거나 동항 단서에 따라 동항 각 호의 사항을 제공하는 행위(제1호). 여기서의 '동항 단서'는 해당업자 또는 온라인소액증권발행인이 다른 매체를 활용하여 투자광고가 게시된 인터넷 홈페이지 주소나 그에 접속할 수 있는 장치 등을 제공하는 행위를 말한다(제117조의 9 제1항 단서 제1호 내지 제3호).

둘째, 온라인소액증권발행인이 게재하는 내용을 자신의 인터넷 홈페이지에 게시하는 행위(제2호 · 제117조의 10 제2항).

셋째, 자신의 인터넷 홈페이지를 통하여 자신이 중개하는 증권 또는 그 온라인소액증권발행인에 대한 투자자들의 의견이 교환될 수 있도록 관리하는 행위. 다만, 해당업자는 자신의 인터넷 홈페이지를 통하여 공개되는 투자자들의 의견을 임의로 삭제하거나 수정할 수 없다(제3호).

넷째, 사모의 방식으로 증권의 청약을 권유하는 때에는 온라인소액증권발행인이 게재하는 내용을 특정 투자자에게 전송하는 행위(제4호 · 제117조의 10 제2항).

본래 자본시장법은 증권신고서를 제출하지 아니한 상태에서는 50인 이상에게 청약의 권유가 불가능하지만, 온라인소액투자중개업자의 청약권유행위에 대하여는 창업기업 등의 원활한 자금조달 지원을 위하여 위의 4가지의 예외를 인정하고 있다. 즉 자본시장법은 해당업자의 기능을 인터넷 플랫폼의 운영주체로 한정시키고, 그에 따른 증권발행 공시규제, 즉 증권신고서 제출의무 등을 면제(제117조의 10 제1항)하는 대신에 무분별한 청약의 권유를 방지하기 위하여 법에서 열거한 방법으로만 청약을 권유하도록 함으로써 투자자를 보호하고 있다.

## 2. 청약절차 · 방식의 명료화

자본시장법은 온라인소액투자중개업자가 청약과 관련한 행위를 하는 경우 다음과 같이 투자자 보호에 필요한 사전 · 사후장치를 두고 있다.

### (1) 청약 전 투자내용 등에 관한 투자자의 숙지 후 의사수령

온라인소액투자중개업자는 투자자가 청약의 내용, 투자에 따르는 위험, 증권의 매도 제한, 증권의 발행조건과 온라인소액증권발행인의 재무상태가 기재된 서류 및 사업계획서의 내용을 충분히 확인하였는지의 여부를 투자자의 서명[5] 또는 전자우편 · 그 밖에 이와 비슷한 전자통신 등의 방법으로 확인하기 전에는 그 청약의 의사표시를 받을 수 없다(제117조의 7 제4항 · 시행령 제118조의 9). 이는 금융소비자보호법상의 설명의무(동법 제19조)와 유사한 취지의 규정이다.[6] 그리고 투자자가 청약의 내용 등을 숙지하고 자기책임 하에 투자판단을 하도록 하는 사전절차이다. 또 해당업자도 이를 확인한 후 청약의 의사표시를 수령하도록 함으로써 사후 분쟁을 방지하기 위한 절차이기도 하다.

### (2) 고객 및 적합성 확인의무

자본시장법은 투자권유시 금융투자업자가 부담하는 고객확인의무(know your customer) 및 적합성원칙과 유사한 의무를 온라인소액투자중개업자에게 부과하고 있

5) 「전자서명법」 제2조 제2호에 따른 전자서명을 포함한다.
6) 금융위원회 · 금융감독원(2016), 25면.

다. 이에 따라 온라인소액투자중개업자는 전문투자자 및 일정한 누적투자금액요건을 갖춘 자를 제외한 투자자(제117조의 10 제6항 제2호)가 온라인소액투자중개의 방법을 통하여 증권을 청약하려는 경우, 그 투자자에게 투자에 따르는 위험 등에 대하여 이해했는지 여부를 질문을 통하여 확인하여야 한다(제71조 제7호 전단·시행령 제68조 제5항 제13호의 5). 이른바 고객확인의무를 부담하는 것이다. 그리고 해당업자는 확인한 결과 투자자에게 온라인소액투자중개의 방법을 통한 투자가 적합하지 않음에도 청약의 의사표시를 받는 행위를 하여서는 아니 된다(시행령 제68조 제5항 제13호의 5 후단). 이는 금융소비자보호법상 적합성의 원칙(제17조)과 동일한 취지이다.

그런데 자본시장법 제117조의 7 제1항은 명시적으로 온라인소액투자중개업자에 대하여 금융소비자보호법상의 적합성원칙의 적용을 배제하고 있다. 그럼에도 불구하고 자본시장법은 투자자에게 투자에 따르는 위험 등에 대하여 이해했는지 여부를 질문을 통하여 확인하지 않거나, 확인한 결과 투자자에게 온라인소액투자중개의 방법을 통한 투자가 적합하지 않음에도 청약의 의사표시를 받는 행위를 불건전영업행위의 하나의 행위로 명시하여(제71조 제7호·시행령 제68조 제5항 제13의 5) 동 원칙을 부담하게 하고 있다. 이로 인하여 조문상의 충돌을 야기한다.

### (3) 임의청약의 금지

자본시장법은 금융투자업자의 임의매매 금지규정(제70조)과 같은 취지에서 온라인소액투자중개업자의 임의청약을 금지하고 있다. 이에 따라 해당업자는 투자자가 청약의 의사를 표시하지 아니한 상태에서 투자자의 재산으로 증권의 청약을 하여서는 아니 된다(제117조의 7 제6항).

### (4) 청약기간의 만료 및 통지

온라인소액투자중개업자는 증권의 청약기간이 만료된 경우에는 증권의 청약 및 발행에 관한 내역을 금융위원회가 정하여 고시하는 방법에 따라 지체 없이 투자자에게 통지하여야 한다(제117조의 7 제8항). 여기서 '증권의 청약 및 발행에 관한 내역'에는 ① 전체 투자자의 청약금액 및 수량, ② 전체 투자자로부터 온라인소액증권발행인에게 실제 납입될 증권 대금, ③ 증권의 취득에 관한 청약을 한 해당투자자에게 배정된 증권의 가액 및 수량, ④ 온라인소액투자중개업자가 투자자에게 청약증거금을 반환하여야 할 경우 그 금액 및 반환 일정 등에 관한 사항 등이 포함된다(시행령

제118조의 10 제2항). 그리고 금융위원회가 정하는 방법이란 ① 전자우편, 그 밖에 이와 비슷한 전자통신 방법, 또는 ② 해당업자의 인터넷 홈페이지를 통하여 통지하는 방법을 말한다(금융투자업규정 제4-111조).

이는 해당업자의 증권의 청약은 통상 소액의 불특정 다수의 투자자를 대상으로 하기 때문에 그 청약기간이 10일 이상으로써(시행령 제118조의 16 제3항 제1호의 2) 일반적인 증권의 공모기간보다 장기이고 조건성취형 운영방식, 즉 증권발행취소제도가 있다는 점(제117조의 10 제3항 · 시행령 제118조의 16 제5항) 등을 고려한 규정이다.[7] 이에 따라 투자자는 증권발행여부와 자신의 투자한도를 확인함으로써 해당업자의 임의청약 등의 행위를 방지할 수 있다.

### (5) 투자자의 청약의사 철회권(coolingoff right)

온라인소액투자중개업자제도 중 투자자 보호에 특징적인 것 중의 하나는 투자자에게 청약의사 철회권을 인정하는 데에 있다. 그리하여 투자자는 온라인소액투자중개를 통하여 발행되는 증권의 청약기간의 종료일까지 온라인소액투자중개업자의 인터넷 홈페이지를 통하여 전자문서[8]의 방법으로 온라인소액투자중개업자에게 청약의 의사를 철회할 수 있다(제117조의 10 제8항 전단 · 시행령 제118조의 17 제7항). 이 때 해당업자는 그 투자자의 청약증거금을 지체 없이 반환하여야 한다(제117조의 10 제8항 후단). 기술한 바와 같이 청약증거금을 반환하여야 할 경우에는 투자자에게 그 금액 및 반환 일정 등에 관한 사항을 통지하여야 한다(시행령 제118조의 10 제2항 제4호).

이와 같이 투자자에게 청약의사 철회권을 인정하고 있는 것은 기술한 바와 같이 온라인소액투자중개업자의 증권의 청약은 일반적인 증권의 청약기간에 비하여 장기이므로 증권의 가격변동이나 투자동인의 변화가능성이 높기 때문이다. 이 취지는 금융소비자보호법상 청약의 철회제도와 유사하다(동법 제46조).

## 3. 투자자의 부당우대 · 차별금지 및 예외

자본시장법은 온라인소액투자중개업자의 일반적인 의무로서 투자자의 부당우대

7) 금융위원회 · 금융감독원(2016), 28면.
8) 「전자문서 및 전자거래 기본법」에 따른 전자문서를 말한다

또는 차별금지의무 규정을 두고 있다. 이에 따라 해당업자는 온라인소액증권발행인에 관한 정보의 제공, 청약주문의 처리 등의 업무를 수행할 때 특정한 온라인소액증권발행인 또는 투자자를 부당하게 우대하거나 차별하여서는 아니 된다. 다만, 증권의 취득에 관한 청약의 권유가 없음에도 투자자가 청약의 의사를 먼저 표시하는 등 대통령령으로 정하는 정당한 사유가 있는 경우에는 그러하지 않다(제117조의 7 제7항 단서 · 시행령 제118조의 10 제1항). 단서에서 '그러하지 않다'는 것은 투자자를 부당우대하거나 차별하더라도 무방하다는 뜻이 아니라 '정당한 사유'가 있는 때에는 부당우대나 차별에 해당하지 않는다는 뜻이다.

한편 온라인소액투자중개업자는 온라인소액증권발행인의 요청에 따라 투자자의 자격 등을 합리적이고 명확한 기준에 따라 제한할 수 있는데(제117조의 7 제5항), 이 역시 투자자의 차별적 대우에 해당하지 아니한다. 온라인소액증권의 유형에 따라서는 투자자의 자격을 제한하는 것이 합리적이기 때문이다.

## 4. 청약증거금의 분별관리

### (1) 취지

자본시장법은 업무수행의 효율성, 온라인소액투자중개업자의 파산, 투자자 자금의 유용 또는 해당업자의 고유재산과 투자자의 자금이 혼융 등으로부터 발생하는 문제점으로부터 투자자를 보호하기 위하여 청약증거금의 관리방법에 관한 필요한 조치를 강구하고 있다.

### (2) 보관 · 예탁의 금지 및 별도관리

온라인소액투자중개업자는 투자자로부터 일체의 금전 · 증권, 그 밖의 재산의 보관 · 예탁을 받아서는 아니 된다(제117조의 8 제1항). 그 대신 투자자의 청약증거금이 대통령령으로 정하는 은행 또는 증권금융회사(청약증거금관리기관)에 예치 또는 신탁되도록 하여야 한다(동조 제2항 · 시행령 제118조의 11 제2항). 이 규정은 회사의 설립 시 주금납입을 주식청약서에 기재한 납입장소에서 하도록 한 상법규정(상법 제305조 제2항)과 입법취지가 같다. 이에 대하여는 예외가 없다.

입법취지가 위와 같으므로 해당업자는 은행 또는 증권금융회사에 예치 또는 신탁된 투자자의 청약증거금이 투자자의 재산이라는 뜻을 밝혀야 한다(제117조의 8 제

3항). 이는 집합투자재산을 보관하는 경우 신탁업자에게 집합투자업자의 고유재산이 아닌 집합투자재산이라는 사실과 위탁자를 밝히도록 하는 취지와 유사하다(제246조 제2항).

나아가 누구든지 은행 또는 증권금융회사에 예치 또는 신탁된 투자자의 청약증거금(제117조의 8 제2항)을 상계 · 압류(가압류 포함)하지 못하며, 온라인소액투자중개업자는 은행 또는 증권금융회사에 예치 또는 신탁된 투자자의 청약증거금을 양도하거나 담보로 제공하여서는 아니 된다(제117조의 8 제4항). 이는 위탁물의 귀속에 관한 상법 제103조와 같은 취지의 규정이다. 즉 해당업자의 파산이나 채권자의 권리행사로부터 투자자의 청약증거금을 보존하기 위한 규정이다. 다만, 온라인소액투자중개업자가 ① 다른 회사에 흡수합병되거나 다른 회사와 신설합병함에 따라 그 합병에 의하여 존속되거나 신설되는 회사에 청약증거금관리기관(제117조의 8 제2항)에 예치 또는 신탁한 청약증거금을 양도하는 경우, ② 온라인소액투자중개업의 전부나 일부를 양도하는 경우로서 양도내용에 따라 양수회사에 청약증거금 관리기관에 예치 또는 신탁한 청약증거금을 양도하는 경우, 또는 ③ 그 밖에 투자자의 보호를 해칠 염려가 없는 경우로서 금융위원회가 정하여 고시하는 경우에는 예외적으로 해당업자가 청약증거금을 양도하거나 담보로 제공할 수 있다(제117조의 8 제4항 · 시행령 제118조의 12).

### (3) 구분관리의무

청약증거금관리기관은 예치 또는 신탁된 투자자의 청약증거금을 자기재산과 구분하여 신의에 따라 성실하게 관리하여야 한다(제117조의 8 제6항 · 시행령 제118조의 14 제1항). 이는 위의 별도관리의 취지와 같다. 그리고 온라인소액투자중개업자는 다른 금융투자업자와 같이 신의성실공정의무(제37조)를 부담하므로(제117조의 7 제1항 반대해석), 그 이행보조기관인 청약증거금관리기관에 대하여도 그와 동일한 의무를 부담시키고 있는 취지로 읽힌다.

## 5. 청약증거금의 지급사유발생과 지급

자본시장법상 청약증거금의 지급사유라 함은 ① 온라인소액투자중개업자의 등록취소, 해산결의 또는 법원으로부터의 파산선고, ② 해당중개업 자체의 폐지승인 또는 정지명령, ③ 그 밖에 이에 준하는 사유 중 어느 하나에 해당하는 것을 말한다(제117조의 8 제5항 · 시행령 제118조의 13 제1항). 청약증거금 지급사유가 발생하면 온라인소액투자중개업자는 청약증거금관리기관인 은행 또는 증권금융회사에 예치 혹은 신탁된 투자자의 청약증거금이 투자자에게 우선 지급될 수 있도록 조치하여야 한다(제117조의 8 제5항). 그리고 해당업자는 지체 없이 청약증거금의 우선 지급사유, 지급 시기 및 방법, 그 밖에 청약증거금의 우선 지급과 관련된 사항을 온라인소액투자중개업자, 중앙기록관리기관(제117조의 13) 및 청약증거금관리기관의 인터넷 홈페이지 등을 이용하여 공시하여야 한다(시행령 제118조의 13 제2항). 또 청약증거금 관리기관은 투자자에게 청약증거금을 우선 지급사유가 발생한 경우 청약증거금의 지급 · 반환 업무를 위하여 필요한 경우에는 중앙기록관리기관에 관련 자료의 제공을 요청할 수 있다(제117조의 8 제6항 · 시행령 제118조의 14 제4항 제3호). 이 밖에 예치 또는 신탁된 청약증거금의 지급 및 반환 등에 필요한 세부사항은 금융위원회가 정하여 고시한다(시행령 제118조의 14 제5항).

한편 청약증거금관리기관 제117조의 8 제6항에 근거하여 투자자에게 직접 청약증거금을 지급한 때에는 온라인소액주자중개업자의 업무를 대행한 것으로써 해당업자의 지급의무는 소멸된다.

## Ⅱ. 온라인소액증권 발행제도와 투자자 보호

### 1. 의의

자본시장법은 온라인소액투자중개업을 통한 신속한 자금조달을 위하여 금융투자업자에게 적용하는 증권신고서의 제출, 기업실사 및 회계실사의무를 면제하는 한편, 온라인소액증권발행시 투자자 보호에 필요한 몇 가지 장치를 두고 있다.

### 2. 온라인소액증권발행인에 관한 규율

#### (1) 발행인의 자격

온라인소액증권발행인은 온라인소액투자중개를 통하여 증권을 발행하는 자를 말한다. 이에 해당하는 자는 다음과 같다. 첫째, 「중소기업창업지원법」 제2조 제3호에 따른 창업기업 중 대통령령으로 정하는 자(제9조 제27항 제1호). 여기서의 창업기업은 중소기업을 창업하여 사업을 개시한 날부터 7년이 지나지 아니한 기업(법인과 개인사업자 포함)을 말한다. 이 경우 사업 개시에 관한 사항 등 창업기업의 범위에 관한 세부사항은 대통령령으로 정한다(중소기업창업지원법 제2조 제3호). 이와 같이 중소기업창업지원법은 창업기업의 '혁신성' 및 '신생기업'의 기준을 7년 이하로 설정하고 있다. 이러한 규정에 따라 일반적인 주권상장법인(제9조 제15항 제3호)(제1호), 금융·보험업, 부동산업, 일반 유흥주점업·무도 유흥주점업·기타 주점업 및 무도장 운영업을 하는 자(제2호)는 온라인소액투자중개업을 영위할 수 없다(시행령 제14조의 5 제1항). 다만, 주권상장법인 중에서 ① 코넥스시장에 주권을 신규로 상장한 법인으로서 그 상장일부터 3년이 경과하지 않은 법인(가목), 또는 ② 모집·매출의 신고(제119조) 혹은 신고서를 제출하지 아니하는 모집·매출(제130조)에 따른 방식으로 증권의 모집 또는 매출을 한 실적이 없는 법인(나목)은 온라인소액증권을 발행할 수 있다(시행령 제14조의 5 제1항 제1호 단서).

둘째, 그 밖에 대통령령으로 정하는 요건에 부합하는 자(제9조 제27항 제2호). 여기에는 ① 벤처기업법상의 벤처기업 또는 중소기업기술혁신법상의 기술혁신형 중소기업이나 경영혁신형 중소기업으로서 위의 제외 대상업종(시행령 제14조의 5 제1항 제2호)에 해당하지 아니하는 자, ② 중소기업기본법상 중소기업, 사회적기업육성법상 사회적기업 등도 근거 법령이 정하는 바에 따라 온라인소액증권을 발행할 수 있다(시행령 제14조의 5 제2항).

셋째, 중소기업창업지원법은 ① 사행시설 관리 및 운영업, ② 그 밖에 경제질서 및 미풍양속에 현저히 어긋나는 업종으로서 중소벤처기업부령으로 정하는 업종을 창업기업의 범위에서 제외하고 있다(동법 제5조·동법시행령 제4조). 그러므로 이러한 업종은 자본시장법상 온라인소액증권발행인이 될 수 없다(제9조 제27항 제1호 참조).

### (2) 온라인소액증권발행인의 신뢰성 확보

자본시장법은 온라인소액증권발행인의 신뢰성을 확보할 수 있는 장치를 두고 있다. 그리하여 온라인소액투자중개업자는 다음과 같은 사항을 확인하여야 한다. 그 사항에는 첫째, 온라인소액증권발행인과 그 대주주 및 임원의 범죄경력에 관한 사항으로서 금융위원회가 정하여 고시하는 사항(제117조의 11 제1항 제5호·시행령 제118조의 18 제3항 제1호). 여기에는 ㉠ 금고 이상의 실형을 선고받고 그 집행이 끝나거나

(집행이 끝난 것으로 보는 경우를 포함) 집행이 면제된 날부터 5년이 지나지 아니한 자, ㉡ 금고 이상의 형의 집행유예를 선고받고 그 유예기간 중에 있는 자, ㉢ 금융회사지배구조법 또는 금융관계법령에 따라 벌금 이상의 형을 선고받고 그 집행이 끝나거나(집행이 끝난 것으로 보는 경우를 포함) 집행이 면제된 날부터 5년이 지나지 아니한 자 등이 포함된다(증권의 발행 및 공시 등에 관한 규정 제2-2조의 7 제1항 · 제2-2조의 4 제4항 · 금융회사지배구조법 제5호 제1항 제3호 내지 제5호).

둘째, 증권을 모집하기 전까지 온라인소액증권발행인과 그 대주주 및 임원이 그 업무와 관련된 소송의 당사자가 된 경우 그에 관한 사항(제117조의 11 제5호 · 시행령 제118조의 18 제3항 제2호).

셋째, 온라인소액증권발행인이 온라인소액투자중개업자의 인터넷 홈페이지에 그 발행인에 관한 사항으로서 수상 · 특허출원 또는 기술평가 등을 게재한 경우 그에 관한 사항(제117조의 11 제5호 · 시행령 제118조의 18 제3항 제4호) 등이 포함된다.

### (3) 사업계획과 투자자 보호

온라인소액투자중개업자는 온라인소액투자중개 전에 해당온라인소액증권발행인에 관한 사업계획에 관한 다음의 사항을 확인하여 투자자를 보호하여야 한다. 첫째, 온라인소액증권발행인의 사업계획이 투자자 보호를 위하여 대통령령으로 정하는 항목을 포함하였는지 여부((제117조의 11 제1항 제2호). 여기에는 ① 온라인소액증권발행인이 하는 사업의 목적 및 내용, ② 그 밖에 금융위원회가 정하여 고시하는 사항 등이 포함되어야 한다(시행령 제118조의 18 제1항).

둘째, 모집 자금의 사용 계획이 투자자 보호를 위하여 대통령령으로 정하는 항목을 포함하였는지 여부(제117조의 11 제1항 제4호). 여기에는 ① 모집예정금액의 구체적인 사용 목적 및 그 사용 목적이 제118조의 16 제1항 제2호 나목의 사업계획에 적합한지 여부, ② 청약금액이 제117조의 10 제3항에 따른 모집예정금액에 미달하는 경우 그 부족분을 조달하기 위한 세부계획이 수립되었는지 여부 등이 포함되어야 한다(시행령 제118조의 18 제2항).

## 3. 증권발행 전 · 발행 후 투자정보의 제공

온라인소액증권발행인은 증권신고서나 소액공모서류 제출의무가 면제되는 대신

투자자를 보호하기 위한 정보제공의무를 부담한다. 즉 해당발행인은 증권의 발행조건과 재무상태, 사업계획서 및 그 밖에 '대통령령으로 정하는 사항'을 온라인소액투자중개업자가 개설한 홈페이지에 게재하고, 그 밖에 '대통령령으로 정하는 조치'를 하여야 한다(제117조의 10 제2항). 여기서 '대통령령으로 정하는 사항'이란 증권의 발행조건에 관한 사항으로서 ① 모집에 관한 일반사항, ② 모집되는 증권의 권리내용, ③ 모집되는 증권의 취득에 따른 투자위험요소, ④ 자금의 사용 목적, ⑤ 증권 발행가액의 산정 방법 및 근거 등이 해당한다(시행령 제118조의 16 제1항).

'대통령령으로 정하는 조치'란 ① 증권의 모집이 끝난 후 지체 없이 그 모집 실적에 관한 결과를 온라인소액투자중개업자의 인터넷 홈페이지에 게재할 것(제1호), ② 증권의 청약기간은 10일 이상으로 할 것(제1호의 2), ③ 매 사업연도 경과 후 90일 이내에 시행령 제137조 제1항 제5호 각 목의 서류를 온라인소액투자중개업자의 인터넷 홈페이지(온라인소액증권발행인이 둘 이상의 온라인소액투자중개업자를 통하여 모집의 방법으로 증권을 발행한 경우에는 그 둘 이상의 온라인소액투자중개업자의 인터넷 홈페이지를 포함)에 게재할 것(제2호 본문). 다만, 사업보고서(제159조 제1항) 제출대상법인, 장외매매거래(시행령 제178조 제1항 제1호)를 통해 주권이 거래되는 법인 또는 모집한 증권의 상환 혹은 소각을 완료한 법인인 경우에는 게재하지 않을 수 있다(제2호 단서), ④ 그 밖에 투자자를 보호하기 위하여 필요한 조치로서 금융위원회가 정하여 고시하는 조치(제3호)를 말한다(시행령 제118조의 16 제3항).

한편 온라인소액증권발행인은 증권의 청약기간의 종료일부터 7일 전까지 온라인소액투자중개업자가 관리하는 인터넷 홈페이지(제117조의 7 제10항 제3호)를 통하여 투자자의 투자판단에 도움을 줄 수 있는 정보를 제공할 수 있다. 다만, 대통령령으로 정하는 바에 따라 투자자의 투자판단에 영향을 미칠 수 있는 중요한 사항을 포함하고 있는 정보가 위의 제117조의 10 제2항에 따른 게재내용과 상이한 때에는 그 제2항에 따른 게재의 내용을 즉시 정정하고 온라인소액투자중개업자가 관리하는 인터넷 홈페이지를 통하여 정정 게재[9]하여야 한다(제117조의 10 제4항·시행령 제118조의 16 제6항). 이 규정은 중요한 사항에 대하여는 항상 최신의 정보를 유지함으로써 투자자가 올바른 투자판단을 하도록 하는 데 그 취지가 있다.

---

9) 정정 게재일이 청약기간의 말일부터 7일 이내인 경우에는 청약기간의 말일은 그 게재일부터 7일 후로 변경된 것으로 본다.

## 4. 투자자의 투자한도 설정

### (1) 취지

창업기업 등이 발행한 증권에 대한 투자는 기업가치가 상대적으로 저평가 되어 있을 때 투자를 할 수 있다는 장점이 있다. 반면 사업의 성공가능성이 불확실하고 발행증권의 유동성이 풍부하지 못하므로 투자자금을 회수할 때까지 장기간이 소요될 수 있고, 투자자는 투자위험에 노출될 수 있다. 이로 인하여 자본시장법은 투자자들의 과도한 투자로 인한 손실을 입는 사례를 사전에 방지하기 위하여 동일 발행인별로 연간 총 투자한도를 정하고 있다. 이 점에서 투자한도의 제한은 온라인소액증권 투자자를 보호하는 매우 특징적인 장치로 평가할 수 있다.

### (2) 투자한도

투자자의 온라인소액증권에 대한 투자한도는 투자자의 전문성 및 위험감수능력에 따라 차등적용하고 있다. 그 결과 첫째, 투자자가 소득 등 대통령령으로 정하는 요건을 갖춘 자(시행령 제118조의 17 제3항[10])는 ① 최근 1년간 동일 온라인소액증권발행인에 대한 누적투자금액: 1천만원 ② 최근 1년간 누적투자금액: 2천만원

둘째, 소득 등 대통령으로 정하는 요건(제117조의 10 제6항 제1호)의 요건을 갖추지 못한 자는 ① 최근 1년간 동일 온라인소액증권발행인에 대한 누적투자금액: 500만원, ② 최근 1년간 누적투자금액: 1천만원을 초과하여 투자할 수 없다((제117조의 10 제6항 제1호 · 제2호, 시행령 제118조의 17 제4항).

그러나 이러한 투자한도는 전문투자자 등 대통령령으로 정하는 자(시행령 제118조의 17 제2항)에는 예외적으로 적용되지 아니 한다(제117조의 10 제6항 괄호).

---

10) 제1호: 개인인 경우 ①「소득세법」 제4조 제1호 가목 및 나목에 따른 이자소득 및 배당소득의 합계액이 동법 제14조 제3항 제6호에 따른 이자소득 등의 종합과세기준금액을 초과하는 자(가목), ② 직전 과세기간의 사업소득금액(「소득세법」 제19조 제2항에 따른 사업소득금액을 말한다)과 근로소득금액(동법 제20조 제2항에 따른 근로소득금액)의 합계액이 1억원을 초과하는 자(나목), ③ 최근 2년간 온라인소액투자중개(증권의 사모에 관한 중개는 제외)를 통하여 5회 이상 투자한 사람으로서 그 누적 투자금액이 1천 5백만원 이상인 자(다목), 또는 ④ 그 밖에 창업기업 · 벤처기업 등에 대한 투자의 전문성 등을 고려하여 금융위원회가 정하여 고시하는 자(라목).
제2호: 법인인 경우는 최근 사업연도말 현재 자기자본이 10억원을 초과하는 법인.

한편 기술한 바와 같이 온라인소액투자중개업자는 온라인소액증권발행인의 요청에 따라 투자자의 자격 등을 합리적이고 명확한 기준에 따라 제한할 수 있다(제117조의 7 제5항). 그리고 투자자가 투자한도를 초과하여 투자를 하더라도 당사자간의 사법상의 효력은 유효하다고 해석하여야 한다. 당사자가 유리한 결과에 대하여는 유효하다고 주장하고, 반대의 경우는 무효라고 주장할 수 있기 때문이다. 다만, 해당업자는 행정처분의 대상이 됨은 물론이다.

## 5. 발행인 등의 증권매도 · 양도의 제한

자본시장법은 창업기업이나 벤처기업 등에 대한 투자를 장려하고 투자자 보호를 위하여 온라인소액증권에 대한 매도나 양도를 제한하고 있다. 우선, 온라인소액증권발행인과 그 대주주[11]는 온라인소액증권발행인이 온라인소액투자중개 방식으로 증권을 발행한 후 1년 동안은 보유한 온라인소액증권발행인의 지분을 누구에게도 매도할 수 없다(제117조의 10 제5항 · 시행령 제118조의 17 제1항).

둘째, 투자자는 원칙적으로 온라인소액투자중개를 통하여 발행된 증권을 지체 없이 제309조 제5항에서 정하는 방법으로 예탁결제원에 예탁(제309조 제2항)하거나 보호예수(보관)하여야 하며, 그 예탁일 또는 보호예수일부터 6개월간 해당증권[12]을 매도, 그 밖의 방법으로 양도할 수 없다. 다만, ① 전문투자자에게 매도하거나, ② 해당증권의 투자 손실가능성 및 낮은 유통가능성 등을 인지하고 있는 자로서 대통령령으로 정하는 자에게 매도하는 행위는 예외적으로 허용된다(제117조의 10 제7항 · 시행령 제118조의 17 제5항 제1호 내지 제5호). 이는 1차 투자자에 비하여 2차 투자자는 발행기업에 대한 정보가 부족하여 투자자를 보호한다는 측면에서 원칙적으로 매도 등을 금지하는 한편, 전문투자자 등 위험감수능력이 있는 자에 대하여는 예외적으로 허용함으로써 자금회수의 길을 열어두기 위한 규정이다. 여기서 매도 등의 제한 기간은 미국의 JOB법 1년에 비하여 짧다. 다만, 미국에서도 해당기간 내일지라도 전문투자자 등에게 양도할 수 있음은 물론이다.

---

11) 온라인소액투자중개의 방법으로 자금을 모집하기 직전을 기준으로 한 대주주를 말한다.
12) 증권에 부여된 권리의 행사로 취득하는 증권을 포함한다.

## Ⅲ. 투자광고의 특례와 투자자 보호

### 1. 의의

자본시장법은 온라인소액투자중개에 관한 광고와 관련하여 사적인 피싱(phising=private date+fishing)과 같은 신종금융사기 및 무분별한 광고행위를 방지하고[13] 투자자를 보호하기 위한 장치를 두고 있다.

### 2. 특례규정

#### (1) 광고방식과 주체

온라인소액투자중개업자 또는 온라인소액증권발행인은 온라인소액투자중개업자가 개설한 인터넷 홈페이지 이외의 수단을 통해서 투자광고를 하여서는 아니 된다(제117조의 9 제1항 본문). 다만, 예외적으로 해당업자 또는 해당발행인은 다른 매체를 이용하여 ① 투자광고가 게시된 인터넷 홈페이지 주소(제1호), ② 투자광고가 게시된 인터넷 홈페이지에 접속할 수 있는 장치(제2호), ③ 온라인소액투자중개업자·온라인소액증권발행인의 명칭, 온라인소액증권발행인의 업종 및 증권의 청약기간[14](제3호) 등과 같은 사항을 제공할 수 있다(동조 동항 단서).

이 규정과 연관되어 자본시장법은 전자게시판서비스 제공자에게도 일정한 의무를 부과하고 있다. 이에 따라 전자게시판서비스 제공자[15]는 해당게시판을 통하여, 위에서 기술한 온라인투자광고 관련사항(제117조의 9 제1항)의 제공이 이루어지는 경우 이로 인한 투자자 피해가 발생하지 아니하도록 다음의 사항을 이행하여야 한다(제117조의 15 제1항). 그 이행사항에는 첫째, 온라인소액증권발행인 또는 온라인소액투자중개업자가 게시판을 이용하여 온라인투자광고 관련사항(제117조의 9 제1항 각 호)을 제공하는 경우 투자광고 관련의무(제117조의 9)에 따른 의무를 준수하도록 안내하

---

13) 금융위원회·금융감독원(2016), 33면
14) 온라인소액증권발행인이 개설한 인터넷 홈페이지 또는 정보통신망법 제2조 제1항 제3호의 정보통신서비스 제공자가 운영하는 포털서비스(다른 인터넷주소·정보 등의 검색과 전자우편·커뮤니티 등을 제공하는 서비스를 말한다)를 이용하여 제공하는 경우에 한정한다.
15) 정보통신망법 제2조 제1항 제9호의 게시판을 운영하는 동항 제3호의 정보통신서비스 제공자를 말한다.

고 권고할 것(제1호). 여기에는 후술하는 손실보전약속금지 등도 포함된다.

둘째, 게시판을 이용하여 온라인투자광고 관련사항(제117조의 9 제1항 각 호)을 제공하는 온라인소액증권발행인 또는 온라인소액투자중개업자가 자본시장법을 위반하는 경우 ㉠ 위반자에 대한 접속 제한, 법을 위반하여 게재된 정보의 삭제 등 투자자 피해를 방지하기 위한 조치(가목), 및 ㉡ 위반자의 법 위반 사실을 금융위원회에 신고(나목) 등의 조치를 이행할 것(제2호).

셋째, 그 밖에 대통령령으로 정하는 사항(제3호 · 시행령 제118조의 23) 등이 있다.

한편 온라인소액투자중개업자 또는 온라인소액증권발행인이 아닌 자는 온라인소액투자중개에 대한 투자광고를 하여서는 아니 된다(제117조의 9 제2항). 이는 투자광고의 주체를 제한하는 규정이다. 따라서 제3자에 의한 투자광고는 금지된다.

### (2) 준용규정 및 위반시의 제재 · 손해배상책임

온라인소액투자중개업자 또는 온라인소액증권발행인이 투자광고를 하는 경우에는 금융상품 등에 관한 광고 관련 준수사항을 규정하고 있는 금융소비자보호법 제22조(자본시장법 제57조에서 이관)를 준용하고(제117조의 9 제1항 반대해석), 표시광고법의 적용을 받는다. 이에 따라 해당업자나 해당발행인의 광고의 내용에는 투자에 따른 위험, 과거 운용실적을 포함하여 광고를 하는 경우에는 그 운용실적이 미래의 수익률을 보장하는 것이 아니라는 사항을 포함하여야 한다(금융소비자보호법 제22조 제3항 제3호 나목). 그리고 ① 투자자에게 손실보전 또는 이익보장이 되는 것으로 오인하게 하는 행위를 하거나, ② 수익률이나 운용실적을 표시하는 경우 수익률이나 운용실적이 좋은 기간의 수익률이나 운용실적만을 표시하는 행위 등 금융소비자 보호를 위하여 대통령령으로 정하는 행위를 하여서도 아니 된다(금융소비자보호법 제22조 제4항 제2호 · 동법시행령 제20조 제4항). 이에 위반하는 때에는 과징금이나 과태료가 부과될 수 있다(동법 제57조 · 제69조).

나아가 해당업자 또는 해당발행인은 소비자를 속이거나 소비자로 하여금 잘못 알게 할 우려가 있는 투자광고를 하여서는 아니 된다. 예를 들면, ① 거짓 · 과장의 표시 · 광고(제1호), ② 기만적인 표시 · 광고(제2호), ③ 부당하게 비교하는 표시 · 광고(제3호), ④ 비방적인 표시 · 광고(제4호) 등의 행위를 하거나 다른 사업자 등으로 하여금 하게 하는 행위 등이 그에 해당한다(표시광고법 제3조 제1항). 이에 위반하는 때에는 공정거래위원회의 시정조치를 받게 되고, 광고행위 임시중지명령이 내려질 수 있으며, 과징금이 부과될 수 있다(표시광고법 제7조 내지 제9조). 그리고 해당업자 또는 해당발행인은 그로 인한 피해자에게 손해배상책임을 진다(동법 제10조)

한편 전자게시판서비스 제공자는 전자게시판서비스 제공자의 책임(제117조의 15 제1항)을 이행을 하지 아니하는 경우 방송통신위원회로부터 시정명령 또는 과태료의 처분을 받을 수 있다(제117조의 15 제2항).

## 제5절 | 증권모집의 특례

### Ⅰ. 발행공시의무의 면제 및 발행한도

자본시장법은 신생기업의 원활한 자금조달을 지원하기 위하여 일정한 경우 발행공시의무를 면제하는 한편으로, 위험도가 높은 신생기업의 증권발행을 양적으로 제한하기 위하여 온라인소액증권발행인의 발행한도를 규율하고 있다. 그 내용은 다음과 같다. 첫째, 온라인소액투자중개의 방법으로 '대통령령으로 정하는 금액 이하의 증권을 모집하는 경우'에는 증권의 모집 또는 매출신고서에 관한 규정(제119조) 및 신고서를 제출하지 아니하는 모집·매출에 관한 규정(제130조)을 적용하지 아니한다(제117조의 10 제1항). 여기서 '대통령령으로 정하는 금액 이하의 증권을 모집하는 경우'란 아래와 같다. 즉 ① 온라인소액투자중개를 통하여 모집하려는 증권의 모집가액과 해당모집일부터 과거 1년 동안 이루어진 증권의 모집가액[16] 각각의 합계액이 30억원 이하인 경우. 이 경우 채무증권의 합계액은 15억원을 그 한도로 한다(제1호). ② 청약권유일 이전 6개월 이내에 해당증권과 같은 종류의 증권에 대하여 공모(제9조 제7항·제9항)에 의하지 않고 청약의 권유를 받은 자를 합산하는 경우(시행령 제11조 제1항)에는 그 합산의 대상이 되는 모든 청약의 권유[17] 각각의 합계액이 30억원 이하인 경우. 이 경우 채무증권의 합계액은 15억원을 그 한도로 한다(제2호)(시행령 제118조의 15 제1항).

둘째, 위의 금액을 산정하는 경우 전문투자자 등 대통령령으로 정하는 자(시행령 제118조의 17 제2항)가 온라인소액증권발행인으로부터 증권을 취득하면서 예탁결제

16) 해당모집가액 중 채무증권의 상환액은 제외한다.
17) 해당권유액 중 채무증권의 상환액은 제외한다.

원과 ㉠ 그 증권을 취득한 후 지체 없이 예탁하거나 보호예수하고(제1호), ㉡ 예탁 또는 보호예수한 날부터 1년 동안 그 증권을 인출하거나 다른 자에게 매도하지 아니할 것(제2호)을 내용으로 하는 계약을 체결한 경우 그 자가 증권 대금으로 납입하는 금액은 제외한다(시행령 제118조의 15 제2항).

한편 위의 발생공시의무를 면제하는 것은 온라인증권의 발행한도를 준수할 것을 전제로 하므로, 위 발행한도를 초과할 때에는 발행공시규정(예; 제119조 · 제130조)이 적용된다(제117조의 10 제1항의 반대해석). 다만, 발행한도를 초과하여 발행하더라도 당사자간의 사법상의 효력은 유효하다고 보아야 한다. 그 논지는 앞서 '투자자의 투자한도'에서 살펴본 바와 같다.

## Ⅱ. 발행취소제도

자본시장법상 온라인소액증권의 청약은 조건성취형 방식을 취하고 있다. 이는 미국의 자본시장접근개혁법(Jumpstart Our Business Startup Act, JOBS법)의 경우 목표금액 100%에 미달하면 청약을 취소하는 목표달성형(All or nothing) 방식과 다르다. 이에 따라 온라인소액증권발행인은 온라인소액투자중개의 방법으로 증권을 모집하는 경우 청약금액이 모집예정금액의 80%에 미달하는 때에는 그 발행을 취소하여야 한다(제117조의 10 제3항 · 시행령 제118조의 6 제3항). 모집예정금액의 80%을 조건성취비율로 삼은 것은 ① 투자자들이 해당기업의 사업전망 등을 신뢰하지 않는 것으로 보고, ② 발행인으로 하여금 신중한 정보제공과 자금모집에 적극성을 띠도록 유도하고, ③ 해당비율에 미달하는 금액만을 모집한 때에는 사업수행이 곤란하다는 점을 고려하였기 때문이다.[18)]

이에 비하여 청약금액이 발행취소비율 80%는 초과하였으나, 모집예정금액 100%에는 미달하는 때에는 그 부족분을 조달하기 위한 세부계획을 마련하여 게재하여야 한다. 반대로 청약금액이 모집예정금액을 초과하는 때에는 증권발행인이 해당발행절차 내에서 자금을 추가로 조달하기 위한 방법과 절차를 취하여야 한다.[19)] 즉 총 모집금액, 모집자금 사용목적 등에 대반 변경사항을 정정 게재하고, 이에 대한 추가적인 사실확인 절차를 거쳐야 한다. 이때 정정 게재일이 청약기간의 말일부터 7일 이

18) 금융위원회 · 금융감독원(2016), 51면.
19) 금융위원회 · 금융감독원(2016), 51면.

내인 경우에는 청약기간의 말일은 그 게재일부터 7일 후로 변경된 것으로 본다(제117조의 10 제4항·시행령 제118조의 16 제6항 제1호 내지 제4호). 그리고 ① 온라인소액증권발행인이 정정 게재를 하는 경우 온라인소액투자중개업자가 정정 게재 전 해당 증권의 청약의 의사를 표시한 투자자에게 정정 게재의 사실을 통지하지 아니하는 행위, 또는 ② 청약금액이 모집예정금액이 모집예정금액의 80%를 초과하여 증권의 발행이 가능한 요건이 충족되었음에도 온라인소액투자중개업자가 그 사실을 청약자에게 통지하지 않는 행위는 불건전영업행위에 해당한다(제71조 제7호·시행령 제68조 제5항 제13호의 4·6).

한편 증권발행이 취소되면 온라인소액투자중개업자는 청약증거금 중 투자자에게 반환하여야 할 금액을 청약증거금관리기관에 통보하여야 한다. 이 경우 해당관리기관은 지체 없이 그 금액을 투자자에게 반환하여야 한다(제117조의 8 제6항·시행령 제118조의 14 제3항).

## Ⅲ. 투자정보 공시의무위반에 따른 손해배상책임

### 1. 의의

자본시장법은 온라인소액증권발행인이 게재한 증권의 발행조건과 재무상태 등을 기재한 서류 또는 사업계획서(제117조의 10 제2항) 중 중요사항에 관한 거짓의 기재 또는 표시가 있거나, 중요사항이 기재 또는 표시되지 아니함으로써 온라인소액투자중개를 통하여 증권을 취득한 자가 손해를 입은 경우에는 해당발행인을 포함한 관련자들에게 손해배상책임을 인정하고 있다(제117조의 12 제1항 본문). '중요사항'이란 투자자의 합리적인 투자판단 또는 해당증권의 가치에 중대한 영향을 미칠 수 있는 사항을 말한다. 이는 증권신고서나 투자설명서 등 다른 발행공시서류(제125조)의 경우와 다르지 않다. 구체적으로는 정정신고서상의 의무적 정정사유(제122조 제3항) 또는 미공개중요정보의 이용금지규정(제174조 제1항)상의 판단기준정보를 들 수 있다.

### 2. 특징

온라인소액증권발행인 등에게 인정되는 손해배상의 대상이 되는 문서는 '온라인증권의 발행조건과 재무상태 등을 기재한 서류 또는 사업계획서'이다. 이 점은 일반적인 발행공시의무위반의 대상이 되는 문서와는 다르다. 그러나 이 점을 제외하고는 허위표시 또는 중요사항의 기재누락·불표시 등 일반적인 발행공시위반에 따른 손해배상책임(제125조)의 법리와 그 취지가 같다. 그리고 해당문서는 해당발행인이 온라인소액투자중개업자가 관리하는 인터넷 홈페이지를 통하여 정정 게재하는 경우를 포함한다(제117조의 10 제4항). 책임의 성질은 (부진정)연대책임이 아니다. 허위표시, 중요사항의 기재누락·불표시는 그 기재가 행하여진 시점을 기준으로 판단하여야 한다.[20] 이 역시 다른 발행공시서류(제125조)의 경우와 다르지 않다. 그리고 증권취득자가 손해배상을 청구하기 위하여는 손해와의 인과관계가 있어야 함은 당연하고, 증명책임 역시 증권취득자가 부담한다(제117조의 12 제1항 본문). 다만, 이에 대하여는 후술하는 바와 같이 예외규정을 두고 있다.

### 3. 손해배상책임자의 범위

자본시장법은 투자정보 공시의무위반에 따라 손해배상책임을 부담하는 자를 온라인소액증권발행인에 국한하지 않고 넓게 명시하고 있다(제117조의 12 제1항 본문). 이에 따라 그 범위에는 ① 온라인소액증권발행인(제1호), ② 그 증권의 발행조건과 재무상태 등을 기재한 서류 또는 사업계획서의 작성 당시의 온라인소액증권발행인의 대표자 또는 이사. 이사가 없는 경우에는 이에 준하는 자를 말하며, 법인의 설립 전에 작성된 경우에는 그 발기인(제2호), ③ 상법 제401조의 2 제1항 각 호의 어느 하나에 해당하는 자[21]로서 그 증권의 발행조건과 재무상태 등을 기재한 서류 또는 사업계획서의 작성을 지시하거나 집행한 자(제3호), ④ 그 증권의 발행조건과 재무상태 등을 기재한 서류 또는 사업계획서가 진실 또는 정확하다고 증명하여 서명한 공인회계사·감정인 또는 신용평가를 전문으로 하는 자 등(그 소속 단체 포함) 대통령령으로 정하는 자[22](제4호), ⑤ 그 증권의 발행조건과 재무상태 등을 기재한 서류 또는 사

---

20) 대법원 2002. 5. 14. 선고 99다48979 판결.

21) 여기에는 ① 회사에 대한 자신의 영향력을 이용하여 이사에게 업무집행을 지시한 자, ② 이사의 이름으로 직접 업무를 집행한 자, ③ 이사가 아니면서 명예회장·회장·사장·부사장·전무·상무·이사 기타 회사의 업무를 집행할 권한이 있는 것으로 인정될 만한 명칭을 사용하여 회사의 업무를 집행한 자가 해당한다.

22) 여기에는 추가적으로 변호사, 변리사 또는 세무사, 그 밖에 공인된 자격을 가진 자(그 소속 단체 포함)가 포함된다(시행령 제118조의 19).

업계획서에 자기의 평가·분석·확인 의견이 기재되는 것에 동의하고 그 기재 내용을 확인하는 자(제5호) 등이 포함된다.

이와 같이 자본시장법은 손해배상책임자의 범위에서 온라인소액투자중개업자를 제외하고 있는데, 이 점을 제외하고는 발행시장공시의무위반의 경우와 같다.

### 4. 손해배상액의 산정 및 소멸시효

온라인소액증권발행인 또는 이사 등이 부담하는 손해배상액의 산정은 증권신고서나 투자설명서에 허위기재 등(제125조)으로 인한 손해배상액 추정규정(제126조)을 준용한다. 이에 따라 해당발행인 등이 배상할 금액은 청구권자가 해당증권의 취득시 실제로 지급한 금액에서 ① 발행조건과 재무상태 등을 기재한 서류 또는 사업계획서(제117조의 10 제2항)상 중요사항의 허위기재 등으로 인한 손해배상청구소송의 변론이 종결될 때의 그 증권의 시장가격. 시장가격이 없는 경우에는 추정처분가격, 또는 ② 변론종결 전에 그 증권을 처분한 경우에는 그 처분가격을 뺀 금액으로 추정한다(제117조의 12 제2항·제126조 제1항). 변론종결시를 기준으로 한 것은 민사소송절차를 감안한 조치로 해석된다.

한편 해당발행인 등의 손해배상책임은 그 청구권자가 해당 사실을 안 날부터 1년 이내 또는 해당증권의 청약기간의 종료일 전 7일부터 3년 이내에 청구권을 행사하지 아니한 경우에는 소멸한다(제117조의 12 제3항).

### 5. 책임의 면제

자본시장법은 일정한 요건을 충족하는 경우 손해배상책임을 면제하고 있다. 즉 온라인소액증권발행인 또는 이사 등 책임을 질자가 상당한 주의를 하였음에도 불구하고 이를 알 수 없었음을 증명하거나 그 증권의 취득자가 취득의 청약을 할 때에 그 사실을 안 경우에는 배상의 책임을 지지 아니한다(제117조의 12 제1항 단서). 이 단서 규정은 다음과 같은 세 가지의 의미를 갖는다. 첫째, 손해인과관계에 대한 증명책임을 손해배상청구권자가 아니라 배상책임자에게 전환하고 있다. 즉 원고인 증권취득자는 관련서류에 중요사항에 관하여 허위기재 등이 존재한다는 사실과 자신이 손해를 입은 사실만 증명하는 것으로 족하고, 그 허위기재 등과 손해사이에 인과관계가 있음을 증명할 책임은 없다. 그에 관하여는 배상책임을 부담할 피고가 허위기재 등과 원고의 손해사이에 인과관계가 없음을 증명하여야 하는 것이다.

둘째, 법문상 '상당한 주의'라고 표현하고 있으므로, 피고는 단순히 중요한 사항의 허위기재 등을 알지 못하였다고 주장하는 것만으로는 부족하고, 자신의 지위와 특성에 따라 합리적으로 기대되는 조사를 한 후 허위표시 등이 없다고 믿을 만한 합리적인 근거가 있었음을 증명하여야 한다.[23)]

셋째, 증권의 취득자가 취득의 청약을 할 때에 그 사실을 안 경우, 온라인소액증권발행인 또는 이사 등은 배상의 책임을 지지 아니하는데, 이 경우에도 증명책임은 배상책임자가 부담한다.[24)]

위와 같은 손해배상책임의 법리도 다른 증권신고서나 투자설명서의 허위기재 등으로 인한 책임의 경우와 같다(제125조·제126조 참조).

## 제6절 | 기록, 증거금 및 명부관리기관

### Ⅰ. 중앙기록관리기관

중앙기록관리기관은 온라인소액투자중개업자로부터 온라인소액증권발행인과 투자자에 대한 정보를 제공받아 관리하는 기관을 말한다(제117조의 13 제1항 괄호). 온라인소액투자중개업자는 온라인소액증권발행인으로부터 증권의 모집 또는 사모의 중개에 관한 의뢰를 받거나 투자자로부터 청약의 주문을 받은 경우 '의뢰 또는 주문의 내용, 온라인소액증권발행인과 투자자에 대한 정보 등 대통령령으로 정하는 자료'(온라인소액투자정보)를 지체 없이 중앙기록관리기관에 제공하여야 한다(동조 동항·시행령 제118조의 20 제1항). 이때 중앙기록관리기관은 제공받은 자료를 대통령령으로 정하는 방법에 따라 집중적으로 보관·관리하여야 한다(동조 제3항·시행령 제118조의 21 제2항). 그리고 해당업자는 투자자의 투자한도와 온라인증권발행인의 발행한도준수(제117조의 7 제9항)에 따른 조치를 하기 위하여 필요한 사항을 중앙기록관리기관에 위탁하여야 한다(제117조의 13 제2항).

---

23) 대법원 2022. 7. 28. 선고 2019다202153 판결; 대법원 2007. 9. 21. 선고 2006다81981 판결.
24) 대법원 2007. 9. 21. 선고 2006다81981 판결.

중앙기록관리기관은 온라인소액투자중개업자로부터 제공받은 자료(제117조의 13 제1항)를 타인에게 제공하여서는 아니 된다. 다만, 해당업자 또는 해당발행인에게 제공하는 경우, 그 밖에 대통령령으로 정하는 경우에는 이를 제공할 수 있다(제117조의 13 제4항 · 시행령 제118조의 21 제3항 · 금융투자업규정 제4－115조 제4항). 그리고 현행법상 중앙기록관리기관은 예탁결제원이다(제117조의 10 제7항 참조).

## Ⅱ. 청약증거금관리기관 및 투자자명부관리기관

청약증거금관리기관은 온라인소액투자중개업자로부터 예치 또는 신탁받은 투자자의 청약증거금을 집중관리하는 기관이다(제117조의 8 제2항). 현행법상 청약증거금관리기관에는 은행 또는 증권금융회사가 있다. 그 밖에 상세한 내용은 기술한 바와 같다.

온라인소액증권투자시의 투자자명부는 주주명부 등 증권의 소유자 내역을 기재 · 관리하는 명부를 말한다(제117조의 14 제1항 괄호). 온라인소액증권발행인은 투자자명부의 관리에 관한 업무를 예탁결제원에 위탁하여야 한다(동조 동항). 위탁을 받은 예탁결제원은 ① 투자자의 주소 및 성명(제1호), ② 투자자가 소유하는 증권의 수량(제2항), ③ 증권의 실물을 발행한 경우에는 그 번호(제3호)를 기재한 투자자명부를 작성 · 비치하여야 한다(제117조의 14 제2항). 예탁결제원은 이러한 투자자 정보를 타인에게 제공하여서는 아니 된다. 다만, 온라인소액투자중개업자 또는 해당 온라인소액증권발행인에게 제공하는 경우, 그 밖에 대통령령으로 정하는 경우에는 이를 제공할 수 있다(동조 제3항 · 시행령 제118조의 22).

이 밖에 상법상 주권불소지에 관한 규정(상법 제358조의 2 제1항 · 제2항)[25]은 온라인소액투자중개를 통하여 발행된 증권에 관하여 준용한다(제117조의 14 제4항).

---

25) 제358조의 2(주권의 불소지) 제1항: 주주는 정관에 다른 정함이 있는 경우를 제외하고는 그 주식에 대하여 주권의 소지를 하지 아니하겠다는 뜻을 회사에 신고할 수 있다.
제2항: 제1항의 신고가 있는 때에는 회사는 지체없이 주권을 발행하지 아니한다는 뜻을 주주명부와 그 복본에 기재하고, 그 사실을 주주에게 통지하여야 한다. 이 경우 회사는 그 주권을 발행할 수 없다.

## 제7절 | 검사 및 조치

온라인소액투자중개업자는 다른 금융투자업자와 같이 감독당국의 검사 등의 대상이다. 다만, 그 업무의 특성상 다른 금융투자업자에게 적용되는 한국은행, 한국거래소 및 금융투자협회에 대한 위탁사항은 검사 등의 대상에서 제외된다(제117조의 16 · 제419조 제2항 내지 제4항 · 제8항). 그 결과 해당업자에게 적용되는 규정은 다음과 같다. 우선 온라인소액투자중개업자는 그 업무와 재산상황에 관하여 금융감독원장의 검사를 받아야 한다(제117조의 16 · 제419조 제1항). 이때 금융감독원장은 검사에 필요하다고 인정되는 경우, 해당업자에게 업무 또는 재산에 관한 보고, 자료의 제출, 증인의 출석, 증언 및 의견의 진술을 요구할 수 있다. 그리고 검사를 하는 자는 그 권한을 표시하는 증표를 지니고 이를 관계자에게 내보여야 한다. 금융감독원장은 검사를 한 경우, 그 보고서를 금융위원회에 제출하여야 한다. 이때 자본시장법 또는 그에 따른 명령이나 처분을 위반한 사실이 있는 때에는 그 처리에 관한 의견서를 첨부하여야 한다(제117조의 16 · 제419조 제5항 내지 제7항). 금융위원회는 검사의 방법 · 절차, 검사결과에 대한 조치기준, 그 밖의 검사업무와 관련하여 필요한 사항을 정하여 고시할 수 있다(제117조의 16 · 제419조 제9항).

# 참고문헌

## [국내]

### 1. 단행본 저자 · 서명 · 출판사 · 발행연도 인용약어


곽윤직 편집대표, 민법주해 Ⅰ, 박영사, 2010. 곽윤직 편집대표(2010)

권오승 · 서정, 독점규제법 이론과 실무, 법문사, 2018. 권오승 · 서정(2018)

김인권외 4인, 집합투자(펀드)의 사례와 실무, 박영사, 2023. 김인권외 4인(2023)

김정수, 자본시장법원론, SFL그룹, 2014. 김정수(2014)

김건식 · 정순섭, 자본시장법, 두성사, 2009. 김건식 · 정순섭(2009)

김건식 · 정순섭, 자본시장법, 두성사, 2010. 김건식 · 정순섭(2010)

김건식 · 정순섭, 자본시장법, 박영사, 2023. 김건식 · 정순섭(2023)

김철교, 금융증권시장론, 형설출판사, 2003. 김철교(2003)

김형규 · 신용재 · 이의택 · 김연규, 증권투자론, 율곡출판사, 2024. 김형규 · 신용재 외 2인(2024)

김홍기, 자본시장법, 박영사, 2024. 김홍기(2024)

김홍기, 자본시장법, 박영사, 2021. 김홍기(2021)

금융위원회 · 금융감독원, 알기쉬운 크라우드펀딩 제도, 2016. 금융위원회 · 금융감독원(2016)

동서경제연구소, 증권투자 이론과 실제, 1997. 동서경제연구소(1997)

성희활, 자본시장법 강의, 캐피털북스, 2022. 성희활(2022)

신현윤, 경제법, 법문사, 2017. 신현윤(2017)

이철송, 상법총칙 · 상행위, 박영사, 2022. 이철송(2022)

이철송, 회사법, 박영사, 2024. 이철송(2024)

임재연, 자본시장법, 박영사, 2020. 임재연(2020)

임재연, 자본시장법, 박영사, 2023. 임재연(2023)

오성근, 증권투자권유에 관한 법적 규제와 책임, 법원사, 2004. 오성근(2004)

오성근, 회사법, 박영사, 2023. 오성근(2023)

자본시장통합법연구회, 자본시장통합법해설서, 한국증권업협회, 2007. 자본시장통합법연구회(2007)

장덕조, 회사법, 법문사, 2023. 장덕조(2023)
정찬형, 상법강의(상), 박영사, 2022. 정찬형(2022)
정호열, 경제법, 박영사, 2022. 정호열(2022)
최동식, 신탁법, 법문사, 2006. 최동식(2006)
한국증권법학회, 자본시장법(주석서 1), 박영사, 2009. 한국증권법학회(2009Ⅰ)
한국증권법학회, 자본시장법(주석서 1), 박영사, 2015. 한국증권법학회(2015Ⅰ)
한국증권법학회, 자본시장법(주석서 Ⅱ), 박영사, 2015. 한국증권법학회(2015Ⅱ)
한국투자신탁, 증권투자신탁업법개론, 1989. 한국투자신탁(1989)

近藤光男 · 吉原和志 · 黒沼悦郎, 金融商品取引法入門, 商事法務, 2009. 近藤光男 · 吉原和志 · 黒沼悦郎(2009)
三井秀範 · 池田唯一監修, 一門一答金融商品取引法, 商事法務, 2008. 三井秀範 · 池田唯一監修(2008)
三井秀範 · 池田唯一監修, 一門一答金融商品取引法, 商事法務, 2006. 三井秀範 · 池田唯一監修(2006)
飯田秀総, 金融商品取引法, 新世社, 2023. 飯田秀総(2023)
服部育生, 證券取引法講義 第二版, 泉文堂, 2000. 服部育生(2000)
神崎克郎, 平成10年改正商品取引所法逐條解說, 商事法務研究會, 2000. 神崎克郎(2000)
我妻 榮 · 有泉 亨외 2인, 我妻 · 有泉コンメンタール民法－総則 · 物権 · 債権, 日本評論社, 2005. 我妻 榮 · 有泉 亨외 2인(2005)
遠田新一, 新版注釋民法(13), 有斐閣, 1996. 遠田新一(1996)
田村 威, 投資信託基礎と実務, 経済法令研究会, 2008. 田村 威(2008)
河本一郎 · 大武泰南 · 神崎克郎, 証券取引ハンドブック, ダイヤモンド社, 2000. 河本一郎 · 大武泰南 · 神崎克郎(2000)

Alastair Hudson, *The Law and Regulation of Finance*, Sweet & Maxwell(2nd ed., 2013). Alastair Hudson(2013)
A1－Turki, *Client Classification for Investment Banking Firms in A Practitioner's Guide to the FSA Regulation of Investment Banking*(2002). A1－Turki,(2002)
Andrew S. QC · Stuart Ritchie, *Fiduciary Duties*, Jordan(5th ed., 2008). Andrew S. QC · Stuart Ritchie(2008)
Arun Scrivastava · Michael Hendriken, *Getting New Gustomers in A Practitioner's*

*Guide to the FSA Regulation of Designated Investment Business*, Tim Cronick(2nd ed., 2004). Arun Scrivastava · Michael Hendriken(2004)

Danny Busch · Guido Ferrarini, *Regulation of The EU Financial Markets MiFID II and MiFIR*, OUP(2017). Danny Busch · Guido Ferrarini(2017)

Eva Z. Lomnicka, *The Financial Services and Markets Act: An Annotated Guide*, Sweet & Maxwell Ltd(2002). Eva Z. Lomnicka(2002)

George Walker · Rogert Purves, *Financial Services Law*, OUP(3rd ed., 2014). George Walker · Rogert Purves(2014)

James D. Cox · Robert W. Hillman · Donald C. Langevoort, *Securities Regulation Cases and Materials*, Aspen(5th ed., 2006). James D. Cox · Robert W. Hillman · Donald C. Langevoort(2006).

John C. Coffee, Jr. · Joel Seligman, *Securities Regulation Cases and Materials*(9th ed., 2003). John C. Coffee, Jr. · Joel Seligman(2003)

Jonathan Fisher · Jane Bewsey, *The Law of Investor Protection*, Sweet & Maxwell(1st ed., 1997). Jonathan Fisher · Jane Bewsey(1997)

Kam Fan Sin, *The Legal Nature of the Unit Trust*, OUP(1997). Kam Fan Sin(1997)

Louis Loss · Joel Seligman, *Securities Regulation*, Little, Brown(3rd ed., 1991). Louis Loss · Joel Seligman(1991)

Michael Blair · George Walker · Robert Purves, *Financial Services Law*, OUP(2nd ed., 2009). Michael Blair · George Walker · Robert Purves(2009)

Paul S. Davies · Graham Virgo, *Equity & Trusts: Text, Cases, and Materials*, OUP(2013). Paul S. Davies · Graham Virgo(2013)

Philip M. Johnson, *Derivatives: A Manager's Guide to the World's Most Powerful Financial Instruments, McGraw-Hil*(1st ed., 1999). Philip M. Johnson(1999)

Robert Cole, *Unit and Investment Trusts*, Wiley(1997). Robert Cole(1997)

Robert Liefmann, *Beteiligungs-und Finanzierungsgesellschaften*(1931). Robert Liefmann(1931)

Steven W. Stone, *Adviser Issues for Broker-Dealers*, Morgan Lewis(2007). Steven W. Stone(2007)

Timothy C. Cornick · Bridget C. Barker · Nigel L. Doran외 2인, *Collective Investment Schemes: The Law and Practice*, Sweet & Maxwell, 2002. Timothy C. Cornick · Bridget C. Barker · Nigel L. Doran외 2인(2002)

Theodore J. Grayson, I*nvestment Trusts*, *Their origin development and operation*,

John Wiley & Sons, 1928. Theodore J. Grayson(2008)
Thomas Lee Hazen, *The Laws of Securities Regulation*, Thomson West(2005). Thomas Lee Hazen(2005)
Thomas Lee Hazen, *The law of Securities Regulation*, Thomson West(2006). Thomas Lee Hazen(2006)

## 2. 논문 등

김건식, "증권투자신탁의 구조: 계약형 투신과 회사형 투신을 중심으로", 인권과 정의 제278호(1999. 10).
김병연, "자본시장법상 금융투자상품 규제체계", 인권과 정의 제389호(2009).
김병연, "가상자산의 법적 성질과 가상자산법의 입법방향", 금융법연구 제20권 제3호(2023. 12).
김화진 · 김병연 · 김용재, "증권관련 업무 겸업과 이해상충 해결방안", 한국증권업협회 연구용역보고서(2006. 10).
금융감독위원회, "자본시장과 금융투자업에 관한 법률(안)에 대한 검토 결과", (2006. 9. 26).
금융위원회, "금융투자업 업무위탁 및 겸영 · 부수업무 규제 개선방안", (2019. 5. 27).
박준선, "증권형 토큰에 대한 규제 가능성 검토", 상사법연구 제40권 제4호(2022. 2).
성희활, "금융투자상품의 투자권유규제에서 적합성원칙과 설명의무", 인권과 정의 제389호(2009).
손성, "미국 Disney 판결에 관한 분석과 시사점", 상사판례연구 제21집 제1권(2008. 3).
신광원, "금융투자상품 투자권유규제에 관한 연구", 동국대학교 박사학위논문(2020).
신명희 · 권한용, "집합투자기구의 법적 구조에 대한 고찰", 국제법무 제14권 제2호(2022. 11).
안성포, "독일 자본시장법상 투자자 보호에 관한 비교법적 고찰", 기업법연구 제20권 제4호(2006).
오성근, "우리나라의 사모투자신탁제도", 비교사법 제11권 제3호(2004).
오성근, "간접투자자산운용업법의 보완과제", 상장협 제51호(2005. 3).
오성근, "일본의 금융상품거래법상 집합투자기구(펀드)법제에 관한 고찰－우리나라 자본시장통합법(안)과의 비교를 중심으로－", 법과정책 제13집 제1호(2007).
오성근, "영국 금융서비스 · 시장법상 금융프로모션규제와 입법적 시사점", 한양법학 제21집(2007. 8).

오성근, “전문투자자규제에 관한 비교법적 고찰 및 입법적 개선과제”, 증권법연구 제11권 제1호(2010).

오성근, “영국의 금융감독체계의 개혁 및 입법적 시사점”, 증권법연구 제15권 제1호(2014. 4).

오성근, “자본시장법상 신의성실공정의무에 관한 고찰”, 증권법연구 제15권 제3호(2014. 12).

오성근, “집합투자기구의 내부자거래: 미국의 뮤추얼펀드(Mutual Funds)를 중심으로”, 사법 제32호, 사법발전재단(2015. 6).

오성근, “영국의 집합투자업에 관한 규제”, 증권법연구 제19권 제1호(2018. 4).

오성근, “자본시장법상 공모집합투자기구의 집합투자재산 운용행위규제에 관한 고찰”, 증권법연구 제24권 제2권(2023. 8)

오성근, “기업의 ESG경영에서의 인덱스 펀드의 역할 및 입법적 개선방안”, 한양법학 제35권 제2집(2024. 5).

원대성, “「가상자산 이용자 보호 등에 관한 법률」에 따른 가상자산 불공정거래의 규제와 과제”, 증권법연구 제24권 제3호(2023. 12).

윤광균, “증권회사의 고객보호의무와 손해배상책임”, 저스티스 통권 제97호(2007).

이금호, “신용파생상품거래 종류 및 법적 문제”, 증권법연구 제9권 제2호(2008. 12).

이병래, “자본시장통합법의 투자자 보호제도”, BFL 제22호(2007).

이상근 · 양창규 · 임승민, “가상자산의 증권성 판단기준에 대한 연구”, 증권법연구 제25권 제1호(2024. 4).

이상훈, “ELS 판매 증권회사의 신의성실 원칙상의 주의의무”, 기업지배구조연구 제45권 겨울(2012)

이정원, “보험자의 고지의무에 대한 소고”, 부산대법학연구 제52권 제 2 호(2011).

이중기, “투자신탁펀드의 지배구조에 관한 비교법적 연구”, 증권법연구 제2권 제2호(2001).

이중기, “투자신탁제도의 신탁적 요소와 조직계약적 요소”, 한림법학포럼 제9권(2000).

이철송, “투자신탁 보유주식의 권리행사 법리”, 증권투자신탁 제100호(1997. 3).

이철송, “증권관계법령의 체계적 정비에 관한 연구”, 코스닥연구보고서, 코스닥등록법인협회(2002).

장근영, “투자권유 없이 거래하는 고객에 대한 금융투자업자의 의무”, 증권법연구 제12권 제2호(2011).

정순섭, “금융거래와 도박규제”, 증권법연구 제7권 제2호(2006. 8).

제정경제부, “『금융투자업과 자본시장에 관한 법률(가칭)』 제정 방안”, (2006. 2. 17).

재정경제부, "「자본시장과 금융투자업에 관한 법률 제정안」 설명자료", (2006. 6. 30).

조상욱·이진국, "자본시장과 금융투자업에 관한 법률(안)상 집합투자규제의 주요 내용 및 문제점", BFL 제22호(2007. 3).

한서희, "가상자산 이용자 보호 등에 관한 법률에서의 불공정거래행위에 대한 법적 고찰", 증권법연구 제24권 제3호(2023. 12).

한서희, "조각투자를 둘러싼 법적 쟁점에 관한 연구", 금융법연구 제20권 제3호(2023. 12).

한서희·백설화, "해외 비트코인 상장지수집합투자기구(ETF) 사례 및 국내 비트코인 상장지수집합투자기구(ETF) 도입을 위한 논의", 증권법연구 제23권 제1호(2022. 4).

홍기훈, "조각투자의 허와 실: 예술금융과 아트펀드에 대한 소고", 자산운용연구 제11권 제2호(2023. 12).

清水真人, "プロ向け市場に関する法的枠組みの検討", 企業と法創造 第6巻 第1号(2009. 10).

金融庁, "金融庁の考え方(パブリックコメント回答)", (2007. 7. 31).

Comment, "Current Problems in Securities Regulation", 62 mich. L. Rev. 680 (1964).

Frank Partnoy, "The Real Mutual Fund Problem", San Diego Union-Trib.(2003. 12).

Franklin D. Ormsten, "SEC Shingle Theory: Continuing Viability; Continuing Questions", Educational Materials & Links(http://www.sacarbitration.com/shingle).

David A. Chaikin·Brendan J. Moher, "Commodity Future Contracts and the Gaming Acts", Llyod' Maritine and Commercial Law(1986).

Donald C. Langevoort, "Fraud and Deception by Securities Professionals", 61 Tex. L. Rev. 1247(1983)

FSA, DP1, "Differentiated Regulatory Approaches: Future Regulation of Inter-Professional Business", (1998. 8).

FSA, "Implementing MiFID's Clients Categorisation Requirements", (2006).

FSA, "Response to Comments on Discussion Paper: The Future Regulation of Inter-Professional Business", (1999. 6).

FSA, "The Regulation of the Wholesale Cash and OTC Derivatives Markets Under Section 43 of the Financial Services Act 1986", (1999. 6).

Jerry F. English, "Securities-Investment Adviser Act-Failure to Disclosure Adviser's Position in market with Respect to Stock Recommended to Subscribers.-SEC v. Capital gains Research", Boston College L. R, Vol.4, 210(1962. 10. 1).

Joseph L. Motes Ⅲ, "Comments: A Primer on the Trade and Regulation of Derivative Instruments", SMU Law Review 49(1996).

M. F. Holzapfel, "An Analysts of The Section 3(a)(10) Exemption under The Securities Act of 1933 in The Context of The Public Offering Component of Section 3(c)(1) of The Investment Company Act of 1940", Fordham J. Corp & Fin. L. 427(2003).

Marcel Kahan, "Securities Laws and the Social Costs of 'Inaccurate' Stock Prices", 1 Duke L. J. 977(1992).

Mercer Bullard, "The Mutual Fund as a Firm: Frequent Trading, Fund Arbitrage and the SEC's Response to the Mutual Fund Scandal", 42 Houston L. Rev (2006).

Peter Birks, "The Content of Fiduciary Obligation", 34 Isr. L. Rev. 3(2000).

Robert H. Mundheim, "Professional Responsibilities of Broker-dealers : The Suitability Doctrine", Vol. 1965 Duke, L. J. 445(1965. summer).

SEC, Securities Exchange Act of 1934, In the matter of : Arleen W. Hughes, Release No. 4048(1948. 2. 18).

SEC, News Digest A brief summary of financial proposals filed with and by the S.E.C. For Release(1961. 11. 2)

Steven B. Markovitz, Exchange Act Release No. 48,588, Investment Company Act Release No.26,201, 81 SEC Docket 450, 2003 WL 22258425(2003. 10).

William Blair, "Liability Risk in derivatives Sales", 11 Journal of International Banking Law 18(1996).

William T. Lesh, "Federal Regulation of Over-the-Counter Brokers and Dealers", 59 Harv. L. Rev (1946).

# 판례색인

# 사항색인

[ㄴ]



[ㄷ]



[ㄹ]



[ㅁ]



[ㅂ]

[ㅈ]

[ㅍ]

[ㅎ]



[숫자]



[A]



[B]

[G]



[H]



[I]



[J]



[K]



[L]



[M]

[저자 약력]

■ 오 성 근(吳性根)
한양대학교 법대졸업
한양대학교 법학석사
한양대학교 법학박사
현재) 제주대학교 법학전문대학원 교수

■ 주요 경력
일본 고베(神戶)대학 대학원 법학연구과 초빙연구원
일본 와세다(早稻田)대학 Law School 초빙교수
영국 BBSI Diploma
영국 케임브리지대학교 Faculty of Law 초빙교수
영국 킹스컬리지런던 The Dickson Poon School of Law 초빙교수
일본 동경(東京)대학 대학원 법학정치연구과 객원연구원
일본 교토(京都)대학 Law School 초빙교수
일본 홋카이도(北海道)대학 Law School 객원연구원

■ 주요 저서
회사법(박영사)
상법총칙·상행위법(박영사)

자본시장법총설

초판발행 2024년 8월 23일

지은이 오성근
펴낸이 안종만·안상준

편 집 윤혜경
기획/마케팅 박부하
표지디자인 BEN STORY
제 작 고철민·김원표

펴낸곳 (주) 박영사
서울특별시 금천구 가산디지털2로 53, 210호(가산동, 한라시그마밸리)
등록 1959. 3. 11. 제300-1959-1호(倫)
전 화 02)733-6771
f a x 02)736-4818
e-mail pys@pybook.co.kr
homepage www.pybook.co.kr
ISBN 979-11-303-4761-5 93360



정 가 34,000원